하이데거, 제자들 그리고 나치

이렌트, 뢰비트, 요나스, 마르쿠제가 바라본 하이데거

리처드 월린 지음 서영화 옮김

HEIDEGGER'S CHILDREN

경희대학교 출판문화원

Heidegger's Children

하버마스에게

존경과 감사의 마음을 담아

일러두기

- 이미지 제공: 위키백과
- 본문에서 원서의 주는 미주, 옮긴이 주와 편집자 주는 각주 처리했습니다.
  저자가 본문 중에 추가 설명한 것은 ()로, 인용문에서 추가 설명한 부분은 〔〕로 표기했습니다.
  책명은 『』, 논문은 「」, 잡지와 강좌는 〈〉로 표기했습니다.
  책명은 해당 주석에 원어가 없는 경우 본문에 병기했습니다.

독일 공화주의자들이여, 불안해하지 말지어다. 칸트 비판, 피히테의 초월론적 관념론, 심지어 자연철학이 앞서 일어났다고 해서, 독일 혁명이 보다 즐겁고 부드럽게 바뀌지는 않을 것이다. 이러한 이론을 통해 강력해진 혁명적 힘은 모든 속박에서 떨치고 나와 세계를 공포와 경외감으로 채울 날이 오기만을 기다렸다. 칸트주의자들은 현상계에서도 자비와는 아무 상관이 없기를 원하며, 마지막 남은 과거까지 뿌리 뽑기 위해 검과 도끼로 우리의 유럽식 삶의 토양까지 가차 없이 갈아엎었다. … 무장한 피히테주의자들이 들고 일어날 것이다. 그들의 광적인 의지는 두려움과 사리사욕에 의해 잠재워지지 않을 것이다. … 특히 그중에서도 더 끔찍한 것은 자연철학자들이다. 이들은 그들 자신을 파괴의 작업과 동일시하면서 독일 혁명에 적극적으로 개입할 것이다. 만일 칸트주의자들이 손으로 신속하고 확실하게 가격했다면, 전통적으로 숭배하고 있음에도 그들의 마음은 움직이지 않을 테니 말이다. 만일 피히테주의자가 무든 위험에 용감히게 지항했다면, 그들에게 있어서 위험은 현실에 존재하지 않을 것이기에. 그렇기에 자연철학자의 힘이 무시무시하게 커질 것이다. 그는 자연의 원초적 힘과 결합했기 때문이다. 그는 고대 게르만 민족의 범신론이 지닌 악마적 힘을 불러낼 수 있으며, 고대 게르만인들 속에서 발견할 수 있는 전쟁에의 열의가 그 안에서 불타오를 것이다.

–하인리히 하이네,

『독일의 종교와 철학의 역사에 대하여』(1834)

차례

제2판 머리말

2001년 『하이데거, 제자들 그리고 나치Heidegger's Children』 초판이 출간된 이래 이 책의 중심 주제는 엄청난 재능을 지닌 '동화된 유대인 사상가'들과 마지막까지 자신의 심오한 사유길Denkweg[1]이 갖는 **독일적** 본성을 고집했던 철학자 사이의 우려스러운 친밀성에 관한 것이었다. 이 책의 중심 주제가 갖는 시의적절성은 줄어들기는커녕 더 늘어났다. 이 책의 초판이 출판되고 몇 년간, 하이데거의 실존철학과 유대인 사이의 논쟁적 관계를 다룬 수많은 유사 연구가 다양한 언어로 출판되었다는 사실이 이를 단적으로 보여준다.[2]

'하이데거와 유대주의Judaism'에 대한 일부 문헌을 솔직한 사과의 표현이라 말하는 것은 지나친 일이 아닐 것이다. 나치에 대한 하이데거의 충절을 둘러싼 수다스러운 논쟁이 지속되어 온 이래로—하이데거는 전쟁 후에 나치에 대한 충절을 철회하지 않았을 뿐 아니라 정당 가입을 계속해서 명예로운 증표로 과시했다—하이데거 철학을 '유대인Jewish'이라는 주제와 연결하는 작업은, 그의 지지자들 사이에서 정치적 오염의 아우라를 완화하기 위한 책략으로 사용되기도 했다. 그러나 그러한 시도들은 대체로 피상적인 수준에 머물렀다. 더욱이 그들은 대개 유대인과 비유대인을 포함한 과거의 많은 하이데거 제자들이 행했던 통찰력 있는 비판을 무시했다. 하이데거의 철학적 · 정치적 결합에 대한 제자들의 비판 말이다. 우리는 이러한 안타까운 광경에서 지적으로 부정직한 모습을 보게 된다. 말하자면 후발 주자들이 스승이 저지른 실수에 대해 뻔하고 속이 들여다보이는 합리화를 장황하게 늘어놓음으로써 그의 실수들을 눈감아주려고 하는 모습 말이다.[3]

그런 사례 중 하나로 '하이데거와 유대인les Juifs'을 주제로 2015년 1월 파리에서 개최되어 세간의 이목을 집중시킨 학회가 있다. 이 자리에는 프랑스 아카데미 회원 베르나-앙리 레비Bernard-Henri Lévy, 그리고 문화 전문가 알랭 핑켈크로트Alain Finkielkaut가 기조 연설자로 나섰다. 그러나 학회가 공지되었을 때, 이 모임에 대한 전방위적인 지적 항의가 빗발쳤다. 초대된 연사 중 몇 명은 참석을 거부했다. '반체제 인사'들 사이에 주요 관심사는, 10년 전 대회 조직위원 중 한 명인 프랑스와 페디에François Fedier가 사과를 표하는 전집, 『하이데거: 더 많은 강한 이성Heidegger: à plus fort raison』을 출간하고자 한 일과 관련된 것이었다. 이 책은 프랑스에서는 여전히 범법 행위에 해당하는 홀로코스트를 실질적으로 부정하는 내용을 포함하고 있었다. 그 후 전도유망한 프랑스 출판사, 갈리마르사는 출판 계획을 철회했다(그 책은 결국 문제를 유발하는 내용을 삭제하고, 다른 출판사에서 출간되었다).[4]

『하이데거, 제자들 그리고 나치』 이후 발간된 많은 연구들은 해석과 관련한 흥미로운 문제를 제기해왔다. 잠재적으로 많은 하이데거의 유대인 제자 중에서 누구를 이 책에 포함시키는 것이 적절한지와 관련한 문제 말이다. 또한 그들은 하이데거의 영향력이 드러나는 다양한 방식에 관해서 주요 쟁점들을 제기했다. 따라서 이 글 후반부에서, 『하이데거, 제자들 그리고 나치』에 적용한 인물 선정 기준을 제시할 것이다. 결론적으로, 나는 '예외자들'에 해당하는 세 명의 유대인 철학자, 프란츠 로젠츠바이크Franz Rosenzweig, 레오 스트라우스Leo Strauss, 그리고 에마뉘엘 레비나스Emmanuel Levinas를 다룰 것이다. 이들은 유대 정신과 문화 세계에 끼친 하이데거의 영향에 관한 토론에서 정기적으로 등장하는 인물들이다.

『하이데거, 제자들 그리고 나치』에 나오는 독일계 유대인 중 한스 요나스Hans Jonas를 제외하고, 어느 누구도 스스로를 유대인으로 자처하지 않았다는 점을 먼저 강조할 필요가 있다. 제1차 · 2차 세계대전 사이에 하이데거의 강력한 지도 아래 지적으로 성장하면서, 사회적으로 받아들여지길 바랐던 그들의 꿈은 1930년대 초 바이마르 공화국의 융성과 불명예스러운 패망 전까지 고스란히 남아 있었다.

1929년 말엽, 한나 아렌트Hannah Arendt는 카를 야스퍼스Karl Jaspers의 지도 아래 성 아우구스티누스Aurelius Augustinus에 대한 박사논문을 썼다. 아우구스티누스는 루터Luther, 키르케고르Kierkegaard와 함께, 1920년대 독일 지식인층에 빠르게 퍼진 '위기 신학'에 핵심적인 영향을 미친 기독교 사상가이다. 당시 아렌트는 이 성취가 성공적으로 학문적 커리어를 쌓아가는 길에서 첫 번째 중간 기착지가 될 거라는 것을 의심하지 않았다.[5] 카를 뢰비트Karl Lowith의 가족은 1897년 그가 태어나기 전, 개신교로 개종했다. 뢰비트에게는 고대 스토아주의에 대한 충성심이 확고하게 자리 잡았다. 근대성이 가치 혹은 '궁극적 목적'에 관한 질문에 대해 실망스러운 불가지론을 내놓았기 때문이다. 그러므로 하이데거와 프란츠 로젠츠바이크Franz Rosenzweig에 대한 1942년의 획기적 저서를 제외하면(「M. 하이데거와

F. 로젠츠바이크: 『존재와 시간』 후기」), 오래도록 생산적이고 지적인 삶을 살아오는 동안 뢰비트는 유대인에 대한 주제에 관심을 가져본 적이 없었다.

마르크스주의 철학자 마르쿠제Herbert Marcuse는 역사유물론의 예언에 따라 종교 문제는 자본주의가 초래한 소외가 치유될 때 해결되리라고 믿었던 투철한 세속주의자였다. 비슷한 맥락에서, 마르쿠제의 프랑크푸르트학파 동료인 정치학자 프란츠 노이만Franz Neumann은 국가사회주의를 처음으로 사회과학적 견지에서 다룬 『베헤모스Behemoth』(1942)에서 독자들에게, 나치가 보여준 반유대주의Anti-Semitism*의 중요성을 무시할 것을 권고했다. 독일인들이 대부분 친유대적 유럽인으로 남아 있는 한 말이다. 여기에서 노이만의 주목할 만한 고백을 그대로 인용하고자 한다: "역설적으로 보일 수 있겠지만, **독일인들은 반유대주의자들 중에서 가장 덜 반유대주의적이라는 것**이 저자의 개인적 확신이다." 이 선언문은 악명 높은 반제Wannsee 회의에서 나치 지도부가 유대인 말살 계획Endlösung을 새롭게 징

* Anti-Semitism을 이 글에서는 '반유대주의'로 옮긴다. 이와 관련해서 Anti-Semitism은 '반셈주의(반셈족주의)'로, Anti-Judaism을 '반유대주의'로 각기 구분해서 번역해야 한다는 유의미한 제안이 있다. Anti-Judaism은 유대 문화와 종교로서 유대주의(Judaism)에 반대하는 입장을, Anti-Semitism은 유대 인종, 즉 셈족인 유대 민족에 대한 반감을 말하기 때문이다. 따라서 나치의 Anti-Semitism이 인종적 반감에 기초한다는 점에서, 이를 '반유대주의'와 구별해서 '반셈족주의'라 옮기는 것이 적절해 보인다. 그러나 역사학자인 리처드 월린의 경우, 하이데거의 Anti-Semitism에 대해 이중적 입장을 취한다. 1) 하이데거의 Anti-Semitism은 나치의 인종주의적 반유대주의와 다르다. 2) 그럼에도 하이데거의 Anti-Semitism은 독일의 바이마르공화국으로부터 전해져 온 유대인종에 대한 보수주의자들의 반감에 강하게 영향을 받았다. 나아가 당대 독일에 만연한 Anti-Semitism이 인종과 민족에 대한 반감에 기초한 것이라 할 때, 하이데거 역시 이로부터 절대로 자유롭지 못했다. 따라서 월린에 따르면 하이데거의 Anti-Semitism은 인종적 반유대주의와 종교 문화적 반유대주의 양자를 포괄한다. 독자들은 월린의 이러한 하이데거의 Anti-Semitism에 대한 이중적 독해를 전제하고 이 책을 읽을 필요가 있다. 마지막으로 『검은 노트』 발간 이후의 하이데거에 대한 월린의 평가에 어느 정도의 변화가 있다는 점을 언급할 수밖에 없다. Anti-Semitism과 Anti-Judaism의 유의미한 구분에 대해서는 다음의 논의를 참조하라. 김선욱, 「한나 아렌트와 유대주의」, 『철학논집』 60집, 2020. 2, 39-55쪽.-옮긴이

식화한 해와 정확히 같은 해인 1942년에 발표되었다. 노이만의 통찰이 바이마르 시대에 그의 개인적 체험에서 나온 것일지 모르지만, 그는 1929년 뉴욕 증권시장의 대폭락 이후에 징후를 보이기 시작했고 1933년 히틀러가 권력을 장악함으로써 현실화된 정치적 폭풍을 설명하지 못했다.[6]

전설적인 독일 신비주의 학자 게르숌 숄렘Gershom Scholem은 임박한 재앙의 조짐을 알아채고, 1923년 팔레스타인으로 이주했다. 독일인과 유대인 간의 공생관계에 대한 숄렘의 논쟁적인 회고에서, 그는 신랄하게 "모든 것을 고려해볼 때, 이 대화는 본질적으로 **들으려 하지 않는 사람과의 대화**, 즉 일방통행이었다"라고 주장했다. 숄렘은 다음의 사실을 확고히 했다. 해방의 시대 이래로, 유대 지식인들은 열성적으로 독일의 **문화와 정신**의 이념을 열렬히 수용했지만 그들의 사랑은 짝사랑이었다. 뿐만 아니라 그들의 사랑은 범독일 연맹과 같은 강력하고 악의적인 반유대주의 운동의 대대적인 번성으로 '보상을 받았다.' 그 운동은 **유대인이 없는** 독일을 만든다는 궁극적인 목표를 숨기지 않았다.[7] 확실히 아우슈비츠로의 길은 선형적이라기보다 '굽은' 길이었다. 그러나 그 길의 시작에는 카이저 제국 혹은 제2제국(1871-1918)과 함께 운명적으로 모습을 드러낸, 불미스러운 정치적 국면이 놓여 있었다. 적절한 때에 이르면 충분히 잔인해질 수 있는, 홀로코스트로 절정에 다다른 전통적인 기독교적 반유대주의가 제거적인 반유대주의로 그 형태를 변화하기 시작한 것이 이때부터였기 때문이다. 피터 풀저Peter Pulzer가 그의 대표적인 연구 『독일과 오스트리아에서 정치적 반유대주의의 부흥』에서 말한 것처럼, "본질적으로 반유대주의적인 국가사회주의만큼 광포한 권력은, 유일한 것은 아닐지라도, 정치 문화 속에 깊은 뿌리를 두고 있다." 풀저는 다음과 같이 결론을 내린다. "1918년 이전의 제국이 없었다면 제3제국은 있을 수 없었다. 그리고 그 시대의 반유대주의 없이는 '최종 해결책'도 있을 수 없었다."[8]

숄렘의 신랄한 경고는 독일인과 유대인 간의 대화가 갖는 특성과 내용에 관한 논란의 여지를 **해결**하지는 못한다 하더라도, 그러한 경고는 이후의 분석자들이 그 전제와 배경이 되는 가정을 명확히 해야 한다는 것을 절박하게 상기시키는 역할을 한다. 그렇지 않으면, 누군가는 시간적 거리가 주는 편안함에 안주해 도덕적으로 받아들일 수 없고 역사적으로 오해의 소지가 있는 해석을 인정하는 위험을 초래하게 된다. 이것은 부정할 수 없이 불안정한 문화적 불륜의 상처를 거친 날 위에 종이를 바르고 눌러버리는 것과 같다.[9]

피터 게이Peter Gay는 바이마르 공화국을 유대인의 상류사회로의 계층이동의 모범으로, 말하자면 이전에 '외부자'였던 유대인들이 갑자기 '내부자'가 되는 상황으로 기술했다.[10] 비록 피터 게이의 성격 규정이 정확했다 하더라도, 이는 단지 경쟁 중인 바이마르의 많은 문화-정치적 이야기들 중 하나에 불과하다.[11] 고대 로마 연구자이자 열렬한 회고록 집필자인 빅터 폰 클램퍼러Victor von Klemperer의 놀라운 증언을 읽자마자 분명해지는 사실은 제2제국의 마지막 몇 년을 특징짓는 비대해진 반유대주의가 결코 쉽사리 사라지지 않았다는 것이다. 대신에, 이것은 지하로 숨어들어가 바이마르 사회의 일상으로 계속해서 퍼져나갔다. 돌이켜 생각해보면 끈질긴 반유대주의는 20세기 초 수십 년 동안, 독일어권 국가에 사는 유대인들이 사회에 완전히 수용될 것이라는 꿈을 어째서 점차로 버리기 시작했는가를 설명해준다(이는 특히 같은 기간 드레퓌스파가 반드레퓌스파를 눌러서 승리를 거두고, 결국 1789년의 평등주의적 이상을 보존한 프랑스와 대조적이다). 중부 유럽의 끈질긴 반유대주의에 대한 유대인의 '감정적 반응'은 풍요롭고 오래 지속된 유대 문화 르네상스를 촉발했다.[12] 결국 '내부자'의 지위로 이르는 길이 영구적으로 막혀버렸다고 느낀 많은 유대인들이 '후기-자유민주주의' 시대에 유대인 정체성의 기준 척도를 탐험하기 위해서 동화되고자 하는 꿈을 포기하기 시작했다. 이제 우리가 알고 있듯, 이는 잘 마무리된 이야기는 아니었다.

우파 혁명

따라서 제1차 세계대전 이후 시선을 길들이는 방향에 따라, 정치적 반유대주의는 본능적이고 고도로 악의적으로 발현될 수 있었다. 그 증거로, 바이마르 공화국 내 상당한 규모의 우파-급진적 정치평론가들이 쓴 엄청난 문학작품을 열람해보기만 해도 된다. 그들 중 대다수는 전후 독일 전역에 증식한 준군사적 조직의 베테랑들이었다. 피터 게이의 통찰력에도 불구하고, 그들의 호전적인 글들은 1920년대에 친유대주의가 승리하지 않았음을 명백하게 보여준다. 대신에 하이데거와 상당 부분 정치적 견해를 공유했던 우파 민족주의자들의 입장에서 보면 독일의 신생 민주주의는 본질적으로 불법적인 것이었다. 이는 외부 권력에 의해 독일에 '불법적으로' 강요된 것이며, 유대인의 강권에 버금가는 '비애국적인' 사회민주주의 정치인들이 시행한 정치 시스템이었기 때문이다. 영향력 있는 초기-파시스트 집단의 서기관들은 독일의 초기 공화정 실험을 좌초시키고자 했다. 우파 사회철학자 한스 프레이어Hans Freyer의 말을 빌리자면, 그들은 '우파 혁명'이 도래하기를 바랐기 때문이다.[13] 그러므로 독일 민족 인민당(DNVP, 1930년대 초반 나치가 정치권력으로 부상하기 이전의 우파 제1정치 정당)의 프로그램을 숙독한다면, 다음과 같은 표현을 자주 보게 된다. "우리는 〔1918〕 혁명 이후 도처에서 부상하는 정부와 공공 생활에서의 유대인의 지배에 반대한다."[14]

가장 유명하고 영향력 있는 우파 전문가 중 한 명은 전설적인 대학살의 음유시인, 에른스트 윙거Ernst Jünger이다. 도발적인 제목의 작품, 『강철비 속에서』와 『내적 체험으로서의 투쟁』을 통해, 윙거는 소위 독일 전선 세대 문학 대표자의 선두 지위에 빠르게 올라섰다. 에리히 마리아 레마르크Erich Maria Remarque와 반대로 말이다. 윙거는 아마겟돈과 같은 대전쟁의 대대적인 참상을 소멸해가는 부르주아 문명에 대한 정의로운 판결로 보았다. 윙거가 보기에, 그 전쟁은 이전 시대 전사의 에토스로의 귀환, 곧 '용감함'의 미덕으로 귀환하는 것을 의미한다. 전투는 '한계상황Grenzsituation'으로서 '근본적인' 것과의 접촉을 허용하는 '위험die Gefahr'과의 대결을 가능하게 한다. 윙거가 『내적 체험으로서의 투쟁』에서 말한 대로, "전쟁은 모든 도취를 넘어서는 도취이며, 모든 유대감을 부수는 해방이다. 이것은 경고와 한계가 없는 광란이며, 자연의 힘에만 비견될 수 있다."[15]

1920년대에 윙거는 방대한 극우 잡지 목록을 편집하고 저술했다: 〈헤르만: 독일 민족주의자들을 위한 전쟁서Arminius: Kampfschrift fur deutsche Nationalisten〉, 〈기(旗): 신민족주의 주간지〉, 〈도래하는 자들: 독일 유겐트 연합 주간지Die Kommenden: Uberbundische Wochenschrift der deutschen Jugend〉. 그는 국가사회주의 정당 일간지인 〈민족의 관찰자Volkischer Beobachter〉에 글을 기고하는 것에 대해 거리낌이 없었다. 그에 따르면 유대인은 '깨끗하고 고요한 물'에 기름처럼 도드라지는 인종으로서, 근본적으로 독일인과 달랐다. 인종 혼합이 갖는 유해성을 감안했을 때, 유대인이 동화되기란 불가능했다. 남아 있는 유일한 선택지는 "독일 내에서 유대인이 되느냐 **혹은 되지 않느냐**" 하는 것이었다. 이렇게 「음악에서의 유대주의Judaism in Music」(1850)에서 "인종적으로 소외된 존재인 유대인들은 반드시 소멸되어야 한다"는 바그너의 권고가 울려 퍼진다.[16] '**민족 공동체**'라는 인종적 원칙에 비추어, 윙거는 자신의 선택에 대해 확신을 가지고 있었다.[17]

제1차 · 2차 세계대전 당시 비소설 분야 베스트셀러 중 하나였던 『서구의 몰락Decline of the West』에서 슈펭글러Oswald Spengler는 독일 우파 사이에서 광범위하게 제기된 견해를 확산시켰다. 현대사회에서 서구가 정신적 종말을 맞게 된 근원적 책임은 좀먹는 유대 지성주의의 영향력 때문이라는 것이다. 슈펭글러는 다음과 같이 주장한다.

> 서구에서 다른 어떤 구분보다 문제가 되어온 것은 고딕 스프링타임과 세파르디안 유대인의 인종-이념 간 구분이다. 이들은 서구의 유대인 거주 지역(게토)에서 최초로 형성되었다. … 철학자, 탁상공론가, 공상적 이상주의자와 같은 지성인들로 하여금 〔이들 두 인종 간의〕 형이상학적 혐오의 깊이를 이해하지 못하게 만든 것이 바로 이러한 인종의 곤궁이다. … 유대인은 그들이 관여한 곳에서… 파괴적이었다.[18]

하이데거는 두 사상가의 주장에 사로잡혔다. 일찍이 1916년에 그는 '독일 문화와 대학의 유대인화'를 애통해했다.[19] 하이데거는 전쟁 말기, 머스터드 가스 공격으로부터 보호 임무를 맡은 기상관찰사로 복무했다.

그의 군복무 내역은 특별하지 않지만, 프라이부르크 현자(하이데거-옮긴이)는 독일의 소위 '전쟁 청년 세대Kriegsjugendgeneration'와 완전히 동일시되었다. 『존재와 시간』에서 그는 '민족', '공동체'라고 하는 공격적인 관용구를 받아들였다. 거기에서 그는 이미 1920년대 전쟁과 투쟁에 대한 극우 담론에 가까운 시각을 보여주었다. 전쟁 말엽에 유대인 연인들 중 한 명에게 보낸 편지에서, 하이데거는 사회 다원주의 정신에서 봤을 때, 전쟁이 독일 사회에 유익한 '청소' 효과Reinigungseffekt를 가져올 것이라는 견해를 피력했다. 약한 개체를 제거하고 강자가 살아남는 것을 허용하는 식으로 말이다.[20]

1930년대 하이데거는 윙거의 책과 에세이에 제시된 유형학을 미래 발전에 대한 예언적이고 메타정치적인 암호문으로 읽었다. 전쟁 직후 그가 관찰한 바와 같이, "당시〔1930년대〕 나는 '총동원'에 대한 에른스트 윙거의 〔프리즘을 통해〕 역시적 상황을 보았나. … 이 에세이에서 그의 책, 『노동자』(1932)의 가장 기초적인 특징들이 소개되었다 … 사유의 기초로 이 저작들을… 활용함으로써, 우리는 무엇이 도래할지 생각할 수 있었다."[21]

『노동자』에서 윙거는 강압적이고 군국주의적인 원형적-전체주의 디스토피아에 대한 그의 전망을 열정적으로 설명했다. 윙거에 따르면, 이제부터 군인과 노동자는 교환 가능해질 것이다. 전쟁을 이끄는 행위가 정치, 문화, 사회의 존재 이유로 자리매김할 것이다. 그러한 발전은 제1차 세계대전 말엽 루덴도르프Erich Ludendorff의 독재하에서 맛보기로 제공되었다(1923년에 불운하게 끝난 뮌헨 맥주홀 쿠데타 시도 당시 히틀러를 수행한 루덴도르프는 1937년에 그의 책, 『총력전』을 통해 전쟁 문학을 확대하는 데 기여했다). 이에 따르면, 부르주아 문명의 소심하고 무력한 본성, 본질적인 평범함과 비겁한 사회적 순응이 걷잡을 수 없이 지배한 '반문명'은 내부로부터 붕괴할 것이고, 그런고로 자멸할 것이다.

최근에 출판된 하이데거의 『검은 노트』를 피상적으로 읽어보면, 하이데거가 윙거의 선동적인 시대 진단에 동의했다는 정도만 드러난다.[22] 1930년대에, 하이데거는 윙거의 교리에 대한 두 번의 비공개 세미나를 진행했다. 『전집』 90권 「에른스트 윙거에 대하여On Ernst Jünger」에서, 하이데거는 1932년 윙거의 기념비적 연구가 갖는 '전 세계적' 영향에 대하여 한참 동안을 숙고한다. 비록 거기에는 나치의 권력 장악에 대한 어떠한 예고도 없지만, 히틀러 독재를 위한 이데올로기적 전제조건이 모든 점에서 제1차 · 2차 세계대전 사이에 이미 공식화되었다는 점은 부정할 수 없는 사실로 드러난다.[23] 즉 '총동원'이라는 전투적 에토스를 위해서 전통적 독일 보수주의를 포기하는 일 말이다. 최근 연구는 히틀러가 권력을 장악하기 이전에, 하이데거 철학이 '폭풍과 투쟁Sturm and Kampf'이라는 전사의 정신을 제공하는 데 매진했다는 사실을 명확하게 보여준다.[24]

『하이데거, 제자들 그리고 나치』에서 나는 독일인과 유대인 관계에 대한 사회문화적 복잡성에 내재된 건설적 가능성에 관하여 열린 마음을 유지하려고 했지만, 그와 동시에 수 세기 동안 논쟁이 되어온 결합관계에 대해 숄렘이 던지고 있는 경고를 귀 기울여 듣고자 했다. 1960년대 글에서, 숄렘은 다음과 같이 말한다.

> 지난 200년 동안 독일인과 유대인 사이의 토론에 그러한 개념[즉, 독일인과 유대인의 대화]을 적용하는 것보다 더 오해의 소지가 있는 것은

없다. **이 대화는 그것이 시작한 순간에 끝났고, 결코 다시 일어나지 않았다.** … 확실히 유대인들은 독일인들과의 대화를 시도했다, 힘들게, 애타게, 간청하듯이… 〔그러나〕 이 모든 것에서 나는 대화라 할 수 있는 어떠한 것도 발견할 수 없었다. 그러한 호소에 어떠한 반응도 없었다. 아, 이 단순하고 강력한 깨달음은 젊은 시절 우리들에게 많은 영향을 미쳤으며, 우리들은 독일-유대주의라는 환상에서 벗어났다.[25]

존재의 정치학

'하이데거의 유대인 제자들'이라는 난처한 주제로 돌아가면, 선정 기준에 의문이 생긴다. 하이데거에게는 기량이 뛰어난 수많은 유대인 학생들이 있었기 때문이다. 물론 『하이데거, 제자들 그리고 나치』에 나오는 네 명의 제자가 보여주는 탁월함의 수준에 오른 사람은 많지 않다. 제자 목록을 더 늘렸더라면 지금과는 매우 달라져 팽팽한 긴장감이 덜했을 것이고, 나는 완전히 다른 책을 쓰게 되었을 것이다 철학적 타월성 외에도, 내가 선택한 기준은 다음과 같은 것이었다. ① 독일 문화권에 속해 있을 것, ② 세대적으로 소속되어 있을 것(이 책에서 다루는 하이데거의 제자들은 모두 1897년에서 1906년 사이에 출생), ③ 하이데거 초기 철학의 실존론적 방향성에 실질적으로 전념했음이 증명된 경우. 또한 내가 선택한 인물들은 모두 최소한 한동안은 '하이데거의' 제자들이었다. 같은 이유로, 니체Nietzsche가 적절하게 말한 바와 같이, "만일 누군가가 제자로만 머무른다면, 스승의 은혜에 제대로 보답하지 않는 것이다."[26]

하이데거가 그의 재능 있는 유대인 제자들에게 깊은 영향을 미쳤다는 데에는 의심의 여지가 없다. 그들 대부분은, 그 시대에 꽤 전형적이라 할 수 있는 방식으로 '비유대적 유대인들'이었다. 그러나 확실히 그 영향은 결코 상호적이지 않았다. 한스 요나스Hans Jonas가 그의 『회고록』에서 말한 바와 같이, 1920년대 하이데거의 강의와 세미나에 수많은 유대인이 몰려들었다는 사실은 분명히 이상하고, 설명하기 어려운 일이었다. 어느 정도 확실하게 말할 수 있는 사실은 하이데거 자신은 이 사실에 대해서 그렇게 만족스러워하지 않았다는 것이다.[27] 그러나 내가 이 연구를 수행하게 된 동기는 유대인에 대한 문제 그 자체는 아니었다. 이미 이전의 많은 뛰어난 학문적 연구들이 이에 대해 훌륭하게 다루었다. 오히려 문제는 문학 비평가인 헤롤드 블룸Harold Bloom이 '영향의 불안anxiety of influence'이라 일컬은 것에 관한 것이다. 다른 말로 하자면, 이 연구를 수행하게 된 동기는 이 독일계 유대인 철학자들이 1933년 이중적인 충격을 경험한 이후, 그들이 하이데거 사유의 역학을 붙잡고 씨름하는 방식에 관한 것이었다. 첫째로 1월 30일 나치의 권력 장악, 그리고 나서 5월 1일 대대적인 축하와 함께 하이데거의 정당 가입이라는 이중적 충격 말이다.[28]

몇 주 후, 하이데거는 기초존재론 특유의 관용구와 '폭풍과 투쟁Sturm and Kampf'의 어휘를 섞어가면서, 프라이부르크 대학에서 악명 높은 총장 연설을 했다. 윙거의 교리에 영감을 받은 그는 '노동 봉사Arbeitsdienst'의 미덕을 과장되게 찬양했다. 그는 계속해서 '대지와 피의 힘'의 부활을 찬양했다. 그 힘의 재출현은 독일의 '국가적 각성'에 의해 촉발된 것으로, 나치 혁명을 전형적으로 완곡하게 표현한 말 중 하나이다. 하이데거는 칸트Immanuel Kant, 헤겔Georg Hegel, 그리고 훔볼트Wilhelm von Humboldt 시대 이후로 다른 나라들이 모방하고자 한 보편적인 모델이었던 독일 대학의 임무를 재정의했다. "국가 내에서 자신을 자각하는, 독일 민족의 역사적-정신적 임무에의 의지."[29]

따라서 몇몇 비평가들이 근시안적으로 제기했듯이, 숄렘의 경고와 거리낌을 회고적인 신랄함이나 '신포도'의 산물(자신의 무능을 남 탓으로 돌리는-옮긴이)이라고 단순하게 폐기해서는 안 된다.[30] 물론 『하이데거, 제자들 그리고 나치』에서 나는 공정하고 균형 잡힌 설명을 하기 위해 노력했다. 같은 이유로, 실질적으로 그리고 논조에 있어서, 이 책은 '하이데거와 유대주의'라는 난제를 소개하고자 하는 후속 연구들과 상당히 다르다. 많은 후속 연구들은 하이데거의 실존주의와 동시대 유대 사상 간의 숨겨진 관련성과 예상치 못했던 공통점을 발견하는 데 집중했다. 그들을 이끄는 동기는 전승된 이항 대립과 분류를 극히 유행하는 방식대로 해체하는 것으로 보인다. 그러나 이들 연구들은 종종 막대한 분량의 서로 반대되는 문헌적 · 경험적 증거들을 무시했다. 확실히 '이항 대립'은 좌절감을 느낄 정도로 혼란스러운 것으로 판명 날 수 있다. 같은 이유로, 비판적 · 경험적으로 접근했을 때 그러한 이항 대립은 동시에 필수적인 해석학적 열쇠를 제공하고 방향을 지시할 수 있다. 헤겔이 말한 것처럼, 모든 것은 사태 자체에 의존한다. '모든 것'은 제기되는 질문의 유형에, 그리고 우리가 설명하고자 시도하는 주제의 성격에 달려 있다.

『하이데거, 제자들 그리고 나치』를 쓰기 전에, 나는 하이데거의 정치적 사유의 정체를 폭로하는 『존재의 정치학』을 출간해 국제적 명성을 얻었다. 이 책은 5개 국어로 빠르게 번역되어, 하이데거의 기초존재론이 갖는 이데올로기적 유산에 관한 일련의 논쟁을 촉발했다.[31] 마찬가지로, 나는 이 책에서, 하이데거가 독일의 갈색 혁명Brown Revolution(1933년 나치당의 권력 장악을 이르는 말–옮긴이)에 재빠르게 참여했음을 증명하는 방대한 자료들에도 불구하고, 이에 근거해서 그의 사유를 일축하고자 하는 시도들이 부적절하며 반지성주의의 위험을 자초했음을 논하고자 했다. 결과적으로 나는 하이데거의 정치적 충성심이 갖는 문제적인 성격에도 불구하고—하이데거가 1930년대 초 『나의 투쟁』을 부지런히 읽었던 것으로부터 시작해서, 히틀러와 지지자들이 그들의 궁극적인 대량학살 계획을 숨기려 하지 않았다는—하이데거의 정치적 충성심에 면죄부를 줄지 비난을 할지 해석적인 중도中道를 찾는 것이 우리의 절박한 과제임을 제시하고자 했다.

하이데거의 초기 사유에는 이데올로기적으로 절충적인 지점들이 두드러진다. 예를 들어, 『존재와 시간』 2부의 역사성 이론에서 하이데거는 공동체(국가사회주의의 민족 공동체를 예상하고서), 리더십, 민족(독일에서 의심의 여지없이 인종적 의미를 함축한 말인), 마지막으로 '랑게마르크Langemarck의 영웅들'에게 고개를 끄덕이며, 세대의 이상, 그리고 '죽음을 향한 존재Sein-zum-Tode'의 미덕을 공개적으로 찬양했다. 이러한 모든 면에서 하이데거는 베르됭Verdun(1916년 프랑스군과 독일군이 제1차 세계대전 서부전선에서 벌인 전투–옮긴이), 솜Somme(1916년 프랑스군과 영국군이 독일군을 상대로 서부전선에서 벌인 전투–옮긴이), 마른Marne(1914년 프랑스군이 독일 제국군을 저지한 전투–옮긴이) 전투에서 구축된, 소위 전선 세대의 '전사의 이상'을 열정적으로 수용했다. 돌이켜보면 이 모든 것은 말할 수 없는 비극이자 인간적 공포의 장이었다. 당면한 맥락에서, 나치 세계관은 제1차 세계대전의 '참호 공동체Gravenschützgemeinschaft' 속에서 구축되었다는 점을 상기할 필요가 있다. 저명한 역사학자의 말을 들어보자.

> 나치즘은 국가적 트라우마, 정치적 극단주의, 그리고 폭력적인 갈등과 혁명적 격변의 분위기 속에서 태어났다. … 소수의 범독일 극단주의자들을 도취시켰던 혐오, 공포, 그리고 야망이 뒤섞인 자극적인 혼합물은 갑자기 결정적인 추가적 요소인 물리적 힘을 사용하기 위한 의지와 결단을 획득하게 되었다. 국가적인 굴욕, 비스마르크 제국의 몰락, 사회민주주의의 승리, 공산주의의 위협, 이 모든 것은 범게르만, 반유대주의자, 우생학자, 그리고 초국수주의자들이 세기가 바뀌기 전부터 옹호해왔던 방안들을 실행하기 위해 폭력과 살인을 저지르는 것을 정당화하는 것처럼 보였다, 만일 독일이 한 번이라도 그것을 되돌릴 수 있다면.[32]

최근 『검은 노트』가 출간된 이후, 하이데거 철학에 덧붙여진 이데올로기적 색채뿐만 아니라 유대인과의 관계가 새롭게 긴급한 문제로 떠오르게 되었다. 『검은 노트』는 1930년대 초반에 시작해 1960년대에 끝맺은 것으로, 하이데거가 40년이라는 세월에 걸쳐 충실하게 구성한 '메타정치'에 대한 철학적 숙고를 담고 있다. 전쟁 직후인 1942년에서 1948년에 걸쳐 작성된 가장 최근의 책에서, 하이데거는 홀로코스트를 부정하기 위한 길을 마련한다.[33]

하이데거는 유럽 내 유대인들이 독일인 혹은 나치에 의해 살해되었다고 말하는 것은 실수라고 주장한다. 대신 그는 홀로코스트는 유대인의 '자기-파괴Selbstvernichtung'의 행위로 가장 잘 이해할 수 있다고 본다(이에 상응해서, 죽음의 수용소는 독일어로 '파괴의 수용소Vernichtungslager'이다). 그는 어떤 근거로 이런 주장을 제기하는 것일까? 그가 몹시 투박하고 경멸적인 반유대주의적 편견에만 의존했기 때문이다. 하이데거의 설명에 따르면, 유대인들은 가장 두드러지게 과학기술적인 근대성technological modernity을 운반하는 자이다. 1942년 저작에서, 하이데거는 "유대인 공동체는… 형이상학의 시대에 파괴의 원리를 〔담고 있다〕"라고 주장한다. 그는 "역사상 자기-파괴의 절정에 도달하게 되는 것은 형이상학적 의미에서 본질적으로 '유대적인 것'이(실제로-옮긴이) 유대적인 것과 투쟁할 때뿐이다"라고 덧붙인다.[34]

따라서 아우슈비츠와 다른 죽음의 수용소에서 유대인들은 근대 기술의 제공자로서 그들 자신의 형이상학적 운명의 과잉과 약탈에 굴복했을 뿐이다. 물론 이 주장은 반유대주의적인 정치적 이미지를 열광적으로 투영했을 경우에만 '참'이다. 사르트르Jean-Paul Sartre가 『반유대주의와 유대인』에서 독자에게 날카롭게 지적한 바와 같이, "만일 유대인이 현존하지 않았다면, 반유대주의자가 그들을 발명했을 것이다."[35] 이것이 바로 하이데거가 근대 신화로서 '세계 유대인들'을 재창조하면서 한 일이다.

그러므로 하이데거의 대단히 난해하고, 솔직히 혼란스러운 홀로코스트에 대한 해석에서, 유대인들은 단지 그 자신의 형이상학적 명민함의 희생자들일 뿐이다. '존재역사Seinsgeschichte'의 순화된 관점에 따르면, 유대인들은 '본질적으로' 그 자신의 손으로 죽임을 당한 것이다. 하이데거의 견해에 따르면, 그들의 대량 전멸에는 시적 정의의 요소가 있다고까지 할 수 있다. 서구 근대성의 쇠퇴에 대해 역사적인 책임을 갖는 집단으로서, 그들은 단지 그들이 뿌린 씨앗을 거둔 것일 뿐이다.

여기에, 하이데거가 정치적 판단에 있어서 엄청나게 무능하다는 또 다른 골치 아픈 점이 작용한다. 사실 하이데거는 '존재역사'의 관점을 명료하게 하거나 설명하지 않는다. 앞의 사례가 보여주듯, 내적-세계적 '사건Ereignisse'의 역사적 특수성을 억압하고 왜곡하는 한, 이러한 역사적 불명료함은 오히려 도움이 된다. 이는 눈을 가린 하이데거의 제자들과 지지자들이 시급하게 대답해야 할 질문들이다. 우리가 살펴본 것처럼 그의 판단 착오가 너무나 많고 터무니없을 때, 과연 하이데거의 관점은 생생한 경험이 갖는 예측불허의 변동성에 어떠한 빛을 던져줄 수 있을 것인가? 거의 모든 경우, 문제가 되는 오판들은 사소한 일회적 사건에 관한 것이 아니라, 20세기 역사의 핵심적인 도덕적 딜레마에 관한 것이다.

하이데거와 로젠츠바이크

철학자 프란츠 로젠츠바이크(1886-1929)는 하이데거와 상당히 유사한 접근 방법을 보여주는 주요 유대 사상가 중 한 명이다. 로젠츠바이크는 마르틴 부버Martin Buber와 함께 1920년대 유대 문화 르네상스의 주요 창시자였다. 1923년 로젠츠바이크와 부버는 프랑크푸르트에 전설적인 **유대인 자유 학교**Freies Judisches Lehrhaus를 공동 설립했다. 이곳은 유대 문화 연구와 평생 교육을 위한 센터였으며, 에리히 프롬Erich Fromm, 레오 로벤탈Leo Lowenthal, 그리고 지그프리트 크라카우어Siegfried Kracauer가 함께 참여했다. 로젠츠바이크와 부버가 구약에 대한 새로운 번역을 하기 시작한 것 또한 이 시기이다. 이 번역은 유대 정신의 본래성을 찾는 데서 영감을 받은 대담한 사업이었다.

로젠츠바이크는 사후에 출판된 글에서, 자신의 '새로운 사유' 유형과 하이데거가 『존재와 시간』에서 '존재론 역사의 해체'를 위해 소환한 것 사이에 예상치 못한 유사성이 있는 것으로 보인다고 말한다.[36] 두 사람에 따르면, 니체Nietzsche와 도스토옙스키Dostoevsky가 수십 년 전에 예측했던 것처럼, 대부분의 유럽 나라들에 걸쳐 수많은 대학살의 희생을 퍼뜨린 대전大戰은 서구 대다수의 도덕적 · 정신적 파탄을 확인시켜주었다. 의문의 여지없이 하이데거의 가장 성공한 비유대인 학생이었던 한스-게오르크 가다머Hans-Georg Gadamer는 그의 자서전에서 1920년대 초반의 시대 분위기를 지배했던 비타협적인 문화적 급진주의의 저변에 깔려 있는 동기에 대해 다음과 같이 설득력 있는 반성을 했다.

> 독일에서 키르케고르Kierkegaard를 새롭게 수용하는 분위기에서 당대 진리에 대한 주장은 그 자체로 '실존론적'이라고 불렸다. 실존주의는 보편적으로 제기된 명제나 지식의 견지에서 증명되는 진리가 아닌, 자신의 고유 경험의 직접성 속에서, 그리고 자기 실존의 유일무이한 특수성 속에서 증명되는 진리를 다루었다. 무엇보다도, 도스토옙스키는 이에 대해서 알고 있었던 것 같다. 그가 쓴 소설의 붉은 종이판본이 모든 책상을 노려보고 있다. 반 고흐van Gogh와의 편지와 키르케고르가 헤겔에 반대해서 썼던, 『이것이냐, 저것이냐』가 우리에게 손짓한다. 그리고 우리 문화의 낭만적 전통주의에 거의 눈에 띄지 않는 위협으로서, 우리의 모든 실존적 참여의 대담함과 위험성 이면에 프리드리히 니체의 거대한 형상이 서 있다. 자의식의 환상을 포함해서 모든 것에 대한 황홀한 비판과 함께 말이다. 우리는 니체가 제시한 강력한 결단력에 부합하는 철학적 힘을 가진 사상가가 어디에 있는지 궁금했다.[37]

전쟁이 일어나기 몇 년 전에는 학문적 철학이 우위를 점하고 있었다.

가다머의 글은 '전쟁 청년 세대'가 전쟁 이전에 우세했던 지배적인 학문적 철학의 변종으로부터 겪은 소외에 대한 중요한 통찰을 제공한다. 무엇보다 당대 지배적인 학문으로는 헤르만 코엔Hermann Cohen과 1929년 하이데거와 다보스에서 논쟁을 벌인 코엔의 학생 에른스트 카시러Ernst Cassirer가 지지한 신칸트주의가 대표적이었다. 이에 상응해서 가다머는 하이데거, 야스퍼스 등의 사상을 특징짓는 실존론적 관심으로의 방향 전환에 중요한 통찰을 제공한다. 이것은 마치 30년 전 니체가 '모든 가치들의 탈가치화'를 호소한 것이 마침내 적중한 것 같았다. 이런 점에서 '실존'이 대중적인 지적 장소topos로 부상한 것은 '유럽 니힐리즘'에 관한 니체의 예언에 따른 것이었다. 세계대전의 여파에 뒤이은 문화적 위기에서 확인된 것처럼, 만일 서구가 정말로 기독교, 이성, 그리고 근대성이라는 '최상의 가치의 탈가치화'를 경험하고 있었다면, 고수해야 할 것으로 남겨진 유일한 것은 꾸며지지 않고, 환상에서 자유로운 실존Existenz뿐이었다. 니체 사망 이후 수십 년간 생철학Lebensphilosophie이 이미 극단으로까지 밀어붙인 제일철학First Philosophy 비판에 따르면, 모든 '본질essences'은 환상에 불과하다. 만일 사정이 그와 같다면, 그리고 형이상학의 무시간적 진리에 대한 전통적인 열망이 공상적인 것이라면, 확실성을 위한 유일한 토대는 실존뿐이다. 『존재와 시간』에서, 하이데거는 '기초존재론'을 위한 출발점이 '실존이 본질에 앞선다'는 통찰이라고 말했을 때, 이 관점을 전용했다.[38]

따라서 하이데거와 로젠츠바이크 모두 상호 보완적인 방식으로, 이러한 보다 일반적인 문화적 · 지적 동향에 대해 철학적인 방식으로 응답하고자 했다.

아리스토텔레스적인 '실체 형이상학'을 '해체'해야 한다고 호소한 하이데거는 관습에 대한 저항이 극에 달해, 전통적인 철학의 어휘를 버려야 한다고 생각했다. 『존재와 시간』에서 하이데거는 반드시 처음부터 재창조하는 것이 필수적이라 믿었다. 그렇기에 1927년 그의 걸작에는 '손안의 존재', '죽음을 향한 존재', '존재 전체의 가능성' 등등의 크고 무거운 신조어들이 과도하게 넘쳐흐른다. 전통에 대한 하이데거의 비판은 셸링Friedrich Schelling이 칸트와 피히테의 '주관적 관념론'에 응수한 것과 유사하다. 셸링은 칸트와 피히테의 접근법을 '부정철학'이라 조롱했다. 셸링은 그들이 사유 주체의 인간중심적 관점을 특권화함으로써, 결국에는 그들이 설명하기로 한 존재의 본질을 폄하하게 되었다고 비난했다. 이런 식으로 셸링은 그의 선임자들이 실수로, 사실상 파생적인 개념에 우선권을 부여했다고 평가한다. 셸링은 본질 혹은 존재와 함께 시작한 자신만의 접근법을 '긍정철학'이라 명명한다. '마음', '주체성' 등에 우선권을 부여하는 초월철학의 허위 주장과 전적으로 대립되는 새로운 유형의 흔들리지 않는 존재론의 토대로서, 셸링의 긍정철학은 존재물음Seinsfrage을 향한 하이데거의 방향성을 앞서 보여주는 철학적인 움직임이었다.

그럼에도 『구원의 별』(1921)에서 로젠츠바이크가 취한 조치는 하이데거와 몇 가지 면에서 근본적으로 달랐다. 두 사상가를 공평한 시각으로 바라보려면, 그들의 차이점에 대해서도 공정하게 평가할 필요가 있다.

로젠츠바이크는 새로운 사유에서 세속적 성취에 대한 계몽주의의 공허한 약속을 단호하게 거부했다. 『구원의 별』과 관련 작품들에서 그가 보여주는 휴머니즘과 자유주의 이념에 대한 명백한 환멸은 그로 하여금 구약에서의 '구원의 약속'으로 귀환하도록 다그쳤다. 이러한 점들에 기초했을 때, 하이데거와 달리 로젠츠바이크는 **결연한 신학적 사상가였다**.

또 다른 중요한 지적 차이는 그들의 개별적인 철학적 출발점에 있다. 하이데거는 '현사실성' 혹은 '실존', 즉 최소한의 존재론적 의미로 환원되는 '세계-내-존재Being-in-the-world', 혹은 현존재Dasein와 함께 철학을 시작했다. 이와 반대로 로젠츠바이크의 경우, 그의 신학적 열망과 전적으로 일치하는 방식으로, 철학은 신에 의해 창조된 피조물, 혹은 '창조된 삶'에서 시작해야 한다. 다시 말해 성취의 전망이 긴급한 구원 가능성에 달려 있는 철학은 '타락한' 인간성에서 시작해야 한다.

그러나 인간 실존의 궁극적 목적을 규정하는 방식에 대해 성찰할 때, 그들의 차이는 보다 극명해진다. 로젠츠바이크에게 있어서 인간 실존의 궁극적 목적은 무한하고 영원한 구원을 통해 피조물로서의 삶, 즉 시간성을 파괴하는 것이다. 반대로 하이데거에게 있어, 유한성으로서 죽음을 향한 존재는 본래성Eigentlichkeit에 이르는 열쇠일 뿐만 아니라 인간 실존의 완벽한 범례에 해당한다. 한편 로젠츠바이크의 경우, 죽음은 초월을 향한 길 위의 중간역, 즉 영원의 이름으로 인간성을 유한성의 고역으로부터 해방하는 더 높은 형태의 존재로 향하는 통과의례를 의미한다. 그러므로 하이데거와는 아주 대조적으로, 로젠츠바이크의 생각은 "극도의 주체성, [혹은]… 귀먹은, 그리고 맹목적인 자기성과 무한한 객관성의 빛나는 명료성 사이를 잇는 다리"라 볼 수 있는 것에 관한 물음에 의해 추동된다.[39] 『구원의 별』에서 극도의 주체성과 무한한 객관성의 두 계기를 매개하는 연결고리는 계시이다. 이러한 관점에 따르면, 세속주의 사도들이 한계와 결핍으로 인식하는 유대인의 비역사적 민중으로서의 지위는, 특히 그들이 영원과 구원의 약속을 받아들인다는 것을 의미한다. 그러므로 "세계, 국가, 전쟁, 또는 혁명의 전체 역사는 다른 민족에게는 엄숙함과 중요성을 갖지만 유대인에게는 그렇지 않다. '신의 백성'을 위해서는 영원이 항상 존재하는 반면, 다른 민족들은 그들 자신의 영구적 영속성을 보장하기 위해서 국가, 법, 그리고 국가 권력을 필요로 한다."[40]

『존재와 시간』에서의 실존론적 분석은 하이데거가 원죄에 대한 아우구스티누스적 교리를 세속적으로 다시 읽음으로써 심도 깊게 빚어낸 것이다. 이러한 시점에서 보면, '무한한 객관성의 빛나는 명료성'으로서의 구원에 대한 사고는 말도 안 되는 것이다. 즉 '존재-신-론ontotheology'의 귀환일 뿐이다. 이러한 측면에서 하이데거는 **단호하게 후기-니체주의적 사상가**로 남아 있었다. 그러므로 그는 『자라투스트라는 이렇게 말했다Thus Spoke Zarathustra』에서 '신의 죽음'에 대한 니체의 중대한 선언을 정신의 역사에서 돌이킬 수 없는 지점을 나타내는 것이라 믿었다.

하이데거와 로젠츠바이크에 관한 획기적인 에세이에서, 뢰비트는 그들의 근본적인 차이점에 대해 설명했다. 뢰비트가 주장하는 바와 같이, 하이데거가 『존재와 시간』에서 출발점으로 삼은 '현사실적 삶factical life'의 우연성은 『구원의 별』에서의 창조와 구원에 해당한다. 〔하이데거에서〕 죽음으로 향하는 자유는 〔로젠츠바이크에서〕 영원한 삶의 확실성에 대응한다; 시간에 순간적으로 있음〔매순간성Jeweiligkeit〕은 세상이 끝날 때 왕국이 도래할 것을 대비해 항상 준비되어야 한다. 논문 「나 자신은 시간 중에 있다I myself am time」는 신의 시간은 영원에서 영원까지이므로 무시간적이라는 명제에 상응한다. 그리고 유한한 실존이 갖는 시간적 진리는 『구원의 별』에서의 영원한 진리에 대응한다.[41]

요약하자면, 하이데거의 실존은 로젠츠바이크의 접근 방식과 극명한 대조를 이루며, 인간의 유한성이라고 하는 불안이 들끓는 변전에 돌이킬 수 없을 정도로 빠져 있다. 그의 실존론적 존재론은 초월이 영구히 폐기되었다고 전망하며, 신에게 버림받은 인간 조건의 본성에 열중한다. 남겨진 것은 구원에 대한 희망을 빼앗긴 채, '세계-내-존재'라는 극복 불가능한 진리로서 '절망'스러운 현실을 냉정하게 받아들이는 것이다. 허버트 마르쿠제Herbert Marcuse가 1971년 인터뷰에서 말한 바와 같이 말이다.

> 만일 당신이 〔하이데거의〕 인간 실존에 대한 견해를 본다면… 대단히 억압적이고 숨 막힐 듯한 해석을 보게 될 것이다. 나는 오늘 막 『존재와 시간』의 목차와 그가 실존 혹은 현존재의 본질적 특성을 바라보는 주요 범주를 살펴보았다. … '잡담, 호기심, 애매함, 퇴락 그리고 던져져 있음, 마음씀, 죽음을 향한 존재, 불안, 두려움, 지루함' 등등. 이것은 억압적인 사회에서 인간의 공포와 좌절감을 잘 묘사하고 있다. 죽음과 불안에 빛을 잃은 기쁨이 없는 실존: 권위주의적인 인격을 지닌 인간 유형.[42]

같은 이유로, 자세히 살펴보면 로젠츠바이크의 사상이 갖는 유대적인 차원은 때로는 경직되어 보인다. 이 딜레마는 '극도의 주체성' 혹은 '귀먹은, 그리고 맹목적인 자기성'으로 생명을 묘사하는 데에서 명확해진다. 로젠츠바이크의 새로운 사상은 유대 신학의 원시전통과 유사성을 갖기보다, 1920년대 초 카를 바르트Karl Barth의 혁신적인 논문 「성 바울의 로마인 서한에 대한 논평Commentary on St. Paul's Epistle to the Romans」에 영감을 받은 '위기 신학crisis theology' 담론과 보다 더 유사성을 갖는 것으로 보인다.

로젠츠바이크는 1920년대에 쓴 공개적인 편지에서 다음과 같이 말한다.

> 사실, 나의 관점은 철학이 참일 수 있으려면, 그 철학은 철학하는 사람의 입장에서 나오는 '철학함'이어야 한다는 것이다. 자신의 주관성에서 정직하게 출발하는 것 외에 객관적일 수 있는 가능성은 없다. 객관적이어야 하는 의무는 전체 지평을 실질적으로 고려해야 한다는 것만을 요구하는 것이지, 사물을 자기 자신의 관점으로 보아서는 안 된다든가, 어떤 관점도 취해서는 안 된다는 것을 의미하지는 않는다.[43]

그러므로 더 깊이 숙고해보면, 로젠츠바이크의 접근법이 1920년대 초 독일 지성계 전반을 뒤흔든 키르케고르와 르네상스로부터 얼마나 많은 영향을 받았는가가 명백해진다. 이에 비추어볼 때만이, 참된 철학은 **'철학하는 개인의 관점'** 혹은 **'자기 자신의 주체성'**의 관점으로부터 출발해야 한다고 로젠츠바이크가 말한 주장의 파급력을 온전하게 평가할 수 있다. 이러한 주장은 시대의 실존론적 정신으로부터 문제의 핵심을 끌어낸다. 따라서 전통적인 유대교 교리와 그의 주장이 맺는 관계는 여전히 미약하다. 로젠츠바이크가 『구원의 별』 1부에서 간략하게 묘사하는 타락 이후의 '창조적' 세계는 하이데거가 말하는 '일상성'의 황량한 우주를 닮아 있다. 여기서는 비본래성의 양상들, 호기심, 애매성, 그리고 잡담이 지배적이다. 따라서 로젠츠바이크에게도 부르주아 사회는 그 속에서 주체성이 비본래적 선택과 전망의 다양성에 의해 유혹을 받고 혼란에 빠지는 정신적 · 실존적 궁핍의 현장이다. 이와 같이, 부르주아 사회는 구원과 위안을 간절하게 부르짖는 세계이다.[44]

로젠츠바이크가 유대인을 선택된 민족으로 논하는 것은 당시의 민족주의적 관용구로 종종 표현된 것이다. 유대 민족이 영원한 삶과 구원에 적합한 이유는 역설적으로 그들이 시간적 · 역사적인 관심사로부터 정치적으로 고립되었기 때문이다. 따라서 로젠츠바이크는 유대인을 '피의 공동체'라고 기술하기를 절대 꺼리지 않았으며, 종종 그렇게 하곤 했다. 로젠츠바이크가 유대인이라는 개념을 선택한 것은 독일 민족의 특유한 담론을 반사한 거울 이미지였으며, 로젠츠바이크가 '영원성'을 치켜세운 것은 격렬한 논쟁을 낳았다. 이와 같이, 로젠츠바이크는 유대인의 디아스포라를 허약함이나 장애 요인이 아닌 정신적인 명예의 표시, 즉 유대인의 약속의 징표로 보며 필요에 의해 이를 미덕으로 삼았다. 로젠츠바이크의 철학적 탁월성에도 불구하고, 그의 동시대 제자들이 유대인의 삶의 비역사적 성격에 대한 그의 찬사에 의문을 제기하지 않은 것은 놀라운 일이다. 결국 1929년 로젠츠바이크가 갑작스러운 죽음을 맞은 지 얼마 되지 않아, 팔레스타인으로 안전하게 이주한 시온주의자들을 제외한 유대 민족은 시대적 관심사에 대해 그들이 보여준 혐오에 대한 혹독한 대가를 치러야 했다.

하이데거와 레오 스트라우스

하이데거의 유대인 추종자라는 주제를 다룰 때, 주기적으로 수면에 올라오는 또 다른 대표적인 사상가는 정치철학자 레오 스트라우스Leo Strauss이다. 『하이데거, 제자들 그리고 나치』의 초판이 출간되고 몇 년 동안 레오 스트라우스의 몇몇 제자들은 스트라우스 사상이 하이데거로부터 받은 영향에 대한 학문적 논의를 이어갔다(최근 몇 년 동안, 하이데거의 유산이 논쟁에 시달려왔기에, 스트라우스 추종자들은 대체로 프라이부르크 현자가 스트라우스에게 미친 영향을 최소화하기 위해 노력했다). 스트라우스는 영향력 있는 그리스 정치사상의 주창자이다. 그리고 하이데거는 고대 문헌을 삶으로 복원시키는 전설적인 능력을 갖고 있었다. 이러한 이유로, 하이데거의 전설적인 능력과의 짧지만 중대한 만남으로 스트라우스가 무엇을 얻을 수 있었는지를 검토하는 것은 가치 있는 일이 될 것이다.[45]

학문적 논의를 하는 자리에서 수수께끼 같은 말을 하는 것은 문제가 되지만, 스트라우스가 하이데거의 지위와 위상에 대해 새롭게 정식화한 덕분에 당면 과제는 용이해진 동시에 불투명해졌다고 할 수 있다. 플라톤의 모델을 따랐던 스트라우스는 일반 대중이 오해할 것을 예상하고 글을 쓴 사람이었다. 그는 결과적으로 소수만 이해하는 내면적 글쓰기의 전문가가 되었으며, 제자들과는 전문가를 위한 암호화된 메시지로 외적 의사소통을 보충했다. 스트라우스를 합법적으로 하이데거의 '제자'로 생각해도 될까?

1922년에서 1924년 사이에 하이데거는 〈아리스토텔레스에 대한 현상학적 해석Phenomenological Interpretation of Aristotle〉이라는 주제로 일련의 매혹적인 강의와 세미나를 선보였다. 이들 강좌들은 현재 거의 모두 출판되었다. 스트라우스는 1923년 봄 학기에 이 강의를 청강했으며, 하이데거가 프라이부르크에서 마르부르크로 옮겨간 이후로는 같은 해 가을에 청강했다.

이들 강좌가 하이데거 사유의 발전에서 갖는 중요성은 아무리 강조해도 지나치지 않다. 이 강좌들은 『존재와 시간』의 서문에 해당한다. 하이데거는 아리스토텔레스에 관한 다양한 유형의 논제와 주제를 다루었다.

하이데거의 '실체 형이상학'에 대한 영향력 있는 비판은 아리스토텔레스의 『형이상학Metaphysics』과 『자연학Physics』과의 대결로부터 자라나온 것이었다. 그럼에도 이 강좌들 중에서 가장 중요한 것은 『니코마코스 윤리학Nichomachean Ethics』과의 만남이었다. 이 책에서 아리스토텔레스는 이론 혹은 반성과 대립되는 것으로서 실천철학, 혹은 '실천praxis'이라는 개념을 발전시켰다. 쟁점은, 진리와 본질적으로 관련된 실존의 영역으로서, 인간의 실천적 삶에 특유하고 엄밀하게 적합한 철학적 분석을 하는 문제와 관련된 것이었다. 플라톤과 달리 아리스토텔레스는 실천이성을 제일철학의 영역으로부터 도출된 척도에 종속시키기를 거부했다. 대신에 그는 실천을 그 자체로 타당한 활동과 의미 영역, 그러니까 이론보다 가치가 낮기는 하지만, 그 자체의 독특한 의미 기준을 갖는 하나의 영역으로 이해했다.

하이데거는 실천이성의 철학자인 아리스토텔레스와 대결함으로써 궁극적으로 '세계-내-존재'로서 '실존'이라고 하는 그의 독특한 개념, 즉 일련의 '세계 관련' 혹은 실천적 참여로 정의되는 그의 현존재 개념을 마련하기 위한 길을 닦을 수 있었다. 해석자들은 그가 '인식론'의 근대적인 가정을 거꾸로 뒤집어놓는 한에서, 『존재와 시간』에서 하이데거의 '실용주의pragmatism'를 언급하는 것을 좋아한다. 데카르트와 칸트는 당대의 과학적 편견에 따라 이론이성theoretical reason을 일차적인 것으로 보는 반면, 실천에 대한 아리스토텔레스의 교리에서 영감을 받은 하이데거는 '순수이성pure reason'을 '세계-내-존재'의 파생적 지위를 갖는 것으로 취급하면서 의미의 순서를 뒤집었다.

스트라우스는 훗날 자전적 고백에서 하이데거가 자신의 지적 성장에 얼마나 강력한 영향을 끼쳤는지를 흔쾌히 인정한다. 그는 프라이부르크 철학자를 '우리 시대의 매우 위대한 사상가'라고 언급하면서 (1930년대 하이데거의 불미스러운 정치적 충성심을 암시하며) "그의 도덕적 자질은 그의 지적 자질과 일치하지 않는다"고 서둘러 덧붙인다. 하이데거의 정치적 지향성에 관한 의구심에도 불구하고, 스트라우스는 프라이부르크 현자에게 엄청난 찬사를 계속 보낸다. "그는 아리스토텔레스에 의해 쓰인 무언가를 최초로 이해하게 해주었다. 그것은 악순환을 깨뜨려주었고, 나는 비로소 아리스토텔레스를 이해할 수 있게 되었다. 그리고 피상적으로가 아니라, 나 혼자 힘으로 진지하게 공부하기 시작했다."[46]

스트라우스는 1930년대 초 유대인 철학자 마이모니데스Maimonides가 소위 '신학적-정치적 문제'를 새롭게 정식화한 것을 발견하면서 비로소 그의 궁극적인 사유의 길을 찾을 수 있었다. 마이모니데스가 새롭게 정식화한 작업은 우연한 결과가 아니라, 아리스토텔레스를 재해석하는 데서 영감을 받은 것이었다. 따라서 스트라우스는, 앞의 언급에서 명시적으로 언급하지는 않았지만, 하이데거의 영향력을 젊은 시절 자신의 지적 성장에 있어서의 전환점으로, 혹은 결정적 시간이라 인정한다. 즉 하이데거와의 만남이 그의 지적 성장에서 '그리스 초기'라고 하는 최고의 본질에 이르게 한 중요한 경험이었음을 인정한다. 그러나 하이데거가 소크라테스 이전the pre-Socratics으로 돌아가야 한다고 여겼던 것과 달리, 스트라우스는 인간 행위 혹은 실천의 영역에서 가장 숭고한, 혹은 '최상의 삶highest life'에 관해 방향을 제시한 탁월한 사유의 근원으로 플라톤과 아리스토텔레스의 정치사상에 초점을 맞추었다.

한편으로 스트라우스는 하이데거가 갖는 전형적인 파시스트적 본성에 대해서조차도 꽤 솔직담백하다. 스트라우스가 「설명하기」에서 솔직하게 선언했듯이, 그는 하이데거를 **'정치인으로서 히틀러의 대응인물'**로 보고 있다.[47] 스트라우스는 「하이데거적 실존주의 입문」에서 이 주장을 통해 무엇을 말하고자 했는지 부분적으로 설명한다. "『존재와 시간』을 읽고, 나무를 보면서 숲을 함께 보는 사람이라면 누구든지 성향과 방향에 있어서 하이데거의 사유와 나치 사이의 유사성을 탐지할 수 있었다. 극단주의 운동을 부추기는 것 외에 합리성을 경멸하고 결단성Resoluteness을 찬양하는 실질적이고 진정한 의도는 무엇인가?"[48] 1970년대, 젊은 시절 동료이자 하이데거 청강생이었던, 수리철학자 제이콥 클라인Jacob Klein과의 대화에서, 스트라우스는 하이데거의 실존철학에서 두드러진 윤리적 결핍에 대한 책임이 결단성 개념에 있음을 시사하면서, 하이데거의 '결단성' 개념으로 되돌아간다. 스트라우스는 다음과 같이 설명한다. "무엇을 위한 결단인지를 지시하지 않는다면, 하이데거의 결단성으로부터 1933년의 소위 나치를 편드는 쪽으로 이어지는 하나의 직선이 있다."[49] 이런 방식으로, 스트라우스는 『하이데거, 제자들 그리고 나치』에서 문제제기했던 중심적 역설 하나를 소개한다. 말하자면 본질적으로 위태로운 철학적 관점임에도 불구하고, 하이데거 철학이 궁극적으로 20세기의 가장 독창적인 정치사상가 중 한 명으로 꽃 피울 젊은 독일계 유대인, 스트라우스의 지적 방향에 영감을 주었다는 사실 말이다.

그럼에도 몇 번에 걸친 스트라우스와 하이데거의 만남이 갖는 결정적 성격에 대한 스트라우스의 발언에는 명백하게 생략된 측면이 있다. 스트라우스가 유대인이라는 지위를 갖고 있다는 점을 고려할 때, 몇 가지 중요한 점에서 스트라우스 자신이 하이데거의 극우적인 정치적 선택에 깊이 공감한 것처럼 보인다고 말하면, 터무니없는 생각일까?

결국, 1920년대에서 1930년대 초 스트라우스는 자신의 지적 성장에 대해 반성한다. 전쟁 기간에 성년이 된 많은 젊은 독일인들처럼, 그는 근대사회에 대한 니체의 전면적인 비판을 복음으로 여겨, 사회를 본질적으로 허무주의적인 것으로 바라보았다고 고백한다. 스트라우스가 동료 하이데거 제자인 카를 뢰비트에게 보내는 1935년 편지에서 썼던 바와 같이 말이다. "니체는 22세부터 30세까지 나를 지배하고 사로잡았다, 내가 그에 대해 이해했던 모든 것을 말 그대로 믿었다."[50]

니체가 스트라우스에 끼친 영향이 갖는 중요성은 그가 1941년 뉴스쿨New School for Social Research에서 '독일 니힐리즘'에 관해 발표했던 공개 강의를 통해 확인된다. 강의 내용은 1990년대 후반에야 출판되었다. 비록 스트라우스가 '고전적 · 정치적 합리주의'를 치유하는 것에 '구심점'을 둔 이후 그 강의를 구상했음에도 불구하고(한때 그가 다음과 같이 강력하게 주시한 바와 같이, 니힐리즘에 대한 저항력이 부족한 것은 궁극적으로 유일하고 변화 불가능한 이성을 멸시하고 경시했기 때문인 것으로 보인다), 현대 독자를 뒤흔들 수밖에 없는 것은 스트라우스가 동시대인들, 그러니까 독일 니힐리즘 세대에 대해 유별나게 공감했기 때문이다. 스트라우스도 인정하듯이, 나치 운동은 독일 허무주의자라는 인간 유형에 의해 만들어졌다. 돌이켜 생각해보면, 스트라우스의 설명에서 눈에 띄는 점은 그가 진심으로 근대 서구사회를 구제할 길 없이 허무주의적인 것으로 거부하는 입장, 그것도 니체에게 영감을 받은 '전쟁 청년 세대'의 거부를 진심으로 받아들였다는 점이다. 스트라우스와 그의 작품 속 주인공들은 모두 서구사회를 전형적인 속물근성의 사회로 본다. 이는 『자라투스트라는 이렇게 말했다』에서 '최후의 인간Last Man'에 대한 대단히 파괴적인 초상을 통해 니체가 강력하게 제시했던 '시대 진단'이다. '독일 니힐리즘'에서 스트라우스는 자신의 주장을 뒷받침하는 니체의 이 유명한 구절을 명시적으로 언급한다. 스트라우스를 허무주의의 심연에서 벗어나게 하고 사상가로 만들어준 것은 1930년대 중반, 규범적 근거의 상위 원천인 고전적 이성을 발견한 덕분이었다.

이와 같은 이유로 인해, 스트라우스는 근대 문명사회에 대해 허무주의적으로 거부하는 입장을 적절한 형태의 '도덕적 항의'로 받아들인다. 이 도덕적 항의는 플라톤이 『국가』 제2권에서 '돼지들의 도시'를 고발한 것과 유사하다.

> 그 항의는 근대 문명에 고유한 인터내셔널리즘, 좀 더 정확하게는, 근대 문명의 목표인 완전하게 개방된 사회의 구축은 도덕적 삶이라고 하는 기본적인 요구와 양립할 수 없다는 확신에서 비롯된다. 그 항변은 모든 도덕적 삶의 뿌리는 본질적으로… 폐쇄사회라는 확신에서 비롯된다. 개방사회는… 부도덕하지는 않지만 적어도 반도덕적이기 마련이라는 확신에서 [비롯된다]; 쾌락, 이득, 무책임한 권력을 추구하는 사람의 공통점, 실로 일종의 무책임성, 그리고 진지함을 결여한 [사람의] 공통점.[51]

스트라우스가 정치적 자유주의 혹은 '개방사회'의 폐단을 지적하는 것을 그가 젊은 시절 가졌던 니체 철학적 확신과 견해를 충실하게 반영한 것이라 해석하는 것은 타당하다. 문제가 되는 것은, 많은 면에서, 이러한 표현이 희화화와 단순화를 몰래 들여온다는 점이다. 본질적으로, 스트라우스가 '인터내셔널리즘'과 민주주의적 삶의 방식이 갖는 폐단에 대해 지적한 바는 중부 유럽적 원한Ressentiment을 표현한 것으로, 독일이 세계대전에서 패배한 데서 부추겨진 원한 감정이다. 그러나 이러한 관점은 공동사회Gemeinschaft에서 이익사회Gesellschaft로의 변화 과정과 함께한 개인주의적 인격 발전의 잠재력은 말할 것도 없고, 정치적 자유주의가 전통적으로 구축해온 시민적 미덕을 정당화하지 못한다. (한나 아렌트는 『혁명에 대하여On Revolution』에서 미국 건국을 상세하게 묘사함으로써 이러한 시민적 잠재력을 훌륭하게 재평가했다. 현대적 '개인주의'의 발달상이 갖는 이득은 존 스튜어트 밀John Stuart Mill과 에밀 뒤르켐Emile Durkheim에 의해 설득력 있게 설명되었다.) 그러나 스트라우스가 (카를 슈미트Carl Schmitt에게 고개를 끄덕이며) 전쟁 준비와 관련한 애국심과 희생에 우선권을 부여함으로써 자유주의의 경박함을 뛰어넘는 '폐쇄사회'의 미덕을 칭송하는 것도 똑같이 문제적이다. 전쟁 혹은 투쟁(스트라우스는 이 문맥에서 에른스트 윙거의 작품을 적절하게 인용한다)은 독일 허무주의자들이 자유주의적 소심함에 반대하여 수용한 가치이다.

스트라우스는 많은 동시대인들과 함께 바이마르 공화국 시절의 경험을 토대로 정치적 자유주의의 규범적 잠재력을 평가했다. 그의 견해에 따르면 바이마르 공화국은 한 재난에서 다음 재난으로 거듭해 휘청거렸다. 독일의 신생 민주주의는 처음부터 좌우 양쪽에서의 쿠데타 시도에 시달렸다. 그 후 1920년대 중반 바이마르 공화국이 누렸던 정치적 안정은 1929년의 경제 공황과 함께 급속히 붕괴되었다. 이후 궁극적인 종말은 기정사실인 것처럼 보였다. 스트라우스가 「스피노자의 종교 비판Spinoza's Critique of Religion」 서문에서 날카롭게 지적하듯이, "바이마르 공화국은 나약했다. … 전체적으로 칼이 없는 정의 혹은 칼을 사용할 수 없는 정의라고 하는 안타까운 광경을 보여주었다. … 이러한 나약함은 빠르게 붕괴로 이어질 것이 확실했다. 그것은 국가사회주의의 승리를 확신하지 못했다. … 이러한 승리가 필요하게 되었다. 왜냐하면 단연코 강한 의지 혹은 대쪽 같은 결의를 가진 사람, 위대한 무자비함, 그의 추종자들을 지배하는 대담성과 힘을 가진 사람이… 혁명의 지도자였다."[52]

우리는 이 기간 동안 스트라우스가 확고한 반공화주의자였다는 사실을 안다. 그런데 당시 스트라우스 자신의 정치적 견해는 무엇이었을까? 우리는 나치가 정권을 장악한 후에, 스트라우스가 뢰비트에게 썼던 이전 편지에서 중요한 단서를 발견했다. 스트라우스는 이 공개 문서에서 나치 통치가 비효율적인 것으로 판명될 것이라 예상하고, 그들을 경시한다(찰리 채플린Charles Chaplin이 〈위대한 독재자The Great Dictator〉에서 히틀러를 조롱한 것이 바로 떠오른다). 스트라우스에 따르면, 그들은 사이비 파시스트일 뿐이다. 반면 독일과 유럽이 필요로 하는 것은 진짜 파시스트이다. 스트라우스가 설명한 바와 같이, "독일이 우파 쪽으로 돌아서서 독일 유대인들을 추방했다고 해서, 우파의 원칙이 거부되어야 하는 것은 아니다. 반대로 파시즘, 독재 정권, 제국주의와 같은 우파의 원칙에 근거해서만, '인간의 양도할 수 없는 권리'에 우스꽝스럽고 애처롭게 호소하지 않고, 위엄 있는 태도로 비천한 보잘것없는 사람nonentity에 항의하는 것이 가능하다."[53]

물론 문제의 '보잘것없는 사람'은 히틀러, 그 삼위일체의, 갈색 셔츠를 입은 추종자들(나치당의 준군사조직인 돌격대를 가리키는 표현으로, 갈색 셔츠단이라고도 불렸다.-옮긴이)을 말한다. 그럼에도 불구하고 스트라우스는 파시즘, 혹은 그것을 변형한 사상이 정치적 자유주의의 고질적인 무능함, 즉 통치 불능에서 비롯된 무정부 상태를 완화하기 위해 필요한 카테콘Katechon(지상에서 적그리스도의 활개를 억제하는 자의 형상-옮긴이)을 상징한다는 사실을 숨기려 하지 않았다. 그러므로 스트라우스의 선택은 '칼 없는 정의'로 비유된다.

정리하자면, 스트라우스는 한편으로 하이데거가 나치즘으로 전향한 철학적 추동력을 영악하게 진단한다. 마찬가지로 하이데거의 정치적 실패를 강조하기 위해 스트라우스가 사용했던 비판적 서술은 자기 이해를 결여하고 있는 것으로 보인다. '정치적 플라톤주의'에 대한 스트라우스의 철학적인 심취, 즉 플라톤 국가의 억압적이고 엄격한 특징에 대한 그의 열광은 값비싼 대가를 치르게 되었다. 앞의 인용문에서, 스트라우스는 '인간의 권리'를 '우스꽝스럽고 애처로운' 것으로 폄하하며 퉁명스럽게 거부한다. 그와 동시에 그는 '파시스트, 독재, 제국주의'와 같은 정치적 이념을 적극적으로 포용한다.

이렇게 해서 하이데거에게서 영감을 받은, '그리스의 시원Greek beginning'으로의 복귀를 주장하는 스트라우스의 계획이 의미심장한 한계를 갖는다는 점이 명백해졌다.

하이데거와 에마뉘엘 레비나스

에마뉘엘 레비나스가 하이데거의 지도 학생이었던 적은 없지만, 1928-1929년 겨울 학기 동안 프라이부르크에서 하이데거의 강의를 들었다. 그가 훗날 "자전적 고백"에서 말한 것처럼, "나는 후설Edmund Husserl을 공부하기 위해 프라이부르크에 갔고, 하이데거를 발견했다."[54] 레비나스는 하이데거와 에른스트 카시러가 논쟁을 벌인 전설적인 다보스 회의에 참석했고, 이 만남은 그의 철학적 성장에 중요한 영향을 미쳤다. 레비나스는 이 회담을 하나의 철학적 분수령으로 보았다. 이 회담은 제1차 세계대전 이전 독일의 고리타분한 신칸트주의에서 하이데거의 독창적인 실존철학으로의 패러다임 전환을 상징하고 성문화했다. 레비나스가 말했듯, 이 두 철학적 거인들이 다보스에서 만남을 가진 지적 결과는 '특정 휴머니즘의 종말'이었다.[55] 하이데거의 철학적 돌파구를 언급하는 1930년대 초반 에세이에서, 레비나스는 의욕적으로 의견을 제시한다. "철학을 한 번이라도 해본 사람이라면 누구나 하이데거적인 언어 앞에서 분명히 말하게 된다. 천재성에서 자라난 독창성과 노력의 힘이 성실하고, 세심하며, 견고한 조탁과 만났다."[56]

하이데거와 젊은 레비나스 모두 도스토옙스키의 '서구사회' 비판으로부터 깊은 영향을 받았다. 도스토옙스키의 세계에서 서구사회는 무정하고 삶을 공리주의적으로 접근하는 모습으로 그려진다. 그러나 돌이켜보면, 이러한 관점을 극단적으로 받아들일 경우 그 자체로 하나의 이데올로기적 구성물, 즉 카를 슈미트의 어휘를 사용하자면, '원한', 혹은 '투쟁'이 될 수 있다. 레비나스는 『카라마조프가의 형제들』에 등장하는 명언을 즐겨 인용했다: "우리 모두는 유죄입니다. 모든 것과 모든 사람, 그리고 **다른 모든 사람보다 더 많은 사람들에게**."[57] 레비나스에게 도스토옙스키의 격언은 이론이성을 넘어서는 윤리학의 우선성을 상징하는 것이 되었다. 이것은 그의 철학의 상징이 된 통찰이다.[58]

레비나스는 다보스에서 하이데거 사상을 처음 접하고 난 후에 하이데거 철학의 기본 용어를 비독일어권 세계에 소개하는 일련의 선구적인 글을 썼다.

당시 레비나스는 후설의 접근 방식보다 하이데거의 방식을 선호하는 것을 숨기지 않았다. 레비나스의 견해에 따르면, 후설은 데카르트의 초월론적 주관성의 패러다임에 배타적으로 의존하고 있었다. 1930년대 후반 니체 강연에서 하이데거의 결론을 따라, 레비나스는 인식론Erkenntnistheorie을 고취시킨 '앎에의 의지will to knowledge'가 결국 '지배에의 의지will to domination'를 포함한다고 주장했다. 레비나스에 의하면, "근대성은 결국 앎이 존재를 동일시하고 전유하려는 시도로부터 **존재와 앎**을 동일시하는 시도라 기술될 것이다. … **제일철학의 지혜**는 자기-의식으로 축소된다. 동일한 것과 비동일한 것이 동일시된다. 사유의 노력은 사물과 인간의 타자성을 누르고 승리한다."[59] 레비나스가 철학에서 일차적으로 중시하는 것은 인식론이 불법적으로 (그리고 나르시시즘적으로) 자기-의식 혹은 사유 실체의 유출물로 축소시킨 '타자성'의 차원을 공정하게 다루는 것이었다.

하이데거의 시각이 갖는 독창성은 앎의 패러다임을 이차적인 지위, **존재론적으로 근원적이지 않은 파생적인** 지위를 갖는 것으로 강등시켰고, '세계-내-존재'와 그것의 다양한 관계적 양상의 문제에 대한 새로운, 자기중심적이지 않은 전망을 열었다는 점에 있다. 따라서 후설과 대조적으로, 하이데거의 기초존재론은 지금까지 철학적 반성에 적합한 주제로 거의 다루어지지 않았던, 기분, 타자와의 공동존재, 애매함, 잡담과 같은 '실존론적' 물음과 주제를 철학의 핵심 문제로 다루었다. 레비나스는 이런 식으로 '마음' 혹은 '지성'과 관련되는 문제와 반대되는 실존의 문제를 중시하는 접근법을 통해 아리스토텔레스적 유산을 물려받은 전통적인 서구철학의 교착상태와 불균형을 극복할 수 있으리라 믿었다. 레비나스가 과장되게 말한 바와 같이, "불안, 배려, 그리고 '죽음을 향한 존재'에 대한 『존재와 시간』의 분석에서, 우리는 현상학의 주권 행사를 목격한다. … 하이데거에게 인간은 일련의 이론적 단계를 통해서는 무에 도달하지 않지만, 불안 속에서는 직접적이고 비환원적인 접근을 통해 무에 도달한다. 지향성의 결과로서, 실존 자체는 의미에 의해, 즉 근원적인 무의 존재론적 의미를 통해 생명을 부여받게 된다."[60]

하지만 알려진 대로, 레비나스가 하이데거의 실존론적 패러다임에 대해 가진 초기의 열정은 믿을 수 없을 정도로 오래가지 못했다. 1933년 하이데거는 히틀러라는 디오니시우스(시라쿠스의 폭군) 앞에서 플라톤을 극적으로 연기할 수 있고, 그렇게 함으로써 '총통을 지도한다'는 망상에 사로잡혀 보란 듯이 나치 운동에 가담했다.[61] 당시 레비나스는 하이데거의 혐오스러운 정치적 지향이 결코 우연적인 삶의 선택이 아니었으며, 그의 철학에 확고하게 근거하고 있다고 확신했다. 하지만 정확히 어떻게? 이것은 레비나스가 「히틀러주의 철학에 대한 성찰Reflections on the Philosophy of Hitlerism」, 「탈출에 관해서On Evasion」와 같은 초기 에세이에서 잠정적으로나마 해결하고자 노력했던 질문이었다.

「히틀러주의 철학에 대한 성찰」에서 레비나스는 국가사회주의의 운명적 오류를 '새로운 이교도의 신앙과 관습'을 제도화하고자 시도함으로써 '초월' 패러다임을 포기한 것이라는 결론을 내렸다. 비록 하이데거의 이름이 에세이에서 표면화되지는 않았지만, 하이데거 철학과의 암묵적 연관성을 분별하기는 어렵지 않다. 레비나스에 따르면, 하이데거의 사유는 철학적 기준점으로 초월을 포기함으로써 극단적 유한성의 관점을 받아들이게 되었다. 따라서 레비나스의 설명에 따르면 "하이데거는 초월적 주체에 대한 맹공격으로부터 주체의 신체적 속박에 이르기까지, 그리고 신체적 속박에서 인종적 이데올로기에 이르기까지 단지 몇 걸음

밖에 걸리지 않았다. 즉 신체의 정치화가 진정한 혈족관계에 기초한 사회 형식에 정통성을 부여한다는 점을 기술하는 데는 불과 몇 걸음에 불과했다."[62] 이러저러한 측면에서, 레비나스에 의하면 '존재론적 운명론('던져져 있음'과 같은 범주에서)'을 찬양하는 하이데거의 실존론적 분석론은 민족의 계율에, 그리고 국가사회주의자들이 심각하게 충격적으로 '땅에 뿌리내림Bodenständigkeit'을 신격화하는 것과 근접해 있다.

돌이켜 생각해보면, 「히틀러주의의 철학에 대한 성찰」에서 레비나스가 나치즘에 대해 해석한 것은 정교함을 결여하고 있는 것으로 보인다. 결국, 역사적으로 보았을 때, 다양한 이교도가 성행하고 있었다. 그러나 드문 경우에만 그들은 국가사회주의처럼 타고난 포식동물 같은 정치적 형성물로 변모했다.

그러나 레비나스의 성숙한 철학의 중심 주제들을 담을 것으로 기대한, 「탈출에 관해서」에 대해 이와 같은 비판을 할 수는 없다. 보다 철저하고 일관된 성찰을 통해, 레비나스는 서구 합리주의의 한계를 극복(또는 '탈출')할 필요성이라고 하는 근본적인 역설과 씨름했다. 그렇게 서구 합리주의의 한계를 극복하고자 한 최초의 체계적인 시도라 할 수 있는 하이데거의 실존철학이 집단학살을 초래한 전체주의적 독재와 악마적인 철학적 동맹을 맺는 것으로 끝났음에도 말이다.

레비나스는 후설과 하이데거로 대표되는 철학적 대안을 거부하고 '제일철학으로서의 윤리학'이라는 성숙한 비전으로 나아갔다. 현상학적으로 볼 때, '타자의 얼굴visage de l'autre'은 존재론적으로 그리고 규범적으로 합리주의의 주장에 선행하는 윤리적인 명령을 선사한다. 레비나스는 합리주의의 주장을 세계를 지배하는 거만한 에토스에 도움이 되는 것으로 보고 거부한다. 그렇기에 레비나스에게 있어서, '이론이성'은 본질적으로 지배의 담론, 기본적으로 유럽중심적인 자기중심주의의 표현이다. 레비나스에 이어, 누군가는 심지어 '유럽중심주의'와 '자기중심주의'가 함께한다고 주장할 수도 있다. 레비나스는, '태양 아래에서 나의 자리'를 찾을 때, 그 탐색은 항상 **타자의 희생을 대가로 해서** 생겨나는 것이라고 주장한다. 이런 점에서 그의 주장들은 호크하이머Max Horkheimer와 아도르노Theodor Adorno가 『계몽의 변증법Dialectic of Enlightenment』에서 제시하는 '도구적 이성 비판'과 유사성을 갖는다.

그러나 비단 서구만이 아니라, 모든 문화는 근본적으로 자기중심적이지 않은가? 그리고 서구 이성의 역사 **속에** 이를 상쇄하는 것 혹은 서구의 자기비판적 경향성은 어떠한가. 말하자면 소크라테스의 질문에서 고유하게 드러나는 도덕적 반성의 정신, 흄의 근본적인 회의론, 첫 번째 비판서에서 순수이성의 한계를 기술하는 칸트의 영웅적인 노력, 듀이의 실용주의, 그리고 다양한 개별 '언어 게임들'의 규칙 따르기의 특이성에 대한 비트겐슈타인Ludwig Josef Johann Wittgenstein의 통찰 말이다.

레비나스가 말한 바와 같이, 국가사회주의가 세상에 퍼트린 악이 '이론이성'을 우선시했기 때문에 생겨난 것일까? 「히틀러주의 철학에 대한 성찰」에서, 레비나스 자신은 이러한 가정을 부정했다. 아마도, 누군가 그렇게 큰 그림을 그리면, 의도한 목표나 설명하고자 하는 주제를 지나치게 되는 것 같다. 이런 식으로 사람들은 '생생한 경험(체험)'과 같은 사건의 특수성에 대한 시야를 잃는다.

『계몽의 변증법』에 대해서도 같은 비판을 할 수 있다. 국가사회주의는 '구원하는 반유대주의redemptive anti-Semitism(S. Friedlander)'와 같은 망상적 세계관에 대한 도구적 이성의 승리라 볼 수 없다. '구원하는 반유대주의'와 같은 망상적 세계관은 볼테르, 칸트, 흄과 같은 중용과 관용의 주창자들보다 반계몽주의 교리에 더 가깝다.[63] 국가사회주의의 이념적 계보에 관한 설득력 있는 증거는 나치가 권력을 장악한 직후 위험에 처한 괴벨스Goebbels의 불길한 언급에서도 찾아볼 수 있다. "이로써 1789년은 역사에서 사라졌다."[64]

결론: 『검은 노트』 이후 하이데거 읽기

최근 하이데거의 『검은 노트』에 스며 있는 악의적인 반유대주의를 둘러싼 논란은 앞으로 하이데거를 어떻게 읽을 것인가와 관련해 중요한 문제를 제기한다. 이러한 논쟁은 철학사에서 하이데거의 지위와 위상에 대해 강력한 의문을 제기한다. 솔직히 말해서, 그의 지지자들이 주장하는 것처럼 우리는 실제로 하이데거를 '20세기의 가장 중요한 사상가'로 볼 수 있을까? 이제 그는 사실상 홀로코스트를 부정하는 일에 한때 손을 댄 사람일 뿐만 아니라 광적인 반유대주의자로 드러났다.[65]

최근 출판된 『**검은 노트**』(전집 97권)에서 드러난 것처럼, 스승이 홀로코스트를 부정하는 일에 끔찍하게도 가담한 사실은 많은 하이데거 지지자들에게 최후의 결정타였던 것으로 보인다. 최근 몇 달 동안 국제 하이데거 학회의 회장과 부회장 모두 더 이상 하이데거의 유산을 신념을 가지고 대변할 수 없다고 공언하면서 사임했다. 앞에서 보았듯이, 전집 97권에서 하이데거는 홀로코스트를 유대인의 '자기 말살selfannihilation' 행위로 규정한다. 하이데거에 따르면 유대인들은 도구적 이성을 이끄는 매개체였으며, 아우슈비츠와 다른 몰살 현장에서(즉, 가스실) 진보한 과학기술에 의해 살해되었다. 따라서 하이데거는 믿기 어려울 정도로 유대인들의 제거를 악의적으로 일종의 집단 자살로 기술한다. 또 다른 당황스러운 점은 전집 97권에서의 하이데거의 주장이다. 전쟁 후 연합군이 독일을 거대한 강제수용소로 바꿔놓았기 때문에, 독일인들이 전쟁의 **실질적 희생자**라는 것이다. 여기서 나치 박해의 희생자들에 대한 하이데거의 공감 능력 부재는 냉담하고 용납할 수 없는 도덕적 무관심으로 이어졌다.

이러한 사실들은 모든 것을 바꿔놓는다. 국가사회주의의 끔찍한 악행을 하찮아 보이게 만드는 하이데거의 불온한 노력, 그것도 우연히 그런 것이 아니라, 실질적 가해자인 독일인들을 역사적 책임에서 면제시켜 주려는 노력은 그의 제거주의적 반유대주의 고백과 결합되어 그를 더 이상 '훌륭한 사상가'로서 볼 수 없게 만든다.

상황을 더 악화시키는 것은, 최근에 빛을 보게 된 하이데거의 전집들이 그의 반유대주의의 정도를 삭제하거나 축소하기 위해 체계적으로 수정되었다는 점이다.[66] 최근 한 헌신적인 연구자가 발견한 사실에 따르면, 하이데거의 1934년 강의록, 『횔덜린의 송가, 게르마니엔과 라인강』[67]의 출판본에서 약자 "N. Soz(명백하게 '국가사회주의'를 의미하는)"가 삭제되었고, "자연과학"으로 대체되었다.[68] 더욱이 여전히 자격을 갖춘 연구자들의 접근이 금지되어 있는 다수의 중요한 문서와 원고들이 있다. 이렇게 드러나는 사실들은 하이데거의 옹호자들이 많은 것을 숨기고 있는 것은 아닌가 하는 의혹을 불러일으킨다.

그러므로 사상가로서 하이데거는 철학자들이 '도덕적 관점'으로 지칭한 것에 대해 경멸하기만 했다는 것을 부정할 수는 없을 것이다. 더 나쁜 것은, 대부분의 경우 그가 도덕적인 사려를 존재론적 탐구 혹은 **존재**

물음에 못 미치는 것으로 공개적으로 조롱했다는 점이다. 전쟁 이후 그의 첫 중요 출판물인, 1947년의 「휴머니즘 서간Letter on Humanism」은 실제로 반휴머니즘을 선언한 것이었다. 이런 점에서, 어느 누구도 논쟁의 한가운데 있는 윤리적 문제를 과소평가하도록 허용해서는 안 된다. 하이데거는 '휴머니즘'에 대한 전쟁을 선포함으로써, 이와 동시에 '인간 존엄', '인권', '자결', '민주주의'의 원칙과의 전쟁을 선포했다. 요컨대 그는 '1789년의 이념'을 '비독일적인 것'이라 경멸했다. 이러한 거부는 어째서 그가 독일 '민족'-이상(인종주의자)을 진심으로 옹호했는가를 설명해준다. 앞서 내가 국가사회주의의 역사적 본질에 관해 미몽에서 깨어난 일을 완전하게 통찰함으로써만, 무엇보다도 "**철학적인 근거 위에서** 그에 대한 전면적인 긍정의 필요성이 드러난다."[69] 하이데거가 '철학적 근거'(!)에 기초하여 처음부터 이러한 인종주의적 대량학살을 초래하는 본성을 숨기려 하지도 않은 정권인 국가사회주의를 열광적으로 받아들였다는 것에 대해 이보다 더 명백한 공언은 있을 수 없다. 이러한 사실에 비추어볼 때, 하이데거가 보기에, 「휴머니즘 서간」과 전후 관련 작품들은 다른 방법으로 '독일적 이데올로기'를 영속화하고자 하는 철학적으로 암호화된 시도이다.

전쟁 이후, 하이데거가 철학적 진실성을 결여하고 있다는 데 대해서 가장 깊은 통찰을 보여준 사람은 철학자 카를 야스퍼스였다. 그는 프라이부르크 대학의 탈나치화 위원회에 보내는 편지에서 하이데거의 사상을 "**부자유하고, 독재적이며, 의사소통 능력이 부재한**(unfree, diktatorisch, und kommunikationlos)" **것으로 묘사했다.**[70]

오늘날 하이데거의 다양한 윤리적 결함을 분명하게 파악해야 하는 이유 중 하나는 전쟁 전후의 국제적인 도덕적 · 법적 합의가 홀로코스트와 국가사회주의를 **부정적 기준**으로 이해함으로써 발전해왔기 때문이다. 제2차 세계대전 이후 발전한 국제 인권 규정, 즉 유럽 인권재판소, 유럽 사법재판소, 그리고 국제 형사재판소는 아우슈비츠와 여타 나치 범죄에 대한 도덕적 · 법적 대응 과정에서 생겨났다. 이에 대해 프랑크푸르트학파 철학자 테오도르 아도르노Theodor Adorno의 「아우슈비츠 이후의 교육」에 나오는 글을 인용하고자 한다.

> 교육의 이념에 관한 모든 논쟁은 이 단 하나의 이념에 비하면 사소하고 하찮은 것이다: 아우슈비츠는 결코 다시 일어나서는 안 된다. … 아우슈비츠의 원리에 반하는 단 하나의 진정한 힘은 자율성이다. … 반성의 힘, 자기결정력, 동조하는 체하지 않는 힘.[71]

'위대한 사상가'로서 하이데거의 지위를 보존하려는 근시안적이고 승산 없는 시도가 지닌 문제는, 야스퍼스와 아도르노가 깨달은 바와 같이, 하이데거의 철학이 도덕적 자율성에 관한 칸트적 이념을 조롱한다는 것이다. 문제는 하이데거의 후기 사유가 국가사회주의 사상과 실천이 낳은 강압적인 성격에 저항하지 못했다는 것만이 아니다. 『검은 노트』가 드러낸 바와 같이, 그의 철학은 국가사회주의의 **교리와 실천을 열광적으로 받아들였다**. 이에 대해 내릴 수 있는 단 하나의 결론은 하이데거의 철학은, 해법을 제시하기는커녕, 문제의 일부라는 것이다.

제1판 머리말

10년 전 나는 하이데거의 정치적 사유에 대한 책 『존재의 정치학』[1]을 썼다. 당시 나는 하이데거주의자들의 문제에 대해 더 이상의 에너지를 쏟고 싶지 않았다. 그러나 점차 분명해지는 사실은 정치와 우리 시대의 관념사觀念史, the history of ideas 간의 운명적 교차점에 대해 관심을 갖는 사람이라면 누구나 하이데거 '사건'과 불가피하게 조우하게 된다는 점이다. 그것도 지독하게 고통스러운 복잡성을 띤 채 말이다. 그러므로 당시 나는 하이데거가 나치에 참여한 것은 사전에 계획되지 않은 우발적인 일이 아니라, 그 자신이 자칭 일종의 계승자로 서 있는 독일의 지적 전통에 깊이 뿌리박고 있다고 주장했다. 내가 의도한 것은 이 논의를 '하이데거와 함께 종결하는' 것이 아니었다. 내가 의도한 것은 그의 사유가 갖는 역사-정치적 심층 차원을 해석자들에게 경고하는 것이었다. 이러한 심층 차원은 문화적 · 언어적 이유들로 인해 명백한 것이었기에, 수많은 **독일의** 비평가들과 제자들에게 거의 자명하고 논란의 소지가 적은 일로 받아들여졌다. 그러나 대서양에서는 하이데거 철학에 대해 비역사적이고 텍스트 내적인 독해가 우세했던 덕분에, 그러한 주장이 논쟁을 초래하고, 어떤 면에서는 환영받지 못했다.

당시 북미에서 하이데거 수용은 패러다임의 일대 전환을 겪고 있었다. 전기 '실존론적' 하이데거에 대한 숭배심에 찬 해설의 시대는 지나갔다. 대신에 미국 내 해석자들의 상상력을 사로잡은 것은 「휴머니즘 서간」의 저술자인 후기 하이데거였다. 한때 **"이성은 사유의 가장 거만하고 고집 센 적수다"**라고 선포한, '인간'과 '이성'에 대한 완강한 비판자인 후기 하이데거 말이다. 당시 서구적 이념에 대한 신뢰는 냉전에 대한 냉소와 베트남에서의 파멸로 인해 사상 최저 수준이었다. '존재Being'와 '포에시스poesis'의 이름으로, '이성'과 '근대성moderniny'에 대해 하이데거가 보여준 철학적 공격은 당시 소외된 젊은 세대 연구자들의 성향과 놀랍도록 잘 들어맞았다. 소크라테스 이전 철학자들과 근원적인 것primordial, das Ursprüngliche으로부터 사유의 단초를 얻은 하이데거의 강력한 비판은 '이성과 근대 시대에 작별'을 고하기를 원했던 새롭게 부흥한 포스트모던 시대정신Zeitgeist과, 그것도 근대에서 따라 나온 참상 및 파국과 매끄럽게 맞물렸다. 그렇게 하이데거와 포스트모더니즘 사이에 이상한 정략결혼이 체결되었다. 이 결혼은 정통 마르크스주의의 독단적 학설에 불만을 가지고, 동시에 근대 서구에 대한 보다 무자비하고 가차 없는 비판적 힘을 하이데거주의에서 감지한, 프랑스 지성인들의 산실인 파리에서 중개되었다. 북아메리카 대륙 철학자들 사이에서 이러한 지적인 분위기는 종국에 하이데거와 데리다Jacques Derrida 간의 특이한 합병, 강력하고도 새로운 유형의 하이데거적 데리다주의자들, 혹은 데리다적인 하이데거주의자들을 낳았다. 당시 나는 이러한 새로운 유형이 갖는 휘발성이 어떻게 하이데거 교리가 갖는 정치적 함축을 숙고하는 일을 헷갈리게 했는지 당시에는 알지 못했다.

『존재의 정치학』이 출간된 직후, 나는 『하이데거 논쟁: 비판적 독해』[2]의 자료를 보완해 거기에서 시작했던 해석적 방향을 밀고 나가기로 결심했다. 당시 내가 의도한 것은 영어권 독자들에게 1930년대 이후 출간된 하이데거의 주요 정치적 텍스트들에 대한 접근성을 높이는 것이었다. 당시 거의 번역되지 않은 상태로 있었던 이 텍스트들에 하이데거의 불운한 정치 참여가 갖는 철학적 이해관계에 관해 통찰력 있는 논평을 덧붙여서 말이다. 원 출판자가 선뜻 전재를 허가한 사항임에도 불구하고, 자크 데리다가 간단한 인터뷰를 싣는 것에 대해서 맹렬하게 반대했을 때, 『하이데거 논쟁: 비판적 독해』는 그 자체로 논란거리가 되었다.

물론 출판과 관련한 이런 논쟁은 그 자체로 빙산의 일각에 불과했다. 알려진 바대로 '데리다 사건L'Affaire Derrida'은, 프로이트주의자들이 말했듯 고도로 과잉결정되어 있었다. 나중에 밝혀진 것처럼, 데리다와 그의 지지자들은 이 기회를 해체론의 명성에 먹칠을 한 다양한 사건들에 응수하기 위한 기회로 삼았다. 대서양 연안 국가에서 대표적인 데리다 후원자가 나치 치하의 벨기에에서 협력자였음을 시인한 사건이 대표적이다. 그리고 하이데거가 나치 활동에 깊이 관여되어 있음을 폭로한 사실들은 수십 년간 하이데거와 그의 수많은 충실한 제자들에 의해 은폐되어 왔던 내용이었다. 그러나 보다 최근에 파리아스Victor Farias와 오트Hugo Ott가 철저하게 조사한 전기를 통해 드러난 혐의들은 명백한 범죄로 보인다. 형이상학과 이성에 대한 비평으로서 '해체론'이 하이데거주의자의 가계를 잇고 있음을 공개적으로 선언한 이래로, 이는 면밀한 정치적 검토의 흐름 한가운데에 있다고 느껴졌다. '데리다 사건'은 '문화적 좌파'에 대한 이상한 총투표로 변형되었다. 포스트모더니즘의 추종자들은 데리다와 운명을 함께할 수밖에 없었다. 이를 폄하하는 사람들은 마음을 단단히 먹어야 했다. 슬프지만 예견된 일인바, 유행에 민감한 학자적 시대정신을 고려할 때, 그 속에서 지적인 독립성을 드러내기란 여간 어려운 일이 아니다.

늘 그렇듯이, 거세게 밀려오는 비난과 맞비난 속에서 고통받은 것은 하이데거의 철학적 유산을 평가하는 것과 관련된 중요한 문제였다. 장 보드리야르Jean Baudrillard의 말을 인용하자면, 안타깝게도 실질적 논쟁은 일어나지도 않았다.

『존재의 정치학』을 이은 『하이데거, 제자들 그리고 나치』는 하이데거의 애매하고도 강력한 지적 자산과 대결하기 위한 나의 마지막 노력이라고 할 수 있다. 부분적으로, 이것은 블룸Harold Bloom이 말한 '영향의 불안' 속에서 수행된 작업이었다. 이 책에서 다루는 네 명의 인물은 아렌트, 뢰비트, 요나스, 그리고 마르쿠제이다. 이들은 모두 유대인이었고, 한때 '투철한 하이데거주의자들'이었다. 정치적 좌파였던 마르쿠제조차도 그의 추락한 스승을 지속적으로 이상화했다. 말년에 마르쿠제는 1920년대 후반 하이데거와 함께 수학했던 프라이부르크로 되돌아오는 꿈을 꾸었으며, 좌석에서 하이데거를 흐뭇하게 바라보면서 함께 강연하는 꿈을 꾸었다. 이들은 모두 각자의 노력으로 위대한 사상가가 되었다. 그리고 그들 모두 젊은 시절의 철학적 충절과 1933년경 하이데거의 사유에서 보이는 '전체주의적 전환totalitarian turn'을 조화시키는 난제에 직면했다. 더욱이 이들은 모두 스스로를 유대인이라기보다 동화된 독일인으로 생각했다. 그러나 1930년대 초반 독일 정치가 반유대주의는 말할 것도 없고, 반민주주의적 방향으로 틀어져 버리자, 하이데거 제자들의 이러한 생각은 혹독하게 시험대에 오르게 되었다.

7장 "노동이 자유롭게 하리라: 독일적인 '방식'의 철학자, 하이데거"에서, 나는 하이데거와 정치에 대한 명백하게 골치 아픈 질문으로 되돌아왔다. 그의 정치적 사유를 재평가할 기회는 1934년 봄 프라이부르크 대학에서 하이데거가 총장직을 사임한 바로 다음에 행한 강의의 최근 출판물에서 이루어졌다. 대학 수강편람에는 "논리학" 강좌라고 공지되었지만(부적절한 명칭으로 드러남), 이 강의는 나치즘의 '존재론적 의미'에 대한 하이데거의 체계적인 반성을 포함하고 있다. 말하자면 이 강의는 하이데거의 '존재역사'의 관점에서 보았을 때, 나치 운동이 갖는 '본질적인' 의미에 대한 평가를 담고 있다. 그 자료가 우연적인 정치적 사색이 아닌(하이데거는 이미 총장직에서 물러났기 때문에, 그는 더 이상 자신의 진실한 감정을 숨기고 정권에 굽실거릴 필요가 없었다) 하이데거 자신의 적극적인 '메타정치적' 관점을 체계적으로 표현하고 있기에, 그 자료는 중요한 의미를 지닌다. 나치의 책자와는 거리가 먼 그 강좌는 나치즘과 하이데거의 실존주의 철학 사이의 숨겨진 관련성을 증명하는 주요 정치적 개념들을 체계적으로 숙고한다.

*

이 책에서 다음 장은 독립적이지만, 관련 있는 프로젝트들에서 진화한 것이다. 처음에 〈새로운 공화국The New Republic〉에 논문으로 실린 두 장 "한나 아렌트: 히틀러의 평범한 사형집행인에 대한 기능주의적 해석의 위험성", 그리고 "한스 요나스: 인간과 자연의 공생을 추구한 생철학자"는 상당 부분 수정되었다. 나는 『새로운 공화국』의 편집자 레온 위절티어에게 정말 큰 빚을 졌다. 그는 내가 폭넓은 교양 대중에게 때로 다루기 힘든 철학적 주제들을 전달할 능력이 있음을 믿어주었다. 내가 『새로운 공화국』에서 착수한 과제는 지적 소통을 위한 훈련이 되었다. 그들은 학자적 전문성이 갖는 약점(구조적인 의미에서)에서 벗어나도록 도와주었다, 거기에서 문제가 되는 것은 몇 안 되는 동료 전문가와의 소통 능력이다. 전문가 교육이 그 나름의 장점과 역할이 있다는 점은 의심의 여지가 없다. 그러나 이것은 대중적 중요성을 갖는 문제들에 대한 시야를 손쉽게 약화시킬 수 있다. 오늘날 학계에서 상당수의 논쟁이 지닌 난해한 성격은 심각한 언어적 배타성으로 인해 강화되었으며, 이는 일종의 '불구의 자기-게토화(자기 격리)'로 이어졌다. 오늘날의 상황이 보여주는 아이러니 중 하나는, '당면 문제와의 관련성'의 미덕을 내세우는 학문적 좌파가 일종의 담론적 신비주의를 중심으로 방어적으로 한데 모였다는 것이다. 역설적이게도, 이 담론이 전달할지도 모르는 진리의 단편은 그것이 무엇이든 고의적으로 수사적인 이해 불가능성으로 인해 사전에 차단된다.

나는 프린스턴 대학 출판부 편집자 브리기타 폰 라인베르크에게도 감사의 마음을 전하고 싶다. 그녀는 쑥스러울 정도로 미완의 상태였던 초기부터 이 프로젝트에 관심을 갖고 보살펴주었다. 처음에 나는 이 책을 느슨하게 연결된 에세이로 생각했었다. 글 전체가 일관성을 지닐 수 있었던 것은 브리기타의 부드럽고도 시의적절한 도움 덕분이었다. 그녀의 빈틈없는 편집 지침이 없었다면 결과물의 질은 훨씬 떨어졌을 것이다. 교열을 담당해준 조디 제임스에게도 감사를 표하고 싶다. 그녀의 기민함과 전문성에 많은 덕을 입었다. 연구 보조원 마틴 웨스너에게도 감사하다고 말하고 싶다. 그는 나의 원고에 대해 통찰력 있는 조언을 해주었다.

마지막으로 초반 원고에 대해서 통찰력 있는 피드백을 해준 다트머스 대학의 마이클 에르마스와 미네소타 대학의 윌리엄 셰르만에게 감사의 뜻을 전하고 싶다. 두 사람은 독일의 지적 전통이 지닌 장치들과 복잡성에 정통해 있다. 그들은 각기 다른 관점에서 내 논증의 주요 측면을 재고하는 데 중요한 도움을 주었다. 원고에서 발견될 수 있는 강점과 약점들이 필요한 객관적 기준을 갖추게 되었다.

나는 이 책을 하버마스Jürgen Habermas에게 헌정하고자 한다. 하버마스를 처음 만난 건 20년 전 그가 버클리에서 일련의 주목할 만한 강의를 하고 있을 때였다. 이 강의는 최종적으로 『의사소통행위 이론The Theory of Communicative Action』 1, 2권으로 출판되었다. 나는 사람들로 꽉 찬 강연장에서 개인적으로 많은 것을 확신하게 되었는데, 이 강연들이 지적인 전환점이 되었다. 1960년대의 산물이자 헤겔주의적 마르크스주의 신봉자로서, 나는 그때까지 『부정변증법Negative Dialectics』을 일종의 철학적 성서로 보는 투철한 아도르노주의자였다. 당시 나는 후기 자본주의를 '총체적으로 관리된 세계'이자 하나의 '망상의 맥락'으로 기술하는 아도르노Adorno야말로 거의 최종적 언급을 하고 있다고 확신하고 있었다. 뒤르켐으로부터 파슨Parson에 이르는 현대사회 이론을 재구성하는 하버마스의 강의를 들으면서 나는 깨우침을 얻었다. 얼마나 비판이론가 1세대가 부지불식간에 '이성'을 협소하게 '도구적 이성'이나 '실증주의'와 동일시함으로써 그들의 자리를 적수(막스 베버Max Weber)에게 양도해왔는지를 날카롭게 자각하면서, 지적 자극으로 넘쳐나는 그의 발표장을 나왔다. 현존하는 민주주의 사회에 개혁, 논쟁, 그리고 비판을 위한 잠재력이 있음을 새롭게 자각하면서 그 자리를 뜰 수 있었다. 이는 나의 동시대 동료들이 배우는 데 너무 오랜 시간이 걸린 가르침이었다.

그리고 우리는 10년 후에 다시 만났다. 그때 하버마스 교수는 영광스럽게도 내가 프랑크푸르트 대학 철학과 내 알렉산더 폰 훔볼트 펠로우로 재직하는 동안 학문적 호스트 역할을 해줄 만큼 자애로운 분이었다. 당시 1년 동안, 나는 독일의 지적 전통에 대해서 말할 수 없이 많은 것을 배웠다. 내가 하이데거와 관련한 문제들에 관해 탐구하기 시작한 것도 이 시기부터였다. 미국인들은 종종 당연한 것으로 받아들이는 '민주주의적 규범'의 중요성을 동포들에게 상기시켜준 그에게 바치는 이 헌정은 엄청난 지적 · 개인적 빚을 미약하게 갚는 것에 불과하다.

또한 나는 하버마스 교수 후임자인 악셀 호네트Axel Honneth가 보여준 관대함에 대해 이 자리를 빌려 고마움을 표하고자 한다. 그는 3년 전 프랑크푸르트로 여행 갔을 때 나를 친절하게 환대해주었다. '하이데거의 제자들'에 대한 나의 구상이 처음으로 형태를 잡아나가기 시작한 것도 바로 그 시기였다.

-뉴욕시, 2001년 7월

프롤로그

첼란의 시 「죽음의 푸가」와 「토트나우베르크」

1967년, 유대인 시인이자 홀로코스트 생존자 파울 첼란Paul Celan이 독일 슈바르츠발트 심장부에 있는 마르틴 하이데거의 유명한 스키 오두막을 방문했다. 그 독일 철학자가 20세기 실존주의의 획기적 사건 중 하나인 『존재와 시간』을 쓴 것이 40년 전 그곳에서였다.[1] 이 작은 오두막은 충실한 하이데거 지지자들이 여전히 의무적으로 순례하는 곳이다. 방문 전날, 첼란은 프라이부르크 대학의 넘쳐흐르는 군중들 앞에서 낭독회를 가졌다. 낭독회가 끝난 후 시인과 철학자가 처음 만났을 때, 한 기자가 사진을 찍기 위해 그들이 함께 포즈를 취할 것을 제안했다. 그러자 첼란은 이를 거절했다. 하이데거의 나치 전력이 방해가 되었던 것이다. 결국, 하이데거는 공개적으로 그의 정치적 잘못과 거리를 두지 않았다. 첼란은 하이데거 철학에 감탄했음에도, 그가 그토록 절실하게 구했던 정치적 면죄부를 주려는 것은 아니었다. 첼란의 전기 작가 존 펠스타이너John Felstiner는 당시 상황을 다음과 같이 이야기했다. "1933-1934년 히틀러 치하 프라이부르크 대학 총장이었고, 1935년에 나치즘의 '내적 진리와 위대함'을 선언했으며, 1936년에도 여전히 그의 편지에 '히틀러 만세'를 서명했고, 그의 강좌에서 경례를 하고, 스와스티카핀(만자핀)을 착용했으며, 1945년까지 당비를 납부한 사람과의 만남, 특히 전쟁 이후 하이데거가 그 모든 것에 대해 침묵했다는 점을 고려해볼 때, 첼란에게 이 남자와의 만남이 괴로웠다는 것은 분명하다."[2]

하이데거의 오두막을 방문한 이후, 「토트나우베르크」라는 시에서, 첼란은 그가 어떻게 "사유하는 사람의 마음속에 떠오르는 말을 희망한다"라는 말을 오두막 방명록에 남겼는지를 회상한다. 뉘우침의 말. 그러나 그의 희망은 돌같이 단단한 침묵에 맞닥뜨렸다. 후회하는 어떠한 말도 그 철학자의 입 밖으로 나오지 않았다. 이미 긴장된 상황에 아이러니를 더하는 것은, [하이데거의 오두막이 있는 지역 명칭인 토트나우베르크Todtnauberg에서] **'토트Tod'**는 독일어로 죽음을 의미하며, 「죽음의 푸가Todesfuge」는 전쟁 이후 첼란에게 문학계에서 국제적인 명성을 얻게 해준 시라는 점이다.

파울 첼란(1938)

시가 끝날 무렵, 전에 강제수용소 수감자였던 첼란은 의미심장한 선언을 한다. "죽음은 독일에서 온 스승이다."[3] 이는 단연코 빛나는 첼란의 작품들 중에서 가장 많이 인용되는 글이다. 주목할 만한 이 시의 첫 구절은 다음과 같다.

> 새벽의 흑차를 우리는 저녁에 마신다
> 우리는 그것을 점심과 아침에 마신다 우리는 밤에 마신다
> 우리는 마신다 또 마신다
> 우리는 공중에 무덤을 판다 그곳에서는 비좁게 누워 있지 않을 것이다

의심의 여지없이, 전 나치였던 하이데거의 산장 이름과 '죽음의 푸가' 간의 언어적 포개짐은 세상에 지친 시인을 동요하게 만든 것으로 드러났다. '토트나우베르크'는 시인의 평생의 부정적인 경험을 확인시켜 주

토트나우베르크에 있는 하이데거의 오두막 ©dpa picture alliance/Alamy

었음에 틀림없다. 많은 중부 유럽 유대인들과 같이, 루마니아의 부코비나 출신인 첼란은 젊었을 때, 독일의 문화적 전통을 강렬하게 흡수했다. 하이데거가 그랬던 것처럼, 그는 독일을 시인과 사상가의 나라로 보았다. 그에게 독일은 정신적 내면성의 가치와 자기 수양의 과제에 자부심을 갖는 문화인, 정신과 교양의 나라였다. 독일은 괴테Johann Wolfgang von Goethe, 실러Friedrich Schiller, 횔덜린Friedrich Hölderlin의 나라였으며, 이들은 고전주의 시대, 독일의 고유 전통을 세계 문학의 지위로 끌어올렸다. 마담 드 스탈Madame de Staël은 자신의 유명한 글, 『독일론De l'Allemagn』(1809)에서 20년간의 전쟁과 혁명 후에, 프랑스인들을 독일인답지 않다는 이유로 질책할 수 있었다. 프랑스인들이 세계를 정복하겠다는 어리석음을 포함해서 모든 정치적 과잉에 집착하는 동안, 독일인들은 고대로부터 타의 추종을 불허하는 문학을 꽃피웠다.

그러나 독일계 유대인 출신 작가들과 사상가들은 독일 문화에 대한 그들의 일생에 걸친 충성과 100년이 조금 지난 후 그러한 전통이 낳은 끔찍한 공포를 어떻게 조화시킬 수 있었을까? 이것이 첼란이 그의 시에서 반복해서 맞닥뜨린 문제였다. 이것은 또한 이 책의 본질적인 중심 주제 중 하나이다. 나치 시대에 그런 전통을 터무니없는 방식으로 활용한 것을 고려해볼 때, 그 길은 하이데거의 가장 재능 있는 학생들—그들 중 많은 사람이 유대인이었던—이 독일의 지적 전통에 대한 그들의 뿌리 깊은 부채감에 맞서기 위해 분투한 바로 그 길이다. 더욱이 관료주의적 교수회가 나치즘과 문화의 잘못된 결합을 적극적으로 장려했다는 사실은 의심의 여지가 없다. 관료주의적 교수회는 정권을 '자유 체제'의 혼란에 비용을 지불하고, 본래적 독일 전통의 가치를 분명히 할 수 있는 절

호의 기회로 보았다.[4]

첼란의 경우, 독일 문화의 어떤 가닥들이 오염되었고, 어떤 가닥이 비교적 상처를 입지 않은 채 살아남았는지의 딜레마가 그 자체로 시의 형식적인 구조 속 도처에 나타나 있다. 후기 종말론적 브리콜라주* 방식으로, 첼란은 말할 수 없이 부끄러운 목적으로 사용되어 왔던 언어에서 위로와 의미를 빼앗기를 시도했다. 이것은 하이데거의 슈바르츠발트 집에 방문하는 동안 그의 생각을 가득 채운 주제였을 것이다. 자신이 존경하는 문학 전통의 상속인인 독일인 현자의 청중으로 있는 동안, 첼란은 '사유하는 사람의 다가오는 말을 희망'하면서 화해의 몸짓을 기다렸다. 그러나 이는 결코 실현되지 않았다.

많은 동시대 독일인처럼, 하이데거는 과거 독일이 저지른 죄악을 헤쳐나가려는 진지한 시도를 하지 않았다. 이 점에 있어서 하이데거는 확실히 유대인 '제자들'의 임무를 어렵게 만들었다. 그의 제자들 중 몇몇은 그의 명성을 손상시킨, 나치 시대의 치정에 관여한 것을 공개적으로 사과하고 솔직담백하게 그러한 일들과 단절할 것을 간청했다.[5] 어마어마한 자료에 비해 그리 많지 않은 구절에서, 하이데거는 지조를 굽히고 나치가 촉발시킨 전쟁의 공포에 대해 다룬다. 그런데 여기에서 발견할 수 있는 것은 회피와 합리화뿐이다. 1940년대 후반 강연에서 하이데거는 무미건조하게 '가스실에서의 시체의 제작 과정'을 '기계화된 농업'과 동일시한다.[6]

* bricolage: 문화 상품이나 현상을 재구축하는 전유의 한 가지 전술.-편집자

하이데거와 실망스러운 만남을 가지고 나서 3년 후에, 첼란은 애석하게도 홀로코스트 생존자들에게 너무나 익숙한 운명과 마주했다. 그는 센강에 투신자살했다.

하이데거의 제자들. 왼쪽 상단부터 시계 방향으로 한나 아렌트,
한스 요나스, 카를 뢰비트, 그리고 허버트 마르쿠제.

1장

도입부

하이데거의 제자들이 지닌 딜레마

유대인 제자로서의 딜레마

『하이데거, 제자들 그리고 나치』에서 다루는 인물은 한나 아렌트, 한스 요나스, 카를 뢰비트, 그리고 허버트 마르쿠제이다. 이들은 스스로를 '유대 출신 독일인'이라 생각한 유대 문화에 기반을 두지 않은 유대인이었다. 철학적으로 훈련된 지식인으로서, 그들은 유대 문화 전통이 아닌, 신성한 게르만적 정신과 교양의 이념에서 구원과 의미를 찾고자 했다. 네 명 모두 독일의 위대한 철학자 마르틴 하이데거로부터 교육을 받았다. 비록 자신의 기념비적 작품인 『존재와 시간』을 1927년에 출간하기 전까지 이렇다 할 출판물이 없었음에도, 강연자이자 교수자로서의 재능은 이미 하이데거에게 상당한 명성을 안겨주었다.

하이데거의 유대인 제자들은 그의 학생들 중에서도 매우 명석한 자들이었다. 네 명의 인물들 각각은 20세기 철학에서 자신들만의 독특한 학문 세계를 개척했다. 한나 아렌트는 20세기의 가장 위대한 정치철학자이다.[1] 말년에 한스 요나스는 독일 최고의 환경철학자로서 이름을 날렸다. 허버트 마르쿠제는 프랑크푸르트학파의 철학적 명성뿐 아니라 신좌파 스승으로서의 명성(과 악명)을 얻었다(1960년대 말에, 그는 교황으로부터 비난을 받았다). 1956년 독일로 돌아왔을 때, 카를 뢰비트는 전쟁 이후 시대의 가장 중요한 철학자 중 한 명이 되었다. 더욱이 하이데거의 스승이자, 하이데거가 『존재와 시간』을 헌정한 철학자인 에드문트 후설 역시 유대인이었다. 1930년대 초에 하이데거가 나치즘에 열성적으로 관여한 것에 비추어볼 때, 그가 프라이부르크 대학의 나치 총장이자, 후설의 전 조교이면서 재능 있는 유대인 제자들에게 둘러싸여 있었다는 사실은 주목할 만한 아이러니이다.

그러나 하이데거가 보인 비일관적인 태도를 고려할 때, 이러한 아이러니들은 보이는 것보다 그리 심오하지 않음을 알 수 있다. 하이데거의 유대인 '제자들' 중에서 어느 누구도 실천하는 유대인들은 아니었다. 그들은 **정신**의 매력에 헌신한 동화된 유대인으로, 대개의 경우 그들의 인격에서 명백한 유대인의 차원을 감지할 수 없었다. 사실상, 뢰비트는 개신교로 개종한 사람이있다. 요나스는 젊었을 때 유대인 교육을 받았고, 말년에는 홀로코스트 이후의 신학을 주제로 한 영향력 있는 여러 문헌을 출간했다. 그러나 요나스의 주요 철학 작품에서, 유대정신의 영향을 받은 흔적은 무시할 수 있는 정도이다. 1930년대에 아렌트는 파리에 본부를 두고, 유대계 아이들을 팔레스타인으로 보내는 것을 돕는 단체인 유스 알리야 어린이 구조단체Youth Alitah Child Rescue에서 잠시 일했다. 그러나 1943년 이 유대인 기구가 팔레스타인 문제에 대한 두 국가 간 해결책을 거부한 내용을 담은 빌트모어 선언을 발표한 이후, 아렌트는 시오니즘에 대해 가장 격렬하게 비판하는 사람 중 한 명이 되었다. 앞으로 살펴보게 되겠지만, 하이데거의 세계관은 자유주의적인 바이마르 공화국의 표면 아래에 들끓는 일상적인 반유대주의로부터 절대로 자유롭지 못했다. 그러나 그는 결코 국가사회주의자들이 옹호하는 인종적 반유대주의에 동의하지는 않았다. 하이데거에게 이러한 관점은 '실존론적' 물음들을 생물학적 용어로 귀납적으로 설명하려고 하는 한, 철학적으로 옹호될 수 없었다. 하이데거에게 생물학은 **'실존**Existenz' 혹은 '존재Being'의 이름으로 극복될 필요가 있는, 19세기 유물론의 전형적 사례였다.

『하이데거, 제자들 그리고 나치』는 하이데거의 유대인 제자들에 관한, 즉 그들의 지적인 방향 설정, 교리, 정치적 신념에 대한 세심한 연구 결과이다. 이 책은 철학, 정치학, 정신사에서 통용되는 학문적 경계를 넘어선다. 그러한 연구를 통해 알 수 있는 것은 무엇인가?

우선, 하이데거 사상이 국제적으로 뻗어나가는 데 결정적 영향을 미친 조건들에 대해 배워야 할 것들이 많다. 특히 1930년대 초반 그의 정치적 위신이 추락해 교수직을 금지당했던 전쟁 이후의 시대라는 조건에 대해서 말이다. 하이데거의 견해를 어떻게 받아들일지를 결정하는데 있어서 제자들의 태도가 종종 중요한 역할을 했기 때문에, 『하이데거, 제자들 그리고 나치』는 어느 정도는 하이데거 사상의 수용사에 관한 연구라고 할 수 있다. 현대 학문에서는 사상의 본체와 그것에 대한 수용간에 절대적 분리가 있을 수 없다는 견해가 일반적으로 받아들여지고 있다. 그러한 관념이 유행하기 훨씬 전에, 철학자이자 비평가인 발터 벤야민Walter Benjamin은 이에 관해 다음과 같이 말했다. "작품은 의도의 죽음이다."[2] 교리와 사상이 일단 세상으로 나가면 그 고유의 삶을 살면서, 작가의 뜻에 저항하는 경향이 있다. 종종 해설과 해석은 저자의 의도를 둘러싼 원작자의 주장을 넘어서 버린다. 저자가 자기 작품에 대해 최상의 판단을 내리는 자가 되는 경우는 드물다. 그러므로 하이데거의 재능 있는 유대인 제자들이 펼치는 긴 학문적 여정을 고찰함으로써, 우리는 하이데거의 사유 방식이 갖는 풍요로움과 한계에 대해서 새로운 통찰을 얻게 될 것이다.

하이데거가 아끼던 유대인 제자들이 그들 나름의 정당성을 가지고 저명한 사상가의 반열에 올랐다는 점에서, 『하이데거, 제자들 그리고 나치』는 '영향에 대한 불안'[3]을 가지고 행해지는 연구이다. 모든 현존하는 설명에 따르면, 교수자이자 스승으로서 하이데거의 영향력은 지나치게 강력했다. 청중을 매료시키는 그의 강의와 세미나를 경험했던 소수의 학자들만이 변화하지 않은 채 남아 있었다. 마찬가지로 그의 강력한 철학에 빠져든 학생들은 종종 그로부터 빠져나와 독립적인 지적 정체성을 형성하는 데 어려움을 겪었다. 그의 가장 재능 있는 학생들도 어쩔 수 없이 그런 딜레마에 빠졌다. 말할 것도 없이, 독일의 반유대주의의 십자포화 속에서 유대인으로서의 정체성을 경험한, 비범한 재능을 갖춘 유대인 제자의 경우, 그러한 문제들은 복합적으로 작용했다. 이들은 지적 분리라는 딜레마를 극복하는 데 두 배의 어려움이 따랐다. 그 이유는 하이데거의 교리들이 '독일의 재앙'에 둘러싸인 오염의 궤도 안에 있으면서도, 문제가 된 것이 종종 철저히 하이데거적 아비투스* 및 행위와 관련되기에, 그만큼 쉽게 이해 가능하면서도 형언할 수 없는 방식으로 작동했기 때문이다. 동시에 독일의 충격적인 정치 권력 이양의 목격자들로서, 하이데거의 '제자들은' 그러한 몰락을 야기한 정치적 조건에 관해 귀중한 증거를 직접 제공할 수 있었다. 그러나 그러한 특권은 종종 실존

* habitus: 일정하게 구조화된 개인의 성향체계.-편집자

적 · 철학적인 문제를 야기하기도 한다. 독일 사상과 문화를 배운 학생으로서 그들이 흡수한 것 중에서 얼마나 많은 부분이 바실루스 테우토니쿠스Bacillus teutonicus에 의해 오염되었는지의 문제가 남기 때문이다. 많은 이들은 그들의 생이 다할 때까지 비슷한 질문을 계속할 것이다.

히틀러의 정권 장악과 짧지만 정권에 협조하고 공모한 하이데거의 여파로, 그의 '제자들'은 하이데거와 함께하면서도 하이데거에 대항하는 방식으로 철학을 추구했다. 그렇게 함으로써 그들은 구할 수 있는 것을 구하기를 바랐고, 줄곧 스승의 길고 강력한 그림자를 벗어던지기 위해 노력했다. 이런 점에서 『하이데거, 제자들 그리고 나치』는 하이데거의 유대인 제자들이 수행한 새로운 시작을 위한 탐색을 담고 있다. 그러나 이는 어려운 일로 드러날 것이다. 하이데거의 제자들은 하이데거와 동시대인이면서 그의 제자이기도 하기 때문이다. 근본적으로, 하이데거의 세계관을 형성했던 바로 그 동일한 정치 문화적 변혁이 그의 제자들을 형성했다. 따라서 하이데거라고 하는, 거대한 중력의 영향이라는 매개변수를 피해가려는 그들의 노력은 좀처럼 성공적이지 못했다. 더 정확하게 말해서, 좋든 싫든 그들은 모두 정치적 근대성, 즉 민주주의, 자유주의, 개인의 권리 기타 등등의 본성에 관한 일련의 뿌리 깊은 편견을 받아들였다. 이 사실은 전쟁 이후 제자들의 주요한 이론적 관점을 밝혀내는 일을 매우 어렵게 만들었다. 비록 모두가 하이데거 학설의 특정한 측면(그의 후기 사유에서 유사-신비주의적 존재 사유, 혹은 존재의 철학이 주요 공격 대상이었다)을 거부하게 되었지만, 기본적으로 그들은 하이데거의 보수 혁명적인 '시대 진단'을 상당 부분 공유했다. 하이데거를 철학자로 수용하는 과정에서 해설자들은 종종 문명비평가로서 하이데거의 영향력을 무시하곤 한다. 그러나 그가 갖는 두 가지 페르소나는 분리될 수 없다—철학자와 그의 세계관을 빈틈없이 분리하는 것은 불가능하다.[4] 하이데거의 관점에 따르면—이는 그의 제자들이 광범위하게 공유했던 관점이었다—근대the modern age는 '절대 죄악'의 시대였다(J. G. Fichte). 이와 같이 모든 수단은 그 절대 죄악을 심연으로 몰아넣기 위해 정당화되었다. 하이데거와 그의 제자들은 모두 '전선 세대'에 속해 있었다(하이데거, 뢰비트, 그리고 마르쿠제는 실제로 제1차 세계대전에 참전했다). '전선 세대'들이 잠깐이라도 허무주의에 관심을 보인 것은, 어떠한 영구적인 가치가 구축되려면 그 전에 대규모의 파괴가 선행되어야 한다는 확신에서 비롯된 당연한 귀결이었다.[5]

『하이데거, 제자들 그리고 나치』는 또한 사상가 하이데거와 국가사회주의로 알려진 정치적 운동 간의 묘한 이데올로기적 친밀성을 어떻게 해명할지의 문제로 되돌아간다. 7장에서, 나는 최근 출판된 1934년의 충격적인 강의**를 출발점으로 삼아, 이 문제를 소개하고자 했다. 그 강의에서 하이데거는 별처럼 빛나는 눈을 한, '존재론적 파시즘'을 대표하여 자신을 변론한다. 여기에서 나치즘은 **존재 사유** 혹은 '존재' 이념에 조력한다. 1980년대 이전에는, 하이데거 철학과 나치즘 사이에 인과관계가 있다는 것을 부정하는 것이 여전히 타당해 보였다. 그러나 후고 오트Hugo Ott와 빅토르 파리아스Victor Farias의 혁신적인 전기 연구가 출간된 이후, 하이데거가 히틀러로 전향한 사실은 의문의 여지가 없는 것으로 드러났다. 하이데거에게 히틀러는 끈질긴 허무주의의 운명으로부터 인류

** 1934년의 〈논리학〉 강의를 말한다.-옮긴이

를 구원할 수 있는 카리스마 넘치는 지도자였다.[6] 동시에 하이데거의 정치적 과오가, 아무리 어처구니없는 것이라 하더라도, 그의 거대한 철학적 성취를 어떻게든 실추시킬 것이라고 주장하는 것 또한 어리석은 일일 것이다. 대신, 확실한 것은 문제의 진실이 이러한 두 극단 사이 어딘가에 놓여 있다는 것이다. 하이데거의 유대인 제자들은 각자가 이러한 난제에 직면할 수밖에 없었다. 독일의 가장 위대한 철학자이며, 특색 있고 존경할 만한 독일 정신의 계승자인 그가 어떻게 철학과 문화를 전면적으로 부정하는 것으로 보이는 정치 운동을 기꺼이 수용할 수 있었는가 하는 난제 말이다. 이러한 맥락에서, 허버트 마르쿠제의 다음의 회고를 떠올릴 필요가 있다. 마르쿠제는 1948년 하이데거에게 보낸 편지에서 다음과 같이 문제를 제기한다.

> 철학자는 정치적 문제에 관해 속을 수 있다. 이 경우 그는 자신의 실수를 공개적으로 인정할 것이다. 그러나 그는 단지 유대인이라는 이유만으로 수백만 명의 유대인을 죽인 정권, 테러를 일상적인 일로 만든 정권, 그리고 정신, 자유, 진리의 이념과 관련된 모든 것을 피비린내 나는 정반대의 것으로 바꾸어놓은 정권에 대해서는 속을 수 없다. 다시 말해서 당신 자신이 그렇게 강력하게 해명하고 정당화했던 서구 전통을 상상할 수 있는 모든 면에서 완전히 희화화한 정권에 의해서는 속을 수 없다.[7]

이 편지에서, 마르쿠제는 명심해야 할 중요한 사실을 강조한다. 나치즘은 이전의 독재정권과는 완전히 다른 독재정권이었으며, 역사적으로 전례가 없는 정치적 테러의 형태를 하고 있었다. 틀림없는 사실은, 그

소름 끼치는 결말인 아우슈비츠는 채플린 희극의 초기 단계에서는 예측 불가능한 것이었다는 점이다. 그러나 그러한 시작—동질화Gleichschaltung, 집단 체포, 강제수용소, 그리고 발작적인 반유대주의—은 지독히도 나쁜 짓이었다. 하이데거는 이러한 터무니없는 20세기의 산업화된 대량 살상의 상징이 된 죽음의 수용소를 결코 공개적으로 비판하지 않아, 그에 대한 신뢰를 떨어뜨렸다. 더욱이, 이 문제에 대한 그의 철학적 성찰은 근시안적이고 대체로 핵심을 벗어나 있었다. 그의 견해에 따르면, 나치의 대량학살 정치는 '기술'의 폐해, '근대 세계상'의 왜곡, 후기 데카르트적 '의지에의 의지', 또는 '존재 망각'에서 기인한 것이었다. 따라서 그의 뒤틀린 '메타 형이상학적' 설명은 명백한 것을 제외한 모든 것을 강조했다. 시작부터 독일 역사 발전의 특이성과 왜곡이 나치즘의 정치적 성공을 가능하게 했다는 명백한 점을 제외하고 말이다.

하이데거의 몰락

하이데거는 1933년 화려한 팡파르와 함께 나치당에 가입했고, 프라이부르크 대학의 총장직을 맡았다. 만일 하이데거가 이러한 운명적인 정치적 일탈을 하지 않았더라면, 전기 작가들은 작업할 자료가 거의 없었을지 모른다. 하이데거는 자신의 고향 바덴주 밖으로 여행하는 것을 의도적으로 꺼렸다. 1930년대 초, 그는 지방주의의 미덕을 강하게 긍정하면서 베를린 대학의 교수직을 두 번이나 거절했다. "왜 우리는 지방에 남아야 하는가"라는 그의 설명은 '피와 흙'에 대한 독일 담론을 패러디한 것처럼 보인다.[8]

비록 오래가지는 않았지만, 나치즘에 짧게라도 이끌린 것은, 하이데거의 지적 가치를 평가할 때 그의 전기를 주요 평가 대상으로 고려하는 계기가 되었다. 하이데거는 재임한 지 1년 만에 프라이부르크 대학의 총장직을 사임했지만, 그것만으로도 충분히 악영향을 끼쳤다. 그는 그 대학을 '독일 혁명'의 목표와 목적에 효과적으로 넘겨주었다. 그는 강연 유세를 다음과 같은 선언으로 마무리함으로써 새 정권의 실질적인 선전원임을 증명했다. "당신이 사상과 교리를 이끌어서는 안 된다. 오직 총통만이 독일의 현실이자 법이다."[9]

1933년 5월 하이데거는 히틀러에게 당시 **동질화** 법안에 대해 연대하겠다는 표현을 내비친 전보를 보냈다. 여기에는 정치적 맹비난과 개인적 배신이 있었다. 더욱이 하이데거는 정권이 쓰라린 최후를 맞이할 때까지 나치당에 당비를 낸 당원이었다. 그는 지속적으로 "히틀러 만세!"라는 이른바 '독일식 인사'로 강의를 시작했다. 1936년, 그는 뢰비트에게 다음과 같이 털어놓았다. "국가사회주의에 대한 당파심이 내 철학의 본질에 놓여 있다." 그가 주장하길, 이것은 『존재와 시간』에서의 본래적 · 역사적 책무를 강조한 '역사성' 개념으로부터 파생되어 나온 것이다.[10]

하이데거가 총장으로 근무했던 프라이부르크 대학

프라이부르크 대학 총장으로서, 하이데거는 소위 '영구 공무담임권'의 반유대주의 항목을 시행한 죄로 기소되었다. 이는 그가 대학 생활을 포함한 모든 공무에서 유대인들을 실질적으로 금지시켰다는 사실을 증명한다. 나중에 그가 부인했음에도 불구하고, 총장으로서 갖게 된 권한으로 하이데거는 이 법을 충실하게 이행했다. 이 법이 그가 그렇게나 많은 빚을 진 후설을 철학과 도서관에서 금지하는 것을 의미했음에도 말이다. 한나 아렌트가 보기에, 70대 고령의 현상학자에게는 상당히 불리하게 작용했을 이 행동은 하이데거를 '잠재적 살인자'로 만들었다.[11] 당시, 후설은 그의 예전 학생에게 쓴 편지에서 하이데거의 반유대주의에 관해 다음과 같이 격렬하게 불평했다. "최근 몇 년간 하이데거는 심지어 헌신적인 유대인 학생들을 담당하면서도, 자신의 반유대주의를 점차 표면적으로 드러냈다." 후설은 이어 "지난 몇 주간의 사건들"이라며 덧붙이기를 (하이데거의 나치당 입당 및 최근 대학의 유대인 금지를 언급하면서) "내 실존의 가장 깊은 뿌리를 뒤흔들었다"고 말했다.[12]

1929년, 하이데거는 이미 엄혹한 선택지에 맞닥뜨렸다고 불평했었다. "진정한 원어민 교사들과 교육자들을 새롭게 투입함으로써 독일의 지적인 삶을 유지하거나, 그것을 포기하고 마침내 그리고 확실히 점증하는 유대인의 영향력〔유대인화〕에 모든 것을 내어주는—넓고 좁은 의미의—선택지."[13] 이전의 학생, 막스 뮐러Max Müller에 따르면, "하이데거는 총장이 된 순간부터, 자신의 밑에서 논문을 쓰기 시작했던 유대인 학생들이 학위를 받을 수 없게 했다."[14] 그는 "민츠 양, 이해하겠지만, 당신이 유대인이기 때문에 나는 당신의 진급을 지도할 수 없다"라고 냉담하게 선언함으로써 한 박사 후보생의 희망을 내동댕이쳤다.[15] 하이데거는 청하지도 않은 서신에서 에두아르트 바움가르텐Eduard Baumgarten(사회학자 막스 베버의 조카)을 임명하는 것을 막으려 했다. 그 서신에서 그는 바움가르텐이 '자유민주주의' 환경에서 자랐으며, 미국에 머무는 동안 '미국화'되었고, 유대인 〔에두아르트〕 프랭켈Eduard Fränkel과 어울렸다고 불평했다.[16]

정권의 몰락과 함께 하이데거는 그의 범죄에 대한 대가를 혹독하게 치렀다. 대학의 탈나치화 위원회는 하이데거가 자신의 이름과 평판이 갖는 위엄을 초기 몇 달간 정권에 제공해줌으로써, 다른 독일인이 보기에 정권을 합법화하는 일을 도왔다는 사실을 발견했다. 특히 철학자 카를 야스퍼스는 평가서에서 하이데거의 철학은 '자유롭지 못하고' '독재적'이라 주장했다. 야스퍼스는 평가서를 다음과 같이 마무리했다. "내 생각에, 이러한 교사를 심리적으로 극도로 연약한 오늘날의 젊은이들과 함께 있게 하는 것은 상당히 잘못된 일이다."[17] 하이데거는 교권을 박탈당했으며, 명예교수 지위를 부여받았다. 스스로를 헤라클레이토스Heraclitus 이래 가장 위대한 철학자라고 생각한 사람은 그 평결을 받아들이지 않았다. 거의 두 달 동안, 그는 우울증으로 입원했다. 최근의 보도에 따르면, 그는 자살을 시도하기도 했다.[18]

하이데거의 제자들은 스승의 정치적 잘못이라는 고통스러운 사실을 마주해야만 했다. 제자들이 하이데거에게 가졌던 엄청난 존경심을 감안했을 때, 그 과정은 힘들고 지루했으며, 때로는 방향을 상실하고 길을 잃기도 했다. 그들은 그 프라이부르크 현자와 운명을 같이함으로써, 미래 철학의 정점에 이르렀다고 굳게 믿고 있었다. 다른 제자들이 그랬던 것처럼 그들은 하이데거의 새로운 '실존'철학은 신칸트주의, 헤겔주의, 그리고 실증주의와 같은 당대의 지배적인 독일 강단 철학의 진부한 아카데미즘을 좌절시켰다고 느꼈다. 그런 그의 갑작스러운 나치즘으로의 전향은 유대인과 비유대인을 포함한 대부분의 제자들에게 충격으로 다가왔다. 그러나 만일 누군가가 그의 초기 실존철학의 이데올로기적 요소를 주의 깊게 재구성한다면, 그의 정치적 전환은 전면적인 단절로 보이지 않는다.[19] 「『존재와 시간』: 실패한 걸작인가?」를 마무리하는 보론에서, 나는 1927년 출간된 위대한 작품을 구성하기 전 하이데거가 지나온 철학적 사유를 검토했다. 이는 실제로 그의 사유에서 '반문명적인' 사유가 추후에 첨가된 것이라 볼 수 없으며, 처음부터 그의 기획에 견고하게 박혀 있었음을 보여주기 위해서였다.

1933년 이후, 그의 유대인 제자들은 망명생활의 스트레스와 어려움 속에서, 하이데거의 나치 충성을 촉발시킨 어떤 것이 실존철학에 필수불가결하게 포함된 것은 아닌지 숙고할 수밖에 없었다. 한나 아렌트의 초기 반응이 가장 극단적인 것이었다. 그녀 스스로 인정한 바에 의하면, 그녀는 20년 동안 철학을 포기했었다.[20] 1964년까지만 해도, 『인간의 조건』의 저자는 '철학자'로서 언급되는 것에 대해서 기분 나쁘다는 듯 고개를 치켜들었다. (그녀는 '정치사상가'라는 말을 더 선호했다.) 동료 제자들 사이에서는, 하이데거의 철학적 '급진주의radicalism'가 부분적으로 그의 과도한 정치적 행위의 기폭제가 되었을 거라는 일반적인 합의가 있었다. 역설적으로 하이데거의 위대함을 설명하던 요소, 즉 모든 전승된 철학적 패러다임과 전통의 해체에 대한 강조도 그의 실패를 증명하는 요소가 되었다. 그의 제자들은 비타협적인 지적 급진주의가 정치와 사회의 영역으로 옮겨질 때, 그 결과는 재앙이 될 수 있음을 깨달았다.

그 후, 독일의 지적 과거를 받아들이려 애쓰는 지난한 과정이 뒤따랐다. 이 과제를 오랜 시간 연구한 사람은 하이데거의 첫 번째 학위논문 제자인 카를 뢰비트였다. 나치즘이 독일뿐만 아니라 서구 전체를 괴롭히는 정신적 고질병이라고 확신한 그는 19세기 위기의 지적 뿌리를 찾아냈다. 여기에서 19세기는 교육을 받은 남녀가 실존주의, 과학 만능주의, 니힐리즘의 극단에서 독일 고전주의(괴테와 헤겔)의 균형을 포기한 시기이다.[21] 요나스와 아렌트는 둘 다 서구 휴머니즘에서 파우스트적-니힐리즘의 유형, 즉 균형감각과 '한계'의 상실을 감지했다. 이는 현대 시대를 거꾸로 심연으로 몰고 간 것으로 보인다. 두 사상가에게, 나치즘에 의해 극적으로 노출된 니힐리즘의 위험요소들은 1945년 5월 8일 연합군의 승리에도 잠재워지지 않았다. 대신에, 니힐리즘의 위험요소들은 핵전멸, 환경 재앙, 전 지구적 방향감각 상실의 위험 등 근대 기술의 발현 속에서 살아 있었다. 『인간의 조건The Human Condition』의 첫 페이지에서 아렌트는 한 세대의 두려움에 대해 다음과 같이 말했다.

> 1957년, 인간이 만든 지구 태생의 물체 하나가 우주로 발사되었다. 거기서 몇 주 동안 이 물체는 태양, 달, 별과 같은 천체들을 회전 및 유지하는 동일한 중력 법칙에 따라 지구를 회전했다. … 그런데… 땅으로부터 하늘을 향해 고개를 들었을 때, 하늘에서 그들 자신의 제작물을 볼 수 있었던 인간들의 마음을 가득 채운 것은 무시무시한 인간의 힘과 지배력에 대한 자부심이나 놀라움이 아니었다. 즉각적 반응은… 인간이 '지구라는 감옥으로부터 탈출할 수 있는 제1보'를 내디뎠다는 안도감이었다. … 이 표현이 갖는 평범성으로 인해, 이 말이 사실 얼마나 기이한 것인가를 간과해서는 안 된다. 왜냐하면 비록 기독교가 지구를 눈물의

> 계곡이라 말하고, 철학자가 그들의 신체를 정신 또는 영혼의 감옥으로 생각해왔다 하더라도, 인류 역사상 어느 누구도 지구를 인간 신체의 감옥이라 생각한 적이 없었으며 또 문자 그대로 지구에서 달로 가고 싶어 못 견뎌한 적도 없었기 때문이다.[22]

『책임의 원칙』(1984)에서, 요나스는 근대 기술의 제어 불가능한 기세에 의해 제기된 인간 실존의 위협에 관해 아렌트의 것과 아주 유사한 일련의 숙고를 내놓는다.

> 나의 주된 공포는 의도치 않은 기술문명의 역학에 의해 위협받게 된, 즉 기술문명의 구조 속에 내재된 종말과 관련된다. 좋든 싫든 기술문명이 기하급수적인 가속도가 붙은 채 어디로 표류하는지 말이다. 지구상의 탈진, 오염, 황폐와 함께 '너무 많음'으로 인한 종말… 이 모든 것 중에서 가장 암울한 것은 다음과 같은 가능성이다. … 실패하고 있는 생물권으로 인한 전 세계적인 대량 빈곤에서… '누구나 자신을 위해'가 공통의 슬로건이 된다. 또 다른 절망적인 면은, 줄어드는 자원을 둘러싼 싸움에서, 핵전쟁이라고 하는 최후의 수단에 의지하게 될 것이라는 점이다.[23]

당면한 맥락에서, 강조할 만한 가치가 있는 또 다른 점이 있다. 이전의 하이데거주의자들에게 있어서 아무리 노력한다 할지라도, 스승의 영향에서 전적으로 벗어나는 것이 얼마나 어려운가 하는 점이다. 결국 아렌트와 요나스도 "전 지구적인 기술"을 현대사회의 소외 현상과 관련된 것

으로 다룸으로써, 그들 역시 대표적인 하이데거적 탐구 주제를 선택했음을 보여준다.[24]

이 책에서 다루는 네 명의 인물 중에서, 허버트 마르쿠제는 예외적이다. 아렌트, 요나스, 그리고 뢰비트가 어느 정도 하이데거의 철학적 궤적 안에서 머물렀던 반면, 비판적 마르크스주의와 정치적 좌파에 헌신한 마르쿠제는 상당히 다른 지적 방향을 설정했다. 따라서 아렌트, 요나스, 뢰비트가 종종 고전적 골동품으로부터(하이데거가 '그리스의 시원'에 역사적 의미를 부여했던 것처럼) 규범적 · 정치적 방향을 취한 반면, 마르크스Marx와 헤겔의 영향을 받은 마르쿠제는 자신의 황금시대를 계급이 없는 미래사회의 형태로 기획했다. 동시에 그가 헤겔의 영향을 강하게 받았음을 고려해볼 때, 마르쿠제의 마르크스주의는 분명히 이단적인 것이었다. 말하자면 그는 초현실주의자들과 교류했으며(그로부터 그는 '위대한 거부'라는 그의 독특한 개념을 도출해냈다), 프로이트Sigmund Freud에 대해 폭넓게 글을 게재했고, 소비에트 마르크스주의에 대한 중요한 비판적 연구 결과물을 발표했다. 이렇게 순응적이지 않은 학문적 관심을 가진 점에 비추어볼 때, 1920년대 후반 마르쿠제가 '마르크스-하이데거'를 종합할 생각에 몰두하고, 하이데거의 지도 아래, '역사성'이라는 주제로 교수자격 논문을 쓴 것은 크게 놀랄 만한 일은 아닐 것이다.

그러나 만일 누군가가 표면 아래를 파고들면, 마르쿠제의 정치적 사유가 유대교의 메시아 신앙의 전통에 크게 빚지고 있음을 감지하게 된다. 제1차 세계대전을 전후하여 성년이 된 중부 유럽 유대인 출신 지식인들에게 이것은 일종의 통과의례가 되어 있었다. 1900년까지, 혁명 이후의 보편적 평등에 대한 약속은 서유럽 유대인들이 겪은 어려움을 완화하는 데 크게 효력을 미친 반면, 그에 상응하는 중부 유럽 동화주의자의 꿈은 반복되는 맹렬한 반유대주의 물결 속에서 거의 무너진 것으로 보였다. 결과적으로, 중부 유럽의 유대인에게, '자유로운 선택'은 유명무실해진 것으로 보였다. 사회주의와 시오니즘이 유일하게 실행 가능한 정치적 대안으로 떠올랐다. 그러므로 동화되고자 하는 희망이 줄어들었을 때, 유일한 가능성은 정치적 급진주의자로 남거나, 진정한 유대인의 정체성을 추구하는 데 있는 것으로 보였다. 이러한 접근법 뒤에서 작동하는 정치 역학을 엔슨 라빈바흐Anson Rabinbach는 다음과 같이 기술한다.

> 제1차 세계대전이 다가오는 수년 동안, 독일계 유대인의 자신감과 안도감은 새로운 유대인 감수성의 도전을 받았다. 급진적이고, 세속적이며 메시아적인 논조와 내용으로 기술될 수 있는 감수성 말이다. 이 새로운 유대인의 에토스는 무엇보다도 독일계 유대인의 신비주의인 교양Bildung 개념 위에서 성장한 독일계 유대인 세대의 낙관론을 받아들이기를 거부했다. 독일계 유대인들은 독일 상류층의 정치적 반유대주의와 반자유주의적 정신에 의해 심각하게 충격을 받았다. 이는 그들로 하여금 해방 후 시대의 정치 문화적 가정에 의문을 제기하게 했다. 특히 어리석은 것은 독일주의Deutschtum와 유대주의Judentum 사이에 어떤 모순도 존재하지 않는다는 믿음이었다. 즉 세속화와 자유주의가 유대인들이 민족 공동체에 문화적으로 통합되는 것을 허락할 것이라는 믿음 말이다.[25]

라빈바흐가 묘사한 감수성을 대표하는 고전적 인물들은 블로흐Ernst Bloch와 벤야민이다. 유대인의 정치적 메시아주의라는 주제가 마르쿠제의 작품에서 발견된 것은 주로 그들의 영향력 아래에서였다. 루카치Georg Lukács는 『소설 이론Theory of the Novel』 서문에서 유럽 내에서의 급속한 산업 확장과 세계대전의 여파로 정신적 외상을 입은 중부 유럽 지식인 세대를 묘사하기 위해 '낭만주의적 반자본주의'라는 용어를 만들었다. 루카치는 "그들 작업의 입각점은 '좌파' 윤리학과 '우파'의 인식론을 융합하는 것에 있다"는 점에 주목했다. 1920년대부터 이 관점은 점차 더 중요한 역할을 했다. "우리는 블로흐의 『유토피아의 정신Geist der Utopie』(1918, 1923), 벤야민의 『혁명의 신학자, 뮌처Thomas Münzer als Theologe der Revolution』, 심지어 아도르노의 시초에 대해서 생각하기만 하면 된다."[26] 마르쿠제는 혁명에 대한 끊임없는 갈망과 근대 산업 문명의 부적절성에 대한 전면적인 비판으로 앞서 언급한 그룹의 직접적 후계자가 되었다. 비록 그의 메시아주의적 경향성이 다른 지적 영향과 전통, 무엇보다도 '역사 속 이성reason in history'의 힘에 대한 비메시아주의적 · 헤겔주의적인 믿음에 의해 항상 촉발된 것이지만 말이다.

하이데거의 돌파구

『하이데거, 제자들 그리고 나치』는 20세기 지적 삶의 지배적 흐름 중 하나인 실존주의existentialism의 운명에 대해 다루고 있다. 실존주의는 하이데거의 1927년 걸작, 『존재와 시간』의 출판으로 시작된 지적 경향이다. 철학 작품이 이렇게 즉각적이면서도 지대한 영향을 미친 적은 거의 없었다. 심지어 『존재와 시간』이 출간되기 이전, 하이데거가 1920년대 중반 마르부르크 대학의 조교수로 있을 때, 독일 전역에서 온 철학과 학생들이 그의 강좌와 세미나를 가득 채웠다. 하지만 『존재와 시간』의 출판과 함께 양은 질로 전환되었고, 그의 교리는 본격적으로 전 세계적으로 보급되기 시작했다. 키르케고르, 니체, 그리고 딜타이Dilthey의 영향을 자기 것으로 만들면서 (톨스토이, 도스토엡스키, 릴케와 같은 다양한 문학적 자료는 말할 것도 없고) 하이데거는 『존재와 시간』에서 철학적 사유의 개념들을 근본적으로 바꾸었다. 완전하게 이해하기는 어려운 그의 신조어들과 이론적 대담성에 비해, 이전의 모든 패러다임과 원리들은 가히 절망적이라 할 만큼 시대에 뒤떨어진 것으로 보였다.

뒤따르는 지적인 담론에 비해 『존재와 시간』이 갖는 중심적 위치를 고려해볼 때, 나는 하이데거가 그 작품을 쓰게 된 근본적 동기를 검토하는 내용을 이 글에 포함하기로 결심했다. 『하이데거, 제자들 그리고 나치』의 경우, 이 작품과 이 작품이 제공한 역사적 현재에 대한 급진적 비평을 마주하게 된 일은 여러 면에서 결정적인 삶의 경험이 되었다. 잘 알려져 있듯이, 『존재와 시간』의 발단을 둘러싼 조건들은 결코 간단하지 않았다. 그 구성은 전기적 · 고백적 · 문화적 · 역사적인 다수의 상황적인 변수들에 의해 과잉 결정되었으며, 그 중요성은 최근에야 밝혀졌다. 나는 최근 출판된 전집 판본 강의록들을 근거로, 하이데거 사유에 있어 초기 발전의 주요 단계를 재구성했다. 이 강의록들은 현대 사상의 이정표적 작품 중 하나인 『존재와 시간』의 기원에 대해 중요한 통찰을 제공한다.

데카르트 이래로, 인식론적 관심이 근대 철학의 중점적인 문제가 되어 왔다. 『존재와 시간』의 첫 페이지에서 '존재물음'으로 되돌아감으로써, 하이데거는 데카르트적인 개념에 기반한 철학적 계보 전체에 대해 비판적 질문을 던졌다. 인식론의 성공은 근대 과학의 발흥과 함께 이루어졌다. 그러나 이 유산은 좀 더 근본적인 인간적 관심을 희생해가면서 얻은 것으로 보인다. 니체가 민주주의, 도덕성, 그리고 종교에 대해 무자비하게 비판한 이후, 서구 휴머니즘의 달콤한 표현들은 거짓 위로만을 제공하는 것으로 보였다. 서구 휴머니즘이 제공하는 공허한 확언들과 주장들은 단지 근대 니힐리즘의 곤경을 무마하기 위한 겉치레를 상징하는 것처럼 보였다. 니힐리즘의 문제를 단도직입적으로 제기함으로써, 니체는 다음 세대의 철학자들과 지식인들을 위해 하나의 담론상의 기준척도를 확립했다. 그가 『힘에의 의지』의 문제를 다음과 같이 인상 깊게 표현하듯 말이다.

> 니힐리즘이 문 앞에 서 있다: 모든 손님 중에서 가장 낯선 이 손님은 어디에서 오는가? … 니힐리즘이란 무엇을 뜻하는가? 최고의 가치들이 가치를 상실한다. 목적은 없다. '왜?'라는 물음에 대한 어떠한 답도 찾을 수 없다. … 급진적 니힐리즘은 우리가 인정하는 최상의 가치가 절대적으로 옹호 불가능하다는 사실을 확신시켜준다. 게다가 우리는 '신성한', 혹은 도덕성의 화신이 될 수 있는 초월, 혹은 사물 그 자체를 설정할 최소한의 권리조차 결여하고 있다는 자각을 확인시켜준다.[27]

이러한 논평과 함께, 니체는 철학에 다가가는 전통적인 접근 방식의 운명을 봉인하는 것처럼 보였다. 그는 이 새로운 방법을 '망치로 철학하기philosophizing with a hammer'라 불렀다. 그는 자신의 책이 '암살 시도'이자 '다이너마이트'라고 주장했다. 이는 철학을 한다는 것이 무엇을 의미하는지에 관한 고상한 개념과는 거리가 멀다. 1930년대에 하이데거는 니체에 대한 다수의 강좌를 개설했으며, 니체의 사상을 근대 시대의 딜레마를 이해하는 열쇠로 여겼다. 이미 1920년대 초, 니체와의 만남을 통해 하이데거는 전통적인 철학 개념이 역사적 현재가 제기하는 중대 과제, 예컨대 기술, 대중사회, 그리고 사회적 '평준화'의 문제들을 사유하기에 적절하지 않다는 확신을 가졌다. 이 문제는 슈펭글러의 영향력 있는 책, 『서구의 몰락The Decline of the West』에서 종말론적으로 제시되었던 것이다.

현존재는 초월철학transcendental philosophy의 오류에 대한 하이데거의 응답이었다. 하이데거는 데카르트의 출발점인 사유 실체res cogitans를 거부했다. 이 출발점은 실체적이면서 잘못된 수많은 선입관을 숨기고 있기 때문이다. 구체적 상황과 분리된 주체성을 철학의 출발점으로 삼는 것은 사람들을 일종의 뻔하고 무익한 특정 유형의 질문으로 이끄는 경향이 있다. 하이데거가 선호하는 신조어들은 독일어의 구어체에서 가져온 것으로, 이는 하이데거가 비과학적인 새로운 시작을 강하게 선호했음을 보여준다. 그 출발점은 환원 불가능한 현존재의 '상황에 처해 있음situatedness' 혹은 '세계-내-존재Being-in-the-world'가 될 것이다. 근대 인식론의 이론적 '주체'와 다르게, 하이데거가 말하는 현존재는 '명석하고 판명한 관념(로크)'(명석하고 판명한 관념(데카르트)을 잘못 표기한 것으로 보인다.-옮긴이) 혹은 삼단논법의 추리 능력보다 오히려 기분, 잡담 앞에서 침묵할 수 있는 능력, 그리고 '죽음을 향한 존재'에 의해 규정되었다.

하이데거의 실존론적 태도가 갖는 생산성을 부정하는 것은 어리석은 일일 것이다. 이것은 많은 면에서 인식론으로서 철학의 이론적 관점을 능가하는 삶, 즉 '세계-내-존재'를 다루는 하나의 방법을 제공했다. 하이데거는 젊은 시절 논리 실증주의가 도래해 전성기를 맞는 것을 경험했다. 당시 철학은 과학적 탐구의 시녀로 전락할 위험에 처해 있었다. 하이데거의 실존론적 접근은 철학의 권한과 범위를 축소하는 이러한 위험에 대한 건설적인 해독제를 제공했다. 비트겐슈타인에 의하면 언어 게임은 '삶의 형식들'로서 이해되어야 하지만, 각각의 언어 게임들이 갖는 장단점을 평가할 방법은 없다. '삶의 형식들'로서 모든 언어 게임들은 내적으로 타당하기 때문이다. 그러므로 철학의 목표는 **실질적**substantive(내용적)이라기보다 **치료적**therapeutic이어야 한다. 실질적인 목표나 의지를 확립하기보다, 오해의 여지를 제거하는 것이 사유가 지향해야 하는 목표다.

철학은 상식 혹은 일상적인 언어 행위를 더 많이 신뢰해야 한다고 우리는 들었다. 통찰력 있는 비평가는 다음과 같이 말했다.

> 언어철학은 단순히 치료법이나 안락사*뿐만 아니라 예방법으로, 즉 어쩔 수 없이 항존하는 위험에 대한 예방법으로도 생각된다. … 이는 철학에 대한 야경꾼 이론이다. 이것은 그 자체로 긍정적 공헌을 하지는 않는다. 하지만 이 철학은 참된 지식을 방해하거나 혼란스럽게 할 수 있는 오용을 항상 경계하게 해준다.[28]

언어적 접근 방법이 갖는 심각한 문제점 중 하나는, 그것이 강력한 평가 능력, 즉 지대한 영향을 미칠 수 있는 사안에 대한 개념적 구분 능력을 결여한다는 점이다.[29] 이러한 침묵주의quietism는 비트겐슈타인의 다음과 같은 말에서 실제로 잘 포착되는 것으로 보인다. "철학은 모든 것을 그대로 둔다." 더욱이 철학이 직업으로 자리 잡음으로써, 그에 상응하는 전문화의 척도가 뿌리를 내렸다. 철학의 역할을 다시 확립하기 위한 전망, 그러니까 철학을 인간 사회의 경험적 기반인 생활세계, 즉 '일상성'과 다시 연결할 전망은 점점 희미해졌다.

하이데거는 전통철학의 결점을 감지하고, 이를 상쇄하기 위해 **실존**이라는 패러다임을 발전시켰다. 하이데거의 접근법이 제시하는 장래성에 대해 우리는 계속적으로 진지한 관심을 가질 필요가 있다. 그러나 이러

* 언어철학에서 제시하는 치료적 관점에 따르면 전통철학의 문제들은 잘못 제기되었기 때문에, 이 문제들은 해소되고 궁극적으로는 제거되어야 한다. 따라서 '치료법이나 안락사'라는 표현은 이러한 맥락에서 비유적으로 이해될 필요가 있다.-옮긴이

한 면밀한 검토가 칭찬 일색의 전기나 무비판적인 헌신으로 전환되어서는 안 된다. 사람들은 하이데거와 같이 독특한 재능을 지닌 사상가와 대면했을 때 끊임없이 이러한 유혹에 빠지게 된다. 하이데거는 그의 철학이 '근원적인 것das Ursprüngliche'에 대한 경험을 포착하고 전달할 수 있다고 믿었다. 그는 근대적 사유가 갖는 피상성을 본능적으로 거부했다. 그러나 하이데거는 종종 근원적 삶이 가치 있는 **이유**, 즉 근원적 삶이 그가 잘못된 것이라 여긴 근대적인 철학적 접근법보다 왜 내적으로 우월한지에 대해서 설명하지 못했다. 그의 입장과 선호도에 대해 '합리적인 설명'을 하는 것은 하이데거의 강점이라 할 수 없다. 하이데거의 접근법은 장점을 지님에도 불구하고, 이 역시 명백한 한계를 갖는다. 너무나 자주 이 접근법은 '태곳적의 경험'과 '불합리'를 미화한다. 하이데거의 접근법은 비민주적 감수성으로 채워져 있다. 이러한 선입견들은 그가 1933년 망상적인 정치적 실수를 하는 데 한몫했다. 대체로, 아첨하는 자들인 그의 지지자들은 아직 무엇이 그의 나치 참여를 촉발시켰는지에 대한 지적 실마리를 풀지 못했다. 그것이 해결되지 않는 한, 그의 유산을 영속화하고자 하는 하이데거 지지자들의 시도는 동일한 실수들과 개념적 불균형에 고통받을 것이다. 그러므로 그리스 비극과 같이—비록 작은 규모라 하더라도—그 아비가 지은 죄가 딸과 아들들에게 떠맡겨질 것이다.

유대인들을 감금한 독일의 아우슈비츠 수용소.

2장

독일에 동화된 유대인

정체성 혼란과 시련

유대인의 정체성

『하이데거, 제자들 그리고 나치』는 독일계 유대인, 특히 독일의 교양시민Bildungsbürgertum, 교육받은 중산층 엘리트의 경험을 다룬 이야기이다. 비록 역사적으로 뒤늦은 깨달음이라 하더라도 유대인 동화주의의 망상을 연대순으로 기록하는 데 도움이 된다. 왜냐하면 하이데거의 제자들은 제3제국하에서 제도화된 정치적 반유대주의가 낳은 트라우마의 한가운데에서 유대인으로서의 정체성을 처음으로 깨달은 비유대주의적 유대인이었기 때문이다.

수십 년간 재능 있는 역사학자들과 비평가들은 아우슈비츠의 여파에 휘말린 독일계 유대인의 경험에 대해 논쟁을 벌여왔다. 관련 문헌들이 계속해서 출간되고 있고, 그것의 질에 대해서는 의심의 여지가 없지만, 홀로코스트 이후 약 50년이 지난 지금 현존하는 거의 모든 서술은 심각하게 불만족스러운 상태이다. 설명에서 어떤 방향이나 관점을 선택하든, 성가시고 모순된 명제들이 개입해서 합의를 위한 가능성을 뒤엎어버린다. 독일계 유대인의 경험을 설명할 때 지속적으로 어려움을 겪는 주제는 19세기 중반으로 거슬러 올라가 유대인들이 가장 성공적으로 통합되었던 바로 그 국가에서 어떻게 유럽 유대인의 몰살이 고안되고 실행될 수 있었는가 하는 것이다. 한 역사가가 문제를 정식화한 것처럼, "다음의 사실이야말로 근대에 들어서 가장 중대한 역설이자 결정적인 아이러니 중 하나이다. 유럽 유대인들의 격동의 역사에서 가장 불운한 시대가 그들의 가장 위대한 해방, 문화 적응, 그리고 동화의 국면에서 일어나고 성장했다는 사실이다."[1]

비평가들은 히틀러가 권력을 장악하기 전 50년을 유럽에 거주하는 유대인의 황금기로 기술해왔다. 이 시기는 유대인들이 새로운 자유주의적 의견의 풍토에 편승해서 그들의 독립적인 정체성을 버리고, 유럽 시민의 주류 문화와 직업 생활에 통합되기 시작한 시점이었다. 그들은 매우 짧은 시간 안에 놀랄 만한 성공을 이루었다. 두 세대 안에, 유대인들은 유대인 거주 지역 내에서의 삶이라는 제약에서 벗어나 직업, 예술, 그리고 과학에서 지도적 위치를 차지하는 데까지 부상했다. '유대주의 과학'을 이끄는 대표자인 랍비, 레오 백Leo Baeck은 근대 독일을 두 번째 성전이 파괴되기 전의 헬레니즘 유대교와 스페인에서 추방되기 전의 스파라드 유대교에 이어 유대교의 제3의 황금기의 중심지로 보았다. 나치 시대 이전, 독일 노벨상 33개 중 13개를 유대인이 수상했다. 제2제국의 붕괴(1918)와 함께 유대인에 대해 여전히 시행되었던 직업적 제한이 해제되었다. 바이마르 공화국 아래에서 시민적 평등권을 누리면서, 유대인들은 전례 없이 많은 수와 방식으로 번창해나갔다. 이 기간 동안 번성했던 유대인 예술가와 작가 목록은 독일의 문화적 탁월성을 나타내는 명사 인명록처럼 보인다. 잘 알려진 인물들만 나열하자면 프란츠 카프카Franz Kafka, 지그문트 프로이트, 에드문트 후설, 막스 호르크하이머Max Horkheimer,

발터 벤야민, 테오도르 아도르노, 에른스트 블로흐, 게오르크 루카치, 알프레드 되블린Alfred Döblin, 쿠르트 투홀스키Kurt Tucholsky, 아르놀트 쇤베르크Arnold Schönberg, 구스타프 말러Gustav Mahler, 막스 라인하르트Max Reinhart, 프리츠 랑Fritz Lang, 지그프리트 크라카우어, 카를 만하임Karl Mannheim, 카를 클라우스Karl Kraus, 그리고 조셉 로스Joseph Roth 등이 있다. 정치학자 프란츠 노이만은 그의 고전적 연구, 『베헤모스: 국가사회주의의 구조와 실천』에서 다음과 같은 도발적인 주장을 내놓았다. "역설적으로 보일 수 있지만, 독일인들은 반유대주의자들 중에서 가장 덜 반유대적인 사람들이다." 이는 무자비한 나치 지도자들이 반유대주의를 내켜 하지 않는 독일 대중에게 억지로 강요했다는 것을 의미한다.[2] 그러나 유대인의 문화적 탁월성은 독일의 중·하류층 계급 사이에서 극심한 분노의 원천이었다. 이는 독일계 유대인들의 궁극적인 죽음에서 결코 무시할 수 없는 역할을 한 요인이었다.

이처럼 상당한 성공을 이루었음에도 불구하고, 유대인의 동화는 종종 매우 값비싼 대가를 치렀다. 독일 주류 사회가 유대인 수용을 위해 선언한 전제 조건은 그들의 유대인성Jewishness을 포기하는 것이었기 때문이다. 대부분의 경우 문화와 정신이라고 하는 독일의 미덕과의 동일화는 전통적인 유대인의 관심을 포기할 것을 강요했다. 실제로, 독일적인 것에 관해서 많은 유대인이 열성적인 왕당파가 되었다. 작가 루드비히 스트라우스Ludwig Strauss는 "괴테 연구에서 누군가는 자신에게서 유대인의 실체를 발견한다"고 말했다.[3] 시온주의 지도자 쿠르트 블루멘펠트Kurt Blumenfeld는 자신을 '괴테의 은총을 입은 시온주의자'로 기술한 적이 있다.[4]

1782년 빌헬름 돔Wilhelm Dohm은 「유대인들의 시민적 개선On the Civic

Improvement of the Jews」이라는 자유주의 논문을 발표했을 때, 유대인이 자신의 본래의 종교적 실천을 그만두기를 동의할 때에만, 유대인에게도 관용을 베풀 수 있을 것이라는 사실을 분명히 했다. 옛말에 이르기를, "개인으로서 유대인은 모든 것이지만, 민족(예컨대 유대인으로서의)으로서의 유대인은 아무것도 아니다"라고 했다. 게토에서 벗어날 길을 찾고자 했던 사람들에게 "유대인이 되는 것은 골칫거리, 곤란한 상황, 즉 도움을 받고자 한다면 언급하지 말아야 할 사실이 되었다."[5] 스스로를 비신자라 자칭하던 프로이트는 다음과 같은 문제를 제기했다. "만일 당신이 동료 유대인과 공통적으로 가지고 있는 것을 포기한다면, 당신에 관해서 여전히 유대적이라 할 만한 것은 무엇인가?" 그는 오직 다음과 같이 대답할 수 있을 뿐이다. "여전히 상당히 많은 것, 아마도 주요한 것이 있다." 그러나 그는 결코 '그것'이 무엇인지 세밀하고 분명하게 설명할 수 없다.[6]

카프카는 '질병'으로서의 문명사회라는 아이디어에 새로운 종말론적 의미를 부여한 바 있다. 카프카는 아버지의 유대인성을 제거하는 일을 그가 "할 수 있는 가장 효과적인 경건 행위였다"라고 말했다.[7] 카프카의 이야기들과 소설이 아우르는 많은 의미의 층위에서, 제1차 세계대전을 전후한 중부 유럽 유대인 의식은 그 방향감각을 심각하게 상실하고 있었다. 그들은 더 이상 전통적인 의미의 유대인이 아니었다. 또한 그들은 자신이 채택한 유럽 고향의 문화에서도 유대인이 아니었다. 중부 유럽의 유대인들은 정체성 위기와 무소속이라고 하는 위험지대에 끼어 있었다. 한 비평가가 지적했듯이, "종교에 대한 의식적인 공감이 없이는 유대 전통을 이끄는 힘, 지구상의 문명화된 삶의 시작에까지 거슬러 올라가 확장된 세대와 연결되어 있다는 감각, 즉 세대 간의 사슬 속에 연결되어 있다는 감각, 그러니까 시대를 초월한 중요성을 갖는 사람들의 일부—신의 민족—가 되는 감각은 상실된다.[8] 동화된 중부 유럽의 유대인 대부분은 비유대인 형제들이 그들을 받아들일 거라 예상하고 모든 것을 걸었다. 그들이 내기에서 패하면, 국민으로서의 그들의 실존을 위태롭게 박탈당하게 되리라는 것을 그들이 어떻게 알았을까?

카프카의 글은 근대 유대인들이 해방 이후 삶의 질이 크게 향상되었음에도 불구하고 겪은 실존론적 당혹감을 완벽하게 표현해주었다. 얼마 되지 않는 동시대 종교신자들처럼, 그는 자신이 경멸하여 '전형적인 서구 유대인'이라 언급한 무리들에 대해 날카로운 통찰력을 보여주었다. 그럼에도 카프카는 그들과 자신을 동일시했으며, 다음과 같은 말로 그들을 기술한 바 있다. "이 말은 과장해서 표현하자면, 단 한순간도 평온하게 주어지지 않았다는 것을 의미한다. 모든 것을 획득해야 했다, 현재와 미래뿐만 아니라 과거 역시. 모든 사람이 물려받는 어떤 것, 이것 역시 획득해야만 했다, 아마도 이것이 가장 힘든 일일 것이다."[9] 많은 유대인이 게토로 돌아가는 것은 의문의 여지가 없었지만, 사회적 수용으로 향하는 길은 막혀 있다는 사실을 깨달았다. 세례를 받은 유대인들은 전통적 뿌리와 단절된 그들 자신을 발견했다, 그런데도 그들의 비유대인 동포에게는 외면당했다. 그들의 점잖은 이웃들과 구분할 수 없을 정도로 동화된, 부유한 유대인 가족의 자손은 전향 혹은 다른 종교인과 결혼하면 가족으로부터 영원히 배척받게 되리라는 것을 알았다. 제1차 세계대전이 발발했을 때 유대인들은 입대하는 것을 국민 정서의 증거로 보고, 떼를 지어 자원했다. 복무한 12만 명 중 1만 2,000명이 전사했다. 레오 백이 1914년의 정신 아래에서 선포한 것은, 독일의 승리에 있어서 중

요한 것이 '유럽 문화와 인류애'라는 것이었다.[10]

카프카는 체코 태생에, 독일어를 구사하는 유대인으로 자신의 딜레마를 표현했다. 그가 말하는 '세 가지의 불가능성', 즉 '쓰지 않는 것의 불가능성, 독일어로 쓰기의 불가능성, 다르게 쓰기의 불가능성(때로 그는 '네 번째 불가능성'으로 쓰기의 불가능성을 덧붙였다)'이라는 관점에서 말이다.[11] 진보적 자유주의 교리들은 동화되기 위한 유대인의 노력이 직업적인 성공과 폭넓은 사회적 수용을 통해 보상받을 것이라는 점을 시사했다. 그에 반해 중부 유럽인들의 실제 삶은 다른 결과를, 말하자면 더 불길한 결과를 보여주었다.

동화된 유대인,
불길한 징후와 뒤늦은 깨달음

독일인-유대인 관계는 소위 말하는 '황금시대'에서조차 불길한 징후들과 전개들로 훼손되어 있었다. 계몽된 견해에 따르면, 중세적 원시상태로 되돌아가 진보의 행군에 격퇴당할 운명인 반유대주의는 유럽 정치를 새롭고 강력하게 장악했다. 인종적 반유대주의는 근대적 삶 전체에 대한 적대감과 모순을 푸는 열쇠를 쥔 이데올로기로 급격하게 발전했다. 불신의 시대에, 그것은 준종말론적 배역을 떠맡았다. 사울 프리들랜더Saul Friedländer는 '보완적 반유대주의'라는 말을 만들어, 반유대주의의 기능을 기술했다. 이는 유대인들을 근대 문명의 죄악에 대해 전적인 책임이 있는 자들로 인식하는 세계관이다. 사울 프리들랜더는 다음의 사실에 주목한다. "18세기부터 새로운 음모론은 프리메이슨, 일루미나티, 예수회와 같은 수많은 오컬트 집단들이 위협적임을 지적했다. 이러한 오컬트 무리 내에서 유대인들은 대단히 뛰어나게 음모를 꾸미는 자들이었으며, 숨겨진 조종자들이었다."[12] 통일된 정치 세력으로서 반유대주의가 갖는 잠재력은 과소평가될 수 없었다. 베를린에 충성하는 것보다 고백적 · 문화적 · 지역적 분할이 종종 보다 더 중대한 문제가 되는 독일 정치의 독특한 성격을 감안할 때 말이다.

반유대주의자들에게 있어서, 유대인들을 대량학살하는 것만이 '병-폐'로서의 근대성이 갖는 독성을 올바로 치료할 수 있었다. 전쟁 전, 비엔나의 시장인 카를 루거Karl Lueger는 반유대주의자로서, 근대 유럽인의 삶에서 불균형적인 유대인의 영향력에 대해 일반적인 불만사항을 토로했다.

> 비엔나에는 해안가의 모래알만큼이나 많은 유대인들이 있다. 당신이 어디를 가든지 유대인들이 있다. 만일 당신이 극장에 간다면, 유대인 외에는 아무도 없다. 당신이 순환도로(링 거리)에서 산책을 한다면, 유대인 외에는 아무도 없다. 당신이 시립공원에 들어서면, 유대인들이 있을 뿐이다. 당신이 콘서트에 가면, 유대인들이 있을 뿐이다. 만일 무도회에 가면 유대인들이 있을 뿐이다. 당신이 대학교에 가면, 유대인들이 있을 뿐이다. 우리는 헵, 헵, 헵(헵-헵Hep-Hep은 독일인이 유대인을 약탈하고 학살하던 때 내던 소리를 가리킨다.-옮긴이)을 외치지는 않지만, 오래된 기독교 오스트리아 제국의 장소에서, 새로운 팔레스타인 왕국이 생기는 것에 대해 강력하게 반대한다.[13]

1912년 범독일 연맹 대표 하인리히 클래스Heinrich Class는 유명한 팜플렛, 『만일 내가 카이저라면If I Were the Kaiser』을 출간했다. 여기에서 그는 공무원 업무, 정치, 직업, 은행, 상업 등 독일의 공공생활에서 유대인들을 완전히 배제하기 위한 프로그램을 발표했다. 이 프로그램은 많은 면에서 나치가 뉘른베르크에서 결의한 반유대주의적 입법의 전조라 할 수 있다. 제1차 세계대전이 종전에 가까워지고, 독일의 패망이 임박해오자, 클래스는 "유대인에 대항하는 무자비한 캠페인을, 선하지만 잘못 이끌어진 사람들의 분노가 유대인에게 향해야 함"을 권고했다.[14] '1914년의 이념'—논쟁적으로 '1789년'의 이념에 반대되며, '독일적 방식'의 이데올로기적 중심에 위치하는—이 4년의 패배로 급진적으로 변모함에 따라, 민족주의적으로 기울어진 독일인들은 유대인을 '국내의 적'으로 바라보는 생각을 받아들였다.

따라서 독일의 '전장에서의 체험front experience'을 담은 비가의 시인인, 에른스트 윙거가 1930년에 "유대인은 그것이 선한 것이든 악한 것이든, 독일인의 삶에 관계되는 어떤 것에도 창조적인 역할을 전혀 수행할 수 없다"고 말했을 때, 그는 널리 퍼진 신념을 말로 표현했을 뿐이었다. 동화되기 위한 노력을 한다고 해도, 유대인들은 '진정한real' 독일인이 결코 될 수 없다는 신념 말이다.[15] 그렇게 함으로써 윙거는 80년 전에 리하르트 바그너Richard Wagner가 「음악에서의 유대성Das Judentum in der Musik」에서 표현한 다음과 같은 신념을 영구화했다. "유대인들은 다른 나라들 사이에서 기생적으로 살았기 때문에, 그들에게는 고유한 '문화'가 없었다. 따라서 그들은 결코 진정으로 창조적일 수 없다." 잘 알려진 바와 같이, 바그너는 골치 아픈 유대인 문제에 대한 유일한 해결책은 유대인을 전멸Untergang시키는 것뿐이라고 예언적으로 말하면서 에세이를 마무리했다.[16]

법철학자인 카를 슈미트는 그의 초기 작품에서 인종적 동질성과 '국내의 적'을 전멸시킬 필요성을 강조했다. 1930년대 중반 그는 독일 법학자 학회 개회사를 다음과 같이 선언하면서 시작했다. "우리는 유대인이 자행한 모든 왜곡으로부터 독일 정신을 해방시킬 필요가 있다. 즉 유대인

이민자들이 나치 시대의 대관구 지도관(지방 장관) 율리우스 스트라이허Julius Streicher의 위대한 투쟁을 비정신적인 것으로 이름 붙였던 곡해된 정신 개념 말이다."[17] 히틀러는 권력을 잡은 직후, 유대인 해방을 말살하는 정책을 시작했다. 독일계 유대인들은 이것을 게토로부터의 긴 행진의 길에서 또 다른 일시적인 걸림돌에 불과한 것으로 보았다. 어느 누가 '최종 해결책'과 같은, 생각할 수도 없는 어떤 것이 다가오고 있다고 의심할 수 있었겠는가?

1938년 독일에 의해 오스트리아가 합병된 이후, 동화된 상류층의 비엔나 가정 출신이었던 비트겐슈타인은 제3제국의 법이 마침내 그를 독일계 유대인으로 변모시켰다고 말했다.[18] 이것은 나치 핍박의 표식 아래에서 처음으로 자신의 유대인성을 경험했던 많은 동화된 유대인들의 공통적인 반응이었다. 그러나 시온주의자들이 종종 주장했듯이, 전통에 대한 충성을 버리고 사회적 지위의 개선이라는 덫을 자발적으로 취한 유대인들은 그들의 성공이 갖는 사회적 함축에 대해 종종 착각했다. 결과적으로 1930년대에 들어서면서, 동화된 많은 유대인은 뒤따른 비극적 사건들에 전혀 준비되어 있지 않았다. 비록 역사의 슬픈 아이러니 중 하나이기는 하지만, 그들의 빈곤한 형제들이 다수 비명횡사한 반면, 히틀러가 지배한 독일에서 타개책을 구할 수 있었던 것은 동화된 유대인들이었다.

동화된 유대인들이 독일적인 것에 보여주는 과도한 애착은 정교한 보상 메커니즘, 즉 종교의 대용품으로 기능했다. 이사야 벌린Isaiah Berlin이 적절하게, 심리학적으로 관찰한 바와 같이, 유대인 지식인들과 예술가들이 독일 전통과 동일시한 그 열정은 종종 '부적절한 동질감이자 균열을 잊고자 하는 욕망의 결과'였다. 왜냐하면 극복할 수 없는 것일수록 극복하고자 하는, 혹은 균열이 존재하지 않는 것처럼 행동하려는 욕망이 더 커졌기 때문이다.[19] 게르숌 숄렘의 말을 빌리자면, "고향에 대한 유대인들의 끊임없는 요구는 **고향에 있다는 착각**으로 변화되었다. … 대재앙 이전 세대 독일계 유대인들은… 그들의 상황에 대한 비판적 통찰을 놀라울 정도로 결여하고 있었다."[20] 독일 문화에 끼친 유대인의 영향을 상호 융성의 과정으로 찬양하는 일반적인 방식과 대조적으로, 숄렘은 이를 궁극적으로 유대교Judaism에 명백한 불이익을 가져오는 일방통행으로 바라보았다. 그는 낭만화된 '독일-유대인' 공생을 지속적인 피흘림의 과정으로 특징지었다. 이를 통해 유대인들이 자신의 가장 진보적인 요소들을 독일인들에게 잃게 되는 과정 말이다.[21] 숄렘의 분석에 대한 반향으로, 역사가인 단 디너Dan Diner는 독일-유대인 간의 관계를 **'부정적 공생'**의 사례로 묘사했다.[22]

비슷하게 회의적인 논지로, 보다 최근에 독일-유대인 관계에 대해 쓴 연대기 작가는 독일-유대인 대화의 상호성에 대해 의문을 제기했다. 당사자들 중 하나가 듣기를 거부할 때, 어떻게 대화가 성립할 수 있겠는가?

> 게토가 사라지고, 유대인에게 시민권이 주어지며, 독일 사회로 진출하고, 독일어를 채택하는 일은 독일-유대인 문화를 낳았다. 그러나 그것은 진정한 공생의 결과가 아니었다. 유대인과 독일인 간의 대화가 시작되는 대신, 동화는 즉시 유대인의 독백으로 이어졌다. 유대인의 독백이 게르만 세계에서 일어났고, 독일어로 표현되었으며, 독일 문화유산으로 키워졌지만, 사실상 이는 단절 속에서 진행되었다.[23]

돌이켜 보면, 후발주자들은 그 사건을 직접 경험한 사람들은 알아볼 수 없었던 파멸의 징후들을 쉽게 찾아낼 수 있다. 모든 것을 고려해볼 때, 프리츠 스턴Fritz Stern이 독일-유대인 관계에 대해 제시한 비판적인 해설은 공평할 뿐만 아니라 정신분석학적으로도 적절한 것으로 보인다. "독일계 유대인의 정신적 태도는 아마도 **양가감정**ambivalence이라는 말로 가장 잘 기술될 수 있다. 그들 자신에 대한 양면성, 독일적 삶 속에서 그들의 역할에 대한 양면성 말이다."[24]

바이마르 공화국이 근대주의자들, 사회주의자들, 유대인들과 같은 '외부인들outsiders'의 승리를 가능하게 했다는 것이 일반적인 통념이다. 즉 유대인들의 문화적 · 법적 장벽들이 갑작스럽게 해체됨으로써 독일 사회에서 전례 없는 통합을 이루어냈으며, 대개는 세속적인 색채를 지녔던 유대 문화의 르네상스를 가져왔다. 그러나 이러한 서술은 부분적으로는 맞지만, 전체 이야기를 포착하지 못한다.

1920년대 독일에서 유대 문화는 그 자체로 주목할 만하게 부활했다. 그러나 독일계 유대인들에게는 유감스럽게도, 세계대전의 여파로 수십 년간의 광적인 정치적 반유대주의가 활기를 되찾았다('등 뒤의 칼' 신화에 대한 폭넓은 수용은 그에 대한 하나의 표지에 불과하다). 반면 19세기 전반기에 유대인들은 그들의 '후진성' 때문에 외면받아 온 반면, 동화가 진행됨에 따라 그들은 자신들의 고유 전통과의 접촉이 끊어진 벼락부자로 간주되어 멸시받았다. 이렇게 상황이 고통스럽게 전개됨에 따라, 많은 독일계 유대인이 품은 성공적인 통합으로의 꿈은 수포로 돌아가 버렸다. 사실상, 누군가는 이를 정당한 해체 과정이라고 말할 것이다. 독일계 유대인들이 동화라고 하는 기만적인 약속을 의식적으로 포기하고 그에 상응하는 유의미한 유대인 정체성을 탐색해나가는 과정이라고 말이다.[25] 이 해체 과정은 제1차 세계대전 이전 몇 년 동안 시작되었다. 1900년경, 마르틴 부버는 유대인들에게 '유대인 르네상스Jewish Renaissance'의 도전에 응할 것을 권했다. 그리고 유대인 르네상스를 '부분적 삶에서 전체적 삶으로의 유대 민족의 부활'로 정의했다.[26] 몇 년 후, 그는 18세기 폴란드에서 유래한 '하시딕 이야기Hasidic tales' 전집을 출판했는데, 이것은 유대인의 본래성을 소환해내 엄청난 반향을 일으켰다. 19세기 내내, 유대인들이 동화되기 위해 그들의 의식과 전통을 포기할 때, 동부유럽 유대인들은 일종의 시대착오적 당혹감을 표현해왔다. 그러나 반유대주의가 존속함에 따라, 지배적 문화에 대한 그들의 관계는 재평가될 수밖에 없었다. 따라서 갈수록 더 비본래적이라 선고받고, 참된 유대인의 자아를 상실한 데다, '원래의' 동유럽 동포들까지도 상실한 사람들은 바로 동화되고 독일화된 유대인들이었다. '원래의' 동유럽 동포들이야말로 이제는 본래적인 유대 정신을 구현하고 있는 것으로 보이며, 독일에서 같은 종교를 가진 잘 적응한 사람들은 그들로부터 많은 것을 배워야 했다.

바이마르 시대의 유대인 르네상스는 다양한 문화적 색채를 띠었다. 부버와 로젠츠바이크는 중부유럽 유대인의 정신적 요구를 충족시키는 유대 사상을 실존론적 용어로 재조명하고자 했다. 유대 신비주의 전통은 부흥을 경험했다. 프랑크푸르트에서, 로젠츠바이크는 성인교육의 필요성에 초점을 맞춘 **유대인 자유 학교**Freies Judisches Lehrhaus의 창립이사가 되었다. 학교에 강좌가 개설되어, 많은 동화된 유대인이 처음으로 토라와 탈무드 같은 유대 경전을 접했다. 심지어 유대인의 고유 주제를 다루는 문학과 회화 작품이 부활했다. 시온주의 저술가 모리츠 골드스타인Moritz

Goldstein이 제1차 세계대전 직전에 동료 유대인들에게 다음과 같이 간청했듯이 말이다. "유대교 드라마, 유대교 소설은 아직 쓰이지 않았다. 실제 삶에서가 아니라 문학에서 새로운 유형의 유대인을 창조하는 일은 이러한 관점에서 가장 중요하다. … 유대인 작가들이여, 일하자."[27] 이스마르 슈르쉬Ismar Schorsch는 이러한 전개 양상을 다음과 같이 요약했다. "만일 공동체의 한 분파가 정신적 파산의 견지에서 가장 잘 설명된다면, 또 다른 분파의 행위는 극적으로 정반대를 형성한다. 그것의 유일한 성취는 비교적 개방적 · 자발적인 환경에서 뚜렷한 유대인 하위문화의 발전을 심화 및 전개하는 것이다."[28] 1930년대 히틀러가 권력을 손에 쥐고 나치가 반유대주의적 조치를 확대함에 따라, 의미 있는 유대인 정체성을 탐색하는 일은 독일에 남아 있는 유대인들 사이에서 긴급한 문화적 의무가 되었다. 이는 사실상 모든 각계각층의 독일 시민사회로부터 금지당해 왔던 일이었다. 제3제국과의 타협점을 마련한다는 희망은 모두 터무니없는 것이었음이 명백해졌다. 그러나 물론 대부분의 중부유럽 유대인에게, 깨달음은 너무 늦게 찾아왔다.

한나 아렌트(1933).

3장

한나 아렌트

히틀러의 평범한 사형집행인에 대한 기능주의적 해석의 위험성

전체주의에 대한 해명

1945년, 토마스 만Thomas Mann은 의회 도서관에서 "독일과 독일인들Germany and the Germans"이라는 제목의 인상적인 연설을 했다. 만일 독일인에게만 한정되었다면, 독일 재앙은 재앙에 가까운 것이 아니었을 것이다. 소위 독일의 재앙이라는 문제를 정면으로 맞서고자 한 토마스 만은 다음과 같이 말했다. "악한 독일과 선한 독일, 두 독일이 있었던 것이 아니다. 악마의 간계에 의해 최선이 악으로 변모한 하나의 독일이 있을 뿐이다."[1] 토마스 만은 나치즘의 공포를 임의의 대중 최면의 사례로 볼 수 없음을 깨달았다. 문제는 단지 히틀러나 '히틀러주의'가 아니라, 대다수의 독일인들이 그들의 악명 높은 지도자에게 의식적으로 그리고 기꺼이 타협했다고 하는 사실이다. 히틀러가 권력을 장악한 일은 예측 불가능한 종류의 '산업 재해'가 아니었다. 전후 독일인들이 즐겨 주장하듯, 히틀러의 권력 장악은 외부로부터 국가에 닥친 것이며, 독일 전통을 손상시키지 않은 채 남겨두었다고 말이다. 대신 나치가 유럽에 부추긴 대량살상 제국주의는 독일 역사에 내재하는 특정한 장기적 경향을 완성시킨 것이었다. 만이 「독일과 독일인들에 대하여」에서 그의 동포들에게 스스로에게 너무 관대하게 대하지 말라고 간청한 것은 바로 이러한 생각에서였다. 독일인들은 재앙을 조장한 그들의 특정한 독일적 망상을 파헤치고 대면하기 위해서, 헤르더Johann Gottfried von Herder로부터 하이데거에 이르는 그들의 국가적 유산의 깊이를 파헤칠 필요가 있었다.

한나 아렌트와 마르틴 하이데거 둘 다 독일의 참사에 대해 설명했다. 두 사람 모두 나치즘을 전형적으로 독일적인 것이라기보다 유럽적인 현상으로 해석하는 입장을 확고하게 견지했다. 이는 특정한 장점을 지닌 접근법이라 할 수 있다. 결국 독일만이 양 대전 기간에 일어난 정치적 병폐에 대해 파시스트적 · 권위주의적인 해법을 선택한 것은 아니었다. 동시에, 이러한 해석적인 입장은 제3제국의 게르만적 특수성을 체계적으로 과소평가한다는 문제점을 갖는다.

아렌트의 설명에 결함이 있음에도, 보다 성공적이었다고 보는 것에는 논쟁의 여지가 없다. 여러 면에서 하이데거의 서술은 정권에 대한 그의 열성적인 지지에 반하는, 그야말로 기만적이고, 회고적으로(과거로 거슬러 올라가) 고안된 심리적 예방책이었다. 하이데거에 따르면, 전쟁, 말살 수용소, (그가 절대 그 자체로 의절을 선언하지 않은) 독일 독재정권 등 발생한 모든 일은, 독일인들이 그에 대해 어떤 책임도 갖지 않는, 단지 '존재망각forgetting of Being'의 역사적인 사례에 불과했다. 전쟁 이후, 그는 독일 파시즘이 서양 정치 운동에서 유일무이한 것이었다고 주장하는 데까지 이르렀다. 빛나는 한순간, 그것이 성가신 '전 지구적인 기술과 근대인의 성가신 관계'를 거의 지배하기에 이르렀다는 점에서 말이다. 하이데거가 판단하기에, 여기에는 '국가사회주의의 내적 진리와 위대함'이 깔려 있었다. 그러나 그의 주장에 따르면, 궁극적으로 "나치들은 그들의 사고에 너무 많이 제한되어 있었다."[2] 애처롭게도, 하이데거는 자신이 전달한 대로(충성파 대신에) 히틀러가 존재의 부름에 주의를 기울였더라면 어떤 일이 있어났을지를 그의 마음속에 떠올려봐야 했다. 그렇게 함으로써 나치즘은 진정한 역사적 잠재력을 실현할 수 있었을 것이다. 다행스럽게도 세계는 이러한 특별한 사유 실험으로 인해 피해를 입지 않았다.

아렌트는 그녀에게 국제적인 명성을 가져다준 『전체주의의 기원The Origins of Totalitarianism』에서 자신의 주장을 밝혔다. 이 책에서 아렌트는 20세기 정치에서 가장 중요한 현상을 확인했다. 전체주의는 정치 지배의 한 형태로서, 그 구조와 실행 면에서 유례가 없는 새로운 것이었다. 스탈린과 히틀러 정권은 전통적인 독재국가와 질적으로 달랐다. 대체로 전통적인 독재국가는 순응적인 시민 대중을 국내 차원에서는 평화롭게 내버려뒀다. 반면 스탈린과 히틀러 정권은 총동원의 정신에 따라 국민들의 적극적인 공모를 요구했다. 이들 정권에서 가장 쉽게 볼 수 있는 이미지는 리펜슈탈Riefenstahl의 영화 〈의지의 승리〉에서 영구히 전해지는, 히틀러와 무솔리니에 의해 연출된 대중 집회의 모습이다. 이 광경에서 '순응적인 인간 재료는 전체주의 지배에 적합한 형태'로(무솔리니의 총애하는 은유 중 하나를 사용하자면) 만들어져야 했다.

아렌트는 이전에 그 누구도 겪어본 적 없는 전체주의적 경험이 지닌 두드러진 특징을 포착해냈다. 그러나 그녀의 분석은 다음 세대 학자들의 혼란을 야기한 눈에 띄는 문제점을 갖고 있었다. 그녀의 설명은 반유대주의, 제국주의, 전체주의라는 세 가지 주요 주제로 나뉜다. 그녀는 전통적인 인과적 역사 설명 방식, 즉 특정 역사적 상황들을 결정적인 선행 변수들의 산물로 보는 생각을 결정론적인 것으로 보고 경멸했다. 자연과학이 '설명하기explain'를 추구하는 반면, 그녀는 **정신과학**Geisteswissenschaften의 전통에서, 역사를 쓰는 데 있어서 '이해하기understand'의 방법을 제시했다. 그러므로 그녀는 반유대주의와 제국주의를 특정 시점에서 근대의 전체주의적 실행으로 '구체화된' 부류로 특징지었다.

그러나 무엇이 이러한 신비에 싸인 구체화 과정을 촉진시켰는지가 그녀의 설명에서 불분명한 채로 남아 있었다. 더 정확히 말해서, 비록 어떤 유사한 전체주의도 출현하지 않았지만, 그 속에서 반유대주의와 제국주의 요소들이 두드러졌던 역사적 형성 과정이 많이 있었다. 역사적으로 말해서, 진정한 전체주의적 사회는 오직 두 곳, 나치 독일과 스탈린 치하에서의 소비에트 연방뿐이었다.[3] 두 경우 모두 전형적인 집단 수용소가 있었다. 이와 관련해서 『전체주의의 기원』은 엄청난 불균형으로 고통을 겪었다. 전체주의에 관해 다룬 3부는 거의 독점적으로 국가사회주의를 다룬 반면, 스탈린주의에 대한 논의는 마치 나중에 생각난 것인 양 덧붙여졌기 때문이다. 더욱이 국가사회주의와 이 시기 행해진 참혹한 범죄들은 나치 이데올로기의 핵심이었던 반유대주의 없이는 생각할 수 없는 것인 반면, 볼셰비즘의 세계관에서 이것은 미미한 역할만을 수행했다. 그렇다면 전체주의 통치의 주요 사례 중 하나가 본질적인 요소 중 하나를 완전히 결여하고 있다면, 그 모델은 어떤 종류의 설명력을 가질 수 있을까?

더욱이 『전체주의의 기원』에서 아렌트의 '유대인 문제', 즉 그녀 자신의 유대인 정체성에 관한 문제는 약 12년 후 아이히만 논쟁을 암시하는 방식으로 어느 정도 분명해졌다. 가해자와 희생자의 경계는 이미 모호해졌다. 유대인들은 비정치적 민족이라는 이유로 비난받았다. 마치 그들이 많은 선택지를 가졌던 것처럼 말이다. 많은 사례에서 아렌트는 유대인들이 어리석게도 스스로 역사적 박해를 자초했다고 결론지었다.[4] 유대인의 오만함은 선택된 민족이라는 신화와 그 속에서 역사적 표현을 발견한 '내집단과 외집단'이라는 심리상태의 형태로, 그녀의 이야기에서 중요한 역할을 맡았다. 이러한 관점에서 보면, 유대인들이 그들의 운명대로 사는 것이 마땅하다는 다소 비뚤어진 판단에 도달하기까지 그렇게 큰 논리적 비약이 필요하지 않다. 어떤 점에서 그리스 비극의 주인공들이 그러한 비극적 운명을 맞을 만했다고 말할 수 있듯이 말이다. 비록 아렌트는 유대인 협의회, 부역, 그리고 (비)저항 사이의 복잡한 상관관계를 탐구하지 않았지만, 여러 면에서 『예루살렘의 아이히만Eichmann in Jerusalem』에 대한 논쟁적인 몇 가지 측면에 대한 이론적 기초는 확립되어 있었다.

위험한 관계

아렌트에게는 유대인 문제뿐만 아니라 '하이데거 문제'도 있었다. 많은 점에서, 그 두 문제는 필수불가결하게 연관되어 있었다. 1920년대 하이데거와 아렌트가 수년간 애틋한 연락을 했다는 사실은 누구나 다 아는 일이었다. 그러나 그들의 관계에 관한 윤곽은 여전히 추측의 대상으로 남아 있었다. 최근에 출판된 하이데거-아렌트 서신은 그들의 복잡한 성적 관계의 역학에 대한 중요한 통찰을 제공한다.

1925년 그들의 연애가 시작되었던 시기, 출판물이 거의 없었음에도 불구하고 하이데거는 철학적 **기린아**Wunderkind로서 이미 명성을 얻은 35세의 두 아이 아버지였다. 그는 '메스키르히(하이데거의 출생지)의 마술사'로 불렸으며, 독일 전역에서 온 학생들이 그의 강좌에 모여들었다. 그는 곤란한 상황을 피하기 위해, 새벽에 강의 일정을 잡았다. 카를 뢰비트는 강단에서의 매혹적인 하이데거의 모습을 다음과 같이 설명한 적이 있다.

> 우리는 하이데거에게 '메스키르히에서 온 작은 마술사'라는 별명을 붙여주었다. … 그는 잠시 있던 것을 사라지게 할 수 있는, 사람들을 매

혹시킬 줄 알았던 작고 어두운 남자였다. 그의 강의 기법은 나중에는 그 스스로가 해체하게 되는 사상 체계를 구축하는 것이었다. 그는 마음을 빼앗긴 수강생들에게 수수께끼를 내고, 수강생들은 빈손으로 떠났다. 때로 주문을 걸 수 있는 이 능력은 매우 심각한 결과를 야기했다. 다소 병적인 성격의 사람들을 끌어들였으며, 3년간 수수께끼를 맞힌 끝에, 한 여학생은 자살했다.[5]

당시 아렌트는 후기에 보이는 자부심 강한 뉴욕의 지식인 전사의 모습과는 거리가 먼 사람이었다. 그녀는 동프로이센의 도시, 쾨니히베르크Königsberg에서 온 열여덟 살의 유약한 여성이었다. 부유하고 유럽에 동화된 유대인 집안 출신이었지만, 한나는 불운한 어린 시절을 보냈다. 그녀의 아버지는 1913년에 매독으로 끔찍하고 오랜 투병생활을 했다. 그의 고통은 아렌트가 두 살에서 일곱 살에 이르기까지 이어졌다. 아버지가 돌아가시기 몇 달 전, 그녀가 사랑한 외할아버지 또한 돌아가셨다. 몇 년 후, 그녀의 어머니가 재혼했다. 하룻밤 사이에 어리지만 조숙한 한나에게는 공통점이라고는 찾아볼 수 없는 두 명의 이복여동생이 생겼다. 의심할 여지없이 그녀는 격심한 이질감을 느꼈다. 열정적이고 젊은 이다운 「그림자들The Shadows」이라는 제목의 자서전체의 소책자에서, 그녀는 자신의 '무력하고 배반당한 젊음'을 한탄했다.[6]

아렌트와 하이데거의 관계는 위험했다. 마르부르크라는 목가적인 대학 도시에서 연인관계임이 밝혀졌더라면 하이데거는 교수직에서 해임될 수 있었기 때문이다. 하이데거는 이미 소크라테스적 전통으로 젊은이를 유혹하는 사람으로서 상당한 명성을 얻고 있었다. 그의 아내 엘프리데Elfride는 특히 하이데거의 매력에 마음을 빼앗긴 여학생 행렬에 질투심을 갖기로 악명이 높았다. 또한 그녀는 악명 높은 반유대주의자였다. 1920년대에 그녀는 곧 아렌트의 첫 번째 남편이 된, 귄터 스턴Günter Stern에게 지역 나치 청년 그룹에 가입할 것을 권유했다. 스턴이 자신은 유대인이라고 대답하자, 그녀는 혐오스럽다는 듯 외면해버렸다.

하이데거와 아렌트는 있음직하지 않은 커플이었다. 발트해 연안의 국제적 환경에서 온 매력적인 젊은 유대인 여성인 그녀, 그리고 슈바르츠발트 주민이자 가톨릭 신자였으며 지방에서의 삶의 미덕을 확신하는 그. 엘즈비에타 에팅어Elzbieta Ettinger에 따르면, 아렌트의 이국적인 동양적 외모는 "하이데거에게 친숙했던 게르만 여성 특유의 외모를 지닌 그의 어머니나 아내와는 극명한 대조를 이루었다."[7] 1930년대 저서 중 하나인 「왜 우리가 지방에 남아 있는가」에서 하이데거는 지방 생활의 기쁨에 대해 유머감각이라고는 없는 찬사를 보냈다. 오늘날, 이 에세이는 패러디처럼 읽힌다. "민족-성격에 대한 모든 거들먹거리는 친숙함과 엉터리 관심은 멈추고, 그곳에서의 단순하고 거친 삶(실존, existence)을 진지하게 받아들이는 법을 배우자."[8] 대체로 이러한 민족주의적 정신성은 널리 공유되는 반유대주의와 함께한다. 불행히도 하이데거는 그러한 정형화된 생각을 충실하게 지켰다. 하이데거는 그 악명 높은 1933년 프라이부르크 대학 총장 연설에서, "대지와 민족의 땅과 피 속에 뿌리를 둔 힘"[9]을 공들여 칭송했다. 1929년 추천서에는 나치 통치가 시작되기 4년 전, 걷잡을 수 없는 독일 정신의 '유대인화Jewification'를 애통해하는 내용이 담겨 있다. 그리고 최근에 발굴된 1933년에 쓴 편지에서, 하이데거는 유대인 철학자 리처드 회니스발트Richard Hönigswald에 대해 천박한 이데올로기적 비난을 하고 있다.

> 회니스발트는 자유주의에 적합한 철학인 신칸트학파 출신이다. 인간의 본질은 마음대로 요동치는 의식으로 사라져 없어지고, 종국에 의식은 일반적이고 논리적인 세계-이성으로 약화된다. 명백하게 엄격한 과학적 기반 위에서, 그 길은 인간이 역사에 뿌리박고 있음과 대지와 피〔Boden und Blut〕에서 기인하는 민족적〔volkhaft〕 성질을 외면한다. 이에 덧붙여 의식은 모든 형이상학적 물음을 억누르며, 인간은 무차별적이고 일반적인 세계-문화의 기능인에 지나지 않은 것으로 간주된다. 회니스발트 저작의 근본 입장은 이로부터 유래한다.[10]

이 편지는, 완전히 나치는 아니더라도, 국가사회주의자의 목적 및 목표와 매끄럽게 일치하는 세계관을 묘사하고 있다.

일부 논평가들은 하이데거와 아렌트의 관계를 다른 유대인 학생들과의 다정한 관계와 같은 것으로, 유대 문화에 대한 사랑philo-Semitic의 증거라고 언급했다. 그러나 하이데거는 나치의 반유대주의적 외설물의 최고 책임자이자 『돌격병Der Stürmer』의 편집자인, 율리우스 슈트라이허Julius Streicher 같은 사람과 독일 법학회 이사회의 일원으로 참여한 것에 대해 어떠한 죄책감도 갖지 않았다. 그 이사회의 대표인 한스 프랑크Hans Frank는 장차 폴란드의 독일 총독이 된 인물이다. 후에 슈트라이허와 프랑크는 '인류에 반하는 범죄'로 뉘른베르크에서 유죄 판결을 받았다. 아카데미가 내세운 신조는 "인종, 국가, 지도자, 피, 그리고 권력의 원칙"에 따라 독일 법의 기초를 다시 세우는 것이었다. 하이데거는 1936년까지 그러한 사람들과 함께 일했으며, 이때는 그가 프라이부르크 총장직을 사임한 지 2년이 지난 후였다. 그때까지 그는 모든 옛 유대인 학생들과 관계를 끊었다.[11]

하이데거와 아렌트의 관계는 다정함이 없는 것은 아니었지만, 심하게 착취적이었던 것으로 보인다. 그들의 나이, 사회적 지위, 그리고 배경에 차이가 있음을 감안할 때, 그렇지 않을 가능성이 거의 없었을 것이다. 둘의 관계를 시작한 것은 하이데거였다. 감수성이 예민한 열여덟 살의 아렌트는 자신보다 거의 두 배나 나이가 많은 남자가 체현하고 있는 가공할 만한 정신Geist을 경이로워했다. 에팅어는 그들이 교제하던 초기 단계를 다음과 같이 재구성해서 보여준다.

> 한나 아렌트가 하이데거에게 빠져든 것은 놀라운 일이 아니었다. 그가 학생들에게 끼친 강력한 영향력을 감안했을 때 하이데거에게 빠져들지 않는 것은 거의 불가능한 일이었다. 아버지가 없고 탐색하는 아이였던 그녀의 과거도, 연약하고 우울한 성격도 그녀의 마음을 얻기 위한 하이데거의 단호한 노력을 견뎌낼 준비가 되어 있지 않았다. 그녀는 많은 동화된 유대인들의 불안감을 나누어 가졌다. 그들은 자신의 위치에 대해서 여전히 불확실해 했으며, 여전히 자신에 대한 회의감을 숨기고 있었다. 하이데거는 사랑하는 사람으로 그녀를 선택함으로써, 라헬 파른하겔Rahel Varnhagen과 같은 동화의 선구자로 거슬러 올라가, 한나에게 독일계 유대인 세대들의 꿈을 실현시켰다.[12]

두 사람은 하이데거의 권유로 그의 일정에 맞추어 비밀리에(대개 마르부르크에 있는 아렌트의 학생용 다락방에서) 만났다. 비밀을 유지하는 것은 불가피하게 양쪽 모두에게 혼란스럽고 부담스러운 일이 되었다. 둘의 관계가 시작된 지 약 1년 후, 아렌트는 다른 대학으로 옮기기로 결정했다. 그녀는 그러한 행위를 하이데거를 대신해 자신을 희생한 것으로 보았다. 그녀가 편지에서 설명하듯, 그녀는 "당신에 대한 나의 사랑 때문에, 이전보다 상황이 더 어려워지지 않도록 하기 위해" 결정을 내렸다.[13] 하이데거 역시 그들 관계를 밝히지 않고 은밀한 만남을 계속할 수 있기를 바랐지만, 그녀가 떠나도록 압력을 가한 것으로 보인다. 이를 용이하게 하기 위해, 하이데거는 아렌트를 하이델베르크에 있는 그의 친구 카를 야스퍼스와 함께 공부할 수 있도록 주선했다.

아렌트는 명목상으로는 자발적으로 마르부르크를 떠난 것이었지만, 하이데거의 냉담한 처사에 상처를 입었다. 이것은 마치 그가 그녀의 친밀함과 신뢰를 그녀를 내쫓는 방식으로 보답한 것 같았다. 하이델베르크로 이사하자, 그녀는 그에게 새 주소를 밝히기를 거부하는 것으로 보복했다. 이때 하이데거는 주도권을 장악하고, 그녀를 찾아내기 위해 제자 중 한 명인 한스 요나스를 보냈다. 하이데거와 아렌트의 밀회는 마르부르크-하이델베르크 철도 노선을 따라 외딴 지방에서 2년 더 지속되었다. 1928년 하이데거가 프라이부르크에서 정규직 임명을 받은 직후, 그는 이 관계를 갑작스럽게 중단했다. 이 쓰라린 소식에 대한 회신으로, 아렌트는 멜로드라마 같은 예감으로 편지의 끝을 맺었다. "그리고 신의 뜻과 함께 나는 죽은 후에 당신을 더욱 사랑할 것입니다."[14] 그러나 그녀의 위협은 결코 실행되지 않았다. 이듬해 그녀는 귄터 스턴(곧 귄터 앤더스Günther Anders가 된다)과 결혼했다.

그러나 마지막까지 아렌트는 하이데거에게 속박되어 있었다. 죽기 1년 전인 1974년에, 그녀는 가까스로 절제해서 예의를 갖추어 그에게 다음과 같이 썼다. "아무도 당신이 했던 방식으로 강의할 수 없고, 당신 이전에 어느 누구도 할 수 없었다."[15] 그리고 전쟁이 끝난 후 그들이 화해했을 때, 하이데거는 아렌트에게 그녀가 '그의 인생의 열정'이었다고 털어놓았다.[16]

부정적 공생관계

1920년대 후반, 다른 많은 동화된 독일계 유대인들이 그러하듯 불가피하게 아렌트의 유대인 문제가 표면화되었다. 많은 사람에게, 독일 지인들의 눈에, 그들이 독일인이 아닌 유대인이었다는 자각은 충격으로 다가왔다. 독일계 유대인들이 열정적으로 독일 문화에 적응하기 위해 노력했음에도 불구하고 말이다. 반유대주의라고 하는 고통스러운 경험을 통해 처음으로 자신의 유대인성을 발견하는 일은 특히나 고통스러웠을 것이다. 이 딜레마를 사르트르적인 어법으로 표현하자면, 그들의 유대인성은 반유대인의 시선에 의해 '구성constituted'되었다.[17] 갑자기 그들은 자신의 삶이 일련의 환상, 무엇보다도 그들이 비유대인 동료 시민들과 같은 독일인이라는 환상에 기초해 있다는 사실에 직면해야만 했다. 이러한 환상을 깨뜨리는 과정은 그러한 환상 속에서 고투해온 교양 있는 유대인들에게 쓰라린 일이었다. 독일 문화나 교양Bildung이 독일 사회의 특권에 이르는 위대한 동등권이자 '입장권'이라는 환상 말이다.

아렌트의 전기는 이 틀에 꼭 들어맞는다. 그녀 역시 만일 누군가가 정신Geist의 미덕을 충분히 내면화하고자 노력하기만 한다면, 마법처럼 독일 사회로의 문이 열릴 것이라고 믿었다. 아렌트는 "'문화'를 원했던 유대인들은, 비록 그들 대부분은 자신들의 유대적 기원에 대해 의식하고 있었지만 유대교를 지체 없이, 그리고 완전히 떠났다"라고 말한 적이 있다.[18] 그녀는 1964년 인터뷰에서 다음과 같이 말했다. "어릴 때 나는 내가 유대인이라는 것을 몰랐다. … 내가 어렸을 때 집에서는 '유대인'이라는 말을 결코 언급하지 않았다. 나는 길거리의 아이들로부터 들은 반유대주의적인 발언을 통해 이 말을 처음으로 마주했다. 말하자면 그 이후에 나는 '깨달았다.'" 인터뷰가 진행되는 동안, 자신이 받은 독일 교육에서 무엇이 남았는지 질문을 받았을 때, 그녀는 "무엇이 남았냐고요? 언어가 남았습니다"[19]라고 대답했다. 아우슈비츠 수용소가 생기기 30년 전 카프카는 비상한 예지력을 가지고, 그의 모국어의 미덕과 관련하여 상대적으로 보다 애매한 평결을 내렸다. "이제야 내가 어머니가 받아 마땅한, 그리고 내가 할 수 있는 만큼 어머니를 사랑하지 않았다는 것을 문득 떠올렸다. 독일어가 그것을 가로막았기 때문이었다. 유대어로 어머니는 '무터Mutter'가 아니다. 어머니를 '무터'라고 부르는 것은 그녀를 약간 희화화한다. … '무터'는 유대인 특유의 독일어로, 이것은 무의식적으로 기독교적 화려함과 함께, 기독교적 냉담함을 담고 있다."[20]

아렌트는 유대인의 정체성에 관한 문제를 "복잡하고, 곤란하며, 포착하기 어려운 것"[21]이라 특징지었다. 그녀는 자신의 유대인성Jewishness을 의심할 나위 없는 사실로 묘사했다. 그녀가 말했듯이, "나는 논란이나 논쟁을 넘어, 당연히 유대 민족에 속한다."[22] 그러나 유대인성이 그녀에게 있어서 존재론적으로 '그렇게 있으며 다르게 있지 않은' 사실을 넘어 더 큰 중요성을 갖는지는 의심스럽다. 리처드 번스타인Richard Bernstein이 지적한 바와 같이, 앞선 선언은 "유대인 정체성의 물음에 대해 대답하는 것이 아니라 그것을 회피하는 것이다."[23] 실제로, 실존론적으로 운명을 공유한다—'운명 공동체Schicksalgemeinschaft'라고 하는 독일적 관념에 대한 유대적 대응물로서—고 하는 형식적인 선언을 넘어서, 유대인 정체성의 문제에 대한 그녀의 반성은 현저하게 실질적 내용을 결여하고 있었다. 대체로, 아렌트는 날것의 존재론적 정보로서의 '유대인성'과 종교로서의 '유대교'를 문제적으로 분리하는 태도를 고수했다. 솔직히 그녀에게 유대인의 정체성은 그다지 매력적이지 않은 문제였다. 누군가가 '유대교'를 버렸을 때 '유대인성'으로 남겨지는 것이 무엇인가에 대해 그녀는 결코 다루지 않았다.

동료 독일인들의 눈에, 열광적으로 '교양'을 추구했던 유대인들은 사회적 출세주의자나 벼락부자로서의 유대인의 색채를 잃지 않았다. 유대인들이 더 성공적으로 독일 사회의 틀 안에 통합될수록, 반유대적 적대감은 더 공격적으로—그리고 정치적으로 잘 조직된 채—자라났다. 앞서의 반유대주의자 세대는 유대인이 독일 사회로 진입하는 기준을 그들의 '민족적 특성'을 포기하는 것이라고 결정했다. 이에 따르면 유대인들은 근본적으로 유대인이 아닌 독일인이 된다.[24] 반면 그 후속 세대에게 그러한 요구는 더 이상 충분하지 않았다. 대신에 인종적 반유대주의의 새로운 교리에 따르면, 아무리 그들이 노력한다 할지라도 민족 혹은 인종으로서의 유대인은 결코 독일인이 될 수 없었다. 이러한 경향은 1879년 빌헬름 마르Wilhelm Marr의 선동적인 소책자인, 『게르마니즘에 대한 유대주의의 승리The Triumph of Judaism over Germanism』가 6년 동안 12쇄를 찍었다는 사실에서 확인할 수 있다. 마르는 다음과 같이 선언함으로써, 새로운 인종주의자의 신조를 제시했다. "그것이 **인종**race의 문제일 때, 그 차이가 **혈통**에 놓여 있을 때, 종교적 편견을 내세우는 것에 의심의 여지가 없어야 한다."[25] 역설적으로, 이전의 유대인들은 그들의 중세적 의식과 게토 관습에 너무 많은 애착을 갖는다는 비판을 받아왔다. 반면 제2제국 동안에 유대인들은 전통적인 유대 배경을 포기하고, '독일인으로 통'하기 위해, 요컨대 정체성이 없는 민족이 되고자 노력했다는 이유로 경멸을 당했다.

독일 고전주의를 대표하는, 칸트, 헤르더, 괴테, 그리고 훔볼트는 '교양'을 숭고한 국제-민주주의의 이상으로 보았다. 원칙적으로 교양의 핵심은 꾸준함을 지닌 독일인과 유대인이라면 누구든지 똑같이 접근 가능한 것이었다. 유대인 지식인들과 종교 지도자들은 고전 시대를 독일의 정신적 삶의 황금기로 숭배했다. 그들은 그 계율과 약속들에 자신의 몸과 영혼을 바쳤다. 독일계 유대인들은 '괴대의 기호에 의한 유대인'이라 알려져 있는데, 괴테의 전집 판본은 자유로운 유대인들을 위한 표준적인 유대인 성인식(바르 미츠바) 선물이 되었다. 1915년 후반, 철학자 헤르만 코엔은 이러한 신뢰를 다음과 같이 표현했다. "모든 독일인은 실러와 괴테를 알아야만 하며, 친밀한 사랑으로 그들을 가슴속에 새겨야 한다. 그러나 이러한 친밀함은 칸트에 대한 이해에 기초해야 한다."[26]

그러나 후대 독일인 세대는 파렴치하게도 교양의 보편적 주제에 등을 돌리고, 대신 독일적 특수주의의 미덕을 찬양했다. "유대인들은 우리의 불운이다"라는 악명 높은 슬로건을 만든 역사가 하인리히 폰 트라이치케Heinrich von Treitschke는 『그륀더 차이트Gründerzeit』의 반유대주의적 캠페인에 에너지를 쏟아부어 명성을 얻었다. 트라이치케에게 유대인에 대한 공격은 단순히 '이국적 요소에 대한 독일인의 **민족적** 감정의 악랄하지만 자연스러운 반응'에 불과했다.[27]

돌이켜 보면, 많은 유대인이 순진하게도 제1차 세계대전을 독일 시민으로서 그들의 충성심을 증명할 황금 기회라고 믿었다. 그러나 마주해야만 했던 것은 비난과 함께, 불명예스러운 전시 인구조사와 '등 뒤의 칼 이야기'였다. 이 모든 것은 다가올 흐름을 보여주는 슬픈 전조였다.

1929년의 경제 붕괴와 이듬해 선거에서 나치의 너무나 충격적인 성공으로 취약한 바이마르 공화국의 종말이 임박해졌다. 독일 역사 과정에서 전환점이 생겨났다. 그보다 이른 시기의 합리화는 갑작스럽게 중단되었으며, 유대인의 경우 대규모의 방향 전환을 해야만 했다. 1920년대에, 반유대주의는 독일의 소위 '국가적 혁명가들' 사이에 믿음의 조항이 되었다. 에른스트 윙거는 당시에 널리 공유된 믿음을 토로했다. 그는 1930년경 다음과 같이 언급했다. "독일이 예리함과 형체를 얻게 되는 한에서, 유대인들에게는 그들이 독일인이 될 수 있다는 사소한 망상을 품는 것도 점점 불가능하게 된다. 유대인들은 '독일에서 유대인으로 살거나 혹은 유대인으로 살지 않거나'[28] 하는 최종 선택지와 마주하게 된다."

그렇다면 전통적인 종교에 기반을 둔 반유대주의에서 근대적 · 대중적 · 정치적 반유대주의로의 중대한 변화를 어떻게 평가할 수 있을까? 역사가 피터 풀저는 이러한 변화 과정을 다음과 같이 적절하게 요약한다. "적으로서의 유대인에 대한 청중의 모호하고 비합리적인 이미지는 아마도 웅변가가 '그리스도-살해자'에 대해 이야기하는 것을 멈추고 피의 법칙에 대해 이야기하기 시작했을 때도 크게 변화하지 않았을 것이다. 차이는 성취된 결과에 있었다. 이것은 반유대주의를 보다 근본적이고 단호하게 해주었다. 이것의 논리적 결론은 집단학살을 가스실로 대체하는 것이었다."[29]

사랑과 실존

1928년 아렌트는 야스퍼스의 지도하에 성 아우구스티누스의 사랑Caritas 개념에 대한 학위논문을 작성했다. 이 글은 아우구스티누스의 교리에 대한 권위 있는 현상학적 고찰을 담고 있다. 독일 실존철학에서 신의 경지에 있다고 할 수 있는 하이데거와 야스퍼스로부터 충실하게 훈련을 받으면서, 실존론적 질문들이 그녀의 연구에서 가장 중요한 위치를 차지했다. 아렌트는 현세의, 이웃 간의 사랑에 대한 이론을 어떻게 아우구스티누스의 확신과 조화시킬 것인가 하는 난제를 다루었다. 아우구스티누스의 확신에 따르면 세계와의 본래적 관계는 철두철미하게 신과의 관계를 통해 매개되어야만 한다. 이것에 중점을 두어, 아렌트는 『존재와 시간』의 핵심 범주인 '타자와 더불어 있음Being-with-others'의 문제를 아우구스티누스의 교리를 들여와 해결하려고 시도했다.[30]

아우구스티누스의 전향 경험이라는 파토스는 실존주의적 관심과 뚜렷한 유사성을 갖고 있었다. 이 개념은 야스퍼스의 '한계상황' 개념뿐만 아니라 하이데거의 '본래적 결단' 개념을 떠올리게 한다. 그러나 후기 니체적인 반신학적 정신 속에서, 두 사상가는 그러한 종교적 정서를 세속적 용어로 번역하는 시도를 했다. 무엇보다 하이데거에게 있어서 이는 실존론적 무existential nothingness 혹은 죽음에 직면하는 단독적인 개인의 본래성과 공명한다.

또한 아렌트의 작품은 철학자로서 그리고 한 인간으로서 하이데거에 대한 암시적인 비판을 담고 있다. 미주에서, 아렌트는 그녀의 멘토(그리고 그녀의 전 애인)가 '세계' 개념에 대한 현상학적인 이해가 빈곤하다고 비판한다. 그녀는 하이데거에게 있어서 '세계'는 완전히 비인격적이고 사랑이 없는 개념이 되었다고 말한다. 세계에 대한 하이데거의 기술은 『존재와 시간』에서 극복하고자 했던 '객관화하는objectivating' 담론으로 되돌아갈 우려가 있다. 아렌트는 하이데거에게 있어 "'세계'는 **완전한 존재자**ens in toto, 즉 결정적 방법decisive How이 된다. 인간 실존은 그 결정적 방법에 따라서 존재자와 관계하고, 존재자를 향해 행위한다"라고 말한다. 이는 그녀가 보기에, '손-안의-존재자ready-to-hand'가 의미하는 바를 간신히 넘어서는 성격 규정이다. 반대로 그녀가 학위논문에서 명시적으로 제시하고자 하는 바는 하이데거가 무시했던 '세계'의 차원, 즉 **"세계를 사랑하는 사람들이 [그것을 바라보는] 것으로서 생각된 세계"**[31]를 발전시키는 것이었다. 아렌트는 『고백록Confessions』에서 명백하게 드러나는 사랑caritas에 대한 초기 기독교적 이념에서 그것의 전조를 발견할 수 있다고 주장한다. 그들 관계의 강도와 이별로 인한 트라우마를 감안할 때, 이러한 아렌트의 문제의식이 자전적 함축을 갖는다는 점을 쉽게 알아볼 수 있다.

아렌트는 1929년 이 논문을 발표한 후 엇갈린 평가를 받았다. 그녀가 기존 문헌을 참조하기를 주저한 탓에 신학자들은 이 논문을 싫어했다. 이 논문은 놀라울 정도로 비아렌트적 문헌이다. 그녀는 이 논문에서 자신의 성숙한 철학적 목소리를 거의 뚜렷하게 드러내지 않는다. 이후의 저작이 두드러진 창의성을 보여준다는 점을 감안하면, 이 논문은 방향 설정과 초점에 있어서 협소하게 원문을 소개하는 데 그치는 수련생의 작품이다. 어떤 면에서, 동화에 대한 망상을 담고 있다는 판정을 내린 당혹스러운 증언이 이 작품의 성격을 드러낸다. 이 책은 아렌트가 독일의 관료적인 학계가 갖는 통탄할 만한 보수적 환경의 대학에서 직업을 가질 수 있을 것이라는 희망을 여전히 품고 있을 때 쓴 것이다.[32]

일부 논평가들은 아우구스티누스 연구가 성숙기 아렌트의 철학적 관심을 앞서 보여주고 있다고 주장해왔다. 예를 들어 이것은 독특하게 새로운 시작을 만들어가는 인간 능력을 말하는 그녀의 '탄생성natality' 개념에 대한 징후를 포함하고 있다. 그러나 보다 자세히 검토해보면, 지적인 연속성을 논증하기는 어려워 보인다. 왜냐하면 만년의 아렌트는 '세계성'의 철학자로서 잘 알려져 있는데, 이에 대한 그녀의 관심은 명백하게 내세 지향적인 아우구스티누스 철학과는 조화되기 어렵기 때문이다. 더욱이 아우구스티누스가 보여주는 초월의 가치에 대한 헌신은 인간의 상호 주관성 혹은 공동체의 관점으로부터 그의 교리를 해석하려는 아렌트의 시도와 부합하지 않는다. 『사랑과 성 아우구스티누스Love and Saint Augustine』에서 아렌트는 '세계성'을 '유혹'과 동일시하는 아우구스티누스의 교리를 이웃 사랑의 개념과 함께 발전시키고자 한다. 아우구스티누스에게 있어, 이웃 사랑은 결코 본질적이거나 그 자체를 목적으로 삼아서는 안 된다. 그러한 사랑은 죄악일 뿐이다. 대신에 인간 공동체의 미덕인 이웃 간의 사랑은 항상 모든 것을 아우르는 신과의 관계에 의해 매개되어야만 한다. 아렌트 자신도 알고 있듯이, "이러한 신앙이야말로 개인을 신의 현존 속에 있는 동료 개인들과 격리시키게 될 것이다. … 신앙은 인간을 세계 밖으로, 즉 특정한 인간 공동체, 땅의 국가cititas terrena 밖으로 끄집어낸다."[33] 아렌트가 아우구스티누스에게서 발견한 공동체 개념은 병적이고 삐딱하며, 신학적 눈물의 베일 속에 젖어 있다. 이러한 공동체 개념은 그들의 혈통을 최초의 죄인인 아담에게서 찾는 것으로, 타락하거나 죄지은 자의 슬픔에 찬 공동체이다. 아렌트는 이를 다음과 같이 표현한다. "인간의 공통 혈통은 원죄를 나누어 갖는다. 탄생과 함께 부여된 이러한 죄성은 필연적으로 모두에게 부여되었다. 이에 대한 어떠한 탈출구도 없다. 이것은 모든 사람에게 동일하다. 이러한 상황이 동등성을 의미한다면 모두가 죄지은 자가 될 것이다."[34]

철학자인 그녀는 자신의 후기 철학의 관심사와 젊은 시절의 저작을 분명하게 개념적으로 구분한다. 『인간의 조건』(1958)에서, 아렌트는 인간의 참된 성취인 '복수성plurality' 및 '공공성publicness'과 대비해서, 아우구스티누스의 업적으로 대표되는 초기 기독교적 『신국론』의 '세계성worldlessness'을 공개적으로 반박한다.

> 세상을 바꾸기에 충분하게 강한 사람들 간의 유대를 발견하는 것이 초기 기독교 철학의 주요 정치적 과제였다. 그리고 기독교의 '형제애'뿐만 아니라 자비에 근거한 인간관계를 확립할 것을 제안한 사람은 아우구스티누스였다. … 사람들 사이를 엮어주는 자비의 끈은 그들 자신의 공론 영역을 확립하지는 못하는 반면, 기독교의 주요 원리인 무세계성에 꽤 적합하다. [아우구스티누스의 세계성은] 본질적으로 무세계적인 일군의 사람들이 세계를 헤쳐나갈 수 있도록 하는 데 가장 적합한 것이다.[35]

더욱이 아렌트는 베를린 유대인 라헬 파른하겐에 대한 후속 연구에서, 다음의 양자에 대한 경멸적인 비판을 전개했다. '무세계성'의 심리적 귀결인 '내성introspection, 內省'이 갖는 기만과 유대인 동화주의에 대한 잘못된 판단이 그것이다. 그러한 비판이 젊은 시절 아렌트의 독일 사랑에 대한 가혹한 자기비판을 의미한다는 것에는 의심의 여지가 없다. 그러므로 설득력 있는 전기적 이유로, 아우구스티누스 연구에 대한 그녀의 격렬한 거부감은 이보다 명백할 수 없었다. 결국 아우구스티누스 연구에서는 오직 내성, 즉 '내면의 양심의 목소리로 전환'하는 길을 통해서만 우리는 영원한 구원의 삶을 위해 세계성의 유혹을 포기하기 시작한다. 반대로 파른하겐 연구에서 아렌트는 내성을 겉만 번지르르한 자기-기만적인 **무세계성**과 연결시켰다. '부인denial'의 심리적 메커니즘으로서, 내성은 세상일에 대해 치명적으로 무관심한 반면, 외적 자율성의 겉모습을 띤다. 궁극적으로 이것은 나르시스적 자기-기만의 형태를 띤다. "거짓말은 내성이 이미 순수하게 심리적인 요소로 전환시킨 외부 사건을 지워버릴 수 있다. 거짓말은 내성의 유산을 차지하고, 그것을 요약하여, 내성이 획득해낸 자유를 현실화한다."[36]

라헬 파른하겐: 파브뉴에서 파리아로*

하이데거와 충격적으로 결별한 이후 아렌트는 독일 철학과 작별을 고했다. 하이데거의 무뚝뚝한 거절은 의심의 여지없이 그녀의 유대인으로서의 열등감을 키웠다. 그녀는 자신이 유대인이라는 사실이 그들의 결별에 어떠한 역할을 했는지 궁금했을 것이다. 바이마르 공화국이 붕괴 직전에 이르도록 비틀거리자, 많은 문제가 그녀의 마음을 헤집어 놓았을 것이다. 그녀가 한때 자신의 소명이라 생각했던 독일 철학은 이제 악화되어가는 정치적 상황에 전적으로 연루되어 있는 것처럼 보였다. 개인적으로, 아렌트는 독일 문화의 대표자들이 하룻밤 사이에 독실한 나치이자 반유대주의자로 놀랍도록 쉽게 변모한 사실에 충격을 받았다. 1933년, 하이데거가 프라이부르크 대학의 나치 총장이 되어 반유대인 법령을 제정할 책임을 떠맡고 난 후, 아렌트는 그에게 고발 서한을

* '파브뉴(Parvenu, 벼락부자)'와 '파리아(Pariah, 사회적으로 버림받은 자)'의 개념 구분은 베르나르 라자르(Bernard Lazare)가 소개한 개념으로, 유대인 파브뉴란 [자기-기만을 통해] 버림받은 상태로부터 탈출하여 유대인을 파리아로 취급하는 사회에 수용 및 동화되려고 필사적으로 노력하는 사람을 가리킨다. 리처드 J. 번스타인, 『한나 아렌트와 유대인 문제』 39쪽 참조.-옮긴이

보냈다. 이후 인터뷰에서 그녀는 동료 독일 지식인들에 대한 깊은 환멸을 뚜렷하게 말로 표현했다.

> 문제는… 우리의 적들이 했던 것이 아니라, 우리의 친구들이 했던 것이었다. 비교적 자발적이었던 동질화Gleichschaltung〔독일 사회의 나치화〕의 물결 속에서 어떤 경우에도 테러의 압박 때문이 아닌 지식인 사회를 둘러싸고 마치 빈 공간이 형성된 것 같았다. 나는 지적인 환경 속에서 살아왔지만, 다른 사람들 또한 알고 있었다. 지식인들 사이에서는 말하자면 동질화가 규칙이었으나, 다른 사람들 사이에서는 그렇지 않았다. 나는 그 사실을 결코 잊지 않았다. 나는 그런 관념에 지배된 독일을 떠났다. 물론 다소 과장된 표현이기는 하지만, 나는 다시는! 결코 다시는 어떤 종류의 지적인 일에도 관여하지 않을 것이다. 나는 그런 일에 엮이는 것을 원치 않는다.[37]

돌이켜 보면, 그녀는 하이데거의 사례를 가장 염두에 두고 이 고발장을 구상한 것으로 보인다.

아렌트의 경우 환경이 그녀로 하여금 억압된 유대인 정체성과 대결하도록 강제했다. 자신의 유대인 정체성과의 대결은 아렌트의 지적 관심사에 극적인 변화를 가져왔다. 그녀는 아우구스티누스 연구로 학위논문을 마치자마자, 계몽주의 살롱의 주인maitresse de salon, 라헬 파른하겐에 대한 전기 연구를 시작했다. 『라헬 파른하겐Rahel Varnhagen』의 부제인 '어느 유대 여성의 삶The Life of a Jewess'은 아렌트의 새로운 관심 영역을 보여준다. 하이데거와의 불행한 로맨스에 대해 우리가 알고 있는 것에 비추어볼 때, 파른하겐을 연구한 책이 갖는 심오한 자전적 논지가 분명해진다.

파른하겐 이야기는 아렌트와 같은 한 여성의 이야기였다. 오랫동안 내면성Innerlichkeit의 합리화와 망상을 통해 자신의 유대인 정체성과 거리를 두기 위해서 고군분투했던 여성. 그러나 결국 그녀는 그녀의 전기 작가(아렌트를 가리키는 말이다.-옮긴이)처럼 수용적이지 않고, 때로는 호전적인 비유대인 사회에서 유대인 여성으로서 자신의 파리아 지위를 적극적으로 받아들이는 법을 배웠다. 아렌트가 이야기하듯, 라헬의 마지막 말은 다음과 같았다. "내가 평생 가장 커다란 수치로 여겼던 것은 내 삶의 비참함이자 불행, 바로 유대인 여성으로 태어났다는 사실이었다. 나는 내가 유대인 여성으로 태어났다는 것을 어떤 이유에서든 이제 잊지 않기를 바라야 한다."[38]

널리 받아들여진 계몽주의의 교훈은 낙후되고 교양 없는 민족인 유대인들은 오직 그들이 유대인다움을 버릴 때 비로소 인정받을 수 있다는 것이었다. 유대인다움은 그들의 먼 조상에게서 유전된 변변찮은 중세적 특징일 뿐이었다. 아렌트에 따르면, 라헬이 살던 시대의 프로이센 유대인들은 일종의 집단적 허위의식에 시달렸다. "유대인들은 전체로서 해방되는 것조차 원하지 않았다. 그들은 원했던 것은 유대인다움에서, 그것도 가능하다면 개인으로서 탈출하는 것뿐이었다.[39]

라헬의 삶에서 전환점은, 아렌트가 하이데거와의 만남 덕분에 그랬던 것처럼, 일찍 찾아왔다. 절반은 계몽사회인 프로이센 사회에서 인정받기 위해 고투하면서, 라헬은 당시 유대인 파리아 사이에서 상당히 흔한 해결책인 세례와 결혼을 결심했다.

라헬의 동화주의적 꿈이 빠르게 사라져가는 가운데, 그녀는 자신과 카를 폰 핀켄슈타인Karl von Finckenstein 백작이 어울리는 연인이라고 생각했다. 두 사람은 곧 약혼했다. 파른하겐은 폰 핀켄슈타인 백작부인으로서 새로운 삶을 살게 될 것이라 기대했다. 흠잡을 데 없이 사회적으로 수용되는 삶. 그러나 갑자기 그리고 뜻밖에도 그들의 약혼은 틀어져버렸다. 백작의 직계가족이 예비신부를 못마땅해한 것으로 보인다. 무엇보다도, 폰 핀켄슈타인은 공개적인 부르주아 살롱의 분위기, 즉 직함이 아무것도 아닌 것으로 여겨지고, 누구인지보다 무엇을 했는지가 더 중요한 곳에서 불편함을 느꼈다. 후자의 관점에서 볼 때, 라헬의 사회적 품위 유지를 위한 티켓인 백작은 자신을 보여줄 가치 있는 것이 거의 없었다.

아렌트가 그녀의 문학의 주인공이자 같은 종교 신자인 라헬과 자신을 얼마나 동일시했는지를 알아보는 데는 특별한 해석상의 재능이 필요하지 않다. 아렌트는 라헬을 부유하지도 않고, 아름답지도 않은 유대인, 슈레밀Shlemihl이라고 칭한다. 슈레밀은 유대인 '파리아'의 전형이자, 아렌트가 디아스포라 경험을 이해하는 데 주요 동기가 된 베버적Weberian 성격 묘사였다.[40] 아렌트가 그를 통해 폰 핀켄슈타인 에피소드를 바라본 극도로 자전적인 용어를 이해하기 위해서 엄청난 상상력의 도약이 필요한 것도 아니다. 고통스러울 정도로 갑작스러운 결별로 끝을 맺은 하이데거와의 교제와 라헬 커플의 만남이 갖는 유사점은 그녀에게 큰 충격을 준 것임에 틀림없다. 모든 면에서 파른하겐은 아렌트의 등골이 오싹할 정도로 완벽한 도플갱어로 나타났음에 틀림없다. 심지어 유대인성을 적극적으로 자기긍정한 후에 이를 조용히 수용하는 파리아의 딜레마에 대처하는 그들의 반응도 정확하게 들어맞는다.

그러나 아렌트가 하이데거와의 관계에서 상처 입은 것에 비추어볼 때 파른하겐 책의 또 다른 측면에 세심한 주의를 기울일 필요가 있다. 그 연구는 독일 낭만주의의 망상에 대한 냉정하고 지속적인 논쟁, 즉 감성의 위험성에 대한 논쟁으로 시작된다. '내향성'의 가치가 삶의 최상의 목표로 변형되었을 때 갖게 되는 감성의 위험성 말이다. 아렌트의 후기 철학의 어법으로 표현하자면, 내향성에 대한 낭만적 숭배는 '세계성'의 결여로 인해 뼈아프게 고통받는다. 독일 지식인들의 일탈, 즉 **정신**의 기만에 대한 그녀의 가혹한 비평은 그녀의 모든 작품 중에서 가장 격정적인 글이라 할 수 있다.

> 자신의 운명을 완전히 잊어버리는 데는 감성적 기억이 최상의 방법이다. 이것은 현재 자체가 즉각적으로 '감상적인' 과거로 전환되는 것을 전제한다. … 현재는 항상 기억으로부터 먼저 떠오르며, 즉각적으로 모든 것이 영원히 현재에 존재하는 내적 자아로 휩쓸려 들어가, 잠재력으로 전환된다. 이와 같이 영혼의 힘과 자율성이 보장된다. 진리에는 대가가 따른다는 사실이 인정되어야 한다. 다른 인간들과 공유하는 실재가 없다면 진리는 모든 의미를 상실하기 때문이다. 내성Introspection과 그것의 잡종들은 거짓을 낳는다.
>
> 내성은 두 가지 위업을 이룬다. 이것은 현실적으로 실존하는 상황을 기분으로 분해함으로써 없애버린다. 동시에 내성은 모든 주관적인 것에 객관성, 공공성, 그리고 극단적인 관심의 아우라aura를 부여한다. 기분에서 친밀한 것과 공적인 것 사이의 경계는 흐릿해진다. 친밀한 것들이 공적인 것이 된다. 그리고 공적 사안들은 친밀한 것, 말하자면 가십gossip의

영역 내에서만 경험되고 표현될 수 있다.[41]

그러므로 『라헬 파른하겐: 어느 유대인 여성의 삶』은 아렌트가 젊은 시절에 가진 거짓 희망에 대한 비타협적인 거절을 상징한다. 아렌트는 라헬과 공유했던 것이자, 평등주의적 본성을 갖는 독일 문화에 관해 소녀 시절에 가졌던 망상을 열성적으로 떨쳐버렸다. 이 영역은 알려진 대로라면 사람들을 계급이나 인종이 아닌 공덕功德, merit에 근거해서 평가했다. 이는 핀켄슈타인과 결별하고 나서 파른하겐에게서 붕괴되었던 망상들이었다. 독일에서 반유대주의의 흐름이 고조되는 가운데 하이데거에게 거절당한 이후로, 아렌트에게도 그러한 망상들은 산산조각 났다. 불가피하게, 한편으로는 개인적이면서 다른 한편으로는 정치적인 이들 두 상황은 아렌트의 마음에 아주 성가시게 얽혀 있었음에 틀림없다.

아렌트가 파른하겐 비평에서 보여준 열정적인 논지는 앞서 언급한 인터뷰에서 아렌트가 어째서 쓰라리게도 독일 지식인의 지적인 삶을 포기했는가를 우리로 하여금 이해할 수 있게 해준다. "다시는! 결코 다시는 어떤 종류의 지적인 일에도 관여하지 않을 것이다." 거의 하룻밤 사이에 그녀를 배반했던 사람들, 그러니까 새로운 정권과 결속하여 그녀에게 등을 돌린 사람들은 다름 아닌 지식인들이었기 때문이다. 나치는 그녀에게 분명한 적이었던 반면, 그녀의 철학적 친구들은 배신하지 않을 것이라고 생각했던 사람들이었다. 독일 정신문화의 엘리트이자, 내면성의 미덕에 푹 빠진 사람들로서 괴테의 문화 계승자들인, 횔덜린과 릴케Rilke가 그들이었다.

아렌트에게 있어서 이 모든 딜레마는 1933년 5월에 절정에 달했을 것이다. 하이데거가 나치당에 가입했다는 사실에 더하여 그의 친나치 총장 연설에 대해 그녀가 알게 된 것도 그때였다. 하이데거의 연설은 낭만적 의식 속에서 자기 확신을 가지고 "새로운 〔독일의〕 각성의 영광과 위대함"으로 마무리되었다. 그러나 최악의 상황은 그다음에 찾아왔다. 그해 말, 프라이부르크 대학의 신임 '총장-지도자'는 새로운 정권을 대변하여, 수사적인 어법으로 가득한 그의 연설을 다음과 같이 마무리했다. "교리나 이념이 당신의 존재를 지배하도록 하지 마라. 오직 총통만이 독일의 현실이자 법이다." 이 연설은 '세 번에 걸친 만세' 소리에 중단되었다. 13년 후, 아렌트가 『파르티잔 리뷰Partisan Review』에서 최초로 하이데거의 나치즘을 평가하려고 시도했을 때, 아렌트는 하이데거의 "전체 **행동 양상이 독일 낭만주의와 정확하게 유사하다**"는 의견을 강하게 피력했다. 그는 (우리가 희망하길) 마지막 낭만파였다, 말하자면 "엄청난 재능을 지닌 프리드리히 슐레겔Friedrich Schlegel이나 아담 뮬러Adam Mueller였다."[42] 다른 말로 하자면 하이데거의 경우는 과대망상과 웅장함의 망상에 수반되는 낭만적 '무세계성'의 위험을 전형적으로 보여준다. 전쟁이 끝난 후, 토마스 만은 독일이 야만으로 추락하는 것을 설명하기 위해 낭만주의의 쇠락을 언급했다. 무엇보다도 낭만주의는 "지옥 같은, 비합리적인 악마의 생명의 힘에 매우 가깝게 느껴지는 어떤 어두운 영혼의 풍요로움"에 매료된다. 그렇게 매혹되면서 "히스테릭한 야만주의는 국가적인 오만과 범죄의 흥청거림과 발작으로 이어졌으며, 그것의 끔찍한 결말을 이제 국가적 재앙에서, 말하자면 유례없는 육체적 · 심리적 붕괴 속에서 발견한다."[43] 그러나 정신사Geistesgeschichte라는 정해진

척도 내에서 나치즘을 설명하는 데 한계가 있다는 것은 말할 필요도 없다.

하이데거와의 재회와 화해

아렌트와 하이데거는 1950년 그녀가 독일로 돌아왔을 때 화해했다. 재회 이후 아렌트는 그의 가장 혹독한 비평가에서 그의 가장 충실한 옹호자로 변모했다. 당시 하이데거는 독일 대학에서 생활하는 것을 금지당한 채였다. 그의 명성은 나치의 협력자로서 가졌던 지위로 인해서 돌이킬 수 없을 정도로 손상되었으며, 그는 믿을 만한 홍보업자와 친선대사를 절실히 필요로 하게 되었다. 아렌트는 이 목적에 딱 들어맞았다. 국제적 명성을 가진 유대인 지식인이자 전체주의에 대한 주요 비평가로서 그녀의 지지는 하이데거의 나치즘과 관련된 집요한 비판을 막아내는 데 도움을 줄 수 있었다. 아렌트는 그들의 재결합을 기뻐했다. 그녀는 젊었을 때의 꿈을 되찾았다고 믿었다. 몹시 낡아버렸지만, 아마도 그럼에도 되찾았다고 믿었다. 그녀는 다음과 같이 썼다. "그날 저녁과 아침은 전 생애를 확인할 수 있는 시간이었다. 사실상 전혀 예상하지 못했던 확인."[44]

아렌트는 사실상 하이데거의 미국 저작권 대리인이 되어, 그의 책을 계약하고 번역하는 일을 부지런히 감독했다. 자포자기의 순간에, 늙고

돈이 없는 하이데거는 『존재와 시간』의 원본을 경매에서 처분할 것을 고려했다. 돈과 관련한 문제에 관심이 없는 그가 조언을 구할 곳이 어디겠는가? 물론 유대인이었다. 아렌트는 의회도서관 전문가와 상의하고, 상세한 조언을 해주면서 그를 충실하게 따랐다.

전쟁 직후 야스퍼스와의 서신에서, 프라이부르크 현자에 대한 아렌트의 성격 묘사는 가차 없이 비판적이었다. 그녀는 하이데거의 니체 강의를 "참으로 끔찍한 〔그리고〕 수다스러운" 것으로 폄하했다. 더 나아가 다음과 같이 말했다. "토트나우베르크〔독일의 검은 숲에 있는〕에서의 삶, 문명에 반하는 울타리, 그리고 존재를 'y'로 쓰는 것(후기 하이데거는 Sein을 Seyn으로 표기하기도 했다.-옮긴이)은 사실 그가 물러났던 일종의 쥐구멍이다. 하이데거가 보게 될 유일한 사람은 그에 대한 존경으로 가득 찬 순례자들뿐이라고 가정하면 말이다. 어떤 사람도 단지 야단법석을 떨기 위해 1,200미터를 오르려 하지는 않을 것이기 때문이다."[45] 앞서 언급한 『파르티잔 리뷰』에서, 그녀는 하이데거의 '기초존재론'을 칸트의 인간 자율성 개념으로 회귀한 것이라고 맹비난했다. 아렌트는 "하이데거의 존재론적 접근 방식은 그 속에서 인간이 집단적인 존재 방식으로만 드러나는 **경직된 기능주의**를 숨기고 있다. 그러나 인간의 존재 방식은 원리적으로 임의적인 것이다. 왜냐하면 인간에 대한 어떤 개념도 그의 존재 방식을 결정하지 않기 때문이다"라고 공격했다.[46]

그러나 두 사람이 화해한 이후, 그녀의 어조는 갑작스럽게 바뀌었다. 화해 이후 그녀는 하이데거의 나치 전력의 무게와 크기를 체계적으로 축소했다. 하이데거의 80세 생일을 기념하는 기념논문집에서, 아렌트는 하이데거 철학과 히틀러에 대한 그의 관여 사이의 관계에 대하여 굳이 일부러 논쟁을 벌였다. 낭만적 내면성에 대한 초기의 열정적인 비난은 사라졌다. 사상가의 관념의 궁전이 상처받지 않고 남아 있는 한 세계는 열려 있는 피난처로 남아 있을 수 있다는, 철저하게 독일인의 정신적 광기인 낭만적 내면성 말이다. 하이데거를 "최후의 (우리가 희망하길) 낭만주의자"로서 그렸던 이전의 비판적 묘사의 어떤 흔적도 찾아볼 수 없었다. 대신에 아렌트는 궁지에 몰린 그녀의 멘토를 대신하여 순순히 자비를 간청했다. 갑작스럽고 모순적인 반전 속에서, 그녀는 나치즘이 "사회 밑바닥에서 태어난" 현상이며, 보통 말하는 정신의 삶과는 아무런 관련이 없다고 주장했다. 그녀는 하이데거가 1930년대의 강연 기간에 정권에 대하여 '정신적인 저항spiritual resistance'을 실천했다는 신화를 선뜻 받아들인다. 이 신화는 하이데거의 전기 작가인 후고 오트가 실제적으로 반박해온 것이기도 하다. 『본래성이라는 용어The Jargon of Authenticity』에서 아도르노는 하이데거를 강력하게 비판한다. 1963년 논문에서 아도르노는 하이데거 철학이 "내적 뿌리까지 파시스트"라고 주장한 바 있다. 이 강력한 비평에 대해 아렌트는 허술하고 불분명한 답변으로 다음과 같이 덧붙였다. "하이데거는 정권에 반하는 '위험들'을 감수했다. 반면, 수많은 지식인과 소위 학자들은 그렇지 않았다. … [수많은 지식인과 소위 학자라고 하는 사람들은] 히틀러, 아우슈비츠, 그리고 대량학살을 말하는 대신에, 밑바닥 삶에서 공포스러운 현상을 제거하기 위해서, 그리고 그것을 인문과학이나 지성적 역사의 [수사]로 장식하기 위해 플라톤, 루터, 헤겔, 니체, 심지어 하이데거나 윙거, 혹은 슈테판 게오르게Stefan George에 의지했다."[47] 이러한 새로운 해석 방향에 따르면, 아렌트가 젊은 시절 희망을 걸었던 독일의 문화 영역은 독일의 재앙에 대해 아무런 책임이 없었다. 물론 그녀에게 하이데거는 젊은 시절 그녀가 가졌던 희망의 생생한 총체라 할 수 있었다. 서신에서, 아렌트는 궁지에 몰린 멘토에 대해 심지어 보다 적극적으로 방어했다. 그것은 때로는 거의 맹목적인 충성심에 가까웠다. 그녀는 1933년 하이데거의 총장 연설을 다음과 같이 규정했다. "비록 어떤 점에서는 불쾌할 정도로 국수주의적이지만, 나치즘의 표현은 결코 아니었다." 그녀는 계속해서 다음과 같이 말을 이어갔다. "나는 하이데거가 당시에 나치즘이 도대체 무엇인지 명료한 생각을 가지고 있었는지에 대해 회의적이다. 그러나 그는 비교적 빨리 배웠고, 8개월 내지 10개월이 지난 후 그의 모든 '정치적 과거'는 끝났다."[48] 그렇다면 하이데거는 아렌트가 보여준 맹목적인 헌신에 어떻게 보답했을까? 슬프게도, 늘 그렇듯, 그는 예전의 자기 학생이면서 정부였던 아렌트가 세계적인 지명도를 갖는 지식인으로 성장했다는 사실을 인정할 만한 정신적 여유가 남아 있지 않았다. 1950년대 초반 『전체주의의 기원』의 독일어 번역본이 출간되었을 때, 하이데거는 몇 달 동안 사실상 무응답이라 할 수 있는 차가운 침묵으로 일관했다. 그리고 몇 년 후, 아렌트가 하이데거에게 헌정하기를 원했던, 『인간의 조건』의 독일어 판본을 그에게 자랑스럽게 보냈을 때, 그녀는 야스퍼스에게 보내는 편지에서 유감스러운 듯이 다음과 같은 견해를 밝혔다.

> 내 이름이 세상에 나오고, 내가 책을 쓰는 등의 행위를 그가 참기 어려워한다는 사실을 나는 안다. 언제나 나는 그에게 내 이름으로 쓴 책들이 존재하지 않는 척하면서 사실상 나 자신에 대해 거짓말을 해왔다. 말하자면 하이데거의 책을 해석하는 경우를 제외하고는 셋까지 셀 수 없

었다(아무것도 모르는 사람인 것처럼 행동했다.-옮긴이). 만일 내가 셋 또는 넷까지 셀 수 있는 것으로 드러난다면 그는 상당히 기뻐할 것이다. 그러나 나는 어느 순간 그렇게 속이는 것에 지루해졌고 콧등을 한 대 갈겼다.[49]

전쟁이 끝난 후, 그들은 다시 연락을 취했다. 아렌트는 하이데거와 유럽의 재앙에 대해, 특히 유럽 유대인들의 비극적 운명에 대해 대화를 나누려고 노력했다. 그러면 하이데거는 예상대로 허울만 그럴듯한 한 무더기의 혼란스러운 형이상학을 제시했다. 하이데거는 아렌트가 '존재'를 전통적 · 세속적인 '역사' 용어로 환원하지 않고 이해할 것을 간청하면서, 계속해서 다음과 같이 말했다. "유대인과 독일인의 운명은 우리의 역사적 계산으로 도달할 수 없는 그 나름의 진리를 갖는다. 악이 발생하면, 그때 존재는 인간의 사유와 행동을 위한 지점으로부터 수수께끼로 발전한다. 왜냐하면 어떤 것이 있다고 하는 사실이 그것이 좋고 정당하다는 것을 의미하지는 않기 때문이다."[50] 세일러 벤하비브Seyla Benhabib는 아렌트가 그런 뻔한 신비화에 제대로 대응하지 못한 것에 관해 다음과 같이 논평했다. "그들의 서신 교환을 통해 언급되는 이 에피소드에서, 아렌트가 하이데거의 정치적 순진성을 다 받아준 것은 그녀의 솔직성에 큰 타격을 주었다."[51]

히틀러의 평범한 사형집행인

1963년에 아렌트는 『예루살렘의 아이히만』을 출간했다. 그녀는 간단한 토론의 결과 뒤따르는 스캔들에서 완전히 회복하지 못했다. 토론에서 아렌트는 유대인 의회 관리들의 행동이 나치 집행자들의 그것과 다를 바 없다는 것을 암시한 바 있다. 그녀는 유대인 지도자들이 나치와의 협력을 거절했다면 더 많은 유대인이 생존했을 것이라 주장했다. 우리는 이제 그 주장이 옹호될 수 없다는 것을 안다. 어떤 경우에는 협력함으로써 귀중한 시간을 벌기도 했다. 그러나 그녀의 논증은 희생자와 집행자들을 무미건조하게 동일시한다. 더욱이 그녀의 설명은 유대인 지도자들이 임무를 소홀히 하는 역할을 했어야 했던 형언하기 힘든 압력을 전하는 것을 등한시했다.

역사적인 복잡성을 비켜가기 위해, 아렌트는 "자국민을 파괴하는 데 있어서 유대인 지도자들이 행한 이러한 역할은 유대인에게 있어서 의심할 여지없이 **전체 어두운 이야기 중에서도 가장 어두운 장이다**"라고 주장했다. 그녀는 "독일뿐 아니라 거의 모든 국가, 훌륭한 유럽 사회에까지, 나아가 박해자뿐만 아니라 **희생자들 사이에서도** 독일이 야기했던 총체적인 도덕의 붕괴상황"[52]에 대해 계속해서 토론을 이어갔다.

『예루살렘의 아이히만』에서 아렌트는 라울 힐베르크Raul Hilberg의 권위 있는 작품, 『유럽 유대인의 파괴The Destruction of the European Jews』에 광범위하게 의존했다. 이 책은 여러 면에서 혁신적인 작품이었지만, 완벽한 작품이라고 할 수는 없다. 유대 의회의 역할을 다루는 것이 그 작품이 지닌 주요 결점들 중 하나였다. 힐베르크는 종종 유대인들을 반유대주의적 고정관점에 기초해서 묘사하는 비유대적인 출처에 의존했다. 이에 따르면 유대인들은 순응적이고 비굴했으며, 사리사욕의 유혹에 쉽게 타협했다. 그러므로 힐베르크에 따르면 유대 의회Judenrat의 협력은 상당히 단순한 사건이었으며, 박해에 직면해 순응하는 뿌리 깊은 유대인의 성향이 반영된 결과였다. 그러나 유대인의 반응에 대한 이러한 단순한 묘사는 보다 최근 연구에 의해 수집된 늘어나는 증거를 토대로 했을 때 갈수록 타당성이 떨어지고 있다.

유대 의회의 전략은 유대인의 생명을 구한다는 희망을 걸고 상품과 노동력을 교환하는 것이었다. 이는 그 상황에서 합리적인 접근으로 보였다. 그것은 마지막으로 추방될 때까지, 경고 없이 모든 다른 선택지가 사라질 때까지 효력을 발휘한 과정이었다. 게다가 그 협상은 전쟁이라는 목표를 위해 유대인 노동력을 착취할 것인지 아니면 '최종 해결책'이라는 반공리주의적 논리를 따를 것인지, 둘 중 어느 것을 더 우선시해야 하는지에 대한 독일 고위 지휘부의 긴장을 이용하고자 했다.

힐베르크처럼, 아렌트도 유대인과 그들을 박해한 나치와의 협력을 다양한 단계로 구분하지 못했다. 그러나 이렇게 단계를 구분하는 일은 유대인의 과실을 평가하는 데 있어서 매우 중요한 요소가 된다. 초기에 유대인이 대량 추방되는 과정에서 많은 유대 의회 지도자들은 유대인의 생명을 넘기라고 나치가 명령하자 그렇게 하기를 거부했다. 유대인이 비타협적인 태도를 보이자, 히틀러 친위대SS는 유대인 지도자를 체포하거나 그 자리에서 사형시켰다. 나치는 누가 명백한 협력 의사를 가지고 있는지를 보기 위해, 종종 2세대 유대인 지도자들을 엄선하는 일을 진행했다. 추방이 진행되었을 때는 주로 나치가 선정한 2차 유대 의회 정권 하에서였다. 예후다 바우어Yehuda Bauer가 『홀로코스트의 역사』에서 말한 바와 같이, "대부분의 게토의 역사는 두 시기로… 나뉠 수 있다. 첫 번째 대량학살 이전과 그 이후로."[53] 예를 들어 스타니스와부프의 동부 갈라시아 마을에서, 유대인을 넘겨주는 것을 거부했다는 이유로 세 명의 유대 의회 지도자들이 연달아 처형당했다.

『유대 의회: 나치 점령하의 동유럽 유대 의회In Judenrat: The Jewish Councils in Eastern Europe under Nazi Occupation』(1972)에서, 이사야 트렁크Isaiah Trunk는 유대인의 '협력'이 자발적인 것과는 거리가 먼 것으로, 대개 독일의 강압에 의해 이루어졌음을 결정적으로 증명했다. 대부분의 경우 나치는 유대인 사회에 의회를 세우고 그곳에 복무하도록 강제했으며, 종종 가장 잔인한 보복이 따른다고 위협하며 그들의 협력을 강요했다. 더욱이 여건이 허락되면 많은 의회 구성원들이 유대인의 저항활동을 지지했다. 바르샤바Warsaw 게토 의회와 같은 몇몇 의회는 민주적으로 조직되었다. 그러나 아렌트의 매정한 묘사에서, 그러한 결정적인 구분은 사라져버렸다.

유대 지도자들 중 일부가 부패했다는 사실을 부인할 사람은 거의 없다. 게르숌 숄렘이 다음과 같이 말한 것처럼 말이다. "그들 중 일부는 돼지였으며, 다른 이들은 성인이었다. 그들 중 많은 이들이 우리들과 별반 다를 게 없었다. 심지어 번식하거나 건설할 수도 없는 상황에서 그들은 끔찍한 결정을 내릴 수밖에 없었다." 그는 아렌트의 설명에 문제가 있음을 다음과 같이 지적하고 있다. "일종의 선동적인 과잉-진술에의-의지." 숄렘은 다음과 같이 덧붙였다. "나는 그들이 옳았는지 옳지 않았는지를 모르겠다. 나는 감히 판단할 생각이 없다. 나는 그곳에 없었다."[54]

마이클 마러스Michael Marrus가 지적한 바와 같이, 아이히만 논쟁이 전개되면서 "아렌트가 얼마나 앙상한 사실에 근거해서 판단을 내렸는지가 명확해졌다." 그는 다음과 같은 냉정한 경고로 결론을 맺었다. "돌이켜 생각해보면, 나치와 유대인의 협상은… 제3제국이 죽음의 고통을 겪기 시작했을 때, 아우슈비츠의 오븐에서 유대인들을 잡아채고자 하는 한심한 노력이었다. 그러나 이들 노력이 아무리 한심하다 하더라도, 절망적인 상황에 처한 일부 합리적인 사람들에게 이 노력은 분별 있는 행동으로 보인다는 점이 언급되어야 한다."[55]

일반적으로 말해서, 아렌트가 보여준 유대인 지도부에 대한 광범위한 비난은 일련의 지독한 역사적 우연들이 겹치는 극단적 상황에 대해 동정심은 물론 이해하지도 못하고 있음을 보여주었다. 로즈 게토 내에서 룸코프스키Rumkowski의 부패 통치와 관련해서, 만일 소련군이 몇 달만 일찍 도착했다면, 그는 반역자 대신 영웅으로 역사에 기록되었을 것이라는 지적이 종종 제기되어 왔다.[56]

때로 유대인의 비극의 크기에 대해 아렌트가 보여준 무감각함은 눈에 띄는 부분이다. 독일계 유대인의 오만의 정신으로, 그녀는 아이히만의 이스라엘 검사 기드온 하우스너Gideon Hausner를 다음과 같이 묘사했다. "마침표 혹은 쉼표 없이 말하는… 갈리시아 유대인… 마치 그가 아는 모든 것을 자랑하고 싶어 하는 근면한 남학생··· 게토 정신성." 말하자면 명문가 출신의 유대인에게 완전히 무시당한 자라고 묘사했다. 그녀는 베를린 유대인 지도자 레오 백(독일계 유대인의 국가연합 책임자)을 '유대인 지도자'라 무분별하게 언급했으며, 아이히만을 '유대교로 개종한 자'로 묘사하고, 유대인이 한 협력을 "물론 아이히만이 했던 모든 것을 위한 초석이었다"라고 주장했다. 그리고 셀 수 없이 여러 차례에 걸쳐, 그로 인한 희생자와 가해자를 섬뜩하게 동일시하면서, 시온주의와 국가사회주의의 민족주의적 열정을 비열하게 비교했다.[57] 1930년대에 시오니즘과 나치가 공동의 비전을 공유하고 서로 손을 잡고 일했다는 그녀의 주장은 악의적이고 무감각해 보인다. 그녀는 1930년대를 나치즘의 '친시온주의의 시대'로 묘사하는 데까지 나아갔다.[58] 마침내 야스퍼스에게 보내는 편지에서 그녀는 다음과 같은 분별력 없는 견해를 제시했다. "벤 구리온Ben Gurion이 아이히만을 납치한 이유는 오직 이스라엘에 대한 배상금 지급이 끝나가고 있었고, 이스라엘로서는 독일에게 더 많은 돈을 지불하도록 압박하고 싶었기 때문이었다."[59]

그녀는 법정의 증인석에 선 아돌프 아이히만이 "지극히 평범한 사람이었다"라는 말로 피해자들에 공감하지 못하는 그의 잘못을 키웠다. 아이히만은 힘러Himmler와 하이드리히Heydrich 못지않게 최종 해결책final solution에 책임을 져야 할 인물이었다. 아렌트는 아이히만이 계산하에 부인하는 것을 곧이곧대로 받아들이고서, 아이히만이 자신의 과오에 대해 거의 인식하지 못했다고 주장했다. 그녀는 아이히만의 범죄에 '의도'가 없다는 결론에 도달했다. 대신에 아이히만은 잘못된 행위가 규범이 되어버린 거대 관료기계의 톱니바퀴였고, 그런 이유로 '지극한 평범성'일 뿐이었다. 여러 면으로 홀로코스트에 대한 '기능주의적' 설명을 개척한 힐베르크는 아이히만의 성격을 그런 말로 충분히 기술할 수 있다는 입장에 대해 노여워했다.

〔'악의 평범성The banality of evil'은〕 확실히 아돌프 아이히만과, 은연중에 많은 다른 아이히만들에 대한 그녀의 논지를 기술한 것이다. 그러나 과연 이것이 옳은가? 유대인을 상대로 하는 게슈타포를 이끌었던 나치 친위대의 중위 대령인 아돌프 아이히만에게서, 그녀는 '낙오자'였던 사람, 그러니까 나치 친위대 계급으로 출세하기 전에 '지루한' 삶을 살았고, 성격상의 '결함'을 가졌던 한 남자를 보았다. 그녀는 그가 떠벌리는 소리에 대해 자세하게 설명하면서 그의 '자기 중요성'을 언급했다. 그리고 그가 교수형에 처해졌을 때, 그러니까 와인 반병을 마신 후 그가 마지막 말을 했던 그 시간에 그의 '그로테스크한 어리석음'에 대해 말했다. 그녀는 그 남자가 소수의 직원들과 함께한 다음과 같은 일의 크기를 인식하지 못했다. 이 남자는 유럽 각지의 유대인 위원회를 감독 및 조정하고… 위성 주에서는 반유대법을 준비하고, 저격장들과 죽음의 수용소로 유대인을 수송하는 일을 주선했다. 그녀는 아이히만이 전례 없는 행동으로 독일 행정 시스템이 지닌 난제 속에서 발견한 길들을 분별하지 못했다. 그녀는 그가 어떤 차원의 행위를 한 것인지를 파악하지 못했다. 그가 행한 '악' 속에는 어떠한 '평범성'도 없었다.[60]

아렌트가 아이히만과 그의 동료 가해자들을 상대로 동원할 수 있었던 가장 강력한 혐의는 '무사유thoughtlessnes'라는 비난이었다. 이러한 특성화는 나치 이데올로기의 본성, 즉 모든 것을 포괄하는 세계관으로서의 힘을 심각하게 잘못 이해한 것이다. 아렌트에 따르면, 나치가 저지른 '인류에 반하는 범죄'보다도 더 죄의 무게가 큰 것은 나치가 '생각할 능력이 없었다'는 것이었다. 만일 이 말을 액면 그대로 받아들인다면, 이러한 비난은 그들의 잘못된 행동을 우둔한 아이의 잘못과 동일시하는 위험을 갖는다. 더욱이 아렌트가 설명을 위한 핵심 개념으로 '평범성'과 '무사유'에 의존하는 것은 그녀에게 『전체주의의 기원』과 관련해서 현저한 심경의 변화가 있었음을 의미했다. 여기에서 그녀는 국가사회주의를 평범함과는 거리가 먼 '급진적 악'이라 뚜렷이 규정했다. 아이러니하게도, 전체주의 정권의 특징 중 하나가 그들의 저항을 거의 불가능하게 만들었다는 점을 『전체주의의 기원』에서 설득력 있게 보여준 사람이 아렌트 자신이었다.[61]

아마도 아렌트가 나치즘에 대한 유대인 반응을 분석하는 사람으로서 저지른 가장 심각한 문제는 가장 비극적인 현대 유대인 역사 시기에 대해 그녀가 냉담하고 무신경한 것처럼 보인다는 것이다. 심지어 역사학자 한스 몸젠Hans Mommsen과 같은 충실한 지지자조차도 『예루살렘의 아이히만』 독일어판 서문에서 "그녀가 다루었던 주제의 심대한 비극적 성격을 감안할 때 그녀의 비판의 혹독함과 그녀가 가차 없이 주장하는 방식은 부적절해 보였다"고 공언할 수밖에 없었다. 더욱이 몸젠은 그 아이히만 책은 "충분히 숙고되지 않은 많은 진술을 담고 있다. 그 결론의 일부는 1960년대 초반 활용 가능한 자료에 대한 불충분한 지식을 드러낸다"[62]고 결론 내린다.

아렌트는 그 문제가 왜 그토록 복잡한 것인지에 대해 결코 이해하지 못한 것으로 보였다. 그녀는 '유대인 조직'이 그녀에 대한 음모를 조직하고 있다고 불만을 토로했다. 그녀는 이스라엘에서 받고 있던 신문지상에서의 혹평을 유대인 위원회를 담당했던 같은 부류의 아슈케나지 유대인들이 배후에서 영향력을 행사했기 때문이라고 생각했다. 아렌트는 동방의 유대인 빈민가 거주자들보다 그녀 자신을 더 우월하다고 생각했다. 그들은 자신의 파멸을 묵인한 자들이었다. 아렌트는 자신을 좀 더 세련되고 숭고한 정신의 전통, 즉 유럽의 지적 전통과 동일시했다. 그녀는 유럽의 지적 전통을 이끄는 대표자 중 하나인 마르틴 하이데거 밑에서 수학했으며, 그와 사랑에 빠졌었다. 어떤 면에서는 그러한 충성도가 그녀로 하여금 『예루살렘의 아이히만』에서 유대인에 대해 그런 비방을 하도록 한 것일 수 있을까? 그러한 발언들은 유대인들을 전멸시키려 했던 정권을 대신해 메스키르흐 마법사의 범죄를 용서하기 위한 것이었을까? 어떤 면에서 유대인들이 나치와 다를 바가 없다고 넌지시 암시하면서 말이다.

기능주의에 대한 재접근

아렌트가 전체주의와 홀로코스트에 대한 주요 해석자 중 한 명이 아니었다면, 아렌트가 유대인과 맺은 관계에서 특이점들은 전기적 관심사 정도로만 남아 있었을 것이다. 그러나 그녀가 『예루살렘의 아이히만』에서 설명한 '악의 평범성'이라는 논지는 아우슈비츠에 대한 이른바 '기능주의' 해석의 초석을 마련했다. 이러한 이유만으로도, 역사기록학적이고 정치적인 이해관계가 그녀의 유산을 재평가하는 데 지대하게 관련되어 있음을 알 수 있다.

기능주의적 접근법에 따르면 홀로코스트는 근원적으로 '근대사회'의 산물이었다. 토크빌Alexis Tocqueville은 혁명적인 프랑스에 대한 분석에서, 근대성이 갖는 민주주의적 평준화의 특성이 독재despotism에 어떻게 기여하는가를 보여주었다.[63] 사회적 평준화는 갑작스럽게 전통적인 사회적 지위(토지)를 박탈당한 원자화된 개인과 중앙집권적인 민주적 지도자의 권력 사이에 위험한 비대칭성을 낳았다. 『전체주의의 기원』에서 아렌트는 전체주의 사회가 보여주는 주요 모습 중 하나인 조직화된 테러의 체계와 그에 따라 원자화된 대중들이 저항능력을 상실하는 현상을 설명하고 있다. 이것은 토크빌의 접근법에 기반한 것이었다.

기능주의적 접근법은 관료 국가의 역할을 강조한다. 말하자면 질적으로 새롭고 비인격적인 형태를 지닌 산업화된 대량 살상을 낳는다는 점에서 말이다. 그리하여 어느 특정 시점에, '파괴의 기계Hilberg'는 좀처럼 통제하기 어려워지기 시작한다. 관료주의적인 범죄자들은 실제 살인 현장으로부터 어느 정도 거리를 두고 활동하기 때문에, 자신의 행동에 의해 촉발된 공포에 둔감하다. 아렌트의 관점에서 보았을 때, 나치가 저지른 악행들은 '양심의 가책이 없는 범죄들'이었다. 관료주의적 전문화와 노동 분업이라는 근대의 원칙에 따라서 조직되어 온 살해 과정의 본성은 처형자들이 그들이 행한 잘못을 알지 못한다는 것을 의미했다. 아렌트는 다음과 같이 설명한다.

> 인간 능력의 범위 내에서 행정적인 대량 살상의 범죄에 대한 어떠한 정치적 해결책이 없는 것과 같이, 정의Justice에 대한 인간의 필요도 그러한 〔대량 살상의 범죄〕 목적을 위해 인민을 총동원한 것에 대해 만족할 만한 답을 찾을 수 없다. **모두가 유죄인 곳에서는, 결국 어느 누구도 유죄라 판단할 수 없다.** 모두가 유죄인 경우, 한낱 겉치레의, 말하자면 책임 있는 척하는 것조차 동반하지 않기 때문이다. 범죄자를 처벌하는 것이 정당한 한에서, 그리고 이 패러다임이 2천 년 이상 서양인의 정의감과 권리의 기초가 되어 온 한에서, 죄는 죄에 대한 의식, 그리고 해당 범죄자가 책임을 져야 할 사람이라는 처벌 증거를 포함한다.[64]

아렌트에 따르면, 나치 가해자들은 그들이 저지른 범죄에 대한 '죄의식'도, 인격적인 책임감도 보이지 않았다. 그녀는 나치의 심복들을, 그들이 '행정적으로 대량 살육을 하는 거대 기계'의 단순한 톱니바퀴인 한에서, '공동-책임이 있는 무책임'이라고 기술했다.[65] 홀로코스트만이 갖는 독특성은 새로운, 특히 근대적 유형의 대량 살육자, 즉 관료주의적 살인자Schreibtischtäter를 낳았다는 점에 있다.

결과적으로 아렌트에게 있어서, 아우슈비츠는 독일 역사 혹은 독일 민족의 특성에 거의 영향을 미치지 않았다. "사람들이 대량 살인 기계의 톱니바퀴로 행동하도록 야기한 실제 동기가 무엇인지를 이해하려고 할 때, 우리는 독일 역사 그리고 소위 독일의 국민적 특성에 대한 반성의 도움을 받지 못할 것이다"라고 그녀는 자신 있게 언급했다.[66] "'부르주아지'의 최후의 결과인 폭력적 군중mob-man은 세계적인 현상이다. 우리는 오직 독일의 폭력적 군중만이 그런 끔찍한 행위를 할 수 있다는 맹목적인 믿음에 굴복하지 않아야 한다."[67] 그러므로 일부 사람들이 하고 싶어 했던 것처럼 독일인들을 집합명사로 간주해 하나의 민족으로 처벌하는 것은 잘못 생각한 것이고, 무의미한 짓이 될 것이다. 나치의 악행은 특정하게 독일이 저지른 범죄라기보다, **정치적 근대성 일반**political modernity in general이 갖는 문제의 징후였다. 그것은 보편적인 의미를 지녔고, 실제로 어디에서든 일어날 수 있었다. 사실상, 두드러진 특징들 중 하나는 이것이 광신도들이나 사디스트들이 아닌, 보통의 '부르주아'에 의해 자행되었다는 점이다. 이런 이유로, 아렌트는 가해자들이 보여주는 평범성과 동시에 관료적 순응주의의 태도를 설명하기 위해 하이데거의 '**비본래성**inauthenticity' 개념을 꺼내 들었다. 아렌트에 따르면, 그 악인들은 전형적으로 대중사회를 대표하는 자들이었다. 그들은 보헤미안도, 모험가도,

영웅도 아니었다. 대신에 그들은 직업적 안정과 승진을 추구하는 가정적인 남자들이었다. 아렌트는 「조직화된 범죄와 보편적 책임Organized Guilt and Universal Responsibility」에서 평균적인 나치 친위대 회원들에 대해 다음과 같이 설명한다.

> 존경할 만한 모든 외적 측면을 지닌 '부르주아지', 아내를 배신하지 않고, 아이들에게 제대로 된 미래를 보장하려고 애쓰는 선량한 **가장** paterfamilias의 모습들, 그리고 그 가장의 모습을 한 부르주아지는 의식적으로 최신 테러 조직을 구축했다. … 대부분의 사람들은 보헤미안도, 광신도도, 그렇다고 모험가나 색정광도, 사디스트도 아니었다. 다른 무엇보다 **직업을 가진 선량한 가장들**이라는 전제하에서 말이다. 힘러의 전체 조직은 광신도들, 선천적인 살인마들, 혹은 사디스트들에 의존하지 않는다. 그것은 전적으로 직업을 가진 가장의 평범성에 의지한다.[68]

아렌트가 1945년에 쓴 「조직화된 범죄와 보편적 책임」은 논쟁적인 '악의 평범성'이라는 문제의식의 발단을 보여준다. 그럼에도 『전체주의의 기원』에서, 아렌트는 나치즘을 그것이 갖는 관료주의적 · 행정적인 기반에도 불구하고, '근본적 악'의 한 형태라고 기술했다. 문제의 사건이 일으킨 말할 수 없는 공포는 여전히 생생하게 남아 있었다. 그러나 그녀가 나치즘 범죄의 본질을 재평가하는 주요 계기가 된 사건인, 아이히만 재판에 관한 보고서의 맥락 속에서 자신의 논지를 재정립했을 때, 아렌트의 '기능주의적' 접근법은 충격과 분노를 불러일으켰다.

살인 과정의 관료적 성격에 초점을 맞추면, 최종 해결책에 대해 배울 수 있는 것이 확실히 많다. 물론 어느 학자는 거의 유대인 2백만 명이 죽은 데 대한 책임이 동부에서 동원된 살인부대, 투입부대에 있음이 뉘른베르크 군사 재판에서 밝혀졌다는 사실을 재빨리 언급할 것이다. 그리고 이들의 죽음은 결코 관료적이지 않았다고 말이다.

아렌트와 다른 이들에 의해 명확하게 표현된 기능주의 논지는 이야기의 일부만을 설명해줄 뿐이다. 이는 **이 특정한 집단학살**이 갖는 특수성을 설명하는 데는 실패했다. 나치가 노골적으로 유럽의 유대인들을 몰살 대상으로 삼은 이유는 무엇인가?[69] 확실히 다른 집단들도 박해와 심지어 전멸의 피해자가 되어 왔다. 그러나 나치 세계관의 중심에 반유대주의가 위치한다는 사실에는 의심의 여지가 없다. 불가피하게 그런 정도의 일반성에 따른 설명 틀은 이해하고자 하는 현상이 갖는 특이성을 무시할 위험이 있다. 기능주의적 접근법에 따르면, 유대인의 몰살은 어디에서든 일어날 수 있었다. 그러나 사실은 그렇지 않았다. 이것은 단지 잔인하고 비인격적인 '파괴의 기계'로 인해 초래된 결과만이 아니라, 이른바 '독일 역사의 특이성peculiarities of German history'에 따른 결과이기도 했다.

기능주의적 접근법이 갖는 주요한 허점은 나치 통치가 갖는 핵심적인 면모 중 하나인 이데올로기, 특히 반유대주의 이데올로기를 과소평가하는 경향이 있다는 것이다. 12년간의 통치 기간 동안 나치즘보다 총체적인 이념적 통제에 중점을 둔 정권을 상상하기 어려울 것이다. 엄밀하게 말해서 아우슈비츠의 참혹한 경험은 기능주의적 용어로 설명될 수 없다. '도구적 이성instrumental reason'이 우세한 모든 사회가 집단학살의 길로 향한 것은 아니다. 아우슈비츠가 갖는 독특한 면모는 관료적인 행정이 아니었다. 대신에, 근대의 관료주의적 방식들이 열광적이고 전체주의적인 인종주의 이데올로기를 위해 배치되었다. 불행히도 아렌트는 부르주아지 **가장**이라는 것에 특유하게 초점을 맞춘 덕분에 그러한 고려를 선험적으로 배제했다. 그것은 약 18년 후에 '악의 평범성'이라는 논제에서 핵심적으로 다시 등장했다.

궁극적으로, 아렌트가 방법론의 측면에서 나치즘의 관료주의적 측면에 집중하기로 한 것은 그 자체로 설명이 필요하다. "아우슈비츠에서 자행된 범죄들은 **독일의 역사나 독일 민족의 성격에 대해 어떠한 것도 말하지 않는다**"라는 그녀의 (독특하지는 않지만) 놀라운 주장은 말할 것도 없이 말이다. 『예루살렘의 아이히만』에 관해 숄렘Scholem에게 답변하는 과정에서 아렌트는 자신의 논지가 독일 좌파의 이론적 배경에서 나온 것임을 거부했지만, 그녀는 전적으로 솔직하지 않았다. 전 공산주의자이자, 독학자이며, 비유대인인 하인리히 블뤼허Heinrich Blücher가 전체주의와 유럽 역사 과정에 대한 그녀의 생각에 많은 영향을 준 것이 분명했다.[70] 1963년 야스퍼스의 편지는 악의 평범성 개념이 원래 블뤼허의 것이었음을 보여준다. "하인리히는 '악의 평범성'이라는 용어를 제안했으며, 지금에 와서는 자신이 생각했던 것에 대해 스스로를 저주하고 있다. 당신은 그가 생각한 것에 대해 책임을 졌어야 했다."[71] 프란츠 노이만에서 라울 힐베르크, 그리고 한스 몸젠에 이르는 좌파 파시즘은 나치 독재의 '구조적인' 특징을 지나치게 강조하는 독특한 면모를 보여왔다. 반대로 이러한 접근법은 사회적 '토대'가 아닌 '상부구조'에서 파생되어 나온 이데올로기적 요소라는 맹점을 갖는다.

그러나 아마도 아렌트가 기능주의적 접근법을 선택한 또 다른 전기적 이유가 있을 것이다. 특수한 독일적 특성들을 희생하는 대신 최종 해결책이 지닌 '보편적' 구성요소들을 강조함으로써, 그녀는 자신의 출신 국가, 그러니까 나르시시즘적으로 자기 자신을 관련시키는 것을 성공적으로 회피하는 데 성공했다. 아마도 아렌트에게 아우슈비츠가 사실상 독일의 발명품임을 인정하는 것은 심리적으로 고통스러웠을 것이다. 그것을 자백하는 일은, 친구들과 교수들은 말할 것도 없고, 일찍이 동화된 독일의 유대인으로서 그녀가 지닌 초기의 지적인 애착을 보여줄 것이기 때문이다. 마가렛 캐노번Margaret Canovan은 그 문제를 정확하게 지적했다. **"아렌트는 나치즘을 특수한 독일적 맥락에서가 아니라, 스탈린주의와도 관련된 근대적 발전의 견지에서 이해함으로써, 나치즘을 서구 근대성과 연결시키고자 했던 많은 독일 문화의 지식인들 대열에 올라섰다. 그럼으로써 그녀는 특수하게 독일 전통에 가해지는 비난의 방향을 돌릴 수 있었다."**[72] 비슷한 맥락에서 스티븐 아쉬하임Steven Aschheim은 다음과 같이 지적했다. "아렌트는 게르하르트 리터Gerhard Ritter와 프리드리히 마이네케Friedrich Meinecke와 같은 보다 보수적인 독일 역사학자의 분석과 철학적으로 대등한 위치에 있는 인물로 보인다. 그들은 나치즘의 발흥이 본질적으로 이질적이고 부패한 근대 대중의 관행과 이데올로기가 갖는 중요성과 관련이 있다고 보았다. 반면 내부의, '유기적인' 독일의 발전과는 관련이 없다고 주장했다."[73]

아렌트의 지지자들은 비록 아이히만 자신은 평범할 수 있지만, 그가 책임을 갖는 악은 그렇지 않다고 지적함으로써, '악의 평범성'이라는 아렌트의 논지를 그럴듯하게 만들려고 오랫동안 노력해왔다.[74] 문제는 그러한 노력들이 아렌트가 한 설명의 지배적인 취지와 완전히 다르다는 점이다. 그녀는 책의 부제를 '악의 평범성에 대한 보고서'라 정함으로써, 오해의 수문을 열었다. 아렌트는 확실히 나치의 범죄가 평범하다고 생각하지 않았다. 그러나 그녀는 **관료주의적 살인자**Schreibtischtäter를 문제의 중심에 놓는 일반화된 서술에 의존함으로써, 문제를 혼동했다. 그녀는 되풀이해서 아이히만은 괴물이 아니었으며, 그는 "끔찍하고 무섭게 정상적이었다"고 주장했다. 그러나 사람들은 그녀가 법정에서의 그의 겸손한 처신에 속아 넘어갔을 가능성이 있다고 본다. 더욱이 아렌트는 자신의 이야기를 다시 쓰는 동안, 과오를 강력하게 시사하는 반대 증거들을 우연히 발견했다. 기드온 하우스너는 이스라엘의 정신과 의사들이 아이히만이 "위험하고 끝없는 살인충동에 사로잡혀 있는 인간"이자, "변태적이고 가학적인 인물"[75]이라는 사실을 발견했음을 밝혀냈다. 그러나 그녀는 이들의 주장을 무시했으며, 자신의 논지를 변경하지 않았다.

아렌트는 동화된 독일 유대인으로서 그녀 자신의 극심한 문화적-전기적cultural-biographical 양면성을 이해하기 위한 서술의 틀을 선택했다. 『전체주의의 기원』부터 『예루살렘의 아이히만』까지 유대인의 재앙을 헤아리기 위한 노력의 일환으로, 사람들은 독일인의 책임이라는 문제를 직면하고 싶어 하지 않는 그녀의 깊은 의지를 감지했다. 아렌트는 히틀러가 권력을 잡는 것을 가능하게 했던 독일 역사 발전의 변형이라고 하는 가장 명백한 요소를 제외한 채 모든 것을 바라보는 것 같다. 그녀의 생각에 독일 역사 발전의 변형이라는 가설을 제외한 모든 가설은 탐구할 가치가 있었다. 유대인의 정치적 미성숙함, 정치적 근대성의 이상 성장물, 대중사회의 부상, 관료주의, 심지어 '무사유'와 같은 가설 말이다. 유대인 문제에 대한 최종 해결책이 동료 독일인들에 의해 구상, 계획, 실행되었다는 것은 심리적으로 견딜 수 없는 사실이었다. 그런 이유로 이에 대해서는 그녀의 반성과 분석의 결과 어디에서도 발견되지 않았다. 단

다이너Dan Diner는 아렌트에 대한 마지막 분석에서 도발적인 문구를 던진다. "그녀의 논증의 방향은 희생자의 비통함보다는 가해자의 자기 결백 주장과 더 공통점을 갖는 것으로 보인다."

> 아렌트는 일종의 보편적 극단주의로 향하는 경향이 있으며, 이는 역사적 현실성을 탈실재화derealizes historical actuality한다. 그녀가 생각하기에, 아우슈비츠는 어디에서나 가능해진다. 비록 아우슈비츠가 나치 독일에 의해 실행된 것으로 판명되었음에도 말이다. 아렌트의 논증에는 현실을 희생해가면서 역사적 실재와 아우슈비츠의 보편적 가능성을 나란히 놓는 경향성이 만연해 있다. 그러한 보편화는 사건을 해체하고 희생자를 불쾌하게 만드는 경향이 있다.[76]

행위 지향적 이론의 반근대주의적 뿌리

『인간의 조건』이 제시한 바와 같이, 아렌트의 '행위 지향적action-oriented' 이론 체계는 최근 '이익interests'에 의한 정치의 도구화와 '사회'에 의한 정치의 식민화와 같은 근대사회의 정치적 질병에 대한 일종의 만병통치약으로서 무비판적으로 찬양되어 왔다. 그러나 그러한 해석은 지나칠 정도로 탈맥락화되어, 그녀의 정치적 사유가 1920년대 독일의 **문명 비판**이 보여주는 본능적 반근대주의에 어느 정도로 뿌리를 두고 있는지 깨닫지 못하고, 이를 과소평가한다.[77] 누군가는 이러한 부채가 아렌트의 성숙한 사유의 '정치적 무의식'을 구성한다고 말할지 모른다. 하이데거의 철학적 체계와의 지적 친화력이 아렌트에게 깊게 남아 있다는 점이 그녀가 사용하는 용어에서 드러난다. 비록 정치적 스펙트럼상으로 좌·우 양쪽이 모두 이러한 '근대성 비판'을 지지했다 할지라도(『소설 이론』에서 루카치가 새롭게 정식화한 '낭만적 반자본주의자'가 좌파의 추종자들이었다면), 결정적으로 하이데거와 같은 가장 큰 목소리를 내는 지지자들이 정치적 우파와 운명을 같이했다는 사실은 의심의 여지가 없다.

문명 비판의 출발점은 모든 형태의 '대중사회'에 대한 거부였다. 『존재와 시간』에서 하이데거가 '일상성everydayness'에 비난을 가한 것은 이러한 출발점에 철학적 표현을 덧붙인 것에 불과했다.[78] 그러나 궁극적으로 '대중사회' 개념은 현대 민주주의에 의해 가정된 다수성을 공정하게 다루기에는 지나치게 분화되지 않은 채로 남아 있다. 시민 자유주의자와 의회 전통이 강하게 남아 있는 사회에서는 '개인주의(뒤르켐의 의미에서)'와 시민의식의 가치가 우세했다. 그러므로 민주적 통치를 '대중사회'와 동일시하는 것은 간단히 말해 부당하다. 독일 예외주의exceptionalism(속담에도 나오는 '특별한 길') 이데올로기는 '문명 비판'을 슈펭글러, 묄러 판 덴 브루크Moeller van den Bruck, 카를 슈미트와 같은 극우 전문가들이 정교화한 것으로 보고 종종 반대했다. 이러한 문명 비판은 독일과 같은 국가의 경우에 약간의 진실성이 있을 수 있다. 독일의 경우 근대 정치 및 경제 형태로의 전환이 폭력적이고 갑작스럽게 일어났기 때문이다. 그러나 다른 경우에 이러한 문명 비판은 적대적이고 잘못된 것이었다.

주로 하이데거의 작품을 매개로, 아렌트가 이러한 지적 길드와 친숙한 관계를 맺어왔다는 것은 그녀가 '사회'를 경멸적으로 특징지은 것에서 분명하게 드러난다. '사회'는 그녀의 후기 철학에서 근대 문명이 갖는 병폐의 상징이 된다. 그녀가 『인간의 조건』에서 분명하게 언급한 바와 같이, "정치적인 것을 사회적인 것으로 무의식적으로 대체하는 것은 원래 정치에 대한 그리스인의 이해가 얼마나 상실됐는지 알려준다."[79] 오늘날, 아렌트는 계속해서 말한다.

> 우리는 거대하고, 전국적 규모의 살림 관리로 일상의 일을 처리해야 하는 가족 이미지에서 민족과 정치적 공동체의 모습을 본다. 이러한 발

전에 들어맞는 학문 사상은 이제 더는 정치학이 아니라 '국가경제', '사회경제' 혹은 '민족경제'이다. 이 모든 것은 일종의 '집단적인 살림 관리 업무'를 나타낸다. 하나의 특별한 가족이 경제적으로 복제되어 조직화된 가족 집단이 '사회'이며, 그것의 정치적 형태가 '국가'이다.

'사회적인 것'에 대한 이러한 경멸적인 소묘에서 빠진 것은 마르크스가 파리에서 쓴 원고에서 실천으로서의 노동이 갖는 창조적 차원에 대해 훌륭하고 패기 있게 묘사한 것이다. 이에 따르면 노동은 인간의 자기충족의 본질적 형식이자, '유적 존재species-being'를 표현한 것이다. 노동은 실천적이고 비판적인 '인간의 감각적 활동'이다.[80] 반민주주의적인 존재론의 전통은 프락시스를 통한 자기 성취가 '다수'에 의해 이루어질 수 있다는 것을 부정하는 반면, 헤겔 마르크스주의 전통은 소수의 특권층만이 행복에 도달할 수 있는 상황에 만족하지 않는다. 따라서 하이데거의 또 다른 제자인 허버트 마르쿠제는 노동과 인간의 자아실현의 관계에 대해 다음과 같이 말했다. "노동은 인간의 '자기-창조 행위'이다. 즉 노동은 인간이 진정 최초로 인간으로서의 본성에 의해 그들 자신이 되는 활동이다. 이러한 '되어짐(생성, becoming)'과 존재는 그 자신을 위해 있다. 그렇게 해서 그는 자신이 누구인지(인간의 자신을 위한 되어짐) 알 수 있고, 이러한 되어짐과 존재는 그 스스로의 힘으로 거기에 있다. 그렇게 해서 그는 자신을 알 수 있고, 자기 자신을 그가 존재하는 바로 간주할 수 있다. … 이러한 방식으로 이해된 노동은 인간 실존이 현실화되고 입증되는, 인간이 행하는 '존재의 긍정'이다."[81]

'사회적인 것'에 대한 아렌트의 설명에서 빠진 것은 부르주아 가족에 의해 인간의 친밀감이 양육되고 급격하게 성장한다는 사실에 대한 자각이다. 이는 '공적인 것'과 '사적인 것' 사이의 근대적 구분과 일치하는 과정이다. 또다시 그녀는 '사적인 영역'을 정의상 더 높은 중요성과 의미를 결여한 것으로 간주하는, 그리스의 비하적인 평가적 개념에 의존하고 있다. 이는 그녀의 분석에 중요한 장애가 있음을 증명한다. 근대적 삶에서, 가족을 통해 친밀감의 잠재력을 구축하는 일은 다양하고 풍부한 성격 발달에 있어서 없어서는 안 될 전제조건이다. 가족은 소설과 정신분석에서 묘사된 바와 같이 근대 개인주의의 발전을 위한 시련의 장이다. 그곳에서 모든 개인적인 삶의 역사와 이야기가 참으로 흥미롭게 펼쳐진다. 한 평론가는 전통적 사회에서 근대적 사회로의 전환에 따른, 그러한 친밀한 영역의 기념비적 가치 전환에 대해 다음과 같은 통찰력 있는 언어로 기술한 바 있다. "변화하는 것은 사람들이 그들의 자녀를 사랑하거나 그들의 배우자에 대해 애정을 갖기 시작한 것이 아니라, 그러한 성향이 삶을 가치 있고 의미 있게 만드는 결정적인 부분으로서 드러난다는 점이다." 대가족이 지배하는 전통적인 사회에서 널리 퍼진 정서적 유대의 본성과 대조적으로, 근대적 가족에서 '비정한 세계 속의 안식처'라 일컬어지는 정서적 유대감은 두드러지고 강화된다. 그러므로 18세기 후반, "애정 어린 가족은 자기의식적으로 사랑과 보살핌이 있는 강화되고 긴밀한 공동체로 보인다. 상대적으로 더 형식적이거나 멀게 느껴지는 먼 친척이나 외부인들과의 관계와 대비해서 말이다."[82] 친밀감에 대한 이러한 새로운 평가와 함께, 사람들은 개신교Protestnat가 가져온 일상의 삶 혹은 일상성이 갖는 내적 가치를 중시하게 된다. 17세기로 거슬러 올라가면 밀턴Milton이 이에 대해 찬양한 바 있다. "일상의 삶에서 우리 앞에 놓인 것이 무엇인지를 아는 것이 최고의 지혜이다."[83]

아렌트의 서술은 근대적 미덕이나 진보, 그 어느 것도 받아들이지 않는다.[84] 대신, 그녀의 설명에 따르면, 근대성이 주어진 상황에서 우리가 속해 있는 사회는 "로크John Locke가 말한 재산-소유자의 사회, 홉스Thomas Hobbes가 말한 점유 과정에 가차 없이 관여하는 사회, 마르크스가 말한 생산자의 사회, 우리 사회와 같은 직업을 가진 자의 사회, 혹은 사회주의나 공산주의 국가와 같은 노동자의 사회이다."[85] 그녀는 '사회'에 대한 관심을 특권화함으로써, 근대 정치 사상(홉스, 로크, 그리고 그 후계자들)이 정치적인 것의 쇠퇴를 부추겼다고 주장한다. 마찬가지로 아렌트는 『혁명에 대하여』에서 1792-1794년 프랑스 혁명 당시 자코뱅당의 일탈을 사회적 물음이 우세한 탓으로 돌렸다. 비록 이제 우리는 사실 **과격 공화파**sans culottes의 사회 복지 요구와 공공 안전위원회의 피비린내 나는 시행이 서로 어긋난 채로 작동되었다는 것을 알고 있지만 말이다.[86] 아렌트는 전체주의를 근대 대중사회의 결과물로 본다. 이러한 통찰은 어느 정도는 서술 면에서 정확한 반면, 왜 특정 대중사회가 전체주의적인 방향으로 발전하는지, 반면 다른 대중사회는 왜 그렇지 않은지를 설명하지 못한다. 여기에서도 역시 시민 자유주의자와 의회 전통이 결정적인 변수로 보인다.

이러한 간략한 분석적 판단을 위험에 빠뜨리면서, 아렌트는 종종 근대성의 정치적 본성을 공정하게 다루지 못하는 얼마간의 골동품적인 규범적 편견을 드러낸다. 예를 들어 플라톤의 시대에 민주주의와 독재를 연결하는 것이 설득력 있어 보였을지라도, 우리가 보아온 대로, 현대사회에 이를 보편적으로 적용하기는 어렵다. 근대성의 조건하에서 '사회적 문제'를 우선하는 것(경제적 정의의 문제)이 정치적인 퇴행을 야기했다고 주장하는 것 역시 거짓이다. 이것은 아리스토텔레스의 윤리학('오이코스' 혹은 '가정'의 영역을 필요의 영역으로 깎아내리고, 그에 상응해서 정치적 '행위'를 자유의 영역으로 평가한)을 근대 정치 체제에 잘못 옮겨 놓았음을 보여준다.[87] 사실, 누군가는 쉽게 아렌트의 논지를 완전히 뒤집어 생각하고, 근대성이 이룬 뚜렷한 정치적 성공 중 하나는 소위 선진국들 사이에서, 제1세대 권리(시민적 · 정치적 평등) 문제를 제2세대 권리(사회적 평등)까지 포괄해 확장한 데 있다고 주장할 수 있다.[88] 세심한 평론가들이 지적했듯이, "이 〔네오-아리스토텔레스적〕 가치들을 현실 정치에 재탄생시키고 재제도화하는 것은 모든 현존하는 제도의 거의 완전한 파멸을 요구할 것이다."[89]

근대 정치에 대한 아렌트의 가혹한 비판은 아리스토텔레스와 독일의 1920년대 문명 비판을 이국적으로 혼합한 것이다. 이러한 아렌트의 비판에 지속적으로 영향을 미친 규범적인 전제는 현재 정치에서 근대성이 갖는 가치를 제한하는 반민주주의적 편견을 드러낸다. 정치적 포용의 경계를 넓힘으로써, 근대성은 많은 면에서 전통적인 정치가 갖는 엘리트주의적이고 배타적인 방향성과 성공적으로 대결해왔다. 이러한 사실에 비추어 보았을 때, 아렌트와 카를 슈미트가 서로 다른 목적을 가지고 추구한 '정치적인 것'의 추락이라는 주장은 명백하게 과장된 것으로 보인다.

정치적 실존주의

1933년 어떻게 히틀러와 같이 교양 없는 사람이 독일을 지배하기에 적합하다고 생각할 수 있었냐는 야스퍼스의 질문에, 하이데거는 이렇게 대답했다. "그것은 교양의 문제가 아닙니다. 그의 아름다운 손을 보시오."[90] 달리 말해서, 카리스마 있는 통치의 잠재력과 매력은 이성이나 교양과는 아무런 상관이 없다. 그들은 시스템의 엄격한 원칙과 절차를 무시한다. 문제가 되는 것은 개인의 본래성의 자질, 즉 정치적 실존주의Political Existentialism의 미덕이다.

한나 아렌트는 최고의 정치적 실존주의자가 되었다. 그녀의 정치적 사유는 '좌파 하이데거주의자'라 묘사할 수 있는 과정을 따랐다. 그녀는 하이데거가 우파의 혁명 운동에 대해 칭찬했던 혁명적 에너지를 정치적 좌파의 목적을 위해 뒤바꾸었다. 그래서 아렌트는 노동자 평의회 운동 경험에 깊은 동질감을 느꼈다.[91] 이러한 충절을 통해 그녀는 정상적 의회 운영 절차를 평가절하하는 대신 혁명적 행동주의의 영예를 과대평가하게 되었다. 하이데거와 아렌트 모두 '행위action'의 미덕을 받아들임으로써 '대중사회'의 평범한 삶과 일상을 극복하고자 했다. 둘 다 평균적인 남녀의 정치적 능력을 신뢰하지 않은 덕에, 둘의 정치적 사유는 극심하게 엘리트주의적이고 비민주적이었다.

하이데거의 경우 '혁명적 행위'에 대한 이러한 취향이 낳은 구체적이고 역사적인 결과는 잘 알려진 대로, 1933년 히틀러〔나치당〕에 가입한 것이다. 그가 나치즘에 환멸을 느끼게 된 것은 그 운동이 원래의 혁명적 기세를 포기하고—1934년 6월 룀Röhm을 숙청—정권으로서 공고히 한 순간부터이다. 하이데거가 자신의 나치 개입에 대해서 철학적으로 정당화한 일은 일시적인 것 이상의 관심을 받을 필요가 있다. 그의 지적인 급진주의가 아렌트의 성숙한 정치사상에 지속적인 영향력을 행사하는 한 말이다.

나치가 권력을 장악한 이후 하이데거 강의는, 그가 어느 정도로 나치의 지도자 원리Führerprinzip에 매혹되었는지를 보여준다. 그가 횔덜린 강좌에서 말한 바와 같이, "진실하고 유일한 지도자는 그의 존재 덕분에 반신demigods의 왕국을 가리킨다."[92] 하이데거는 민주주의가 고대 그리스 도시국가의 몰락에 대해 책임이 있다는 부르크하르트Burckhardt의 견해를 옹호했다. 하이데거의 사유 방식에 따르면, 두말할 나위 없이, "진리는 모든 사람을 위한 것이 아니라 강한 자만을 위한 것이다."[93] 그의 그리스 사랑Grecophilia은 니체적 영감에 따른 것이었다. 근대성이 갖는 사회-평준화의 특징과는 대조적으로, 그리스인들과 함께 '계급과 지배rank and domination'의 원리가 최고의 자리를 점했다.

하이데거가 혁명적 행동주의를 정당화하는 것은 '위대한 창조자들die grossen Schaffenden'에게 보내는 그의 찬사에서 가장 잘 드러난다. 시인들, 사상가들, 그리고 정치인들은 존재와 특권적 관계에 있는 본래적 '지도자 유형'에 해당하는 엘리트 그룹이다. 그들의 행위에 내재한 폭력을 통해,

그들은 니힐리즘이라는 역사적 현재로부터 대다수의 인류를 구원하는 임무를 맡고 있다. 실존론적 선봉대인 그들은, 말하자면, 존재의 특공대이다. 하이데거는 그들을 다음과 같이 특징짓는다. "역사적 존재 속에서 **창조자**로서, **행동가**로서, 탁월해지기 위해 힘을 사용하는… 폭력적인 사람들." '법 없이' 혹은 자신의 힘에 형식적 제한을 두지 않는 그들은 궁극적으로 그들 스스로가 법이 되는, 자기-정당화하는 엘리트에 해당한다.[94]

아렌트의 정치사상은, 약간 좌편향되어 있기는 하지만 하이데거적인 혁명적 생기론vitalism과 유사한 형태를 띤다. 스승이 강조한 본래적 지도자-유형은 전적으로 유지되고 있다. 아렌트는 『인간의 조건』에서 다음과 같이 말한다. "오직 천박한 자만이 그들이 행한 일에서 자부심을 끌어내기 위해 거들먹거릴 것이다." 그녀는 계속해서 이자크 디네센Isak Dinesen의 말을 인용한다. "위대한 이들은 그들이 누구인가로 판단된다."[95] 아렌트에 따르면, "정치적 삶의 방식은 결코 다수의 삶의 방식인 적이 없었고, 앞으로도 결코 다수의 삶의 방식이 되지 않을 것이다." "평등주의 사회가 민주주의적 사고에 대해 갖는 주요 오류는 정치적 문제에 대해 인구 대다수가 명백하게 무능력하고 현저하게 관심이 부족하다는 사실을 부정하는 경향이 있다는 것이다."[96] 하이데거적인 태도를 가지고, 그녀는 현대 민주주의 사회에서 "본래적으로 정치적 재능을 지닌 자들이 극히 드문 경우에만 자기주장을 할 수 있다"고 개탄한다. 반대로, 스스로 선택하는 정치적 엘리트의 규칙은 다음과 같다.

> 공적인 행복의 기쁨과 공적인 일에 대한 책임감은 공적 자유에 대한 취향과 그것 없이는 '행복'할 수 없는 사회 각계각층 중 소수의 몫이 될

> 것이다. 정치적으로 그들은 최고이며, 그들에게 공적 영역에서 정당한 위치를 보장하는 것은 좋은 정부의 임무이자, 제대로 질서 잡힌 공화국의 징표다. 확실히 그러한 '귀족적' 정부 형태는 오늘날 우리가 그것을 이해하는 것과 같이 일반 참정권의 종말을 의미할 것이다. 왜냐하면 계몽적 공화국elementary republic의 자발적인 구성원으로서, 개인적인 행복이 아닌 더 많은 것을 돌보고 세계의 상태를 염려하는 사람들만이 공화국의 업무 수행에 대해 들을 권리가 있음을 보여주었기 때문이다.[97]

'일반 참정권'을 없애자는 아렌트의 주장에서 알 수 있듯이, 그녀는 이와 같은 명백히 귀족적인 혹평이 대다수의 시민들을 전적으로 주변적인 정치적 실존에 처하게 한다는 사실을 우려하지 않는 것으로 보인다. 그럼으로써 그녀는 활동적-실존론적 근거에 기반하여, 활동적인 시민과 수동적인 시민 사이의 달갑지 않은 구분을 다시 도입한다. 정치 엘리트인 아렌트는 대중 앞에 자신을 드러내고 보여줄 수 있는 분명하고 탁월한 미적 능력을 숭배한다. 그녀의 관점에서, 그러한 능력은 본래의 정치적 '행위'에 있어 결정적이다. 캐노번Canovan이 다음과 같이 주목한 것처럼 말이다. "우리가 아렌트의 이론을 탐구한 바와 같이, 명백하게 일반적인 인간 능력으로 생겨난 행위와 자기-드러냄은 그것들이 드문 인간의 성취로 한정 지어진 것으로 보인다."[98] 이 진술은 아렌트의 정치 이론 일반이 갖는 엘리트주의적 편견을 포착하고 있다.

아렌트의 중심적인 철학 작품인 『인간의 조건』을 보면, 그녀가 정치적 실존주의를 받아들인다는 것은 분명하다. 여기서 그녀는 당혹스럽게 심미화된aestheticized 정치를 제시한다. 이는 문제가 되는 정치의 **목적**ends을 말하는 것이 아니다. 정치의 목적을 강조하는 것은 슬프게도 세속적·실용적인 것이다. 대신에, 무엇보다 중요한 것은 특정한 '미적인' 혹은 '연극적' 자질이다. 대중 앞에서 말하고 행동하는 것은 정치 행위자들이 자신의 본래성을 드러내는 수단이다. 아렌트는 니체적-귀족적 맥락에서 다음과 같이 언급한다. "행위는 위대함의 기준으로만 판단될 수 있다. 실존하는 모든 것은 독특하고 독자적이기에, 행위는 본성에 있어서 일상적으로 받아들여진 것을 돌파하고, 일상의 삶의 기준에서 진실된 것이 적용되지 않는 비범한 것으로 들어선다."[99] 하이데거뿐만 아니라 아렌트에게 있어서, 정치는 근원적으로 실존론적인 자기-긍정self-affirmation, 즉 본래성을 위한 근거를 제공하는 고도의 기교를 가진 연기와 개인적인 대담성의 문제이다. 그녀가 정치적 **대결**agon을 강조하는 것, 즉 정치를 '행위 지향적 선출자'가 차별화되는 영역으로 서술하는 것은 몹시 비민주적이다. 이것은 이타주의가 없는 패러다임이다. 이 때문에 그녀의 견해는 민주시민이라는 개념에서 필수적인 정치적 연대의 가치와 양립할 수 없다. 대신, 아렌트의 입장은 니체가 언급한 '위대한 정치great politics'[100]의 추구와 밀접한 관계를 갖는다.

아렌트는 골동품적인-호머식Homeric 정신으로 '위대한 행동을 따를 수 있는 불멸의 명성이라는 빛나는 영광'[101]이 근대 세계에서 상실되었음을 한탄했다. 메스키르흐의 스승처럼 그녀는 '폴리스 선망'에 극심하게 시달렸다. 근대의 정치적 삶을 고도로 신화화된 페리클레스 전성기의 영광으로부터 가파르게 퇴락한 것으로 본다는 점에서 말이다.

카를 뢰비트(플로렌스, 1925).

4장

카를 뢰비트

근대 니힐리즘에 대한 스토아주의적 답변

우리는 근대라고 하는 밧줄의 끝쯤에 있는 자신을 발견한다. …
역사의 궁극적 의미에 대해 진정으로 묻는 것은 숨을 멎게 한다.
그것은 우리를 희망과 믿음만이 채울 수 있는 진공 상태로 옮겨놓는다.

—카를 뢰비트, 『역사 의미 입문』(1947)

만일 그들이 학생으로만 남아 있다면
한 분의 스승에게 형편없이 보답하는 것이다.

—프리드리히 니체, 『자라투스트라는 이렇게 말했다』

유럽의 니힐리즘

카를 뢰비트는 20세기 독일 철학의 가장 중요한 인물 중 한 명이다. 영어권에서 그는 근대 역사의식에 대한 획기적인 연구로 잘 알려져 있다. 그의 작품 중 두 권은 고전의 반열에 올라 있다. 두 작품은 독일 고전 철학의 몰락과 파편화에 대한 통찰력 있는 설명을 담고 있는 『헤겔에서 니체로』와, 근대 역사철학과 신학 전임자들의 관계에 대한 논쟁적 독해를 담고 있는 『역사의 의미Meaning in History』이다. 만일 이 작품들을 그의 혁신적인 연구인 『베버와 마르크스』(1932년에 최초로 집필)의 최근 번역물과 결합하면, 생산적인 철학적 삶의 과정에서 뢰비트가 만들어나갈 수 있었던 독창적인 작품에 대한 감각을 얻게 된다.[1]

근대의 역사적 삶으로 인한 혼란과 격변이 뢰비트 사상의 출발점이었다. '정신사'의 전통에서, 그의 연구는 유럽에 닥친 재앙의 문화적이고 지적인 선결 조건에 초점이 맞추어져 있었다. 뢰비트의 견지에 따르면, 유럽의 위기는 첫째로 **정신적 위기**spiritual crisis였다. 학식 있는 엘리트들이 괴테와 헤겔의 고전주의로부터 등을 돌림에 따라, 19세기 중반에 이미 돌이킬 수 없는 죽음이 드리워졌다. 그들은 점점 더 '무시간적인' 혹은 인간 실존이 갖는 시간적 유한성을 초월하는 가치에 참을성을 잃고 조급해지기 시작했다. 자연과 하늘은 가치와 의미의 시금석이 되기를 그만두었고, 그 대신 척도로 자리한 것은 '인간'이었다. 방향감각을 상실했다는 느낌이 사회에 만연해 있었다. 뢰비트가 주목한 바와 같이 "19세기 중반 이래로, 유럽 역사가들은 더는 진보의 패턴을 따르지 않고, 쇠퇴의 패턴을 따랐다."[2]

유럽의 시인과 문인들이 혼란을 가장 예리하게 감지했다. 1825년에 젤터Zelter에게 보내는 서한에서, 노년의 괴테는 임박한 유럽의 쇠퇴에 대해 다음과 같이 말했다.

> 아무도 더는 자신을 알지 못하며, 아무도 그가 그 속에서 움직이고 일하는 요소를, 그가 다루는 주제를 이해하지 못한다. 순전한 단순함이라는 것은 말도 안 되는 소리이다. 우리는 단순한 사람들을 너무 많이 보아왔다. 젊은이들은 너무 쉽게 흥분하여 그 시대의 소용돌이에 휩쓸려 간다. 세계가 찬양하는 것은 부와 신속함이고, 모든 사람이 이것을 이루려고 노력한다. 철도, 빠른 우편, 증기선, 가능한 모든 종류의 신속한 커뮤니케이션은 교육계가 계획하고 있는 것이다. 교육계는 과잉 교육하고 있으며, 평범한 상태가 지속된다. … 지금은 평범한 사람들을 위한 세기이며, 빨리 지각하는 실용적인 인간을 위한 세기이다. 비록 그들이 높은 수준의 재능을 가진 사람들이 아닐지라도 영리함을 지녔으며, 무리에 대해 우월감을 느끼기 때문이다. … 우리, 그리고 아마도 소수의 다른 사람들은 곧 되돌아오지 않을 세기의 마지막 인간이 될 것이다.[3]

『부바르와 페퀴셰Bouvard and Pecuchet』에서 플로베르Flaubert는 부르주아-유럽 정신의 속물근성을 풍자한다. 작품명과 동일한 이름의 주인공들은 자신도 그에 대해 아무것도 모르는 온갖 학술적인 문제에 대한 무의미한 논의를 늘어놓는다. 그들은 마치 이 기계적인 작업으로 어떻게든 지식을 흡수하게 될 것처럼 중요한 책의 구절들을 아무 생각 없이 베끼느라 분주하다.

비슷한 시기에, 보들레르Charles Baudelaire는 산문 단편집인 『세상의 종말The End of the World』을 썼다. 1848년 혁명이 실패한 이후, 유럽의 몰락에 대해 보들레르가 보여준 의식은 괴테와 플로베르를 능가했다.

> 세상이 종말을 고하고 있다. 오직 한 가지 이유만으로 세상은 더 오래 지속할 수 있다. 세상이 단지 우연히 존재한다는 한 가지 이유만으로… 세상이 물질적으로 지속한다고 가정하면, 그것이 그 이름과 역사적 사전에 합당하게 실존할 가치가 있는 것일까? … 우리는 변경 불가능한 정신적이고 도덕적인 법칙의 새로운 범례를 마련하고, 그 법의 새로운 희생자가 될 것이다. 우리가 **살기를 바라는 바로 그것에 의해, 우리는 멸망할 것이다.** 기술주의(테크노크라시, Techonocracy)가 우리를 미국화할 것이다. 진보는 우리의 정신성을 굶주리게 할 것이다. 이상주의자들의 피에 굶주린, 부박浮薄한 혹은 비정상적인 꿈은 이러한 낙관적인 사실들과 비교할 수 없을 것이기에 말이다. 전 세계적 붕괴는 정치 제도나 일반적 진보, 혹은 그 밖의 적절한 이름이 될 수 있는 것에서 단독으로 혹은 부분적으로 드러나지 않을 것이다. 전 세계적인 붕괴는 무엇보다, 저 마음의 비열함에서 나타날 것이다.[4]

보들레르는 '인공적인 천국' 속에서만 이러한 괴로운 사건의 연속으로부터 위로와 위안을 얻을 수 있었다.

뢰비트가 보기에, 유럽이 허무주의로 추락하는 일은 프롤레타리아트에 대한 마르크스의 숭배와 '초인'에 대한 니체의 찬양에서 절정에 달했다. 뢰비트에게 이러한 패턴은 치명적인 인간 중심적 판단 착오를 의미한다. 이는 인간 의지의 주권the sovereignty of the human will을 제한하거나 제약할 어떤 것도 더 이상 존재하지 않는다는 것을 의미했다. 마르크스는 프롤레타리아의 폭력의 원칙을 지지했다. 예컨대 마르크스는 프롤레타리아에 의한 폭력의 원리를 '역사의 기관차'로, 『공산당 선언』과 다른 저작에서 역사철학의 본질적 요소로 개괄한다. 니체의 후기 철학은 초超도덕적인 '힘에의 의지'를 찬양했다. 그는 『힘에의 의지』 노트에서 다음과 같이 말한다. "보다 상위의 인간이 대중에 대해 전쟁을 선포할 필요가 있다. … 사육하는 행위자로서 행위하기에 충분히 강력한 하나의 교설doctrine이 필요하다. 강한 자를 강하게 하고, 세상에 지친 자를 마비시키고 파괴하는 교설… 지배하는 인종은 끔찍하고 폭력적인 출발로부터만 자랄 수 있다. 문제는 이것이다. '20세기의 야만인은 어디에 있는가?'"[5]

뢰비트가 보기에, 급진적 역사주의가 승리함에 따라 모든 전통적인 존재론적 제약들이 제거됨으로써 유럽적 니힐리즘의 수문이 풀어졌다. 오늘날 그는 이러한 동향에 대해 타의 추종을 불허하는 기록자로 남아 있다.

뢰비트의 평가에 따르면, 유럽의 위기에서 기독교적 전통이 갖는 책임을 면제하고자 하는 사람들은 이 상황을 충분히 깊이 있게 숙고하지 않았다. 뢰비트는 소위 '세속화secularization' 테제를 받아들였는데, 그에 따르면 근대적 역사의식의 근본 범주는 신학적 입지를 세속화한 버전에 불과했다.[6] **하나님의 형상**imago dei으로서의 인간 관념을 지닌 기독교적 종말론은 경험과 의미를 극단적으로 의인화했다. '근대의' 발전이 인간중심적 방향으로 전개될 것이라고 말이다. 뢰비트에 의하면, 유대-기독교 전통의 기본 서사에서 중심적 역할을 하는 구원의 이념이 근대 역사 이론에서 세속화되었을 뿐이다. 그는 "기존 현실에 대한 비판을 통해 세상을 계획에 따라 바꾸고자 하는 마르크스의 역사유물론은 창조적 의지라고 하는 성서적 이념을 가장 극단적이고 무신론적으로 변주한 결과일 뿐"이라는 점에 주목했다.[7] 고대사회가 순환적 역사관을 수용한 반면, 전통시대 이후 서구the post-traditional West의 역사의식은 급진적으로 종말론 혹은 종말 상태를 지향한다.

뢰비트는 유럽이 야만으로 추락하는 것을 지켜보았으며, 이는 그가 역사철학을 단호하게 거절하게 되는 배경이자 숨은 이유가 된다. 뢰비트가 『역사의 의미』 서문에서 말한 것처럼, "비판 정신에 비추어볼 때, 언제나 비극적인 인간 코미디에는 신의 섭리나 진보적으로 발전한 자연법도 식별이 불가능하다." "자연을 마치 신의 보살핌과 선의 증거인 양, 혹은 역사를 도덕적 질서와 목적의 지속적인 증거로 해석하는 관념"을 조롱하며, 뢰비트는 "니체가 옳았다"고 말한다. 책의 마지막 분석에서, 뢰비트는 스토아적 체념의 정신으로[8] 다음과 같이 말한다. "인간의 계획과 예측, 설계와 결단은, 그것이 아무리 지대한 영향을 가져올지라도, 인간을 사로잡고, 던지고, 삼키는 폐쇄적 역사 경제에서 부분적 기능만을 할 뿐이다." 뢰비트의 관점에 따르면 **운명애**amor fati, 혹은 운명에 대한 순응이 보다 나은 지혜의 핵심 부분이다.

니체는 임박한 위기를 감지한 최초의 유럽 철학자 중 한 명이었다. 1930년대에 니체를 연구하던 뢰비트는 니체의 작품을 매혹과 두려움이 뒤섞인 작품으로 보았다. 뢰비트에 따르면, 니체는 유럽의 위기를 가장 기민하게 진단했을 뿐만 아니라, 유럽 위기의 완성이자 가장 날카로운 대표자였다. 『즐거운 학문The Gay Science』에서 니체는 불길하게 신의 죽음을 선언했다. 뢰비트는 이러한 선포를 '자기 극복', 즉 '초인'으로 향하는 '인간'의 초월에 대한 강력한 권고로 보았다. 그러나 니체의 부름에 아무도 귀 기울이지 않았다. 자라투스트라는 소위 '최후의 인간'이라는 조롱 섞인 웃음을 맞이해야 했다.—"가장 비열한 인간… 스스로를 더 이상 멸시할 수 없는 인간, 니체가 초기 저작에서 '인간적인, 너무나 인간적인'[9] 이라고 폄하했던 인간." 초인과 관련지어 보자면, '최후의 인간last men'은 열등한 종이다. 그들은 본질적으로 하위의 인간이다. 뢰비트가 보기에, 앞으로 일어날 일의 불길한 징후였던 인간 유형이었다.[10]

그러므로 뢰비트에게 니체는 유럽의 도덕적 · 지적 허무주의에 대한 첫 번째 예언자였다. 급진적으로 '의지'를, 즉 지배와 정복의 관용구 속에 표현된 자기주장의 미덕을 지지한 자로서, 니체의 사유는 근대성의 파우스트적 자기 이해와 매끄럽게 맞물려 있었다. 그의 죽음 이후 반세기 동안, 그가 예언했던 모든 사건과 재앙이 사실상 현실화되었다. 뢰비트가 보기에, 이는 부분적으로 니체 자신의 '적극적 니힐리즘'이라는 어법이 그 길을 예비하는 데 도움을 주었기 때문이다.

그러나 니체의 사유에는 망각해서는 안 되는 또 다른 차원이 있다. 니체의 사유는 정신없이 분주한 근대 문명의 분주함 속에서 도외시되고 억압되어 온 고대 지혜의 핵심인 영원회귀eternal recurrence의 교설을 표현하고 있기 때문이다. 뢰비트는 1934년 영원회귀의 교설에 대한 연구에 전념했다. 뢰비트의 설명대로, 니체는 재앙을 예언한 사람일 뿐만 아니라, 〔세계 내에서 시간 그 자체의 영원성을 추구한 사람이었다.〕

> 말하자면 니체는 영원히 지속하는 것 혹은 영원한 것을 추구하였고, 그러므로 시간과 시간성을 완전히 극복하고자 했던, 진정으로 지혜를 사랑한 사람이었다. 니체는 충만한 시간을 경험했다. 니체가 '정오와 영원'이라는 이름을 부여했던 그 황홀한 순간, 그때 그에게 세계가 '완벽하게' 되었다. 정오의 영원성은 시간을 부정하지 않는다. … 오히려 그것은 이 세계 내에서의 시간 그 자체의 영원성을 의미한다. 즉 항상 동일한 것인, 존재하고 사라지는 것이 영원히 되풀이되는 순환, 그 속에서 '존재'의 영속성과 '생성'의 변화가 하나이자 동일한 것인 순환.[11]

뢰비트에 따르면, 니체의 영원회귀설은 '힘에의 의지'의 이념 속에서 구체화된 니체 자신의 의지주의자로서의 상상을 포함하며, 유럽 니힐리즘 담론을 교정하는 데 필요한 교설에 해당한다.

세계와 인간세계의 구분

후기 저서에서, 뢰비트는 점점 더 '근대적' 대안을 전반적으로 불만스러워하며, 고대인의 관점을 적극적으로 수용했다.[12] 예를 들어 스토아학파는 우주와 자연을 일시적이고 예측불허인 인간 역사보다 우월한 것으로 생각했다. 뢰비트에 의하면 이러한 관점은 데카르트적 욕망을 수정하기 위해 절실하게 필요한 관점이다. 인간세계를 자연의 순환 이상으로 끌어올리려는 데카르트적 욕망 말이다. 한스-게오르크 가다머는 뢰비트의 관점을 다음과 같이 절묘하게 묘사했다. "우리는 우주 속에서 인간 삶의 미소(微少)함에 적합한 균형을 자연으로부터 배우기 위해 자연의 영원한 순환을 살펴야 한다."[13]

'세계world'와 '인간세계human world'의 구분은 뢰비트의 성숙한 사고를 이해하기 위한 열쇠 중 하나이다. 그에게 있어서 '세계'를 '인간세계' 개념에 포함시키려는 모든 역사주의적인 시도는 반드시 저지되어야 한다. 많은 해석자들이 지적했듯이, 뢰비트의 스토아주의는 '동양의 지혜'와 많은 부분 공통점을 갖는다. 그는 나치가 지배한 유럽을 피해 피난처를 삼은 일본에서의 5년의 체류기간(1936-1941) 동안 동양적 지혜와 너무나 뜻이 잘 맞는다는 사실을 발견했다. 유럽과 극동의 감수성의 결합은 다음과 같은 그의 주장에서 명료하게 드러난다. "일단 우리가 궁극의 통찰에 이르게 되면, 산은 단순하게 다시 하나의 산이 되며, 강은 단순하게 하나의 강이 될 것이다. '그렇게-있음-과-다르게 있지 않음'을 최종적으로 인식함으로써, 세계와 인간은 그것들이 원래 그리고 궁극적으로 무엇인지를 보여준다."[14] 뢰비트의 견해에 따르면 서구사회는, 그 자체의 편견으로 인해, 그러한 통찰에 주의를 기울이지 못했다. 서구사회는 정도에서 벗어나 '세계'와 '인간세계'를 혼동해 근대의 억제되지 않은 인간중심주의를 야기했다. 인간의 설계와 계획이라고 하는 오만한 본성에 복종하다 보니 세계가 갖는 진실성과 단순성은 훼손되고 오해되어 왔다. 뢰비트가 주목한 바에 따르면, 다음과 같다.

> 전적으로 독립적 · 자립적 · 초인간적인 우주 만물의 세계는 인간세계를 무한하게 능가한다. 세계와 인간세계는 동등하지 않다. 물리적인 세계는 인간 존재를 참작하지 않고도 생각될 수 있는 반면, 인간은 세계 없이는 생각할 수 없다. 우리는 세상에 나와서 그것으로부터 분리된다. 그것은 우리의 것이 아니다. 대신에 **우리는 그것에 속한다**.[15]

하이데거가 근대의 '세계상world picture'에 대해 수행한 영향력 있는 비판에서 단서를 취한 뢰비트는 고대 그리스의 본질ousia 개념이 어떻게 주체성의 술책을 초월하는가를 보여준다.[16] 그리스인들에게 누스nous 혹은 이성은 일련의 생기 있고, 신적인, 우주론적 목적을 반영한다. 반대로 근대에 들어 이성은 주관의 영역으로 축소되었다. 막스 베버의 '도구적 이성' 개념은 근대 세계에서 영혼의 운명을 가장 잘 포착한다. 여기에서 이성은 미리 계획된 목표나 목적을 달성하기 위한 가장 효율적인 수단으로 재정의된다. 그로 인해 '본질' 개념은 주관적인 의미를 갖는 것으로 그 품격이 떨어졌으며, 인간의 목적과 목표의 관념으로 축소되었다. 모든 것을 고려해볼 때, 인간의 목적만이 중요하다.

이러한 경향성에 단호하게 반대하는 뢰비트는 다음과 같이 주장한다.

> 세계와 인간세계는 동등하지 않다. 세계는 단순하게 우주론적인 '관념(칸트)' 혹은 한낱 '총체적 지평(후설)' 혹은 세계-'기투(하이데거)'가 아니라 그 자체로 완전하게 독립적인 실체이다. 오직 다양한 세계상들만이 기투될 수 있으며 **세계 자체**the world itself…는 결코 다른 대상들과 같이 하나의 대상으로 나타나지 않는다. 세계는 자신에 대한 이해 가능성을 동반하지 않고, 모든 것을 포괄한다. 세계는 가장 위대하고 풍요로운 것이며, 동시에 그림이 없는 액자와 같이 공허한 것이다.[17]

하이데거의 현상학적 개념인 '세계'조차 뢰비트에게는 너무나 인간중심적이다. "왜냐하면 하이데거의 『존재와 시간』은 현존재를 세계-내-존재라 말하기 때문이다. 그러나 현존재의 세계는 정돈된 우주가 아니며, 그것의 질서가 인간의 마음씀과 관심에 의해 결정되는 우리의… 공동세계co-world이자 주위세계environing world이다."[18] 반대로 뢰비트의 관점에서 '세계'가 갖는 숭고함은, 앞서 언급한 산이나 강과 같이, 어떠한 목적이나 목표 없이 있다는 사실에 놓여 있다.

뢰비트가 숭배하는 스토아적 관점은 근대의 지적 경향에 제압당해 왔다. 뢰비트의 평가에 따르면 이 중에서 가장 중요한 것은, 근대적 삶의 우연성에 이상적으로 부합하는 세계관인 실존주의Existentialism이다. 그리스인들에게 있어서, 세계의 구조는 영원한 것이었다. 기독교인들에게 세계의 구조는 신에 의해 창조된 것이었다. 급진적 내재성의 이데올로기인 근대성은 두 가지 관점을 느닷없이 일축하고, 놀랄 것도 없이 궁핍하고, 방향감각을 상실한 채, 영속적인 '근거'를 결여한다. 따라서 실존주의는 근대적 실존의 '근거 없음groundless'의 성격, 즉 근대적 삶을 규정하는 실험적 흐름에 이상적으로 부합하는 지적 관점이다. 뢰비트도 수긍한 전통 윤리와 철학의 방향성은 근대성의 도전과 파괴의 빛 속에서 불가피하게 유행에 뒤떨어진 것으로 보인다.—이에 반해 근대적 니힐리즘과 손잡은(비록 각자 다른 방식이기는 하지만) 니체와 하이데거, 양자의 철학이 갖는 '시기적절함'은 이와 대조된다.

그러나 뢰비트가 하이데거 철학적 방식과 거리를 두려고 혼신의 노력을 기울였음에도 불구하고, 사람들은 결국 그의 노력이 얼마나 성공적이었는지에 대해 의구심을 갖는다. 하이데거에게서 잔존하는 인간중심주의를 그가 비판한 것은 초기 작업에 대해 스승이 스스로를 비판한 것에 선수를 친 것에 불과한 것은 아닌가? 하이데거는 자신의 초기 작업이 근대적 '주체' 패러다임에 지나치게 빚을 지고 있음을 자기비판한 바 있다. 마지막 분석에서, 뢰비트는 근대 세계와 개인주의, 자유주의, 입헌주의, 대중적 견해 등 근대의 지배적인 정치 형태에 대해 하이데거가 가졌던 뚜렷한 세대적(그리고 우리가 보게 되겠지만, 고백) 편견을 본질적으로 공유하지 않았는가?

그리고 윤리적 · 정치적인 문제와 관련하여, 그는 근대성이 갖는 부정의는 내적인 접근 방법에 의지해서는 개선될 수 없다는 하이데거의 '총체적(내재적인 것과 대조적으로)' 비판의 관점을 궁극적으로 공유하지 않았는가? 참으로 뢰비트가 근대 '사회(본질적으로 경멸투의 명칭인)'의 도전과 문제로부터의 '스토아적 철회stoic withdrawal'를 궁극적으로 옹호한 것은, '존재하도록 내버려두라'는 자주 인용된 철학자의 충고에서 구체화된 바와 같이, 하이데거 자신의 '내맡김Gelassenheit', 놓아줌releasement의 관점과 묘한 유사성을 지닌다. 그러므로 그가 보여준 철학사가로서의 통찰력, 즉 근대 '정신'에 대한 비판에도 불구하고 하이데거의 철학적 기질에서 기인하는 왜곡과 편향들이 뢰비트 자신의 성숙한 사상의 핵심 차원에서 다시 드러나는 것으로 보인다.

철학적 도제 기간

뢰비트는 1897년 뮌헨에서 동화된 독일계 유대인 집안에서 태어났다. 개신교로 개종한 그의 아버지 빌헬름 뢰비트는 성공한 예술가였으며, 뢰비트가 어릴 적 유럽의 문화생활에 관심 갖게 된 것은 그의 아버지 덕분이었다. 뮌헨에서 고등학교를 다닌 후, 뢰비트는 제1차 세계대전에 자원했으며, 1915년 이탈리아 군사 작전에서 중상을 입었다. 그는 이후 3년간 제노바 인근 전쟁 수용소의 포로로 수감되어 지중해식 감수성을 경험하게 된다. 뢰비트는 이를 평생 동안 애정 어린 경험으로 기억하게 된다. 그는 이탈리아 포로들이 보여준 독일적이지 않은 기질, 즉 그들의 자발성과 따뜻함, 순간을 살아가는 능력, 그리고 그들이 보여주는 운명에 대한 수용적 태도에 깊은 감명을 받았다. 뢰비트는 학생 신분으로, 그리고 나치의 독재(1935-1936)를 피해 망명한 첫 해에 두 번 이탈리아로 돌아왔다.

1919년, 뢰비트는 막스 베버의 유명한 뮌헨 강연인, 〈직업으로서의 학문Science as a Vocation〉을 듣는 특권을 누렸다. 그 연설은 전후 독일이 혁명적으로 혼란스러운 가운데 이루어졌다. '책임 윤리'에 대한 베버의 결론은 뢰비트가 윤리적 관점을 발전시키는 데 각별한 영향을 미쳤다. 베버는 거짓 선지자들을 쫓는 대신, "우리가 일에 착수하고, 직업뿐만 아니라 인간관계에서도 '오늘의 요구'에 응할 것"[19]을 권고했다. 그것은 학교 강의를 정치적 플랫폼으로 변모시키는 위험성을 경고할 뿐만 아니라 정치적 메시아주의가 갖는 위험성에 대한 통찰력 있는 경고로 작용했다.

전쟁이 끝나자, 뢰비트는 현상학 운동의 창시자인 후설의 지도하에 철학을 공부하기 위해 프라이부르크로 갔다. 그러나 후설과 함께 연구를 계속하는 대신, 뢰비트는 후설의 명민한 젊은 조교인 마르틴 하이데거에게 이끌려, 1924년 마르부르크로 가는 하이데거를 따라갔다. 뢰비트에 따르면, "하이데거의 정신적 추동력이 갖는 강렬함과 불가해한 깊이는 다른 모든 것을 창백하게 만들었으며, 후설이 가진 궁극적인 철학의 방법론에 대한 순진한 믿음을 지엽적인 것으로 보이도록 만들었다."[20] 뢰비트는, 다른 많은 이들과 마찬가지로, 널리 퍼져 있는 독일 강단-철학의 무익한 아카데미즘에 도전할 대안을 하이데거에게서 발견했다.

1928년 뢰비트는 하이데거의 지도하에 작성한 그의 교수자격 논문, 「공동인간의 역할 속에서의 개인Das Individualuum in der Rolle des Mitmenschen」을 변론했다. '윤리적 문제에 대한 인간학적 정초를 위한 기여'라는 부제를 달고 있는 이 '젊은이의 글'은 『존재와 시간』에서 공동존재Mitsein에 대한 하이데거의 해석을 두고 벌어진 논쟁적인 반응을 담고 있다.

『존재와 시간』에서 '본래성Eigentlichekeit'은 자기성 혹은 '각자성Jemeinigkeit' 속에 철저하게 둘러싸인 자아가 갖는 특징이다. 존재자인 현존재는 그 혹은 그녀의 죽음과의 대결이 갖는 돌이킬 수 없는 특이성으로 절정을 이룬다는 점에서, 키르케고르적인 실존론적 단독성의 흔적을 보여준다.

그러나 하이데거의 키르케고르주의는 단연코 '후기-신학적' 성격을 갖는다. '신의 죽음'에 관한 니체의 격언을 내면화했기에, 키르케고르에 대한 하이데거의 이해는 그에 상응해서 미몽에서 깨어나 있었다. 하이데거의 **불안**Angst에서, 키르케고르의 '공포와 전율'의 탈신학화된 형태를 발견할 수 있다. 키르케고르의 '믿음의 기사knight of faith'의 경우 구원의 전망은, 확실하지 않더라도, 하나의 가능성이었다. 그에 따라, 실존론적 결단은 전지적이고 자애로운 신의 전망에 대한 내기를 의미했다. 그러나 하이데거의 '근대적 믿음의 기사'인 현존재와 함께, 초월의 가능성은 차단되었다. 말하자면, 초월의 가능성은 니체 이전의 형이상학적 망상의 영역에 넘겨졌다. 현존재에게서 두드러지게 경험되는 '기분Stimmung'은 황량한 실존론적 자유분방함 중 하나였다. 더욱이 하이데거가 '일상성'의 영역을 '세상 사람들'에 의해 식민화된 '비본래적인' 것으로 분류함에 따라, 의미 있는 사회적 선택의 가능성은 그에 따라 제한되었다.

기초존재론에서 다수의 '자기selves'들—'세상 사람'—은 사회적 순응의 책략, 즉 '분주함', '잡담', '호기심', 그리고 '공공성'을 통해 본래성의 요구를 체계적으로 회피한다. 이처럼 세상 사람인 현존재는 존재론적으로 비본래성이라는 하위 영역에 빠진 채로 있다. 하이데거의 틀 내에서, 이러한 특성화는 '타자와의-공동-존재Being-with-others, Mitsein'의 영역을 선험적으로 평가절하된 것으로 보도록 했다. 그러므로 『존재와 시간』에서 유의미한 인간의 상호 주관성의 전망은 무시할 만한 것이거나 부재하는 것으로 보였다.

뢰비트가 젊은 시절 철학적 인류학에 대한 철학 논문에서 소개하고자 했던 것이 실패한 상호 주권성의 딜레마이다. 철학자 디터 헨리히Dieter

Henrich는 이 논문을 '여전히 타의 추종을 불허하는' 이 분야의 모범으로 특징짓는다.[21] 뢰비트는 하이데거의 주장을 포함해서, 초월론적 주관성의 존재론적 우선성을 주장하는 모든 논의를 비판한다. 이와 같이, 그의 대안은 알프레드 슈츠Alfred Schütz와 조지 허버트 미드George Herbert Mead의 '상징적 상호작용론'뿐만 아니라 마르틴 부버의 대화적 사고와 명백한 공통점을 보여준다. 이러한 모든 접근법은 자아 정체성이나 자아 형성이 상호 주관적인 관계성intersubjective relatedness의 산물임을 강조한다. 뢰비트가 논증하듯이, 자아의 의미는 본질적으로 가족, 친구, 동료, 공동체, 그리고 지인과 같은 사회적 관계망으로부터 규정된다. 그러한 관계성 대신에, 자기성 개념은 사회학적으로 이해 가능하지 않으며 철학적으로 무의미하다. 그러므로 뢰비트의 주장에 따르면, '나'는 근원적으로 인간적 친밀함의 세계, 즉 '너'에 의해 형성되고 모양을 갖추게 된다. 가다머가 말한 바와 같이, "뢰비트의 책이 현 시점에서 철학적으로 다루고자 했던 것이 무엇인지를 축약된 형태로 표현한다면, 급진적 특수성을 갖는 '너'가 인류에게 의미하는 바가 무엇인지를 해명하는 것이었다."[22]

'나의 세계' 이전에, 인간세계는 '공동세계Mitwelt, coworld'이다. 정체성 형성은 '반성'이라는 복잡한 과정을 통해서 일어나며, 유아론적인 방식으로 일어나지 않는다. 즉 정체성 형성은 타자 속에서 그녀 자신을 보는 개인에 의해, 그리고 그녀 속에서 그 자신을 보는 타자에 의해 일어난다. 뢰비트는 이러한 통찰을 한 단계 더 밀고 나가, '죽음을-향한-존재'라는 하이데거의 최종적인 사례에서도, 개인은 결코 자신과의 직접적인 혹은 비반성적인 관계 속에 서 있지 않는다고 주장한다. 현상학적 구성물로서, 자아는 항상 앞서 존재하는 상호 주관성이라는 구조물에 의해 매개된다.

> 인간은 기본적으로 대상으로부터가 아니라 주체로부터, 즉 자신과 같은 존재자로부터 그 자신에게로 되돌아간다. 그가 원칙적으로 되돌아가는 '세계'는 그에 대응하는 공동세계이기 때문이다. 처음부터 그리고 어떤 행위 없이도, 자신의 세계는 항상 타자의 현존재를 통해 결정되는 한, 확실히 타자가 거기에-있어-왔음 없이는 〔자신의 세계는〕 전혀, 혹은 이런 식으로 존재하지 않을 것이다. … 우리가 타인 또는 공동세계에 관해 탐구할 때, 이 탐구는 그에 대해 타인들이 '타자'이고 '세계'인 자신의 자아에 대해 묻는 것을 의미한다. 즉 '타인과-함께-있음'〔상호적으로 있음, Miteinandersein〕에 관해 묻고 있는 것이다.[23]

초월철학 연보에서, 뢰비트가 강조한 '매개된 자아' 개념은 거의 주목받지 못했다. 뢰비트에 따르면, 데카르트로부터 칸트, 후설에 이르는 대표적 철학자들을 면밀히 검토해보면, 이들 철학은 '다소 추상적으로 생각된 자기-의식'에서 기인한다. 뢰비트의 비판적인 영감의 상당 부분은 루드비히 포이어바흐Ludwig Feuerbach의 인간학적 휴머니즘에서 유래한다. 포이어바흐가 『미래철학의 원리Principles of a Philosophy of the Future』의 첫 단락에서 주장한 바와 같이, "진정한 변증법은 결코 자기 자신 속에 고립된 사상가의 독백이 아니다. 이것은 나와 당신 사이의 대화이다."[24] 같은 이유로, 하나의 통찰이 '참'이 되려면, 나에게만 참이어서는 안 된다. 그 대신, 참은 **보편성**의 차원을 전달한다. 즉 그 주장은 다수의 타인들에 대해서도 참이어야 한다. 포이어바흐는 이 생각을 다음과 같이 표현한다. "나의 외부에 다른 사물이 객관적으로 실재하는지에 관한 확신은 나의 외부에 실재하는 다른 사람의 확신에 의해 매개된다."[25]

『존재와 시간』에서, 하이데거는 엄밀한 철학적 물음을 위한 토대로서 초월론적 주체성의 타당성에 대해 이의를 제기한다. 그의 견해에 따르면, 초월론적 주체성은 실존적으로 빈곤한 채로 남아 있었다. 초월론적 주체성이 '현존재'라고 하는 하나의 존재자를 이해하려고 하면서, 이론적 관점(데카르트적 '나는 생각한다')의 우선성을 잘못 가정하는 한 말이다. 현존재는 본질적으로 일련의 보다 근원적이고 존재론적인 세계와의 관련에 의해 정의된다. 즉 도구와 같이 사용 대상의 실천적 유의미성뿐만 아니라, '기분', '마음씀', '배려'와 같은 세계와 관련해서 말이다. 그럼에도 불구하고, 뢰비트의 눈에 스승의 철학은 충분한 진전을 이루지 못했다.

우파 혁명

하이데거가 독일의 국가 혁명에 가담한 후에, 그의 재능 있는 유대인 학생들은 하이데거에 대한 헌신과 그의 정치적 신념을 조화시키는 난제에 직면했다. 종종 '설명할 수 없는 것을 설명하고자 하는' 그들의 시도는 서로를 보완해주었다. 훈련된 철학자이자, 1929-1933년의 정치적 격동의 목격자로서, 그들은 하이데거의 초기 철학과 새로운 정권에 의해 전파된 정치 사이의 선택적인 친밀성을 인식하도록 해주는 특권적 관점을 공유했다. 하이데거의 **실존철학**에 '국가 혁명' 혹은 '원형적-파시스트'적인 독해를 허용하는 요소가 있다는 점은 모든 사람이 동의할 만한 주장이었다.

1933년 이전 후설은 하이데거가 반유대주의를 조장했다고 비난했다. 그런데 하이데거가 그렇게 많은 재능 있는 유대인 학생들을 지도했다는 역설적인 사실을 어떻게 설명할 수 있을까?[26] 그것이 가능했던 이유는 이들 학생들 대부분이 스스로를 유대인이라 여기지 않았으며, 하이데거 역시 그들을 그렇게 보지 않았기 때문이었다. 그들은 스스로를 전적으로 동화된 독일인으로 보았다. 하이데거는 나치의 생물학적 반유대주의 견해를 결코 공유하지 않았다. 오히려 유대인에 대한 그의 혐오감은 전통적인 문화 질서, 즉 대체로, 문화적으로 동화되거나 세례받은 유대인들을 받아들이는 사고방식에서 기인했다. 1933년 4월 공무원 직종(대학에서 가르치는 일을 포함해서)에서 유대인을 금지시킨, 독일 공무원 재편에 관한 법률의 등장으로, 하이데거의 유대인 학생들은 예상치 못한 깨달음을 얻었다. 독일의 잘 동화된 **교양시민 계급**의 환경에서 자란 많은 유대인은 이 일을 통해 처음으로 자신이 유대인임을 깨달았다. 이는 뢰비트가 그의 자서전적 수기에서 역력히 증언한 사실이다.

뢰비트는 그의 자서전에서 하이데거와 정치 문제에 대한 자신의 견해를 진술했다.[27] 뢰비트가 일본 망명 중에 하버드 대학이 후원한 독일 망명자를 위한 펠로우십을 계기로 쓴 이 작품은 지적인 간결함과 통찰력을 담은 걸작이다. 뢰비트는 하이데거의 상황뿐만 아니라, 슈테판 게오르게 서클(모임), 니체의 계승자인 슈펭글러, 신학자 카를 바르드, 그리고 후설에게도 통찰력 있는 논평을 가한다. 일종의 교양소설인 뢰비트의 글은 독일의 가장 재능 있는 철학자들과 지식인들이 나치즘이 제공한 정치적 구원의 약속에 현혹되었던 방식을 매혹적으로 기술한 연대기이기도 하다.

'독일 혁명'의 정신적 전제 조건을 탐구하는 데 관심 있는 사람들이라면 뢰비트의 설명보다 더 좋은 출처를 발견하기는 어렵다. 예를 들어, 그는 게오르게 서클의 귀족적 가식이 어떻게 독일 사회 전반에 점차로 확산되었는가를 보여준다.

이 배타적 엘리트의 이상은 곧 일반적으로 흔히 있는 일로 받아들여

> 졌다. 그리고 만일 〔나치〕 장관 겸 언론으로 국가사회주의의 대변인이었던, 괴벨스가 유대인 〔프리드리히〕 군돌프Friedrich Gundolf와 함께 수학했다면, 이것은 거의 우연이라 할 수 없다. 이들에게, 부르주아지의 기독교 세계 전체는 히틀러 훨씬 이전에 이미 죽었다. 이들은 인권의 보편성에 반하는 귀족과 평민의 위계적 구분을 퍼뜨리는 것뿐 아니라 '무혈의 지성'을 혐오했으며, '문화적 경험'과 '원초적 경험'을 구분했다.[28]

슈펭글러의 『서구의 몰락』 이후 '몰락'이라는 발상은 독일 지식인들 사이에 꽤 만연해 있었다. 심지어 가장 다채로운 우파 그룹조차 급진적 해체나 '파괴'의 프로그램이 독일에서 (그리고 확장하여 유럽의 경우) 선호하는 과정이었다고 동의할 정도였다. "일반적으로 히틀러 훨씬 이전에, 몰락과 그에 대한 의식은 급진적 변화라는 개념으로 변모할 수 있을 정도로 번성했다. 바로 그때 국가사회주의는 파괴에의 의지에 긍정적인 내용과 의미를 부여하기 위해 그 틈새로 파고들었다."[29]

일반적으로 하이데거주의자들은 하이데거가 히틀러에 가담한 것을 설명하는 데 곤란을 겪었다. 설명할 수 없는 이유 중 일부는 의심의 여지없이 방어적-심리적인 기제, 즉 골치 아프거나 불편한 사실들을 합리화하려는 내적인 인간의 성향 때문이다. 그러나 이러한 근시안적인 해석에도 실질적인 차원이 내재한다. 이는 철학을 이해하기 위해 글을 통해서만 배타적으로 접근하는 태도가 지닌 위험성을 시사한다. 특히 하이데거의 정치 참여에 대한 협소한 해석학적 접근은 동시대 사람들을 강타한 그의 사유가 지닌 역사적-이데올로기적 차원을 무시하거나 오해할 위험성이 다분하다.

뢰비트는 하이데거의 작품에서 철학과 정치가 뒤엉킨 것을 이해하는 데 탁월한 능력을 발휘했다. 철학적 지식을 가진 동시대인으로서의 그의 비판은 필수적인 역할을 수행했다. 그의 비판이 하이데거의 사유에 대한 진부하고 비역사적인 접근에 대한 균형을 잡아준다는 점에서 말이다. 철학자의 '추락(독일어로 '사례'와 '떨어짐' 둘 다 의미하는)'에 대한 뢰비트의 성찰은 하이데거의 삶과 사상이 '역사성'의 부침에 굴복한 방식에 대한 통찰력 있는 설명을 제공한다.

하이데거의 나치즘에 대한 일반적인 반응 중 하나는 히틀러에 대한 그의 지지는 그의 철학과 아무런 상관이 없다는 주장이다. 나치즘과 하이데거의 '기초존재론' 사이의 의미 있는 연관성을 찾기에는, 나치즘이 너무 천박하고 통속적이라는 것이다. 그러한 의구심은 하이데거 자신이 1933년경 독일의 정치적 상황이 요구하는 바를 이해한 방식을 받아들이지 못한다. 하이데거의 경우는 다수의 우파 지식인에게서 나타나는 전형적인 사례를 보여준다. 당시 우파 지식인들 상당수는 자유주의와 민주주의가 본질에서 비독일적이며, 만일 독일이 바이마르 시대의 위기를 극복하고, 본래 독일 전통인 '위대한 정치(니체)'를 열망한다면 '국가의 권위주의적인' 해법이 필요할 거라고 확신했다.[30]

더욱이 하이데거는 항상 자신을 독일의 관료들 사이에서의 일반적 관행을 급진적으로 따르지 않는 사람으로 인식했다.[31] 그의 변변찮은 배경을 감안할 때, 그는 상류층 교수들 사이에서 불편한 마음을 가졌을 것이다. 실증주의, 신칸트주의, 혹은 지식사회학같이 당시의 지배적인 지적 경향과 맞지 않는다고 느낀 하이데거는 '반지성적 지식인anti-intellectual intellectual'이라는 페르소나를 선택했다. 하이데거가 스스로를 아웃사이더로 이해했다는 사실은 그가 어째서 철학적 · 정치적 급진주의에 끌렸는지를 설명하는 데 큰 도움이 된다. 니체, 슈펭글러, 윙거의 선례를 따른 그의 견해에 따르면 유럽 전통은 지나치게 부패해서, 부르주아지 세계의 무사 안일주의와 부패를 단절하는 것만이 이 문제에 대한 출구인 것처럼 보였다. 뢰비트는 다음과 같이 말했다. "소박한 교회지기의 아들로 태어난 하이데거는 그가 경멸했던 직업 분야의 한심한 대표자가 되었다. … 나치 운동의 파괴적인 급진주의와 온갖 '기쁨을 통한 힘strength-through-joy'이라는 관습을 가진 프티 부르주아적 특성은 그에게 감명을 주지 못했다. 왜냐하면 그 자신이 급진적 프티 부르주아였기 때문이다."[32] 하이데거가 기초존재론의 범주를 국가사회주의의 이데올로기적 겉치레로 제공하기 위해 기초존재론을 '약화시켰다compromised'고 주장하는 사람들에게, 뢰비트는 다음과 같이 답변했다. 그의 철학은 인간 실존의 철학이었기 때문에, 철학자가 시간적-역사적 방식을 갖는 자신의 신념을 '일상성'의 영역 내에서 현실화하고자 했다는 것은 완벽하게 말이 된다.

> 철학자가 국가사회주의의 풍토와 지적 분위기에 상당한 애착을 가졌다는 점을 감안할 때, 그의 철학 자체가 지닌 바로 그 원리들과 별개로 그의 정치적 결단을 비판하거나 책임이 없다고 해명하는 것은 부적절하다. 히틀러를 선택하는 데 있어서 '자신을 오해한' 사람은 하이데거가 아니다. 그가 왜 그런 식으로 행동했는지를 이해할 수 없는 사람들은 그를 진정으로 이해하지 못한 것이다. 한 스위스 교수는 하이데거가 '일상'과 타협하는 데 동의했다는 것을 유감스럽게 생각했다. 마치 시간과 일상의 견지에서 존재를 해명하는 철학이 그것의 시작과 결과를 지배하는

매일매일의 역사적 현실과 아무런 관련이 없는 것처럼 말이다. 하이데거적 정치철학의 가능성은 유감스러운 '실수'의 결과로 생겨난 것이 아니라, 시대정신과 싸우는 동시에 흡수한 바로 그 실존의 관념에서 비롯된 것이다.[33]

그렇다면 '국가사회주의의 풍토와 지적 분위기'와 그토록 깊은 관련성을 가졌던 하이데거 사상이 주는 교훈은 무엇이었을까? 뢰비트의 설명은 유럽 니힐리즘의 문제에 대한 철학자의 반응에 초점을 맞추고 있다.

뢰비트에 따르면, 니힐리즘은 문화적 곤경이었다. 하이데거는 제1차 세계대전 이후 급진적 물음의 방식을 통해 이러한 곤경에 대처하고자 했다. 예전에 대표적인 서구 형이상학자들의 영향을 받았던 것처럼, 프라이부르크 현자는 루터, 파스칼Pascal, 키르케고르, 반 고흐, 릴케, 도스토옙스키로부터 문화적 · 종교적 영향을 받았다. 그렇기에 처음부터 하이데거의 '제일철학'에 대한 이해는 근대 서구의 정체된 가치 구조를 비판하는 **문화비평가**로서의 자기 이해와 분리할 수 없었다. 전쟁이 끝날 무렵, 하이데거는 전승된 가치 전체에 대한 19세기의 부정적 평결을 완전히 내면화했다. 『존재와 시간』에서, 그는 '**무**das Nichts', 즉 세계-내-인간 존재의 근거 없는 '심연abyss'에 직면하여 '**본래적으로 결단하는**authentic decision'(결단성) 니힐리즘적 결의를 찬양했다. 그는 1920년 뢰비트에게 보낸 편지에서 다음과 같이 쓰고 있다. "나는 내가 해야만 하고, 필수적이라고 생각하는 일만을 하고, 내가 할 수 있는 바대로 이것을 한다. 나는 보편적 현재를 위한 문화적 과제를 해결하기 위해 철학적 작업을 하지 않는다. … 나는 '내가 존재한다'는 사실, 그리고 나의 정신적, 실로 현사실적 유산을 바탕으로 작업을 한다. 이러한 현사실성facticity*과 함께, 실존은 **맹위를 떨친다**."[34]

뢰비트는 국가사회주의의 혁명적 니힐리즘이라는 활기찬 정신과 하이데거 철학의 실존론적 급진주의 사이에서 일시적인 친화성 그 이상의 것을 감지했다.[35] 1930년대 초 하이데거는 개별적 '자아'에서 비롯된 『존재와 시간』의 본질적 개념들, 즉 본래성, 결단, 운명, '자신으로 있을 가능성potentiality-for-Being-a-Self', 각자성을 독일 민족의 현존재로 힘들이지 않고 바꿔놓았다. 더욱이, 본래성에 대한 개별적 이해를 집단적 이해로 전환하는 데 그렇게 많은 생각의 도약이 필요하지 않았다. 『존재와 시간』 2부의 개념 구조는 개별적 관점에서 집단적 관점으로 전환하기 위한 터를 닦는다. 2차 문헌은 이상하게도 이 점을 간과해왔다. 공동체, '운명', '역사성', '자신의 영웅을 선택함choosing-one's hero', 그리고 민족das Volk과 같은 범주들은 1부의 개인적 관점을 집단적-정치적 용어로 번역하기 위한 정당성을 제공한다.[36] 그러므로 『존재와 시간』에 대한 역사적·정치적 독해는 하이데거의 기획에 담긴 정신과 이질적이지 않으며, 많은 점에서, 그러한 독해가 사실상 요구된다. 오트, 파리아스 등 하이데거에 관한 정치적 전기들이 보여주는 것처럼, 하이데거의 철학과 나치 운동 사이의 친화성에 관한 뢰비트의 가정은 역사적 기록에 남아 있는 사태가 되었다.

* 현사실성(facticity, 독일어로 Factizität)은 초기 하이데거에게 철학의 주요한 단서가 된다. 하이데거에게 현사실성은 일종의 개인이 펼쳐내는 역사적 삶의 경험이자, 핵심적으로는 의미로 채워져 있는 직접적 세계 경험을 가리킨다. 철학은 삶이 펼쳐내는 이러한 직접적이면서 비개념적인 세계 경험을 명시적으로 풀어내는 과제를 맡는다.

하이데거와 국가사회주의는 실존론적 급진주의를 공유했다. 역사적 위대함이라는 목적에 쓸모없는 것으로 여겨지는 전통과 가치를 '무화시키는nihilating' 방식으로 대응한다는 점에서 그러하다. 철학적으로 하이데거는 서구 형이상학의 전통적인 범주들을 '해체'시키려 했다. 당대의 급진적 정치 운동이 '총동원(윙거)'의 목적에 맞지 않아 쓸모없다고 여긴 과거의 것들을 제거하려 했던 것처럼 말이다. 뢰비트는 이를 간결하지만 함축적으로 다음과 같이 특징짓는다. "하이데거에 따르면, 교육이라는 보편적 업종에 몰두하는 대신, 마치 '문화를 구하는 임무를 부여받은 것처럼, 잡담하지 말고, 시계를 통해 시간을 헤아리는 감각적이고 기업심이 왕성한 사람들의 부산함에 관계하지 말고,' '급진적인 해체와 재건' 혹은 '파괴'를 해야 한다."[37]

하이데거 사건에 대한 뢰비트의 가장 세밀한 평가를 담고 있는, 「하이데거의 실존주의가 갖는 정치적 함축The Political Implications of Heidegger's Existentialism」은 장 폴 사르트르의 〈현대Les Temps Modernes〉지에 게재되었다. 하이데거의 직업적 삶이 극도로 허약해진 시점에서 말이다. 프라이부르크 대학의 탈나치화 위원회는 하이데거에게 다음의 사실에 대해 유죄판결을 내렸다. "그의 학자적 명성을⋯ 국가사회주의 혁명에 복무하는 데 사용했다. ⋯ 따라서 교양 있는 독일인이 보기에 혁명을 정당화하는 데 기여했다."[38]

한나 아렌트에 따르면, 1945년 가을 하이데거는 독일을 점령한 프랑스 당국에게 잘 보이려 했다.[39] 바덴Baden의 정치적 미래가 프랑스 점령자들의 손에 달려 있었기 때문에, 하이데거는 자신의 사건을 변호하는 데 도움을 줄 수 있는 프랑스 지식인과 접촉하기 위해 필사적으로 노력했다. 그는 처음에 소르본 대학 철학 교수 에밀 브레이에Emile Bréhier에게 연락을 취했으나, 브레이에는 답변을 거절했다. 그가 생각하기에, 하이데거의 서한은 5년이나 늦게 도착했다.

다음으로, 하이데거는 사르트르와 직접 연락을 시도했다. 진실성이 느껴지지 않는 편지에서, 하이데거는 『존재와 무』와 자신의 작품 간에 심오한 관련성이 있음을 강조했다. 여기에서, 하이데거는 "나는 처음으로 나 자신이 사유한 영역을 근본적으로 경험한 독립적인 사상가를 만났다. 당신의 작업은 내가 이전에 맞닥뜨린 적이 없던 그러한 종류, 말하자면 나의 철학에 대해 직접적으로 이해하고 있다." 하이데거는 사르트르가 비판했던 개념들, 특히 '공동-존재'와 '죽음을 향한 존재'와 같은 『존재와 시간』의 범주와 거리를 두면서 말을 이어갔다. 그는 오랫동안 거주한 슈바르츠발트를 가로지르는 '철학적 스키 여행'을 제안했으며, 사르트르 작품을 독일어로 즉각 번역할 것을 권했다.[40] 그러나 하이데거가 이때 사르트르 철학에 대해 표현했던 감탄은 다른 설명과 잘 들어맞지 않는다. 예를 들어 가다머는 하이데거가 그의 이전 제자에게 『존재와 무』를 물려주기 전에, 그 책을 받자마자 첫 40쪽만을 '잘라냈다'고 보고한다.[41] 더욱이 1년 후, 사르트르 작품에 대한 하이데거의 관심이 일방적이었음이 분명해짐에 따라, 그 독일 철학자는 실존주의에 대한 사르트르의 견해를 덜 너그러운 용어로 묘사하기까지 했다. 1946년 가을에 쓰인 「휴머니즘 서간」에서 하이데거는 사르트르 철학이 서구 형이상학의 범주에 갇혀 있다는 이유로 다음과 같이 강력하게 비판한다. "사르트르는 실존주의 기본 교리를 다음과 같이 표현한다. '실존이 본질에 앞선다.' … 사르트르는 형이상학적 서술을 전도하고자 함에도 불구하고 여전히 형이상학적으로 서술하고 있다." 강력한 전후戰後 강연인, 〈실존주의는 휴머니즘이다〉에서 사르트르는 휴머니즘과 실존주의를 조화시키려 했다. 그는 "우리는 정확히 오직 **인간**만이 존재하는 상황 속에 처해 있다"고 선언했다.[42] 「서간」에서 하이데거는 '철학적 안티휴머니즘'이라는 기본적 교리를 언급하면서 무례하게 응답했다. "우리는 정확히 **존재**가 있는 상황에 처해 있다."[43]

카를 슈미트를 비판하다

1936년 나치 법학자 카를 슈미트에 대해 처음 출간된 획기적인 글에서, 뢰비트는 하이데거의 실존론적 결단주의와 슈미트의 정치적 결단주의 간의 중요한 유사성을 추적했다. 슈미트는 바이마르 공화국 시절 독일의 대표적인 법률 이론가 중 한 사람이었다. 1933년에 슈미트는 하이데거와 같이 나치 사회주의의 격렬한 지지자가 되었다. 하이데거와 슈미트는 새 정권에 대한 지지를 표명한 것으로 유명한 학자들이었다. 1933년 8월에 하이데거는 그들 상호 간의 지적 · 정치적인 친밀감에 감사해하면서, 슈미트에게 독일이 '각성'하도록 두 사람이 공동의 노력을 기울일 것을 권고했다. "도래하게 될 일을 불러일으킬 정신적 힘을 모으는 일이 날로 더 긴급해지고 있다."[44]

슈미트에 따르면, 현대사회에서 정치적 의무라고 하는 전통적인 개념이 갖는 권위는 실추되었으며, 결과적으로 그 힘과 영향력을 상실했다. '주권', '왕', '국가', '왕권', '신성한 권리', 심지어는 '정치적인 것the political'이라는 개념 자체도 자유주의의 **반정치적** 에너지가 깨어남으로써 권위를 박탈당했다. 한때 위엄 있고 강력했던 국가의 권한은 점차 약화되었고, 자유주의 시대의 '야경국가'와 함께 밑바닥으로 추락했다(슈미트는 절대주의 체제의 시대를 역사적인 기준점으로 삼는다). 전통적인, 국가사회주의를 지향하는 정치적 담론은 그 때문에 기반을 상실했다. 동료 보수 혁명가들처럼, 슈미트는 운명적인 '정치적인 것의 쇠퇴'에 대항하기 위해 정치적 권한이라는 새로운 개념을 만들어내려고 했다. 그의 견해로는, 자유주의의 지배력이 정치적인 것의 쇠퇴에 주요한 책임이 있다. 정치적 자유주의 아래에서, 사회 경제적 '이해'는 정치적 지배의 자율적 특권을 빼앗았다.[45]

여러 방면에서 풍부하고 유익한 정보를 제공함에도 불구하고, 현대 정치에 대한 슈미트의 무자비한 서술은 정치적 권위주의를 바람직한 해결책으로 간주한다. 그는 1920년, '독재' 개념에 대해 쓴 책에서 정치적 주권을 실추시킬 위험이 있는 세력들을 저지하려는 방법으로 독재정치를 지지했다. 『정치신학Political Theology』(1922)에서 슈미트는 정치적 근대성political modernity이라는 개념은 신학적 동기를 세속화해서 변형한 것에 불과하다고 주장함으로써 정치적 근대성의 정당성에 이의를 제기했다. '의회주의'에 대한 그의 영향력 있는 연구는 무솔리니의 로마 행진에 대한 찬사로 마무리된다.

> 지금까지 인류의 민주주의와 의회주의는 오직 한 번 의식적으로 신화에 호소함으로써 모욕적으로 한쪽으로 밀려났다. 그것은 국가 신화가 지닌 비합리적인 힘의 사례였다. 로마 행진을 하기 이전인 1922년 10월 나폴리에서의 유명한 연설에서, 무솔리니는 다음과 같이 말했다. "우리는 신화를 창안해냈다, 이 신화는 하나의 믿음이자 숭고한 열정이다. 이

것은 현실화될 필요가 없다. 이것은 노력이자 희망이고, 믿음이자 용기이다. 우리의 신화는 국가, 즉 우리가 스스로의 힘으로 구체적으로 현실화시키고 싶은 위대한 국가이다…." 신화 이론은 의회주의 사상이 지니는 상대적 합리성이 쇠퇴한다는 것을 보여주는 가장 강력한 징후이다.

슈미트는 무솔리니와 마키아벨리를 도발적으로 비교하는 주장으로 논의를 끝맺는다.[46] 그의 견해에 따르면, 상실된 정치적인 것의 우선성을 회복하기 위해 이탈리아 파시즘은 권위와 신화를 미화시킬 필요가 있었다.

바이마르 공화국의 쇠퇴기에, 슈미트 작품의 파시스트적 요소가 뚜렷하게 부각되었다. 슈미트의 가장 영향력 있는 책인 『정치적인 것의 개념』에서는 '적들을 갖는 것'의 중요성에 대한 니체의 생각에 영감을 받아, 정치적인 것의 본질을 규정하는 악명 높은 '친구-적'의 구별을 만들어냈다. 슈미트는 "위대한 정치의 절정은 적이 구체적인 명확성을 가지고 적으로서 드러나는 순간이다"[47]라고 말했다. 슈미트에 따르면, 정치의 '최후의 수단'인 전쟁에서, 사람들은 미학적, 도덕적, 혹은 다른 비정치적 이유로 적을 죽이지 않는다. 대신 슈미트는 정치적 실존주의를 고전적으로 정당화하면서, 적을 엄밀하게 '실존론적existential' 혹은 '존재론적ontological(존재에 걸맞게)'인 근거에 의해 죽여야 한다고 주장한다.

뢰비트가 에세이에서 보여준 대로, 『정치적인 것의 개념』에서 슈미트는 근대 국가의 자기-보존에 필수적인 개념이자 명백하게 인종적 함축을 갖는 '동종성homogeneity'을 적극 지지했다. 더욱이 '친구-적' 구별의 당연한 논리적 귀결이자 나치 정책과 실행의 섬뜩한 징후로서, 그는 공산주의자들, 유대인들, 사회 민주주의자들, 그리고 여타 바람직하지 못한 사람들로 분류되는 '국내의 적'을 뿌리 뽑고 섬멸하는 것이 중요한 일임을 강조했다. 말할 것도 없이, 막사가 정치적 · 인종적 '적들'을 위해 예비해놓은 집단 수용소였던 역사적 시대에, 그러한 가설적 처방은 순식간에 그 주장의 순수성을 잃게 된다.

윙거와 소비에트가 실시한 위로부터의 근대화 실험을 숭배한 슈미트는 1930년대 초반에 '전체 국가total state'라는 개념을 경솔하게 제시했다. 그 개념에 따르면 모든 국내적 관심사는 우선적으로 외교 정책에 종속되어야 하며, 궁극적으로 전쟁에 대비해야 한다. 1920년대의 권위주의적 정치 교리에서 1930년대 초반 히틀러 독재 정권에 대한 지지에 이르기까지 슈미트는 단계적으로 빠르게 옮겨갔다.[48] 책과 기사를 통해 새로운 정권을 지지한 것 외에도, 슈미트는 1933년 동질화 입법을 공동 저술했다.

뢰비트가 보기에, 하이데거의 철학적 실존주의와 슈미트의 정치적 실존주의 간의 지적 친화성은 중요하면서 흥미로운 사실을 드러낸다. 뢰비트는 「유럽의 니힐리즘」에서 다음과 같이 말한다.

> 하이데거의 실존론적 존재론이 카를 슈미트의 정치적 '결단주의'에 상응한다면, 즉 항상 자기 자신으로 있는 현존재의 '전체로서 있을 가능성'을 항상 누군가의 것으로 있는 국가의 '총체성'으로 옮겨놓는 결단주의에 상응한다면, 그것은 우연이 아니다. 정치적 실존의 자기주장과 '죽음으로의 자유'에는 전쟁이라는 정치적 긴급사태에 '생명을 희생'하는 것이 대응한다. 두 경우의 원리는 같다. '현사실성facticity', 즉 모든 삶의

내용이 허물어져 버렸을 때, 삶에 무엇이 남는가의 문제이다.[49]

뢰비트가 1920년대 독일을 지배하는 정신적 분위기를 명쾌하게 설명하는 것에 주의를 기울일수록, 문제의 쟁점이라 할 수 있는 세대적 현상의 징후적 심각성을 더욱더 제대로 인식하게 된다. 당시 독일을 지배하던 정신적 분위기는 실존론적 니힐리즘이었다. 단호한 결단의 파토스가 의무적인 관점으로 보이는 기분 말이다.

하이데거, 로고스로부터 후퇴하다

하이데거의 철학적 유산을 이해하는 데 공헌한 뢰비트의 가장 오래된 기록은 1951년에 처음 출판된 이래 잘 알려지지 않았으나 고전의 지위를 누려온 논문, 「하이데거: 궁핍한 시대의 사상가Heidegger: Thinker in a Destitute Time」이다.[50] 이 에세이는 전기와 후기 하이데거의 관점의 변화 혹은 '인식론적 단절', 즉 하이데거 사유에 있어서의 **전회**Kehre를 소개하고 있다. 전 · 후기 하이데거 사상의 초점이 어떻게 이동했는지 분명하게 서술하는 가장 좋은 방법은 그가 철학적 기획을 서술하기 위해 사용한 개념을 대조해보는 것이다. 하이데거는 『존재와 시간』을 '실존론적 존재론existential ontology' 연구로, 자신의 후기 철학을 '존재의 역사history of Being'로 특징지었다.

이러한 중대한 이론적 변화는 몇 가지 용어상의 미묘한 문제들에 성패가 달려 있다. 아마도 뢰비트가 가장 먼저 포착한 바와 같이, '전회'에서 문제가 되는 것은 공공의 담론으로서 기초존재론의 생존력이다. 1935년경 하이데거의 정치적 급진주의가 시들해지기 시작함에 따라, 그의 철학적 접근 방법은 지속적으로 과격화하는 방향으로 나아갔다. 조기 작품에서 전통을 대표하는 주요 인사들과 지속적이고 생산적인 대화를 나눈 반면(최근 전집으로 출판된 1920년대 강의가 증언하는 사실), 이 지점에서부터 하이데거는 그 전통을 전부 '퇴락 현상'으로, 즉 쇠퇴의 징후로 간주하기 시작했다.

철학사를 새롭게 이해함에 따라, 하이데거는 플라톤주의를 더 이상 서구 형이상학의 발생적 토대로 보지 않았다. 대신에 그는 플라톤주의를 전통의 훼손자로 보았다. 하이데거에 따르면, 플라톤과 함께 '감각적인' 영역과 '초감각적인' 영역 사이에 숙명적인 존재론적 구분이 생겨났다. 이때부터 존재에 대한 우리의 역사적 이해는 완전히 회복되지 않았다. 그 후에, 존재 진리는 '관념' 혹은 '표상', 즉 주관적인 어떤 것, 혹은 **주체**에 고유한 것으로 생각되었다. 하이데거가 보기에, 플라톤의 판단 착오는 데카르트 이후의 철학이 '계산적 사유calculative thinking'로 퇴보하는 것을 앞서 보여주었다는 점이다. 하이데거에게 있어서 '계산적 사유'와 '추론'은 근대적 '세계상'이라고 하는 기술 지배의 의지가 낳은 지적인 결과였다. 이러한 상Bild에 따르면, 존재와 존재자는 과학적 조작 그 자체를 위해 유용한 것이 된다.[51]

하이데거가 서구 사유를 전면적으로 부인하는 것은 데리다가 서구 철학을 '로고스 중심주의logocentric'로 폄하한 것보다 앞선다. 이와 같이 총체화하는 대담한 전략은 결과적으로 하이데거 철학에 대한 의사소통을 어렵게 만들었다. '존재의 역운Seinsgeschick'이라고 하는 의사신비적 용어로 재개념화한 하이데거의 사유는 대화적이고 논쟁적인 성격을 상실했다. 철학적 전통 전체가 점진적으로 퇴행하는 '존재의 떠남Seinsverlassenheit'에 의해 오염되어 있다고 확신하는 한, 이에 대해 내재적 · 합리적으로 비판하는 작업은 의미가 없다. 사실상 후기 작업에서 하이데거는 '사유함'을 선호하고 '철학'의 관점을 거부했다. '사유함'과 '감사함denken und danken' 사이의 어원학적 가까움은 반복적으로 나타나는 주제가 되었다. "사유함은 감사함이다"는 지겹도록 반복되는 문구이다.

서구 사유에 대한 이러한 새로운 해석에 따르면, 철학은 헤라클레이토스, 파르메니데스, 그리고 아낙시만드로스와 같은 소크라테스 이전 철학자들과 함께 짧은 개화를 경험했다. 1940년대 하이데거는 이들에 대한 강의를 했는데, 이들 철학적 단편들은 '비은폐성(알레테이아, aletheia)'이라고 하는 손상되기 쉬운 존재 진리의 의미를 유지하고 있다. 하이데거에 따르면, 소크라테스 이전 철학의 중대한 발견은 플라톤 이후의 '존재-신론onto-theology'에 의해 빠르게 은폐되고 다시 은닉되었다. 그러나 뢰비트는 다음과 같이 지적한다. "하이데거가 그리스인들의 근원적인 사유와 담론을 재전유하기 위해 노력하는 모습이 보여주는 또 다른 측면은 근대의 철학적 언어와 개념 장치 전체를 폄하하고 제거하는 것이다."[52]

서구 사상을 재평가하면서, 하이데거는 형이상학과 근대 기술(닦달, 몰아세움, das Gestell)*의 세계상이 인과관계를 맺은 덕분에, 철학은 전통적인 문화적 중심성을 상실했다고 결론지었다. 오늘날, 철학자들보다 **시인들**이 존재가 '현존하는comes to presence' 방식에 가장 충실하다는 것이 입증되었다. 1930년대와 1940년대에 하이데거는 횔덜린에 대한 몇 개의 강좌를 개설했다. 강좌에 따르면 '진리의 수립setting-to-work of truth'에서 시인의

* 닦달(Gestell)에 대한 논의는 하이데거, 「기술에 대한 물음」, 『강연과 논문』에서 찾아볼 수 있다. 마르틴 하이데거, 『강연과 논문』, 신상희, 이기상, 박찬국 옮김(이학사, 2008), 27-37쪽 참고.

역할은 최고의 자리를 차지한다. 아니나 다를까, 시의 본질에 대한 하이데거의 생각은 모더니즘의 형식적 실험을 강조하거나 예술을 위한 예술의 미학을 강조하는 것과는 극단적으로 대조되는 것이었다. 그러나 이 작업은 이데올로기적 오염으로부터 전적으로 자유롭지 않았다. 하이데거에게 있어서, 시인의 임무는 민족Volk의 역사적 실존의 근거를 마련하는 것이다. 횔덜린이 '독일의 운명'이자 '민족의 목소리'의 시인이라고 선언한 것은 이러한 정신에서 비롯된 것이다.[53]

신조어와 용어가 갖는 어려움에도 불구하고, 하이데거가 『존재와 시간』에서 서술한 철학적 관점은 세계 경험을 포함하며 실천적이었다. 비록 하이데거가 보기에 이 작업은 부분적인 성공에 그쳤지만(예를 들어, 예고되었던 2부 "시간과 존재"는 결코 쓰이지 않았다), 철학적 탐구가 갖추어야 할 필요조건과 인간의 실천적 삶의 요구를 조화시킨다는 목표를 성취하는 데까지 나아간 작업이었다. 『존재와 시간』은 '세계-관련'이 갖는 풍부함을 위해 초월철학의 전통적인 출발점인 '사유하는 주체'의 독백적인 자기 폐쇄성을 거부했다. 하이데거에게 문제가 되는 것은 '의식'이 갖는 자기-지시적 고립성보다는 개방성을 갖는 현존재의 '세계-내-존재'였다.

그러나 여기에 뢰비트의 예리하고 강력한 비평의 근거가 놓여 있다. 뢰비트에 따르면 후기 하이데거의 사유에서, 세상적인 관심은 기껏해야 희미하고 먼 기억으로 남게 된다. 후기 하이데거는 더 이상 현존재의 실천적 참여나 '세계성'의 참여적인 관점을 통해 말하지 않는다. 대신, 그의 담론은 존재 자체의 신비적 관점으로부터 진행된다. 후기 하이데거는 신비로운 '존재의 역운destinings of Being'을 말로 해명하고자 하며, '운명'으로서의 존재(존재-역운, Seins-Geschick)의 관점으로부터 철학한다. 하이데거의 후기 철학은 공공담론의 습성과 용어를 거슬러 말로 설명될 수 없는 것을 설명하고자 한다. 존재의 역사는 오직 암시와 생각을 불러일으킴으로써 이야기될 수 있다. 그러므로 「휴머니즘 서간」에서 "존재가 무엇인가?"라는 물음에 대해서, 하이데거는 오직 미약하게만 답변할 수 있었다. "그것은 그것 자체이다." '대단히 순수하고 단순한' 자기 동일적이고 근원적인 바탕인 존재 그 자체는 '로고스', 즉 일관되고 명료한 설명을 제공하는 철학적 방법에 저항한다.[54] 후기 하이데거와 함께 우리는 종종 상호 주관적 설명 가능성의 규범을 거부하는 명령 및 주장과 만나게 된다. 이러한 명령과 주장은 권위를 가진 선언으로서 기능한다. 뢰비트가 주목한 바와 같이, "사유의 필요성에 대한 하이데거의 주장은 그를 따라서 그의 사유가 존재 자체, 즉 '존재 진리에 관한 결정'을 전달하는 '존재의 역운'에 의해 보내졌다고 믿는 사람들에게만 확신을 줄 것이다."[55] 하이데거의 '이성과의 작별인사'는 다음과 같은 그의 확신에서 전형적으로 드러난다. "수세기 동안 미화된 이성이 사유에 **가장 거만하고 고집 센 적수**임을 알게 될 때, 사유가 비로소 시작된다."[56]

뢰비트가 지적한 바와 같이, 후기 하이데거의 사유 방법이 지닌 미덕을 평가하기 어려운 이유는 그것이 "논증과 '논리적' 전개를 근본적으로 부정하기 때문이다. 증거에 기초해 증명하는 대신, 오직 수수께끼와 같은 '표현들과 암시들'만이 있을 뿐이다."[57] 헤겔 철학은 여전히 서양 형이상학의 궤도와 용어 내에서 움직인 반면, 하이데거의 언어는 바로 이러한 합리성에서 벗어나 있다. 존재-신론을 '극복변형Überwindung'하는 것이니만큼, 모든 전승된 개념을 단지 회피하는 것이 아니라, '말하면서 말하지 않음ein sagendes Nicht-sagen'으로 나아간다. 하이데거의 유사-묵시론적 세계관에서 "인간은 '이성적 동물'이 아니라, 무아無我로서 있는 '존재의 목자shepherds of Being'이다. 과학적 사고에 근거하는 모든 이론적 표상과 기술적 산출작용은 주관성이 객관성으로, 그리고 무조건적인 객관화로 퇴화한 것이다."[58]

하이데거의 사유는 의도적으로 예언적이고 권위적인 수사적 방식으로 흘러간다. 1966년 〈슈피겔Der Spiegel〉지와의 인터뷰에서 "오직 신만이 우리를 구원할 수 있다"[59]고 한 말이 종종 언급되듯이 말이다. 그의 후기 철학은 많은 이를 매혹시키거나, 아니면 반발을 일으키는 경향이 있다. 그것이 참된 지적 가치를 평가하는 데 도움이 되는 일종의 냉철하고 신중한 평가를 이끌어내는 경우는 드물다. 뢰비트가 지적하듯이, 하이데거적인 담론 방식이 존재, 즉 "인간을 포함한 모든 존재자를 뛰어넘을 뿐만 아니라, 마치 미지의 신과 같이 그 자체가 진리인 존재에 접근할 수 있는 특권적 권한을 자처하는 한, 불가해한 성직자의 교리가 갖는 성격을 띨 위험성을 지닌다." '경험'을 거스르는 사건을 설명하려고 노력함으로써, 하이데거는 지성이 미치지 않는 영역인 현상세계의 '감각의 다발'을 포기하게 될 위험을 무릅쓴다. 칸트가 『순수이성비판Critique of Pure Reason』에서 증명했듯이, 감각과 비감각을 구분하는 논지는 경험의 한계를 존중하는 판단의 경우에만 의미를 갖는다. 즉 현상계와 예지계를 이원적으로 구분하는 판단 말이다. 이와 반대로 하이데거는 거창한 (그리고 잠재적으로 반지성적인) 키르케고르의 격언을 인용하는 것을 좋아했다. "구분하는 시대는 지나갔다."

후기 하이데거 사유의 타당성을 묻는 일은 윤리적 · 정치적 문제와 결코 떨어져 있지 않다. 비록 '존재의 역사'라는 교리가 신중하고 의도적으로 현재 사건의 번잡함을 회피하고 있지만, 그럼에도 이것은 현대 정치를 자세히 검토한다. 비록 가혹하고 용서할 수 없는 탁상 정치학의 시각에 따른 것이긴 하지만 말이다. 후기 하이데거는 '시대'와 '역사성'의 철학자로 남아 있다. 또한 그는 그의 시대의 철학자이기도 하다. 그는 기술, 정치, 그리고 사회에 대한 성찰을 그 자신의 역사적 상황에서 이끌어낸다. 그러나 결국 전쟁 이후의 삶에 대한 그의 간략한 선언(예를 들어, 앞에서 언급한 〈슈피겔〉지와의 인터뷰에서 "근대 문학이 대부분 파괴적이다"[60]라고 한 그의 주장)은 통찰력과 극단적 · 근시안적 판단력을 동시에 드러냈다. 뢰비트는 후기 하이데거가 역사를 피시스physis 혹은 자연으로서의 '존재'로 축소하려는 경향에 대해 다음과 같이 말한다. "만일 역사가 존재와 관련해서 피시스로서의 자연과 일치한다면, 하이데거의 교묘한 언어 구조는 역사의 본질 혹은 비본질을 밝혀낼 수 있을 것인가? … 만일 역사가 피시스와 같이, 어디에서나 밝게 드러나는 것이자 폐쇄적으로 후퇴하는 것이라면, 하이데거에게 처음부터 문제가 되었던 역사는 모든 규정적이고 입증 가능한 의미를 상실한다."[61] 정치와 역사에 관해 극히 일부 사람들만 이해하는 하이데거의 메타정치적 관점은 세계 사건에 대해서 내재적이고 공정하게 심사숙고하는 사람들에게 방해가 된다.

이러한 비판이 있다고 해서 하이데거 작품을 읽지 말아야 한다고 결론 내리는 것이 잘못된 일이라는 것은 두말할 필요도 없다. 대신, 그의 작품을 더 이상은 순진한 시각에서 바라보지 말아야 할 것이다. 즉 1930년대 초 나치와의 동맹을 용이하게 한 그의 사상과 지적 아비투스의 측면에 세심한 주의를 기울여야 한다. 그럼에도 뢰비트의 논거가 보여주듯, 하이데거의 전후 사상조차도 나치에 오염되어 있지 않다고 보기 어렵다. 전쟁이 끝나고 몇 년이 지난 후에도, 하이데거는 계속해서 "국가사회주의의 내적 진리와 위대함"에 대해 열정적으로 늘어놓았다.[62] 뢰비트의 비판과 논평은 시의적절한 것이었다. 하이데거 학생이자 친밀한 사이였던 그의 성찰은 하이데거 사례의 복잡성을 판단할 수 있는 독특한 관점을 제시한다. 적의도 편견도 없이, 그는 하이데거 사유가 제1차 · 2차 세계대전 사이의 시대정신으로부터 전개된 측면을 드러낼 수 있었다. 뢰비트는 하이데거가 사상가로서 위대하다는 점에 이의를 제기하는 것이 아니다. 그는 하이데거의 허용 아래 사람들이 하이데거의 위대성을 이용한 것에 대해 이의를 제기한다. 근대 세계에 대한 '총체적 비판total critique'의 필요성을 확신한다는 점에서, 하이데거의 위대성은 해석의 여지가 다분했다. 뢰비트의 견해에 따르면, 1920년대 슈펭글러의 유산이라 할 수 있는 총체적 비판에 대한 요구는 퇴폐적인 역사적 현재를 하루빨리 구원하기 위해 모든 수단을 채택하는 일을 정당화했다. 그러나 뢰비트가 적절하게 질문한 것과 같이 "그러한 총체화하는 주장은 역사적 지식과 철학적 사고의 결과인가, 아니면 원죄의 교리를 존재자의 세계를 파멸하는 것으로 변형한 것인가?"[63] 하이데거의 경우를 통해, 우리는 구원적인 메타정치학의 위험성에 관한 우화를 전해 들었다. 이 우화가 갖는 함축과 의미를 뢰비트보다 더 잘 이해하는 사람은 거의 없다.

뢰비트, 역사로부터 후퇴하다

뢰비트의 비평은 실체와 어조에 있어서 하이데거를 몹시 성나게 했다. 하이데거는 『하이데거: 궁핍한 시대의 사상가』가 출간된 직후 친구에게 보낸 편지에서 다음과 같이 반응했다.

> 나는 55세의 한 남자가 어떤 것에 대해 보고할 수 있고, 많은 무지한 사람들에게 더 잘 아는 사람처럼 **보인다**는 사실이 놀랍지 않다. 그는 1919년부터 9년 동안 내 강의와 세미나를 들었고, 마르브루크에서 거의 이틀에 한 번씩 나에게서 뭔가를 얻어내기 위해 우리 집에 박차고 들어왔던 사람이다. 그 저자가, 미국에서 이민자로 살면서, 나에 대해 터무니없는 거짓말을 퍼뜨렸다. … 1929년, 뢰비트가 극좌 마르크스주의자(오늘날 그는 기독교인으로 전향하여 하이델베르크 대학의 석좌 교수가 되었다)였을 때, 그는 『존재와 시간』을 '숨겨진 신학'이라고 썼다. 나중에 그는 그것을, 사람들이 그 용어를 사용하는 방식대로, '무신론'이라 바꾸었다.[64]

역설적이게도, 뢰비트의 날카로운 비판은 자신이 하이데거에 철학적인 부채를 지고 있음을 감추었다. 결국 뢰비트는 거의 10년 동안 하이데거와 함께 공부했으며, 그의 지도하에 대학교수 자격논문을 썼다. 철학사에 대한 그의 접근과 철학적 방법에 대한 이해는 하이데거에게 철저하게 빚지고 있다. 놀랄 것도 없이, 그러한 지적 형성 과정에서 받은 영향들은 뢰비트의 원숙한 사유에 계속해서 중요한 역할을 했다.

하이데거가 '존재'라는 상위 수준의 관점에서 근대 세계의 타락을 비판한 반면, 뢰비트는 유비적으로 '우주론적' 관점에서 근대성에 대한 비판을 완성했다. 『하이데거: 궁핍한 시대의 사상가』에서 뢰비트는 하이데거의 '존재의 역사'에 대한 메타철학적 관점에 반대했다. 뢰비트가 주장하는바, '존재의 역사'는 근본적으로 인간 경험을 통해서는 접근이 불가능한 '그 자신은 움직이지 않으면서 다른 것들을 움직이는 것unmoved mover'의 역할을 수행하기 때문이다. 뢰비트의 '코스모스' 개념 역시 마찬가지다. 더욱이 뢰비트가 '근원적인 것das Ursprungungliche'에 대해 무비판적으로 찬양한 것은 참으로 하이데거주의자답다. 한 비평가가 날카로운 통찰력으로 관찰한 바와 같이, "'첫 번째'로 여겨지는 시원은 역사 발전의 연속성을 넘어서는 것이라 선언되고, 결국 이는 태곳적 근원성의 순수한 아우라를 통해 정당화된다."[65]

물론 뢰비트에게 '우주(코스모스)'는 천문학적 연구 대상으로서의 천국을 의미하지 않는다. 그 대신, 그의 관점은 현상학적이다. 그는 우주를 어떤 영원한 것으로 봄으로써, 인간적 관심사의 하찮음이라는 스토아적 이념을 전달하고자 한다. 근대 역사의식의 위험성과 불확실성, 본질적으로 니체와 하이데거 사상에서 중요한 역할을 한 니힐리즘의 문제는 뢰비트로 하여금 순수한 '이론적' 관점, 즉 이론적 삶이라는 고전적 이상으로 되돌아가도록 강제한다. '사색'의 미덕은 분주함과 세상적 관여의 어리석음으로부터 거리를 두게 한다.[66]

뢰비트는 자신이 근대 정치적 극단주의가 갖는 파우스트적 유혹에 굴복하지 않을 수 있었던 것은 전적으로 스토아적 거리두기의 태도 덕분이었다고 말했다. 그러나 역사의식을 전적으로 거부해야 한다는 생각 자체가 하나의 극단적인 발상이다. 이는 역사를 의미 없는 우연성의 영역으로서 포기하는 태도를 받아들인다. 그것은 근대적 역사의식의 과잉(전체주의 국가의 범죄)을 혁명 시대에 민주적 자유가 합법적으로 출현하는 것과 혼동하게 한다.[67] 불명예스럽게도, 뢰비트는 근대가 지닌 도덕적 정당성을 인정하기를 거부한다. 민주적 자기 결정 행위가 역사적 우발성을 보상하고 벌충할 수 있다는 사실을 거부한다. 뢰비트는 『헤겔에서 니체로』에서 다음과 같이 주장한다. "심지어 근대적 역사의식을 보여주는 마르크스주의조차 독일 고전철학에 대한 허무주의적 포기가 아니다. 대신, 마르크스주의는 관념론 철학의 접근 방식을 비판(칸트적 의미에서)한 것이다. 역사적 변화의 요구에 대한 원칙적 무관심을 보여준다는 점에서 말이다."

스토아적 거리두기는 자신의 입장을 회피하기 위한 구실로 쉽게 이용될 수 있다. 그렇기에 '인간세계'와 그에 따른 문제에 관하여 무사안일주의 전략과 같은 이데올로기로 전락할 우려가 있다. 자칭 영원한 가치와 의미를 수호하는 철학자들이 현실에 존재하는 역사의 요구로부터 '자연'과 '코스모스'로 도피할 때, 노동, 언어, 그리고 정치적 실천에 바탕을 둔 인간세계의 특수성은 사라진다. 인간사 세계를 우주론적 거리 두기의 자세로 바라볼 때, 시대착오적 사고의 위험과 골동품적인 해석, 그리고 부적절한 판단에 굴복할 위험이 있다. 뢰비트가 동시대의 사건에 대해 마지못해 언급한 몇 안 되는 사례 중 하나는 근대사회에서의 죽음 문제를 다룬 라디오 시리즈였다. 그는 여기에서 예상대로 자살에 대한 스토아적 견해에 의지했으며, 자살을 도덕적 선택의 한 전형으로 열렬히 지지했다. 그는 산업화된 대량 살상의 문제, 가령 핵으로 인한 전멸의 위험성, 혹은 사형의 부도덕성 등의 문제에 대해서는 전혀 생각하지 않았다. 대신 뢰비트는 기원전 3세기 신조에 만족한 채로 있었다. 기원전 3세기 신조를 근대에 와서 주창한 학자로는 괴테, 헤겔, 부르크하르트가 있다.[68]

하이데거는 자신의 후기 사유의 관점을 '내맡김Gelassenheit'이라고 언급했다. 본래성, 결단, 그리고 현존재가 '자기'로 있을 수 있는 가능성을 강조했던 그의 전기 실존철학과는 대조적으로, 그의 후기 사상은 신비로운 존재가 베푸는 것에 조용히 순응하는 태도를 정당화했다. "단순한 〔인간의〕 행위는 세계의 상태를 변화시키지 않을 것이다"라고 하이데거는 말한다. "효율성과 결과를 야기하는 행위는 사건 앞에서 모든 존재자를 닫아버리기 때문이다."[69] 스토아적 거리 두기에 대한 뢰비트의 관점, 즉 그의 니체적 **운명애**와 '세계의 세계성'에 대한 자기만족적인 지지가 사실상 하이데거의 후기 철학의 접근 방식을 은연중에 흉내 낸 것은 아닌지 묻는 것은 충분히 유의미한 질문일 수 있다. 즉 "존재자를 있게 하라"라는 하이데거의 명령을 적절하게 요약한 것은 아닌지 묻는 것 말이다.

뢰비트와 하이데거는 둘 다 '행위' 혹은 '실천이성'이 갖는 무책임함을 강조한다. 그들은 과학혁명과 유럽 팽창의 시대로부터 시작된 인간의 자기주장이라는 근대의 기획은 재앙만을 거둬들이게 될 것이라 주장한다. 그러나 근대가 야기한 결과와 근대가 갖는 잠재력에 대한 그들의 이해는 제한적이고 일방적이다. 사실 근대성의 기획은 다차원적이다. 근대의 다양한 분야마다 그 나름의 다양한 논리와 규범적 잠재력이 있다.[70]

하이데거와 뢰비트는 둘 다 '도구적 이성'이라는 표지 아래 근대성을 해석한다. 그들은 이들 용어로 환원되지 않는 근대성의 측면을 단호하게 무시한다. 또한 민주주의와 사회 평등주의의 확대와 일치하는 보편주의적 도덕의 진보, 즉 시민의 정치적 · 사회적 · 문화적 권리가 진보하는 것을 성급하게 무가치한 것으로 인식한다.[71] 2세기 동안 적극적 시민권과 수동적 시민권의 구분은 크게 없어졌으며, 이는 참정권이 보편적으로 인정되는 상황에서 절정에 달했다. 보통선거권이 인정되기 전에 선거권을 박탈당한 집단들, 가령 여성뿐만 아니라 다양한 문화적 · 민족적 소수자의 주장도 인정되었다. 이러한 전면적인 사회정치적 변화는 우발적 현상이라 볼 수 없는 것으로, 정치민주주의의 이상인 자결권과 대중 주권에 점차 가까워지고 있다. 자칭 '세계-지배'의 목표에도 불구하고, 제도화된 과학조차 이에 대한 반성적 차원을 갖는다. 자연의 균형이 어긋나고, 자유로운 기술 성장으로 또 다른 의도치 않은 결과를 낳기도 하지만, 공공의 이익을 고려하여 정치적으로 효과적인 방법을 고민하는 과학자들이 모이는 경우도 많다. 그러나 뢰비트와 하이데거는 '우주론적 관점'에 기반하여 그러한 변화에 주목하지 않았다.

뮌헨글라트바흐에서 사촌 리슬 하스가 찍은 한스 요나스(1932).

5장

한스 요나스

인간과 자연의 공생을 추구한 생철학자

운명으로서의 존재

1964년 4월 9일, 국제적 규모의 학회가 개최되었다. 그 학회는 마르틴 하이데거의 사상과 개신교 신학의 관계를 주제로, 드류 대학에서 개최되었다. 원래 하이데거가 개회 강연을 할 예정이었으나, 학회 몇 달 전 하이데거는 건강상의 이유로 이를 철회했다. 대신 회의 주최 측은 뉴스쿨New School for Social Research의 철학 교수인 한스 요나스에게 하이데거를 대신해 개회 강연을 해줄 것을 요청했다. 개회 강연자를 요나스로 대체한 것은 타당한 선택이었다. 요나스는 1920년대에 4년 동안 마르부르크 대학에서 하이데거 밑에서 철학을 공부했다. 하이데거와 개신교 신학자 루돌프 불트만Rudolf Bultmann의 지도 아래, 요나스는 고대 그노시스 종교의 다양성에 관해 뛰어난 논문을 썼다. 1934년, 요나스의 제1권 연구 결과물이 독일에서 출판되었다. 그러나 그때 요나스는 오랫동안 고향을 떠나 있던 상태였다. 히틀러의 독일 공무원 재구성 법률로 인해 유대인들은 대학 교직원이 될 수 있는 기회를 사실상 차단당했다. 1933년 요나스는 런던으로 피신했다. 2년 후, 그는 팔레스타인으로 이주했다.

드류 대학에서 학회가 개최될 때쯤, '하이데거와 신학'의 관계에 대한 연구가 한창 유행하기 시작했다. 그 '부름'에 인류가 경건하게 주의를 기울여야 하는, 형언할 수 없는 근원적인 '존재'에 대한 하이데거의 찬양은 확실히 완곡한 방식으로 신에 관해 말하는 것이었다. 1947년, 그 제목이 사도 서신을 연상시키는 「휴머니즘 서간」에서 하이데거는 신스콜라적 용어를 사용해 '존재'를 일종의 '제1의 부동의 동자'라 특징지었다. 존재의 신비스러운 '역사적 운명'은 '인간' 혹은 '인간성'과 아무런 상관이 없다. 하이데거는 다음과 같이 주장한다. "존재자가 모습을 드러낼지의 여부 및 방식, 그리고 신新과 신들 혹은 역사와 자연이 존재의 밝음 안으로 들어와 가까이 있다가 사라져버리는지의 여부 및 그 방식은 인간의 결정 사항이 아니다. … **존재자의 도래는 존재의 역사적 운명**Geschick des Seins에 기인한다."[1] 1966년 독일의 뉴스 잡지 〈슈피겔〉지와의 인터뷰에서, 하이데거는 근대 인간성은 황폐해졌으며 잘못 인도되었기에 "오직 신만이 우리를 구원할 수 있다"는 대담한 선언을 한다. 이는 정말로 문제를 매듭지은 것처럼 보였다. 1920년대 '실존주의적 휴머니즘'의 지지자로 변절한 이후, 신앙을 잃은 가톨릭 신자이자 세계에서 가장 위대한 철학자였던 하이데거는 확실히 원래의 신앙으로 복귀했다. 도처에 있는 신학자들이 기뻐했음은 물론이다.

요나스가 그날 오후 연단에서 행한 비타협적이고, 냉정하면서도 격렬한 비판을 각오했던 사람은 거의 없었다. 요나스는 신학자들이 하이데거가 생각하는, '운명으로 가득 찬' 사이비-종교적인 암시에 넘어갔다고 주장했다. 요나스에 따르면 진정한 기독교 신앙은 그 신자가 역사적 운명의 임의성으로부터 **벗어나게 되는 것**을 의미한다. 더욱이 구원과 그것을 고취시키는 믿음은 현세의 일이 아니기에, '운명 지어진 것' 혹은 '정해진 운명'과는 거리가 멀었다. 그 대신 기독교는 일상적인 시간성과 운명의 부정의를 초월하는 영적 위엄에 항상 의존해왔다. 마지막으로, 신이 성경에서—아담에게, 카인에게, 그리고 아브라함에게—내리는 명령은 **윤리적인 계명**으로서, 우리에게 맹목적인 존재론적 복종을 요구하는 것이 아니다. 그리고 학회에서 청중들은 하이데거 자신의 '역사적 운명에의 복종'이 1930년대 그를 어디로 이끌었는지에 대해 의구심을 품었으며, 요나스는 그들의 기억을 되살리는 일을 자처했다.

> 하이데거의 존재에 관해 말하자면, 존재는 탈은폐의 생겨남이며, 사유와의 운명적인 만남이다. 지도자도, 그리고 그의 밑에 있는 독일 운명의 부름도 그러했다. 어떤 것을 탈은폐함은 실로 존재의 부름이자, 모든 의미에서 운명적이다. 그때나 지금이나 하이데거의 사유는 그러한 부름에 어떻게 답변할지를 결정하는 규범을 제시하지 않았다. … 하이데거 자신이 공식적으로 한 답변은 철학의 수치이며, 나는 이를 잊지 않기를 바란다: "교리나 '이념'이 그대의 존재의 규칙이 되지 않도록 하라. 총통만이 독일 현실의 현재이고 미래이며, 그것의 법이다. 지금부터 모든 것이 결단과 그때그때의 행동, 그리고 책임을 요구한다는 사실을 더욱 깊이 배우라. 히틀러 만세."[2]

'기초존재론'의 고질적인 윤리적 결함에 대한 요나스의 날카로운 비판은 이후 하이데거 연구에 뚜렷한 영향을 미쳤다. 비록 드류 대학에서의 학회가 하이데거 지지자들의 행사로 구상되고 진행되었지만, 결국에는 요나스의 도덕적 열변과 인간성이 모임을 장악했다. 그가 연설을 마치자 청중들은 그에게 기립박수를 보냈으며, 하이데거 지지자들은 반론을 제기했다. 그러나 하이데거의 나치즘에 정면으로 맞설 용기를 갖고, 당시 더욱 논란이 되었던 하이데거의 정치적 잘못을 그의 사유의 결함과 직접 연결하려 노력함으로써, 요나스는 그의 삶과 작품의 특징이 될 흔들림 없는 도덕적 진실성을 보여주었다.

때 이른 성찰

한스 요나스는 1903년 독일의 묀헨글라트바흐Mönchungladbach에서 태어났다. 그는 1921년에 철학 공부를 시작했지만, 그 후 3년 동안 베를린 대학에서 유대학을 전공한 학생이기도 했다. 그는 생이 다할 때까지 유대 신학에 관심을 가지고 있었다. 망명자인 뢰비트, 요나스, 그리고 한나 아렌트는 뉴스쿨New school for Social Research 철학과에서 잇달아 직책을 맡게 된다. 1955년 요나스는 이곳에서 종신재직권을 얻었으며 1976년에 은퇴했다.

유대교에 대해 항상 현재적인 관심을 갖고 있던 요나스를 제외한 다른 유대인 제자들은 철저하게 동화된 배경에서 온 이들이었다. 1920년대 후반, 다른 문화에 성공적으로 동화된 대부분의 유대인과 마찬가지로, 그들은 독일의 민족성은 인종 문제가 아니라 주로 언어와 문화 문제라는 망상에 빠진 채 고투했다. 하지만 1933년경, 그들의 눈에서 비늘이 갑자기 떨어져 나갔다. 『1933년 이전과 이후 독일에서의 나의 삶My life in Germany before and after 1933』에서 뢰비트는 나치 시대 초기에 동화된 유대인들이 경험했던 인식의 충격에 관해 생생하게 증언한다.

하이데거의 지도 제자였던 동료, 오스카 베커Oskar Becker에 관해, 뢰비트는 다음과 같이 말했다. "프라이부르크 학생 시절 수학, 음악, 철학을 공부했고, 도스토옙스키와 키르케고르를 읽었으며, 가장 친한 친구가 유대인 소녀와 나였다. 동시에 베커는 자신이 유대인의 보편적 운명에 대해 전적으로 무관심한 것에 대해 조금의 가책도 느끼지 않았다."[3]

1976년 신학자 루돌프 불트만이 죽은 후, 그에게 바치는 추도사에서 요나스는 독일계 유대인으로서 역사의 어두운 시기를 함께 겪은 한층 더 가슴 아픈 경험을 이야기한다.

> 1933년 여름, 이곳 마르부르크에서의 일이었습니다. 우리는 사랑스럽고, 매우 풍부한 감수성을 지닌 불트만의 아내와 세 명의 여학생 딸과 함께 저녁 식탁에 둘러앉았습니다. 나는 방금 신문에서 읽은 내용을 들려주었는데, 그는 아직, 그러니까 독일 시각장애인협회가 유대인 회원을 추방했다는 사실을 알지 못했습니다. 공포심에 나는 열변을 토했습니다. 영원한 밤에 직면해서(그래서 나는 소리쳤습니다), 고통받는 사람들 사이에 가장 통합적인 연대가 생길 수 있습니다만, 그러나 공통된 운명의 결속에 대한 배신은—그리고 그 순간 나는 멈추었습니다. 불트만의 얼굴에 드리워진 죽은 사람과 같은 창백함을 보았기 때문입니다. 그의 눈에서 고뇌를 보았을 때 내 입속의 모든 말이 사라져버렸습니다. 그 순간 나는 기본적인 인류애에 관한 문제에 대해서는 불트만에게 순전히 의지할 수 있다는 것을 알았습니다. 그리고 그 순간에는 말, 설명, 논쟁, 무엇보다도 수사들이 적절하지 않다는 것, 당시의 어떤 광기도 그의 내면의 견실한 빛을 어둡게 할 수 없다는 것을 알았습니다.[4]

예루살렘으로 이주하면서, 요나스는 가르치는 일과 시간제 출판일로 생계를 꾸려나갔다. 전쟁이 시작되면서 그는 영국 육군의 유대인 여단에 즉시 입대해, 군사 정보국을 우회하여 전선에서 복무했다. 그는 5년 동안 전장에서 싸웠는데, 1943년 이탈리아에서의 군사작전이 특히 잔인했다. 그는 1945년에 여전히 영국 유니폼을 입고 모국인 독일의 해방에 참여함으로써, 오직 정복군의 병사로 독일 땅에 돌아가겠다는 12년 전 서약을 지켰다. 1945년 예루살렘으로 돌아오자마자 그는 어머니가 1942년에 아우슈비츠에서 살해되었다는 끔찍한 소식을 전해 들었다.

1948년 그는 다시 한 번 제복을 입었는데, 이번에는 이스라엘 독립전쟁 중 포병부대에 배속되었다. 제대 후 그는 캐나다로 이주했으며, 맥길McGill과 칼튼Carleton 대학에서 6년 동안 학생들을 가르친 후 뉴욕에 영구 정착했다. 요나스는 전투 경험이 그의 철학적 관점을 영구적으로 변화시켰다고 항상 말해왔다. 1920년대 독일에서 학문적 훈련을 받던 때와 눈에 띄는 차이 중 하나는, 당시에는 몸과 자연에 주목하지 않았다는 것이다. 가령 하이데거의 세미나에서는 몸과 자연, 두 주제에 관한 토론이 많지 않았다. 반대로 요나스에게 몸과 자연은 인간이 무엇인지에 대해 근본적 측면을 말해준다. 우리가 자연계에 신세를 지고 있는 두 가지 근본적인 사례인 기아와 죽음을 피할 수 없다는 사실은, 인간의 경험을 구성하는 환원 불가능한 구성요소들이다. 데카르트 이후 철학이 아무리 이를 축소하거나 부인하고자 했더라도 말이다. 요나스는 그의 뛰어나고 감동적인 에세이인 「개인적 경험으로서의 학문Science as Personal Experience」에서 인간 실존의 신체적 차원에 대해 반성할 기회가 있었음을 해명한다.

> 제2차 세계대전 중 군인으로서 수년의 세월을 보냈는데, 그때 나는 책과 도서관이 없었기에 역사 연구를 포기해야만 했으며, 대신 반성을 할 수 있었다. 반성은 마음대로 할 수 있었기 때문이다. 아마도 신체가 노출된다는 순전한 사실, 그러니까 신체의 운명이 전면에 부각되고, 신체가 절단되지 않을까 하는 일차적인 공포가 이러한 새로운 사유 방식을 촉진한 듯싶다. 어쨌든 이 시기에 나는 철학적 전통이 갖는 이상주의적 편견을 전적으로 거부했다. 나는 전통철학의 숨겨진 이원론이 **유기체**에 의해 부인되는 것을 보았다. 우리가 그것의 실존론적 속성을 모든 생명체와 공유하는 유기체 말이다. 유기체에 대한 존재론적 인식이 영혼의 자기의식과 물리학에 대한 앎을 나누는 틈을 좁힐 것이다.[5]

이러한 방식으로, 요나스는 마르부르크에서 하이데거의 지도하에 공부하면서 배운 실존론적 분석 방법을 넓히고자 했다. 우리가 인간이 아닌 생명과 삶을 공유하는 존재의 측면aspects of being을 인식할 때, 인류는 그로 인해 타락하지 않는다. 그리고 인류에게 새로운 측면의 우주적 전망이 드러난다. 요나스의 자연철학에서 인간과 자연의 진정한 공생관계의 가능성이 다시 드러난다. 이 가능성은 자연에 대한 기술 지배의 결과로 수 세기 동안 억압된 것이었다. 그렇게 전투로 인한 고통과 궁핍의 한가운데에서 요나스는 현상학자로서 경험을 쌓을 수 있었다. 인간 존재가 갖는 본질적인 불안정성을 성찰함으로써, 요나스는 우리와 나머지 유기적 자연이 실존론적으로 가깝다는 사실을 직시할 수 있었다.

요나스의 철학적인 결과물은 관습적인 기준으로 볼 때 그리 대단하지는 않았다. 그의 이름을 세상에 알리게 해준 작품들은 세 권의 주요 서적과 몇 권의 수필뿐이었다. 그럼에도 불구하고, 그가 20세기의 독창적이고 중요한 철학 사상가라는 점에는 의심의 여지가 없다. 안타깝게도, 그의 철학은 북아메리카에서 이해받은 것 같지는 않다. 그의 작품은 확실히 **전문가**로부터 존경받고 인정받았지만, 진정으로 받아 마땅한 폭넓은 관심을 받은 적은 없었다. 독일의 문학평론가 발터 벤야민은 만일 요나스가 미국으로 이주하게 된다면 '최후의 지식인'으로 대중에게 공개적으로 전시될 것을 항상 우려했다. 그의 아이디어와 페르소나가 유럽의 문화적 맥락과 내적으로 묶여 있어서, 돈이 정신보다 더 중요한 의미를 지니는 문명에서 그의 아이디어와 페르소나는 오해받을 것이기 때문이다.

이주로 맺어진 조국의 지배적인 지적 경향에 타협하지 않았던 요나스는 벤야민이 두려워했던 운명에 처한 것으로 보인다. 당시 미국 내에서 지배적인 철학 학파인 논리 실증주의, 언어 분석, 그리고 실용주의는 바꿀 수 없는 그의 주된 접근법이었던 유럽 형이상학적인 성향을 거의 받아들이지 않았다. 일을 하며 살아가는 대부분의 시간 동안, 요나스는 '영원한' 철학적 질문인, 사물의 우주론적 구조에서 인간이 차지하는 위치, 아우슈비츠 이후의 신의 의미, 윤리학의 존재론적 기초에 사로잡혀 있었다. 냉철한 경험적 성향을 지닌 미국 철학은 오랫동안 이러한 철학적 질문이 지적 연구에 부적합하다는 선고를 내려왔다. 그러한 관심은 공식적으로 '사이비-문제'로 과소평가되었다. 그들은 이러한 문제가 냉철하고 고된 철학적 분석 방법을 통해 다루기 힘들다는 사실을 증명했다. 그러한 문제들은 시인, 신학자, 말뿐인 삶의 환상에 맡겨져야 했다.

역설적이게도 요나스의 지적 유산이 정당한 대가를 받은 것은 1933년 그가 죽음의 고통으로 어쩔 수 없이 피신했던 땅인 그의 모국 독일에서였다. 요나스는 그의 주요 철학 작품인 『책임의 원칙The Imperative of Responsibility』을 영어로 출간하기 5년 전인 1979년에 독일어로 써서 출판했다. 현대 기술이 갖는 윤리적 의미에 대한 숨 막히는 명상을 담고 있는 이 책은 그에게 국제적인 명성을 안겨주었다. 지금까지 독일어판만 해도 20만 부가 팔렸다. 그의 모든 책 중에서 철학적으로 가장 난해한 책이라는 점을 고려했을 때 이는 특이 주목할 만한 수치이다. 핵분열과 환경 파괴의 시대가 제기한 전례 없는 도덕적 도전에 대한 통찰력 있는 명상을 통해, 요나스의 철학적 직관이 이번만은 시대정신과 완벽하게 부합한다는 사실을 증명했다. 여러 학술회의에서 그의 작품이 다루어졌다. 독일 산업계 대표들은 공개 토론에서 요나스와 함께 나오기 위해 경쟁했다. 독일의 뉴스 잡지는 인터뷰와 전문적인 조언을 구하기 위해 그를 열심히 찾았다. 『책임의 원칙』은 독일 녹색당과 그 동조자들 사이에서 그 그룹의 구성원임을 알려주는 일종의 암호가 되었다. 환경윤리를 주제로 다루는 거의 모든 토론이나 포럼에서는 요나스와 그의 작품을 필수적으로 언급해야 했다. 경쟁관계에 있는 철학 학파들은 그를 반박하기 시작했다. 1987년 84세의 나이로 요나스는 독일 서점가협회의 명망 있는 평화상을 받았다. 같은 해, 그는 독일 연방공화국의 수훈 십자훈장을 받았다. 이러한 찬사의 대부분은 그의 생의 9분의 1, 즉 생의 마지막 10년 동안에 일어난 일이었다. 1993년 2월 5일, 89세의 나이로 요나스는 뉴욕의 뉴로셸New Rochelle에 있는 자신의 집에서 사망했다.

니힐리즘과 그노시스

요나스는 오래가지 못한 독일 바이마르 공화국의 혼란과 불확실성 속에서 지적인 성숙을 이루어냈다. 1920년대는, 시대가 제기한 정치 · 문화적 불안정이라는 극심한 문제로 인해, 20세기의 결정적 10년 중 하나로 남아 있다. 여러 가지 측면에서, 이 시대는 미학적 모더니즘의 절정기에 해당했다. 지방인 마르부르크에 머무는 동안 요나스는 개인적으로 모더니즘 정신과는 직접적인 접촉을 갖지 않았다. 그러나 모더니즘 정신의 특징인 지적 혼란과 당혹함은 알지 못하는 사이, 그러면서도 명백하게 그의 생각에 깊은 자국을 남겼다.

하이데거와 불트만의 지도 아래 쓰인 그노시스파 종교에 대한 요나스의 첫 연구는 확실히 고고학적 작업이었다.[6] 그리스어로 '지식knowledge'을 뜻하는 그노시스주의는 초기 기독교 특유의 종교적 지향성을 갖고 있다. 교리에 있어서, 그노시스주의는 신과 세계를 급진적으로 나누는 이원론을 특징으로 한다. 그노시스주의는 근원적으로 신적 통일성divine integrity을 원초적 조건으로 가정하는 것에서 시작한다. 이 최초의 통일성은 세계의 출현과 그것을 지배하는 악마적 힘을 물리친 이후에 파괴된다. '인간'의 구원 여부에 따라 우주론적 전체성이 회복된다는 점에서, 인간은 이러한 종말론적 변화무쌍함 속에서 결정적인 담보물이 된다. 하늘과 땅 사이의 갈라진 틈은 마니교에서 강조하는 것 중 하나이다. 신은 완전히 이 세상 밖에 있는 것이자, 심지어 우주적인 존재라 알려져 있다. 인류는 지상에 존재하는 자의 연옥을 상징하는 모든 이 세상적 특질들에서 스스로를 정화하고, 자신을 초월적인 신성한 성령, 즉 정신과 배타적으로 연결시킬 수 있을 때에만 구원을 얻을 수 있다. 그노시스주의의 교리는 구원과 우주적 통일성을 회복하도록 하는 비밀스러운 '지식'을 제공한다. 요나스는 이 과정을 다음과 같이 설명한다.

> 인간의 구조는 우주 자체의 모델로 보면, 많은 층을 가진 양파와 비교할 수 있다. 그러나 그 순서는 거꾸로 되어 있다. 우주에서 가장 바깥쪽과 가장 위쪽에 있는 것이 인간에게서는 가장 안쪽에 있는 것이다. 그리고 우주 질서의 가장 안쪽이나 가장 아래층에 있는 지구는 인간 외부 바깥쪽의 육체라는 의복이다. 가장 내면적이고 영적인 사람만이 참된 사람이며, 그는 이 세상의 인간이 아니다. 전체 질서 속에서 그의 근원인, 신이 우주 전체의 외부에 존재하기 때문이다. 구원받지 못한 상태의 영혼은 그 근원에서 멀어지고 영혼과 신체에 몰입되어 있으며, 세상이라는 독에 의해 자신을 알아차리지 못하고 마비된 채, 잠들어 있거나 중독되어 있다. 한마디로 구원받지 못한 영혼은 무지하다. 영혼의 깨어남과 해방은 지식을 통해 이루어진다. 계시, 즉 '부름'은 이미 구원의 일부이다. 그것을 가져오는 자는 구체의 장벽을 꿰뚫는 빛의 세계에서 온 메신저로, 집정관들보다 앞서고, 지상의 잠에서 정신을 깨우며, 무로부터 구

해온 지식을 영혼에게로 들여온다.[7]

요나스는 신과 세계 사이의 그노시스주의적인 근원적 이원론을 특정한 사회역사적 조건에서 유래한 것으로 설명했다. "인간 소외의 조건을 반영하는 인간과 세계의 분열에 내재하는 경험."[8] 1930년대 초 요나스는, 근대에 이와 유사한 '인간 소외의 조건'이라 할 수 있는 유비적 이원론을 발견했다고 믿었다. 그는 실존주의가 인간-세계 이원론, 즉 세계에 대한 인간의 소외 의식을 동일하게 표현했다고 결론지었다. 이러한 깨달음으로 그는 자신의 전체적인 학문의 초점을 모두 재평가하게 되었다. 그는 기존의 골동품 애호가적 관심을 포기했으며, 그의 작업은 가차없이 현재를 지향하게 되었다. 요나스는 나치즘의 부상, 두 차례의 세계대전, 홀로코스트와 같은 고통스러운 역사적 재앙을 직접 목격하면서, 엄청난 지적 과제를 스스로에게 부과했다. 서구 문명 위기의 철학적 기원을 밝혀내고, 시험적일지라도 인류가 새롭게 긍정적으로 나아갈 방향을 제시하는 과제 말이다.

요나스가 근대와 근대의 실패에 대해 면밀하게 진단해서 얻은 실마리는 니힐리즘 사상에 있었다. 근대 니힐리즘은 압도적으로 근대 과학에서 자라나온 것이었다. 과학은 모든 종류의 미신과 근거 없는 믿음에 도전하고 그것의 가면을 벗겨내는 데 꽤 성공적이었기 때문에, 결국 사람들에게 믿어야 할 어떤 것도 남겨놓지 않았다.

요나스에게 근대 과학과 그노시스주의 세계관 사이의 유사성은 부인할 수 없는 것이었다. 두 시스템 모두 고향에 대한 깊은 상실감으로 이끄는 급진적인 의미의 위기로 고통을 받았다. 세속적인 존재자는 전적으로 멸시받거나 평가절하되었다. 남은 것은 주체성에 대한 인류의 자기-팽창적인 신념이다. 이것이야말로 내재된 의미를 회복하는 열쇠였다. 그러나 이는 인류가 존재자와 의미 사이에 잃어버린 연결을 다시 복구하고자 필사적으로 노력함에 따라 역설적으로 광적인 의지주의를 부추기는 상황을 초래했다. 그노시스주의의 경우, 부정 신학의 가르침과 연계된 비우주론적acosmic 정서는 자유로운 부도덕함이라는 도덕률 폐기론자의 태도로 쉽게 이끌릴 수 있었다. 말하자면 법은 세상적 존재자의 세속적 영역에만 적용되기 때문에, 그것이 구원의 길을 가리키는 한, 관습에 대한 도전이 긍정적으로 받아들여졌다. 요나스의 설명에 따르면, "모든 종류의 행위를 수행할 적극적인 의무가 있다. 말하자면 행해지지 않은 어떤 행위도 남겨두지 않을, 실현되지 않은 어떤 자유의 가능성도 남겨두지 않을 적극적인 의무가 있다. 자연에 마땅히 주어져야 할 것을 주고, 그것의 힘을 다 써버리기 위해서 말이다. 오직 이런 식으로만 환생의 순환으로부터 최종적으로 해방될 수 있다."[9] 정치적인 메시아주의는 근대사회의 고뇌와 분열의 한가운데에서 상실되었던 온전함을 세속적인 수단을 통해 회복하기 위해 니힐리즘에 대항하여 일어났다. 공산주의, 파시즘, 각양각색의 통합적 민족주의와 같은 정치적 메시아주의는 도덕률 폐기론자의 특성을 보여준다. 정치적 메시아주의가 정치적 구원을 목적으로 하는 윤리적 수단을 승인하는 한에서 말이다.

과학, 그리고 실존론적 고향 상실

『생명 현상』의 일부로 출판된 「그노시스주의, 실존주의, 그리고 니힐리즘」에서 요나스는 과학혁명으로 거슬러 올라가 니힐리즘의 기원을 추적했다. 그리스 고전시기와 초기 기독교의 우주론에 따르면, 인류를 자연계와 나누는 어떠한 존재론적 심연도 존재하지 않았다. 죽음 이후의 삶을 거부했던 고대 그리스인에게 미덕은 주로 세상 속에서의 성취로 방향 지워져 있었다. 더욱이 그리스 종교는 자연주의적이었으며 이원론적이지 않았다. 기독교와 함께 인류와 세계 사이에 갈라진 틈이 나타나기 시작했다. 인류의 더 상위의 자아는 정신적인 것이었고, 대지는 눈물의 골짜기였다. 그러나 〔퇴락한〕 자연 역시 궁극적으로는 신의 피조물이었으며, 신의 재림으로 인류와 자연계 사이의 조화가 회복될 것이다.

그러나 근대 과학이 등장하면서, 인간과 자연의 화해에 대한 전망은 갑자기 중단되었다. 자연은 도구적 이성의 렌즈를 통해 주로 통제되고, 착취되고, 조작되어야 할 대상으로 여겨졌다. 프랜시스 베이컨Francis Bacon에 따르면, "인간의 주권은 지식 속에 숨겨져 있다. … 이제 우리는 생각으로는 자연을 지배하지만, 필연적으로 그녀[자연]의 노예상태에 있다. 그러나 만약 우리가 자연을 발명하는 방향으로 나아간다면, 우리는 자연을 이용할 수 있을 것이다."[10] 그렇게 사냥이 시작되었다. 데카르트 시대에, 자연에 영혼을 부여하는 것, 즉 인류와 자연 사이의 우애적 유대를 유지하기 위한 모든 전망의 마지막 흔적이 사라지게 되었다. 대신 자연은 연장적 사물res extensa, 혹은 '연장적 실체'로 강등되었다. 반대로 '인간'은 '생각하는 사물res cogitans' 또는 '사유하는 실체'로 재정의되었다. 이 두 존재 유형 사이에 존재론적으로 깊이 갈라진 틈—근대 사상의 특징 중 하나—은 본질적으로 메울 수 없는 것이 되었다.

연장적 사물과 생각하는 사물이라는 두 가지 범주에 깔끔하게 들어맞지 않는 동물을 어떻게 분류할 것인가에 대한 의문이 제기되었을 때, 흥미로운 부조리의 순간이 시작되었다. 홉슨의 선택Hobseon's choice에 대한 데카르트의 해결책은 동물은 '무생물'로 분류하고, 분류 목록에서 **연장적 사물** 아래에 포함시키는 것이었다. 철학자 쥘리앵 드 라메트리Julien de La Mettrie는 만일 인간도 전적으로 물리주의적인 용어로 이해된다면, 세상은 더 나아질 것이라고 확언했다. 그러한 환원적이고 이분법적인 도식이 보여주는 어리석음은 계몽주의의 전성기 때 절정에 이르렀다. 이 독창적인 추론의 결과는 라메트리의 1748년 작품 『인간기계론L'Homme machine, Man a machine』이라는 제목에서 잘 드러난다. 정신세계와 물리적 세계 사이에서 제3항인 유기적 자연은, 설명할 수 없는 것으로, 배제되어 있었다.

「그노시스주의, 실존주의, 그리고 니힐리즘」에서 요나스는 데카르트 철학의 유산이 갖는 기본적인 역설을 다음과 같이 표현했다. "인간이 모든 자연보다 우월하다는 생각으로 인해, 독특한 탁월함을 갖는 인간 정신은 더 이상 존재자 전체와의 더 상위의 통일을 이루어내지 못한다. 그와 반대로 정신은 그 자신과 나머지 존재자 사이의 메워질 수 없는 심연임을 보여준다."[11] 이러한 통찰을 통해, 인류가 '실존론적 고향 상실'에 반대하는 이유를 처음으로 이해할 수 있게 되었다. 일단 우주가 내적 의미를 철저하게 빼앗기게 되면 갈릴레오는 달을 큰 바위에 지나지 않는 것으로 생각하며, 가치들은 궁극적인 존재론적 기반을 박탈당하게 된다. 그리고 고립된 인간 자아는 그 자신으로부터, 즉 유아론적으로 의미를 생산해야 하는 쉽지 않은 과제에 직면하게 된다. 중세의 우주론에 따르면, 모든 피조물은 실존과 본질로 분리된다.* 그리고 오직 신만이 완벽하게 혹은 본질적으로 존재한다. 일단 창조자의 완전성이 제거되고 나면, 인간과 세계 모두 한없는 실존론적 흐름으로 내던져진다. 요나스는 다음의 사실에 주목한다.

> 근대의 니힐리즘은 그노시스적 니힐리즘이 할 수 있는 것보다 한없이 급진적이고 절망적이다. 그노시스적 니힐리즘이 세상의 공포의 대상이자, 세상의 법에 대해 반항적인 경멸을 보임에도 불구하고 말이다. 자연이 마음 쓰지 않는다는 것은, 어느 쪽으로든, 진정한 심연이다. 죽음만을 마주하는 유한한 인간만이 마음을 쓴다는 것은 실로 전례가 없는 상

* 대표적으로 중세 스콜라 철학에 따르면, 모든 피조물은 실존(existence)과 본질(essence)로 구분되며, 이때 실존은 본질인 신으로부터 생겨난 존재자 일반을 말한다. 나중에 키르케고르(1813-1855)는 이러한 중세적 실존 개념을 변형하여, '바깥에 서 있음(existents)', 즉 신 바깥에 서 있음을 가리키는 말로 사용한다. 이 경우 '실존함'은 진정한 자신이 되고자 하는 인간의 분투 노력을 가리키는 것으로, 이후 실존주의라는 하나의 사조를 이해하는 열쇠가 된다.-옮긴이.

황이다. 우연성과, 자신이 기투하는projecting 의미가 객관적으로 무의미한 상황 속에서 말이다.[12]

자연계에 대한 우리의 이해에서 본질적으로 중요한 한 방은 다윈주의에서 일어났다. 전통적인 견해에 따르면 자연은 목적론적으로 작동했다. 그런 만큼 자연은 결실을 맺기로 예정된 선행하는 원인이나 목적의 보고로 해석되었다. 그러나 다윈 진화론의 여파로 이러한 모든 확신은 사라졌다. 대신 유기적 삶의 과정은 앞서 고안된 어떠한 패턴도 따르지 않는다는 것이 분명해졌다. 다윈 이후의 자연에 대한 이해를 대표하는 말은 우연, 자연 선택, 다양성이 되었다. 이후, 유전의 내구성은 진화적 '과정'의 동력인 돌연변이라는 개념에 의해 약화되었다. 요나스가 『생명현상』에서 단언한 바와 같이, "다윈의 진화론은 우연변동과 자연 선택의 결합을 통해 자연으로부터 목적론을 완전하게 밀어냈다. 삶의 이야기에서조차 쓸모없는 것이 되어버리면서, 목적은 전적으로 주관성 안으로 물러났다." 이와 같이, 진화론은 "불변하는 본질을 완전하게 청산했으며, 그런 의미에서 실재론에 대한 유명론의 최종적인 승리를 의미한다. 실재론이 자연종 이념에서 최후의 방어벽이었음에도 말이다."[13]

니체는 "코페르니쿠스 이래로, 인간은 중심으로부터 X지점으로 굴러가고 있다"[14]고 말한 적이 있다. 다윈주의는 인간의 나르시시즘에 추가적인 정신적 외상을 안겨주었다. 인류는 만물의 영장이기를 멈추었다. 인간의 기원이 품위 없는 유인원임이 드러났으며, 다른 모든 종과 마찬가지로 생물학적 우연으로 발생한 것으로 인간의 지위가 축소되었다.

생명의 원칙

근대 니힐리즘의 틈바구니에서, 요나스는 인간 실존의 궁극적 목적에 관한 문제를 제기하는 철학 프로그램을 공들여 재구성하기 시작했다. 그의 프로젝트는 유행에 뒤떨어졌으며, 심지어 결정적인 측면에서 시대착오적이었다. 그러나 요나스가 도달한 결론은 바로 그렇기 때문에 주목할 만한 것이었다. 비슷한 문제에 관심을 가진 많은 동시대인과 달리, 요나스는 근대 과학이 확립한 경험적 기준에 뒤처져 퇴보하기를 거부했다. 대신 그는 경험적 기준들을 새로운 자연철학의 기초로 활용하고자 했다. 근대 물리학과 생물학이 우주와 지구상의 생명체를 본질적으로 고유한 의미를 결여하는 것으로 결론을 내린 반면, 요나스는 과감하게 우주와 지구상의 생명체에 목적과 의미를 복원시키는 일을 자청했다. 이를 위해 요나스는 유기적인 생명은 내적으로 목적이나 목표를 갖는 한, 의미를 갖는다는 사실을 재확립하려고 했다. 자연을 목적을 가진 것으로 보았을 때, 인류의 자리도 마찬가지로 사물의 우주론적 도식 내에서 목적으로 가득 차 있게 된다.

우리는 생명은 특정한 본질적 요소들과 규칙성, 즉 영양 공급, 생식,

그리고 사망의 원칙에 지배된다는 것을 알고 있다. 그러나 인간의 삶뿐만 아니라 유기적 생명 전체를 내적으로 의미 있는 것으로 설명하는 것은 말이 되는가? 요나스에게 있어, 모든 유기적인 생명체가 목적, 분투, 심지어 가장 기초적인 형태라 하더라도 '주체성'을 나타낸다고 말할 수 있는 한, 생명은 의미를 갖는다. 궁극적으로, 요나스는 모든 생명은 자유에 대한 경향성을 갖는다고 주장함으로써, 이 논쟁의 여지가 있는 주장에서 한 단계 더 나아간다. 그는 『생명의 현상』에서 다음과 같이 말한다. "태양, 행성, 원자에 이질적인 원리인, 자유의 원리가 물리적 우주의 광대한 필연성 속에서 처음으로 빛을 발하는 것은 원시 유기체의 어두운 움직임 속에서이다."[15] 존재와 비존재 사이의 실존론적 구별이 생명체의 출현과 함께 처음으로 의미 있게 된다. 말하자면 부정의 가능성으로부터 끊임없이 위협을 받으면서, 생명은 끈질기게 존재해야 한다. 만약 생명이 그 끔찍한 반대인 죽음에 굴복하지 않으려면, 일련의 정교하고 지략을 겸비한 자기보존 행위를 해야 하기 때문이다. 이와 같이 비존재와 부정 사이에서 일시적으로 유예된 생의 드라마는 실존론적 목적의 이념을 개시한다. 무기적 자연의 영역과는 전적으로 이질적인 방식으로 말이다. 이로써 '마음씀concern'과 '의미meaning'라는 개념이 처음으로 존재하기 시작한다. 요나스는 다음과 같이 표현한다.

> 비존재는 존재 자체 내에서 대안으로서 구체화된 것으로 세상에 모습을 드러냈다. 그로 인해 존재 자체가 첫째로 확고한 의미를 갖는다. 즉, 부정에 의한 위협을 통해 내적으로 자질을 갖추었기에, 존재는 자신을 긍정해야 한다. 긍정된 실존은 **마음씀**으로서의 실존이다. 비존재의 가능

성이야말로 생의 구성요소이다. 비존재는 본질적으로 심연을 맴도는 것이자, 벼랑 끝을 둘러간다. 이와 같이 존재 자체는 주어진 상태라기보다는 끊임없는 가능성이다. 다시 말해 존재 자체는 항상-존재하는 정반대의 비존재에 대립하여 항상 새롭게 존재하는 것으로, 종국에는 비존재를 집어삼키는 것이다.[16]

생이 갖는 '실존론적 역설'은 다음과 같이 요약될 수 있다. 생이 자신의 부정을 자체 내에 지닌다는 사실은 생에게 자기긍정(자기보존)을 위한 궁극적인 동기를 부여한다. 비존재가 목전에 있다는 가능성, 즉 생이 갖는 궁극적인 실존론적 불안정성이야말로 존재 자체를 계속적으로 유지하게 한다.

요나스에 따르면, '생의 통일성'을 이해하는 것은 전체론적 자연주의holistic naturalism의 방향성을 통해 근대 사유의 이원론, 즉 마음과 몸, 주체와 객체, 관념론과 유물론의 이분법적 구분을 극복하도록 해준다. 그렇다고 요나스가 이러한 극복을 위해 인류의 특이성을 격하하거나 상대화하는 것은 아니다. 그는 자연 그 자체가, 비록 보다 미천한 규모에서나마 주체성의 흔적을 드러낸다고 주장함으로써 근대 사유의 이원론을 극복한다. 이 견해는 요나스의 철학에서 논쟁적인 것 중 하나이다. 그의 핵심 주장 중 하나는, 비록 고도로 사변적인 방식이기는 하지만, '신진대사metabolism'가 의미하는 목적론적 함축에 대한 탁월한 이해를 보여준다.

요나스는 근대 과학에 동의하여, 유기물이 신진대사를 한다는 점에서 무기물과 구별된다고 본다. 나아가 그는 이 주장을 형이상학적 의미에서 해명한다. 요나스에게 신진대사는 유기적인 생명을 나머지 물리적 세계와 구분 짓는 실존론적 자율성을 의미한다. 유기체의 자율성은 유기체의 '주체성'을 정의하는 표현이다. 이러한 자율성은 유기체가 물질세계에 대해서 가지는 형태적인 독립성에 놓여 있다. 어느 시점에서, 요나스는 생명의 출현을 "물질의 역사 내에서의 존재론적 혁명"[17]이라고까지 말한다. 물질은 자기-동일적인 것으로 남아 있는 반면, 생명은 자기-조정적이고 자기-변환적이다. 무기적 자연에 반해서 생명이 갖는 형태상의 독립성은 생명이 겪을 수 있는 모든 신진대사적 변형 외에 그 생명의 내적 동일성 속에도 나타나 있다.

자신의 동일성을 유지하는 이러한 능력 때문에, 요나스는 유기적 자연에 '자기성selfhood'이라는 속성을 부여한다. 출현하는 생명에 대한 이러한 이해는 홉스주의적 이해와 유사하다. "순간순간 스스로를 재천명하고, 스스로 성취하며, 주위의 모든 물리적 동일성이 갖는 균등화의 힘에 저항하는 동일성은 참으로 나머지 사물들에 대항하게 한다. … 자기성의 시험대는 유기체의 경계를 넘어서는 모든 것을 이질적인 것으로, 그리고 다소간 대립적인 것으로, 즉 '세계'로 한정한다. 세계 속에서, 세계에 의해, 그리고 세계에 대항해서 유기체는 자신을 유지하기 위해 전념한다."[18]

요나스는 유기적 자연의 자유, 혹은 자기성을 '변증법적'이라 일컫는다. 신진대사를 하는 능력은 독립의 표시이자 생물학적 필연성, 즉 의존성의 표시이다. 왜냐하면 생명은 존재하기를 그치지 않고서는 신진대사를 멈출 수 없기 때문이다. 요나스는 이러한 문제를 다음과 같이 간결하게 표현한다. "유기적 자연의 자유 그 자체는 그것 특유의 필연성이다."[19]

요나스는 유기적 자연의 활동을 형이상학적으로 재해석함으로써 사람들이 유기적 자연에서 발견하리라 기대하지 않은 주관성, 자유, 그리고 자기성을 감지해낸다. 자기보존을 위한 생의 투쟁에서, 무기세계에 대항해 그 경계를 유지하기 위한 생의 노력에서, 요나스는 '마음'의 희망을 본다. 요나스에 따르면 지각 있는 생명체는, 가장 저급한 형태라 하더라도 내성 혹은 정신을 희미하게나마 지닌다. 요나스는 다음과 같이 설명한다. "우리가 이러한 내성inwardness을 느낌, 감성, 자극에 대한 반응, 식욕 혹은 경향, 즉 극미한 정도일지라도 어느 정도의 '앎'이라 부르든, 내성은 유기체가 자기 존재와 존재의 존속에 대한 염려를 간직한다. … 주관적 반사작용이 처음으로 시작됨으로써, 가장 덜 발달된 촉각의 '경험', 즉 균열이 분리된 존재의 혼탁함 속에서 열린다, 말하자면 **내성**의 차원이… 열린다."[20]

요나스가 생명체에 부여하는 사변적 논제들은 완전히 증명되거나 반증될 수 없다. 대신에 그 논제들은 우리가 자연에 대한 관습적이고 객관화하는 태도를 중단하고, 즉 자연과학자들 사이에서의 지배적인 태도를 멈추고 생의 경이로움에 경탄할 시간을 가질 것을 요구한다.

기술의 위협과 공포의 발견술*

1903년 요나스가 태어났을 때, 가장 중요한 교통수단은 말이 끄는 마차였다. 그의 생애 말기에 이르러 핵분열이 발견되었고, 제트기 여행이 일상화되었으며, '달 위를 걷는 것'이 흔한 일이 되었다. 그리고 인간의 유전자 구성을 발견하고 지도화하기 위한 야심 찬 과학 연구가 진행 중이었다. 이러한 사업, 즉 생명공학에 무한한 가능성을 제공했던 소위 인간 게놈 프로젝트가 갖는 윤리적 파급효과는 사람들로 하여금 진지하게 생각하도록 했다. 인류 역사에서 도구의 발명을 거쳐 근대 기술이 출현하기까지는 영겁의 시간이 흘렀다. 진화의 역사에서 보면, 이러한 변화는 눈 깜박할 사이에 해당한다.

인류의 기술적 독창성으로 인해 20세기 인류와 자연계의 균형은 급진적이고 영구적으로 변화되어 왔다. 그러한 변화는 인간 경험의 한계

* '공포의 발견술(Heuristics of Fear)'은 일종의 공포를 탐지하는 기술을 말한다. 이러한 발견술을 통해 인간에게는 도덕적 관심이 일깨워진다. 만일 인간에게 생명과 자연이 가져올 수 있는 불행한 미래상에 더욱 주의를 기울이도록 하는 기술이 있을 때, 그래서 위험을 감지할 수 있을 때, 비로소 무엇을 해야 하는지 알 수 있기 때문이다. H. 요나스, 『책임의 원칙』, 이진우 옮김(서광사, 1994), 372-373쪽 참조.-옮긴이.

를 완전히 뒤바꾸어놓았다. 과학이 급격한 속도로 변화함에 따라 이에 대한 예측이 불가능해졌다. 게오르크 지멜Georg Simmel이 「대도시와 정신적 삶The Metropolis and Mental Life」에서 주목한 바와 같이, "〔근대적〕 개인성이 그 위에 세워진 심리학적 기초는 감정적 삶의 강화에 있다. 이는 내적·외적인 자극이 신속하고 지속적으로 변화되었기 때문이다. 즉 급격하게 변화하는 이미지의 단축, 한눈에 파악되는 확연한 차이들, 그리고 폭력적인 자극의 의외성 등 말이다." 전통적인 삶의 형식에서는 전반적으로 개성을 강조했던 반면, 근대적인 노동의 분화는 전체에 거슬러 작동한다. 개인은 '무시해도 될 정도의 수량', 즉 "진보, 영성, 그리고 가치와 관련된 모든 것을 점차 그들의 손에서 빼앗아가는 광대하고 압도하는 사물과 세력의 조직과 비교해서 하나의 톱니바퀴"[21]로 축소된다.

『책임의 원칙』에서, 요나스는 인류의 유례없는 기술 진보가 갖는 도덕적 함축에 정면으로 맞서고자 했다. 전하는 바에 따르면, 이 책이 출간되자 한나 아렌트는 탄성을 질렀다고 한다. "한스, 이것은 하나님이 너를 창조하셨을 때 염두에 두었던 책이야!"[22] 요나스에 따르면, 인류의 처분에 맡겨진 신기술들이 가공할 만하고 강력해졌기에, 2,500년 동안의 윤리적 담론이 쓸모없어졌다. 지금까지 자연계에 대한 인류의 개입은 범위가 제한되어 있었으며, 그 결과는 쉽게 예측 가능했다. 이 때문에 인류와 자연의 균형은 근본적으로 의심의 대상이 되지 않았다. 반면 근대 기술은 이미 지구의 생물권을 수많은 측면에서 영구적으로 변화시켰으며, 아직 결과가 완전히 결정되지 않은 방식으로 지속적으로 변화하고 있기에, 근대 기술이 어떤 충격을 안길지는 모든 선례와 다르게 어떤 장담도 할 수 없다.

숨 막힐 정도로 빠르게 변화하는 기술은 인류와 자연의 교류에 영향을 미칠 뿐만 아니라 실존론적 의심의 범람을, 즉 인간의 자기 이해의 위기를 촉발시킨다. 역설적이게도, 인류가 자연을 지배하면 할수록 인류는 종종 더 취약함을 느끼고, 예상치 못한 부작용과 위험에 더 많이 노출되었다. 누가 그 과정을 통제하고 있는가? 누가 기술 변화의 속도를 명령하는가? 아무도 확실히 모른다. 인간의 독창성으로 거대한 기계 장치가 만들어졌으며, 그 궁극적인 결과가 무엇일지 아무도 알 수 없다. 요나스는 다음과 같이 말한다. "인간의 충만함에는 위신을 빛내고 자원을 굶주리게 하는 것이 속해 있으며, 인간의 힘이 팽창하면서 인간의 자기 개념과 존재는 위축된다."[23]

아리스토텔레스의 '프로네시스phronesis', 칸트의 '정언 명령categorical imperative'과 같은 윤리에 대한 전통적인 접근 방식은 잘 정의되고 친숙한 기준 척도에 속하는 인간 행동을 다룬다. 그러한 교리들은 겉보기에 절대불변의 역사적 · 생물학적 규칙성에 기반을 두고 있다. 그러나 기술적 근대성에 의해 상황이 급변하면서, 단지 '좋은 것(아리스토텔레스)'을 지향하거나, 사람을 '목적 자체(칸트)'로 대하라는 윤리적 처방은 생태학적 재앙이라는 최악의 시나리오에 직면해서 무방비 상태에 놓여 있음을 증명하게 될 것이다. 그러한 조건하에서, 요나스는 인간이 자연세계와 맺는 관계를 근본적으로 재평가하는 일이 그 자체로 윤리적 명령이 되었다고 말한다.

환경윤리에 대한 요나스의 접근 방식을 흥미롭게 하고 이를 최근 유행하는 다양한 생태근본주의와 차별화하는 요소 중 하나는 그의 전략이 합리주의적인 동시에 인간중심적이라는 데에 있다. 요나스에 따르면,

사람들은 윤리적 관용의 척도를 가지고 자연에 접근해야 한다. 그것은 '가이아주의자Gaiaists'가 주장하듯 지구가 신성한 것을 상징하기 때문이 아니고, 모든 생물 종이 동등한 가치를 가지기 때문도 아니다. 대신, 인류의 생존 자체가 위태로운 한, 인류는 자연에 대해 책임감 있게 행동할 의무가 있다. 이 점에서 요나스는 자신이 유행에 어울리지 않게 서구 전통에 빚지고 있음을 숨김없이 말한다. 그는 인간이 진화 과정이 낳은 가장 고귀한 생명체라는 사실을 의심하지 않는다. 그는 『생명의 현상』에서 개략적으로 설명한 자신의 자연철학이 인간중심적이라는 사실을 기꺼이 인정한다. 자신의 자연철학이 마음, 주체성, 그리고 자유와 같은 인간의 목적을 인간 이하의 유기체에 귀속시키는 한에서 말이다. 마지막으로, 요나스의 접근 방식에서 반지성주의적 측면은 전혀 없다. 예를 들어 그는 현재의 생태학적 위협을 가져온 주범이 인간 이성의 과잉이라고 설명하려 하지 않는다. 확실히, 인간의 합리성의 일방향성, 즉 도구주의적 편향이 그의 설명에서 중요한 역할을 한다. 그러나 요나스는 상처를 입힌 손, 즉 이 경우 쟁점이 되는 인간의 독창성 그 자체만이 질병을 고칠 수 있다고 굳게 믿는다.

이렇게 명백하게 인간중심적 방향성을 유지하면서, 요나스는 '책임의 원칙'을 다음과 같이 정의한다. "당신 행위의 결과가 참된 인간 생명의 영속성과 양립할 수 있도록 행위하라." 이를 부정적으로 표현하면, 다음과 같다. "당신이 한 행동의 결과가 삶의 미래 가능성을 파괴하지 않도록 행위하라." 이렇게 새롭게 정식화된 책임의 원칙은 인간 행위의 범위가 항상 엄격하게 제한되어 있다는 전통적인 윤리학의 견해에 응답하고자 한다. 이전의 어떤 윤리 이론도 기술이 생명 전체를 위험에 빠뜨릴 수 있다는 가능성에 직면하도록 강요된 적은 없었다.

근대 기술 시대에 적합한 윤리를 제공하려는 요나스의 시도 중 논란의 여지가 있는 부분 중 하나는, 그가 '존재'로부터 '당위'를 이끌어내려 했다는 것이다. 이는 이에 반대하는 철학적 명령에 정면으로 대항하는 것이었다. 즉 요나스는 가치판단이 사실 진술에 근거할 수 없다는 격언에 정면으로 맞선다. '사실'과 '가치'를 구분하는 논시에 따르면, 난지 사물이 특정한 방식으로 존재한다고 해서, 사물들이 그러한 방식으로 있기로 정해진 것이라거나, 혹은 사물들이 반드시 계속 그러한 방식으로 있어야 한다는 것을 의미하지 않는다. 대신에, '당위' 혹은 '옳음'은 인간 이성의 영역이다. 말하자면 당위나 가치는 자연의 법칙에 새겨진 상수가 아니다.

요나스가 이 신성시되는 철학적 계율을 어길 수밖에 없다고 느끼는 이유 중 하나는 현재의 위기가 대단히 심각하기 때문이다. 생 자체의 운명이 앞날을 알 수 없는 상태에 처해 있을 때, 도덕적 토대는 강력하고 이론의 여지가 없어야 한다. 비록 이것이 도덕적 토대를 존재론적으로 존재 자체에 근거 지우는 것을 의미한다고 해도 말이다. 그러므로 '생명'을 내재적 가치를 갖는 것이라 말하고, 우리가 생명의 미래 생존력을 보장할 의무가 있다고 주장함으로써, 요나스는 그가 『생명의 현상』에서 스케치한 자연 형이상학에 암묵적으로 의존한다. 생명의 보존은 우리가 인간으로서 자신에게 빚지고 있는 어떤 것만은 아니다. 그것은 자연의 가장 강력한 피조물이자 더 큰 생명체의 일부로서 특별한 책임이 있는 우리가 의무를 지고 있는 하나의 명령이다.

윤리의 토대를 생에 근거 지움으로써, 요나스는 객관적인 토대를 갖는 도덕성을 제공하고자 한다. 주관적이고, 그렇기에 구속력이 없는 대부분의 근대적 윤리 시스템과는 대조적으로 말이다. 요나스는 문제를 다음과 같이 간결하게 표현한다. "존재는 그 자체로, 그것이 무엇인지에 대해서뿐만 아니라 우리가 빚지고 있는 것에 대해서도 알려준다."[24] 존재가 유기적인 생에서 풍부함과 다양성을 박탈당한다면, 특징이 없고 말이 없어지며, 목적도 없이 존재론적으로 극도로 황폐해질 것이다. 후기 하이데거와 같이, 요나스는 '존재에 대한 회상remembrance of Being'이 지금 당장 인류가 윤리적으로 더 나아지기 위한 원동력이 되어야 한다고 믿었다. 요나스는 다음과 같이 결론을 내린다. "객관적인 가치로부터만 객관적인 '당위'가 내적으로 도출될 수 있다. 그런 이유로 우리에게 존재를 지키기 위한 구속력 있는 **의무**, 즉 그것에 대한 책임성이 〔도출될 수 있다〕."[25]

현대의 역사적 시간에 긴급하게 필요한 것은 요나스가 '공포의 발견술'이라 부르는 것이다. 인류의 비대해진 기술적 역량이 생명의 미래를 이처럼 위험에 빠뜨렸기 때문에, 실험이나 위험 부담의 한계는 최소한으로 축소되어야 한다. 임박한 재앙에 대한 감각에 의해 동기 부여된 '공포의 발견술'이 제안하는 것은 다음과 같다. 우리의 기술적 개입은 최악의 시나리오를 상세하게 말하는 일에 가치를 두는 '비교 미래학comparative futurology'에 의해 완화되고 인도되어야 한다. 최악의 시나리오라는 큰 위험이 닥쳤을 때, 최대한의 세심한 주의와 경계를 기울이지 않으면 무책임이라는 유혹에 굴복하게 될 것이다. 이러한 무책임은 장난삼아 집단적 '자기-전멸self-annihilation'을 생각하는 것과 같다. 이는 생명의 신성함에 비추어볼 때 윤리적으로 용인될 수 없는 과정이다. 그러므로 요나스에 따르면, 우리는 "이런 위협으로부터의 반동으로 우리 자신의 진정한 이미지를 확인하기 위해 인간의 이미지를 위협할 필요가 있다."[26] 장기적인 환경의 위험—그러한 현실화는 종종 추측의 문제가 된다—은 너무나 자주, 역사적 현재로부터 동떨어져 있기에, 단기적인 윤리적 시야의 지평 속으로 들여와 고려하기가 매우 어렵다. 그렇기에 요나스는 새로운 기술이 갖는 전례 없는 성질을 상기시키기 위한 긴급한 방법으로 공포의 발견술이 필요하다고 역설한다.

그러나 또한 이 개념을 사용하는 데 있어 무엇보다 중요한 것은 인간 심리에 대한 결정적인 통찰이다. 요나스는 다시 한 번 홉스에 동의하면서, 경험적 사실에 비추어보았을 때, 인간은 종종 선에 대한 감사보다는 공포에 의해 더 쉽게 동기부여된다고 말한다. "이것이 우리가 만들어지는 방식이다"라고 요나스는 주장한다. 말하자면 "**악**에 대한 인식이 **선**에 대한 인식보다 한없이 쉽다. 악에 대한 인식은 보다 직접적이고, 더 강제적이며, 의견이나 취향의 차이가 덜하다. … 악은 그 존재만으로도 우리에게 그것을 알아차릴 것을 강요하는 반면, 이로운 것은 우리가 그것을 반성하지 않는 한, 눈에 띄지 않고 아무도 알아차리지 못한다."[27] 그러므로 이러한 악에 대한 실존론적 '개방성'의 태도를 개발하는 것은, 요나스가 선호하는 책임 윤리의 기본적인 의무 중 하나이다.

정치적 수호자의 위험성

요나스가 제시하는 형이상학적 비전의 역동성과 범위는 부인할 수 없을 정도로 강력하지만, 지식에 대해 제기될 수 있는 주장들이 그렇듯, 그 비전은 비판의 여지가 있다. 그의 생명철학은 지적 · 윤리적 위험을 수반한다. 그의 생명철학이 생기론적으로 유기적 자연의 모든 발현에 대해, '마음'과 '주체성'을 세포 수준에까지 부여할 것을 주장한다는 점에서 말이다. 자연을 인간화하고 인류를 자연화함으로써, 우리는 사실상 인류에게서 특정한 인간적인 능력을 빼앗는다. 유기 분자 생명의 '자유'를 말하는 것은 다음의 경우에도 의미가 있는 것일까? 요나스 자신이 지적하듯, 그러한 자유가 신진대사의 형태로 다른 무엇보다 중요한 필연성에 의해 지배된다고 할 때 말이다. 사실, 유기체는 선택의 여지가 없다. 말하자면 유기체는 신진대사를 해야만 한다. 그렇지 않으면 죽는다. 신진대사를 통해, 유기체는 무기물의 죽은 물질에 대항해서 형태상의 독립성을 취한다. 그러나 그러한 제한적인 독립성을 '자유'와 동일시하는 것이 말이 되는가? 그렇게 비교한 덕분에, 자유를 불완전하게 정의하는 데 만족하게 되는 위험을 갖는 것은 아닐까? 역사적으로 볼 때 자유는 투쟁과 용기의 산물로서, 어렵게 얻은 성취를 의미한다. 자유와 신진대사 간의 관련성을 주장하는 것은 우리가 자유를 수반하는 하위인간subhuman이라는 개념에 만족해야 한다는 것을 의미한다.

요나스가 생명에 절대 가치를 부여하기를 고집하는 데 따르는 또 다른 위험은 인간적 선the Good의 개념이 평가절하된다는 것이다. 우리의 시야를 높게 설정하고 개개인이 번성하도록 장려하는 선, 즉 개인이 자기 능력을 실현하거나 충족하도록 하는 선 개념을 목표로 하는 대신에, 요나스의 형이상학적 생기론은 '좋은 삶'보다 '한낱 생명', 또는 생존에 특권을 부여하는 경향이 있다. 만일 우리가 나머지 유기적 자연과 공유하는 생의 측면에 규범적 우선성을 부여한다면, 우리를 동물 세계와 **구분하는** 인간 삶의 모든 특징이 영향을 받게 된다. 문화적 탁월성, 우정, 생산적인 공동의 유대와 같은 **인간적인** 삶의 면모들 말이다. 따라서 인류를 자연세계와 다시 통합하는 일은 인간의 독특성을 감소시키는 대가를 요구한다.

앞서 언급한 어려움들은 요나스를 홉스주의자로 볼 수 있는 사상적 측면을 결정적으로 드러낸다. 『리바이어던Leviathan』의 저자인 홉스와 마찬가지로 인간 삶에 대한 요나스의 이해는 비관적인 철학적 인류학에 근거를 두고 있다. 홉스와 요나스에게 자연 상태는 결코 자애로운 것이 아니었다. 홉스는 자연 상태에서의 인간의 상호작용을 만인에 대한 만인의 투쟁a bellum omnium contra omnes으로 묘사한다. 그 속에서의 삶은 "폭력적이고, 가난하고, 끔찍하고, 잔인하고, 부족하다." 개인들이 이러한 상태를 버리고 사회계약을 맺도록 강제하는 동기는 결코 고상하고 고귀하지 않다. 대신에 사회를 수립하는 주요 동기는 **공포**, 즉 끔찍하게 죽을 수 있다는 공포다. 다윈은 말할 것도 없고, 요나스와 홉스의 밀접한 관계는 삶을 본질적으로 생존을 위한 경쟁적인 투쟁으로 규정하는 데서 분명해진다. 시민사회에서의 삶이 아닌 자연과 생물학을 규범적인 출발점으로 삼음으로써, 요나스는 인류에게서 최상의 것을 기대하기보다 최악의 것을 예상한다.

요나스의 형이상학적 비전에 내재한 체념의 요소는 윤리에 대한 그의 접근 방식에 영향을 미치지 않을 수 없다. 예를 들어, 『책임의 원칙』에서, 요나스는 부모-자식 관계가 인간의 책임에 대한 원형적 혹은 근본적인 예라고 주장한다. 앞에서 언급했듯이, 요나스에게 윤리적 주장을 강요하는 것은 자의적이고 주관적인 선호의 문제가 될 수 없다. 윤리적 주장이 진정으로 설득력을 가지려면 사물의 본질이나 '존재'에 뿌리를 내려야 한다. 이것이 바로 그가 부모-자녀 관계를 책임의 모범적인 사례로 제시하는 한 가지 이유다. 그것은 원론적으로 거의 모든 인간이 부모로서 혹은 자식으로서 경험해본 것이다. 이러한 유대의 근본적인 강도는, 비록 개별적인 경우에 불명예스러운 것일 수 있음에도 너무나 확실한 것이기에, 요나스는 이 유대를 보편적인 것으로 생각한다. 요나스가 관찰한 바와 같이, "누군가가 '존재'와 '당위'가 일치하는 단일한 사례를 들어보라고 요구했을 때, 우리는 가장 친숙한 모습을 지적할 수 있다. 신생아는 단지 숨 쉬는 것만으로 주위 세계에 당위를 알려준다, 즉 그를 돌봐야 한다는 당위 말이다."[28]

그러나 가치를 사실이라는 토대 위에 세우려 시도할 때 수반되는 문제들이 요나스의 분석에서도 따라다닌다. 부모-자녀 사이의 유대라고 하는 본보기에 보편성을 약화시키는 역사적 · 경험적 예외가 많다는 것은 문제가 아니다. 문제는 본보기 자체를 일반화할 가능성이 부족하다는 데에 있다. 부모와 자녀의 관계가 갖는 독특성이 그것을 가정 외부의 환경으로 바꿀 가능성을 가로막는다. 그 배타적 특성은 그것을 인류 일반은 말할 것도 없고, 다른 인간관계로 확대하는 데 심각한 장애가 된다. 사람들은 쉽게 요나스에게 등을 돌리고, 부모가 아이에게 느끼는 정도에 견줄 만한 헌신을 동료 남녀, 낯선 사람에게 느끼는 것은 **불가능**하다고 말할 수 있다. 사회적 유대가 불가피하게 가족적 유대보다 약하며, 인류의 연대 이론을 구축하는 것은 사회적 유대에서 기인한다는 사실을 인정하는 것이 더 생산적일지도 모른다.

요나스가 윤리적 성찰의 결과를 정치 영역으로 확대할 때, 그 결론 역시 결함을 갖는다. 다시 한 번 부모와 자식 간의 유대를 인간의 책임의 전형으로 설정하면서, 그는 관련된 윤리적 명령을 시민을 돌보는 정치인의 의무에서 말할 수 있다고 주장한다 정치에 대한 이러한 접근 방식은 명백하게 온정주의적이고 반민주적인 함축을 갖는다. 정치인이 시민의 복지를 함양해야 한다는, 즉 시민을 정치적 '부담'으로 바라보는 관념은 인간 본성을 비관적으로 바라보는 요나스의 생각에서 논리적으로 따라 나온다. 더욱이 그것은 전근대적인 정치적 후견 이론과 같은 종류의 것이다. 플라톤의 철학자 왕 이론이 그것의 전거가 된다. 플라톤의 철인왕 이론에 따르면, 대다수의 남녀는 도덕적인 삶을 이끌어갈 능력이 없다. 따라서 그들에게 그다음으로 좋은 것은 선을 이해하고, 그에 따라 그들의 지적 열등함을 지도할 수 있는 현명한 엘리트들의 지시를 따르는 것이다. 요나스는 다음과 같이 말한다.

인위적으로 만들어진 정치인의 임무 내에서도 자연적인 요소가 있다. 정치인이 형제자매와 시민의 평등에서 한발 더 나아가 모두를 이롭게 하는 책임감 있는 부모와 같은 역할을 맡는다면, … 전체적인 의미로 봤을 때, '정치인'은 그가 직책을 맡고 세력을 갖는 동안 공동체의 총체적 삶에 대한 책임이 있다. … 이것은 물리적 존재에서 최상의 관심사로, 안전에서 생명의 풍요로, 선한 행위에서 행복으로까지 확장된다.[29]

전제정치의 장점

생태학적 재앙이 임박했다는 요나스의 예언은 경험적으로는 알 수 없다. 놀랍게도, 그는 환경 파괴의 정도와 심각성에 관한 과학적 자료를 전혀 참조하지 않는다. 대신에, 그의 묘사는 **초월론적 연역**transcendental deduction의 성격을 갖는다. 그의 발견은 증명되거나 논증되기보다는 단시 가정된 것이다. 그의 멘토인 하이데거처럼—『책임의 원칙』에는 이상하게도 하이데거의 이름이 어디에서도 발견되지 않는다—요나스는 현대 기술과 그것이 끼치는 영향에 대해 선험적 기반을 바탕으로 논의를 전개한다. 지구의 황폐화는, 말하자면 기술 개념에 내재해 있다. 대안적 입장에 대해 미묘한 뉘앙스의 논의를 전개할 경우 애매모호할 여지가 거의 없다. 요나스의 글의 어조는 종말론적이다. 수행적 관점에서 보면, 그러한 정언적 공리*는 대화와 토론을 장려하는 대신 순응을 강요한다.

* 公理, Postulate: 공리란 일정한 이론과 추론의 맨 앞에 위치하는 것으로, 해당 이론이나 추론 내에서 다른 모든 명제는 공리로부터 도출되지만 자신은 더 상위의 원리로부터 도출될 수 없는 명제를 가리킨다. 그런 의미에서 공리는 더 이상 증명할 수도, 증명할 필요도 없는 것을 가리킨다.-옮긴이.

마찬가지로, 요나스가 생기론(혹은 독일어 의미로 생철학, Lebensphilosophie)에 의지하는 것도 여러 가지 골치 아픈 문제를 야기한다. 하이데거의 경우에서와 같이, 이는 윤리의 실존론적 토대, 즉 윤리의 토대를 원칙이 아닌 사물의 존재 방식—다시 말해, 존재—에 둔다는 점에서 우려를 낳는다. 요나스의 경우, 윤리의 기초는 명백히 자연주의적이며 심지어 유사 다윈주의적이다. 그가 『책임의 원칙』에서 말한 바와 같이, "다른 생명을 침해하는 것은 그로 인해 생명의 왕국에 속하는 것과도 관련이 있다. … 간단히 말해서, 먹고 먹히는 것이 존재의 원리이다."[30] 물론, 요나스는 궁극적으로 다윈에 맞서 다윈을 이용하려 한다. 말하자면 그의 윤리학은 사회적 다윈주의('최적자 생존')에 대항하기 위해 다윈주의를 출발점으로 삼으며, 생기론자들이 '생명'을 궁극의 선으로 신성화하는 것에 찬성한다.

그러나 독일의 정신사Geistesgeschichte에서 생기론이 남긴 유산은 여러 가지로 해석될 여지가 있다. 역사적으로 생기론은 (서구의) '이성reason' 이념과의 투쟁에서 지적 무기로 활용되어 왔다. 생기론은 다윈의 과학적 생물학에 대한 도전에서 비롯되었다. 자연선택설이 지니는 기계론적 함축에 반대해서, 생기론은 생명이 배타적으로 인과적인 용어들causal terms로 설명될 수 없다고 주장한다. 생기론은 괴테의 자연철학을 모방해, 유기적 생명을 혼이 불어 넣어진 것으로 보는 시각을 선호했다. 나중에, '생명'은 알려진 대로라면 지성이 하는 추상적인 사색보다 더 우월한 '경험적 직접성experiential immediacy'의 차원을 의미하게 된다.

독일이 처한 상황에서, 생기론적 관점이 갖는 이데올로기적 취지는 명백하다. 허버트 슈네델바흐Herbert Schnädelbach는 다음과 같이 말했다. "만약 생철학의 후기 역사가 거의 알려져 있지 않다면… 그 이유는 주로 생철학이 비합리주의라는 오명과 함께 파시즘의 선구자라고 낙인찍혔기 때문이다. 국가사회주의의 공식철학으로 여겨졌던 보임러Bäumler, 크리크Krieck, 그리고 로젠베르크Rosenberg의 '영웅적 리얼리즘'이 니체 이후의 생철학 전통에, 그리고 무엇보다도 오스발트 슈펭글러에게서 '영감을 받은' 것은 분명 부인할 수 없는 사실이다."[31] 생기론의 위상에서, '독일 이데올로기'에 대한 요나스의 입장이 보이는 비밀스러운 친밀성은 실로 문제적이다.

요나스의 분명한 정치적 의견을 검토할 때, 그의 반근대적 · 인식론적 성향과 관련한 의문과 의구심은 강화된다. 『책임의 원칙』의 후반부는 마르크스주의와 국가사회주의 전통 간의 대화로 구성된다. 이상하게도, 요나스의 책에 대한 2차 문헌들에서, 그의 연구 중 이러한 차원은 완전히 간과되었다. 『책임의 원칙』의 '정치' 장에서 요나스는 정도상의 차이만 있을 뿐 슈펭글러와 하이데거가 지지하는 '서구의 몰락'에 대한 입장을 받아들인다. 독일의 국가 혁명가들처럼, 요나스는 자유민주주의에는 미래가 없다는 견해를 취한다. 문화적으로나 역사적으로, 자유민주주의는 과학혁명, 산업혁명과 복잡하게 얽혀 있다. 그러므로 자유주의는 기술의 시대와 그것이 초래한 '전 지구의 황폐화'와 뗄 수 없는 관계에 있다. 결과적으로, 요나스에게 자유민주주의의 대안을 모색하는 일은 현대사회가 윤리적으로 거듭나기를 모색하는 것과 밀접한 관계를 갖는다.

미국의 정치적 맥락에서, 경제 계획이 갖는 미덕을 성찰하는 요나스의 입장에는 아무도 귀를 기울이지 않았다. 그러나 1970년대 시장에 이익이 되도록 하는 계획을 아직 포기하지 않았던 사민당이 정권을 잡았던 독일에서는 전혀 다른 정치적 성좌가 작동했다. 독일민주공화국과 화해 및 조정을 하는 정책인 동방정책Ostpolitik이 여전히 유효했다. 따라서 독일의 관점에서 보았을 때, 『책임의 원칙』은 즉각적이면서도 지대한 정치적 관련성을 띠었다. 더욱이 요나스가 인간중심주의에 대해 암묵적으로 비판한 점, 즉 자연의 위계질서 내에서의 인간의 우위성을 비판한 그의 모습은 독일 평화운동과 큰 공명을 일으켰다. 그러므로 "자연은 인간이 산출하는 것보다 더 큰 위험을 초래할 수 없었다"라는 그의 주장은 근본주의자 그룹의 신조 역할을 할 수 있었다.[32]

지구촌의 환경 위기로 촉발된 '비상 상태'는 요나스가 정치사상을 형성하는 데 영향을 미친다. 요나스는 위기가 인간의 집단적 의사 결정의 모든 측면에 필연적으로 영향을 미치는 정도에까지 이르렀다고 주장한다. 임박한 생태학적 재앙으로 인해, '선' 혹은 '최상의 삶'에 대한 질문은 무용지물이 되었다. 말하자면 "지금의 세계사적인 총체적 위기 속에서, 우리는 항상-열려 있는 **질문**인 인간이 **어떤 사람이** 되어야 하는가로부터… 항상 암묵적으로 그 근저에 놓여 있지만, 이전에는 명시화할 필요가 없었던 최초의 계명, 즉 그가 무엇인가가 되어야만 한다는 그러한 **계명**으로 되돌아가야 함을 발견한다." 요나스의 정치적 처방이 갖는 권위주의적인 함축은 다음의 주장에서 분명하게 울려 퍼진다. "**정치적으로 사회규율을 최대화함으로써만 현재의 이익을 미래의 장기적 긴급사태에 비해 부차적인 것으로 만들 수 있다.**"[33]

요나스의 견해에 따르면, 오늘날의 자본주의는 스스로 개혁할 능력이 없다. 전쟁 이후 '사회 복지국가'를 향한 변화, 말하자면 '인간의 얼굴을 한 자본주의'는 그의 마음을 움직이는 데 실패한다.[34] 그러한 임시방편은 시스템을 안정화하고 영구화하는 데 도움을 준다. 그렇기에 보다 근본적이고 전면적인 시스템의 변경을 가로막는다. 반대로 요나스는 사회주의state socialism가 '생산의 무질서'라는 자본주의의 특징을 극복한다는 역사적인 주장을 했으며, 이것을 탐구할 가치가 충분한 선택지로 여긴다.

> 마르크스주의 프로그램만이 오늘날 행위를 압도적으로 미래로 겨냥함으로써 현재에 규범을 부과하는 윤리의 근원으로 진지하게 고려될 수 있다. 마르크스주의는 베이컨적 자연 지배의 이념을 사회를 재구성하는 아이디어와 통합하고, 그로부터 거의 완벽한 인간을 기대한다. 마르크스주의는 인간에게 최대의 이익을 가져다준다는 규칙하에 베이컨적 혁명의 결실을 가져다줄 것을, 거기에 고양된 인류의 본래 약속을 되찾을 것을 제안한다. … 사회주의는 베이컨적 유산을 보존하는 것이 더 큰 합리성을 가져온다는 약속을 통해, 이윤 동기에 의해 지배되는 경제에 반대할 수 있다.[35]

요나스의 정치철학의 골자는 『책임의 원칙』에서 불온한 제목이 붙은 장, "중앙집중적 정부 권력의 장점"에 담겨 있다. 그는 플라톤의 '철학자 왕' 교리가 담고 있는 반민주주의적 편견에 명백하게 빚을 지고 있다. 이는 1930년대 초 하이데거 역시 미혹되었던 편견이기도 하다. 요나스는 전제정치의 미덕을 공공연하게 찬양한다. 예를 들어 "위로부터의 의사결정, 즉 아래로부터의 사전 동의 없이도 내려질 수 있는 상부의 결정은 사회 속에서 아무런 저항에도 부딪히지 않는다." 이런 식으로 중앙집중적 정부 권력은 사리분별이나 자기-규제 능력이 없는 것으로 보이는 일반 대중의 원초적인 본능을 피해갈 수 있다. 요나스는 자신의 정치적 견해가 "전제정치…에서 정부의 이익"을 허가한다는 사실을 인정한다. 비록 그 전제정치가 "선의를 가지고, 넓은 견문과 통찰력을 가진 전제정치"라 할지라도 말이다. 그러나 임박한 세계적 재앙의 규모를 고려할 때, 요나스는 기본적인 민주주의적 자유의 폐지가 불가피해졌다고 믿는다.[36]

전제정치의 출현이 불가피하므로, 이제 '우파'와 '좌파'의 독재 중에 어떤 것이 더 좋을지 하는 문제가 남는다. 요나스는 좌파 독재에 손을 들어준다. "권력의 기술에서 우리의 불편한 목적을 위해 공산주의 전제정치가 자본주의-자유-민주주의의 복합체보다 뛰어난 것으로 보이기" 때문이다. 공산주의가 갖는 분명한 장점 중 하나는 '사회주의 규율'의 금욕적 특성뿐만 아니라 그것이 요구하는 도덕적 헌신의 정도에 있다. (편의상, 지금의 논의에서 정부가 집행한 약속, 혹은 '테러'의 필요성은 배제한다) 즉 요나스는 금욕적 특성을 자본주의 소비 사회에서 관리되는 향락주의보다 선호한다. 요나스는 다음에 주목한다. "이제 마르크스주의가 갖는 위대한 자산은 그것에 의해 형성되고 지배되는 사회에 만연한 강력한 '도덕주의'이다. … '전체를 위해' 살고, 전체를 위해서 자신을 '희생하는 것'이 공공도덕의 신조이다."[37]

반대로, 공산주의의 신조가 갖는 주요 문제점 중 하나는 유토피아주의이다. 요나스에 따르면 유토피아주의는 산업과 과학혁명에 대한 파우스트식의 열망을 갖는 곳에서 나타나는 에토스이다. 그러므로 단기적으로 사회주의 규율의 금욕적 특성은 뚜렷한 장점이 있는 반면, 궁극적으로 사회적 기대를 과도하게 높이는 위험성을 갖는다. 결국 사회주의에서 강조하는 금욕은 계급 없는 사회의 도래를 위한 일시적인 서막이 되어야 한다. 이러한 잠재적인 갈등의 씨앗을 완화하기 위해, 요나스는 또 다른 논쟁의 여지가 있는 플라톤적 유산, 『국가』 3권의 '고결한 거짓말'에 의존한다. 이상국가의 시민들이 수동적으로 통제와 불평등을 견딜 수 있도록, 플라톤의 수호자들은 '금속의 신화'**를 제공한다. 거짓말을 퍼트리는 것은 더 위대한 진리를 보존하기 위해 정당화된다.

요나스는 자신의 권위주의적인 정치구조가 성공하기 위해서는 기만과 유사한 의지가 필요함을 암시한다(그는 지나가는 말로 지금까지 마르크스주의가 '허위의식'의 가면을 벗기는 것에 입각해 있던 반면, 그의 시나리오에서 마르크스주의는 진리를 위한 '허위의식'의 제공자가 된다는 역설적인 사실을 지적한다). 특히 생태학적 전제정치의 수호자들은 현재의 환경적 한계에 비추어볼 때, 국민에게 요구되는 금욕이 현실적으로 일시적이 아니라 영구적이라는 사실을 숨겨야 할지도 모른다. 그러므로 그것의 이름으로 희생을 요구했던 유토피아는 도래하지 않을 것이다. "나는 제도화된 정치적 기만이라는 생각에 기겁하지 않는다"라고 요나스는 인정한다. "아마도 정치가 결국에는 이러한 대중을 속이는 위험한 게임(플라톤의 '고결한 거짓말')을 제공해야 할 것이다. 희망의 원리의 가면을 쓰고 공포의 원리를 실행하는 것… 특별한 상황에서는, **유용한 의견이 거짓된 것일 수 있다.** 만일 진리를 참아내기 어렵다면, 선한 거짓말은 반드시 해야 함을 의미한다."[38]

요나스가 말년에 독일 뉴스잡지인 〈슈피겔〉지와 인터뷰한 내용은, 그

** 플라톤은 『국가』 3권에서 이상국가 내의 통치자, 수호자, 그리고 생산자 계급이 서로를 해치지 않도록 하기 위해 '훌륭한 거짓말'이 필요하다고 말한다. '금속의 신화'는 이러한 훌륭한 거짓말에 해당한다. 이에 따르면 신이 인간을 황금, 은, 쇠, 청동(구리)을 혼합해서 만들었기에, 통치자, 수호자, 생산자 계급은 그에 걸맞은 미덕인 지혜(통치자), 용기(수호자), 그리고 절제(생산자)의 자질을 각기 다르게 타고났다고 본다. 이에 대해서는 플라톤의 『국가』 3권, 414a-415c를 참조하라. 플라톤, 『국가 · 정체』, 박종현 역주(서광사, 2005).-옮긴이.

가 전제정치의 매력에 빠진 게 일시적인 현상이 아님을 입증한다. 공산주의가 붕괴된 이후 자유주의가 승리할 것이라는 낙관적 예측을 반박하기 위해, 요나스는 『책임의 원칙』에서 공식화한 시대에 대한 절망적인 진단을 다시 강력하게 드러낸다. 요나스에 따르면, 그가 1979년 걸작에서 전개한 재앙에 대한 전망은 심지어 지금에 와서 더욱더 적절하다. 그는 "우리가 익숙하게 아는, 보다 상위 문명의 비극적인 몰락을 염려한다. 말하자면 문명이 새로운 원시주의의 단계로 쇠퇴하는 것을, 즉 대량 빈곤, 대량 죽음과 대량 살상, 자연에 대한 착취를 넘어서 영혼이 생산한 모든 보물을 상실하게 되는 것"을 우려한다.[39] 그러한 경향에 정치적으로 대응하기 위해, 요나스는 그가 『책임의 원칙』에서 수행한 것과 유사한 사고 실험을 한다. 그는 '세계 정부', '인류의 구세주에 의한 독재'라는 생각을 품었다. 그에 상응하여, 현재의 생태학적 곤경은 개인의 자유를 축소할 것을 '자명하게' 요구한다. 그의 이러한 판단은, 민주주의가 현재 기능하는 것을 통해 알 수 있듯, 민주주의는 단기적인 결과를 향하는 편협한 지향성을 갖기에, 정부의 형태로 부적합하다는 의심에서 추동된 것이다.[40]

궁극적으로, 요나스는 국가사회주의 접근법 역시 거부되어야 한다는 것을 인정한다. 요나스의 마지막 분석에 따르면, 마르크스주의는 근대 생산력주의의 에토스에 지나치게 빠져 있다. 마르크스주의가 프로메테우스적 지향과 유토피아적 목적을 갖는 한, 자본주의보다 마르크스주의 관할하에서 자연의 이익을 도모하기가 조금 더 나을 것이라 주장한다. 마르크스는 자신이 공산주의를 근대 산업 시스템의 합리적 완성으로 본다는 사실을 결코 숨기지 않았다. 십중팔구, 마르크스주의 정권하에서 자연에 대한 착취는 기하급수적으로 확산될 것이다. 물론 '실제로 현존하는' 사회주의 국가들이 보여주는 환경 실적은 신뢰감을 주지 못한다. 요나스는 사회주의 국가들이, 자본주의의 이윤 동기를 비현실적 국가 생산량으로 대체하는, 일종의 탐욕스러운 '국가 이기주의'에 참여하는 것을 비난한다.

그럼에도 불구하고, 그가 정치적으로 자유주의의 미덕을 기꺼이 묵살해 버리는 것과 마찬가지로, 전제정치의 미덕을 심각하게 검토하는 모습은 당황스럽다. 앞서 언급한 〈슈피겔〉지와의 인터뷰에서, 그는 또 다른 아주 끔찍한 사고 실험을 한다. 그는 비관적으로 근대성이 전체적으로 잘못된 길일 수 있다고 말한다. 말하자면 "근대는 바로잡아야 하는 오류였을까? 개인의 자유 증진과 과학-기술적 진보를 결합하는 것이 올바른 길인가? 어떤 면에서 근대는 더 이상 추구해서는 안 되는 거짓된 길이었을까?"[41] 이러한 문세제기 방식은 가능한 답변의 한도를 교묘하게 앞서 결정한다. 그리고 이러한 문제제기 방식에서 1920년대 좌우 양쪽의 정치 스펙트럼에 걸쳐 독일에 만연해 있던 침울한 슈펭글러적인 감성의 귀환이 감지된다.

홀로코스트 이후의 신학

요나스는 중요한 저술들을 통해 홀로코스트 이후 신학에 기여했지만, 그 저술들은 잘 알려지지도, 이해되지도 않았다. 홀로코스트는 유대인의 종교 사상에 중대한 문제를 제기한다. 유대 신학의 고전 문헌에 따르면 구약성서의 신은 완전하면서도 전능하며 창조자이자 구원자이다. 그는 자애로운 신이지만, 이스라엘 백성의 입법자로서, 그의 법을 위반했을 때는 엄한 처벌을 내리는 것을 꺼리지 않는 신이기도 하다. 홀로코스트는 이전의 역사적 재난과 다르다. 홀로코스트에서 유대인들은 어마어마한 고통을 받았다. 하지만 이러한 고통을 받을 만큼 유대인들이 종교적 위반을 했는지에 대해서는 양자 간에 상관관계가 없어 보인다. 그 여파로 이러한 전통적인 신에 대한 이해는 급격하게 의문에 붙여지게 되었다. 홀로코스트의 폐해가 너무 극심하기에, 변신론을 고려하는 것조차 불가능하다. 중세 유대인들에 대한 박해에서 그토록 중요했던, 순교나 신에 대한 증인의 개념(순교 또는 '이름의 축성')조차 유대인들이 나치의 손에서 견뎌낸 불명예스러운 죽음으로 더 이상 쓸모없게 되었다.

홀로코스트에 대한 신학적 반응은 넓은 범위에 걸쳐 있다. 그 재앙에 대해 전적으로 자연스러운 첫 번째 반응 중 하나는 아우슈비츠가 신이 존재하지 않음을 증명했다고 단순하게 주장하는 것이었다. 만일 전지전능한 신이 존재한다면, 그는 아우슈비츠의 공포가 발생하도록 절대로 허락하지 않았을 것이기 때문이다. 비록 나치즘의 짐승 같은 짓이 어떤 이상한 심판에 의해, 그러니까 유대인의 불경이나 잘못에 대한 신적인 처벌로 해석될 수 있다고 해도, 백만 명의 무고한 유대인 아이들의 죽음은 전적으로 사고 범위를 벗어난다.

다른 신학자들은 유럽 유대인들의 말살을 신이 존재하지 않는 것에 대한 증거로 해석하는 것이 히틀러에게 사후 유대인 백성에 대한 완전한 승리를 부여하는 것이라 주장한다. 이에 따르면 유럽 유대인 3분의 2의 목숨을 빼앗은 히틀러는 나머지 생존자들의 믿음을 빼앗는 데 성공했다. 이 관점을 가장 잘 대변하는 사람 중 한 명이 철학자 에밀 파켄하임Emil Fackenheim이다. 파켄하임은 유대교를 포기하는 내신에 포스트 홀로코스트 신학이 필요하다고 주장한다. 아우슈비츠 이후 유대인의 삶과 신앙이 중단된 것에서 종교의 부활이 필요하다는 것이다. '세상을 고치는', 즉 흩어져 있는 신적 실체의 단편들을 모으는 신학의 과제는 계속되어야 한다.

요나스는 언론을 통해 앞서 언급한 두 입장의 중간을 선택한다. 그는 홀로코스트가 신의 비존재에 대한 결정적 증거를 제공한다는 것을 부정한다. 그러나 그는 또한 구약성서의 자애롭고 전능한 신이 소름끼치는 홀로코스트 사건을 침묵으로 주재하는 것은 불가능했을 것이라 주장한다.

대신, 요나스는 다른 신학적 방향, 즉 모든 신학이 대부분 추측에 기반한 주장을 해야 하는 것과 마찬가지로, 고도로 사변적인 방향으로 밀고 나간다. 요나스에 따르면, 방금 설명한 어느 접근법에 의해서도 충분하게 탐구되지 않은 추가적인 가능성이 있다. 즉 신이 존재하지만 개입하기에는 무력했을 가능성 말이다. 그러므로 우리에게 알려지지 않은 이유들로 인해서, 신은 전능하기를 그만두었는지도 모른다. 신적 에너지가 창조 행위에서 모조리 소진되었을 가능성이 있다. 요나스는 또 다른 가설을, 즉 세상을 창조한 후, 신은 인간에게 자유의지의 여지를 주기 위해서 스스로를 제한하는 행위를 했을 것이라고 주장한다. 이 이론은 신이 우주를 창조한 후에 스스로를 위축시킨다는, 카발라 신비주의 교리 침춤Tzimtzum과 일치한다. 확실히, 이는 신이 전능하다는 우리의 전통적인 개념을 상대화한다. 그러나 창조 행위를 통해 스스로를 '시간화'한 덕분에, 그리고 인간의 고통에 영향을 받게 됨으로써, 신의 전능한 권력은 이미 축소되기 시작했다. 요나스가 지적한 바와 같이, 신적인 전능함을 가정하는 것은 드라마와 흥미를 제공한다는 점에서 신학에 기여한다. 그리고 그 속에서 자유의지의 개념은 모든 의미를 상실하게 될 것이다. 요나스가 설명한 대로, "고독 속에서, 절대적인 힘은 그 힘을 발휘할 대상이 없다. 그러나 대상이 없는 힘은 무력한 힘이며, 스스로를 무력하게 만든다. 말하자면 '모두'는 여기에서 '0'과 같다. … 그것의 관계항 속에서 어떤 저항도 마주하지 못하는 힘은 힘을 전혀 갖지 않는 것과 같다. 힘은 그 자체로 힘을 가진 어떤 것과의 관계 속에서만 실현된다."[42]

아우슈비츠 이후 신의 개념을 의미 있게 만드는 유일한 길은 신의 선함이 악의 존재와 양립할 수 있다는 사실을 인정하는 것이다. 그러나 이를 인정하는 것은 신이 전능하지 않다는 것을 인정하는 것과 마찬가지다. 요나스는 "창조 행위에서 생성계에 그 자신을 온전히 바친다면, 신은 더 이상 줄 것이 없다. 이제는 인간이 그에게 바칠 차례다"[43]라고 말한다.

하이데거 되돌아보기

요나스는 그의 생이 끝날 무렵, 스위스 라디오 인터뷰 방송에서 하이데거가 미친 충격과 영향에 대한 질문으로 되돌아왔다. 다른 관찰자들의 증언을 떠올리면서 요나스는, 상당한 정도로, 그 철학자의 매료시키는 능력이 '이해할 수 없는' 담론의 성격에서 기인했다고 언급했다. 말하자면 학생들은 이해하지 못했음에도 불구하고, 하이데거의 말에는 '이해할 만한 가치가 있는 어떤 것'이 있다는 느낌을 받았다. 요나스는 비공식적인 자리에서 하이데거가 독일 민족주의를 지향했다는 것을 확인했지만, 그럼에도 불구하고, 이 철학자가 1933년 나치즘을 숨기지 않고 수용한 것은 그에게 진정으로 예상치 못한 일이었다. 그러나 요나스가 회상하는 동료 제자들의 경우는 사정이 달랐다. "왜 그렇게 놀라는가? [하이데거의 정치적 연루]는 항상 있어 왔다네. 그의 사고방식을 통해 알 수 있었어."[44] 더 깊이 숙고해보면, 요나스는 그러한 남부끄러운 면모들이 정말로 존재했다는 것을 인정할 수밖에 없었다. 어떠한 이유에서인지, 그는 다만 이러한 남부끄러운 면모들을 알아채지 못했다.

하이데거의 철학적인 성향이 어떤 것인지 설명해달라고 다그쳤을 때,

요나스는 실존론적 '결단resolve' 혹은 '결단성decisiveness' 개념이 핵심적인 역할을 했다고 말했다. 물론 당시 대화하던 상대방이 하이데거를 히틀러 동조자로 몰아붙였을지도 모른다. 요나스에 따르면, 결단성 개념이 갖는 문제는 내용이 없다는 것에 있다. 그것은 윤리적인 정치적 헌신을 비윤리적인 것과 구별해줄 고유한 척도를 제시하지 않는 것으로, 규범적으로 어떤 내용도 갖지 않았다. 대신, '결단'을 결정하는 요인은 순전히 형식적이거나 (카를 슈미트와의 유사성을 강조하기 위해) '결정론적'이었다. 그것의 결과는 목적과 상관없이, 주어진 원인을 위해 참여한 양이나 정도에 의해 판단되어야 한다.

요나스에 따르면, 하이데거의 정치적 선택을 이해하는 데는 이 '내용 없는' 결단의 성격이 결정적이다. 이것이 시사하는 바는, 결단의 의미와 방향성이 현대사의 처분에 맡겨지게 되며, 이를 방어할 힘이 결단 자체에는 없다는 것이다. 요나스는 다음과 같이 말한다.

> 1933년 1월이 다가오자, 역사는 결단의 기회를 제공했다. … 하이데거의 전망 전체에 대한 거대한 의구심이 분명해진 것이 바로 이때였다. 그는 특정 관념론 철학을 사유의 형식, 즉 범주를 연구한다는 이유로 비난했다. 즉 그에 따라 세계에 질서가 생기고, 그러므로 모든 것이 세계로부터 거리를 두게 하는 범주 말이다. 그러나 그의 철학에는 결단 그 자체가 최상의 미덕이 되는 결단주의가 전적으로 형식주의적 성격을 갖는다는 더욱 심각한 비난이 가해질 수 있다.[45]

삶과 윤리, 그리고 신학에 대한 성찰과 함께 요나스는 니체의 구절을 빌려와 우리에게 일련의 '때에 맞지 않는 사상'을 내놓는다. 그의 철학은 분명히 해결할 수 없는 과업으로 남아 있다. 사려 없고 기술적 광란이 지배하는 시대에, 요나스는 서양 형이상학의 이른바 '궁극적 질문'이 흔적도 없이 사라지는 것을 우려했다. 위험을 감수하는 상황을 절대로 피해가지 않는 그의 사상은 현대 인류의 근시안적 시각과 그 하찮은 관심사를 강력하게 고발한다. 요나스에게 있어서, 자신의 존재 이유에 대해 심사숙고하기를 거부하는 인류는 빈곤하고 방향감각을 상실한 채로 근본적으로 상실감에 빠져 있다. 전쟁으로 폐허가 된 유럽으로부터 그에게 피난처를 제공한 미국 사회는 그가 도망쳤던 사회보다 확실히 더 나았다. 그러나 때로 요나스는 영혼의 상태에 대해 고민했을 것이다. 한때 미국 사회를 보편적인 부러움의 대상으로 만들었던 전통적인 덕목들, 즉 경건함, 자립, 투철한 공공심, 시민 참여, 뿌리 깊은 공동체는 소유를 미덕으로 삼는 무자비한 개인주의로 대체되었기 때문이다. 최근에, 그러한 개인주의는 배타적이고 우쭐해하는 자기-이해타산으로 대체되었다. 요나스의 사상이 지속적인 업적을 이룰 수 있었던 것은 그가 인간과 우주적 관심의 수많은 분야에 철학적 놀라움이라는 날카로운 감각을 가져다줄 수 있었기 때문이다.

1970년대 중반의 허버트 마르쿠제.

6장

허버트 마르쿠제

실존론적 마르크스주의로부터 좌파 하이데거주의로

마르크스주의의 위기

허버트 마르쿠제는 마르크스주의 철학자이자 신좌파의 지적 선지자로 명성을 얻었다. 그는 1928년부터 1932년까지 프라이부르크에서 하이데거의 지도로 철학을 공부했고, 하이데거의 영향을 받은 흔적이 그의 성숙한 사상에 미묘하고 예상치 못한 방법으로 남아 있게 된다. 일부 사람들의 추정에 따르면, 심지어 후기에도 마르쿠제는 '하이데거적 마르크스주의자'로 남아 있었다.[1] 그러나 마르쿠제가 하이데거 개념들을 전유했다는 말은 여기에서 신중하게 기술되어야 한다. 우리가 검토해온 다른 철학자들과 달리, 심지어 젊은 시절에도 마르쿠제는 결코 투철한 하이데거주의자가 아니었다. 하이데거 사상에 대해 마르쿠제가 보여준 관심은 항상 마르크스주의에 대한 지속적인 헌신과 균형을 유지했다. 마르쿠제의 기본적인 정치적 경험은 1918-1919년의 무산된 독일 혁명 중에 일어났다. 젊은 보병이었던 그는 제1차 세계대전이 끝날 무렵 독일 전역에 급속하게 퍼진 군인평의회 중 한 곳의 사회민주당 대의원으로 선출되었다. 구스타프 노스케Gustav Noske가 자유군단을 동원해 1919년 스파르타쿠스 봉기를 잔인하게 진압한 사건은 당시 집권한 사회민주당 정부가 승인하고 장려한 일이었다. 이 사건은 로자 룩셈부르크Rosa Luxemburg와 카를 리프크네히트Karl Liebknecht의 약식 처형으로 절정에 달했다. 이 사건으로 마르쿠제는 사회민주당과 영원히 멀어지게 되었으며, 혁명적 사회 변혁의 교리로서 마르크스주의에 대한 평생의 헌신을 견고히 하게 되었다.[2]

전쟁이 끝난 후, 마르쿠제는 독일 작가의 소설에 관한 논문을 썼고, 베를린에서 일했으며, 시인 프리드리히 실러의 저작 목록을 편찬했다. 1927년, 겉으로 보기에는 뜬금없이, 하이데거의 『존재와 시간』이 등장했다. 이 작품은 강단철학의 진부한 아카데미즘과 의식적으로 결별함으로써, 철학적 탐구를 위한 전례 없는 풍부한 가능성을 열어주는 것 같았다. 신칸트주의, 논리 실증주의 등, 철학계의 지배적인 양상은 역사적 시대가 직면한 방향감각의 상실을 체계적으로 무시했다. 반면 하이데거 철학은 위기의 분위기를 존재론적 탐구를 위한 '존재적ontic' 출발점으로 끌어안았다. 마르쿠제는 프라이부르크로 가는 길을 다음과 같이 묘사했다.

> 독일 혁명의 실패는 결정적이었다. 친구들과 나는 1921년에 이 혁명의 실패를 카를과 로자가 살해되는 것과 함께 실제로 경험했다. 거기에서는 우리가 동질감을 느낄 어떠한 것도 없어 보였다. 그때 하이데거가 나타났고, 1927년 『존재와 시간』이 출간되었다. … 혁명이 실패하면 어떻게 되는가? 이것은 우리에게 결정적인 질문이었다. 당시 철학계는 신칸트주의와 신헤겔주의가 지배하고 있었다. 그리고 갑자기 『존재와 시간』이 실질적인 구체철학concrete philosophy으로 나타났다. 『존재와 시간』은 '삶(현존재)', '실존', '세상 사람들', '죽음', '마음씀'에 대해 말했으며, 그

것은 마치 나에게 말하는 것 같았다.[3]

마르쿠제는 다수의 초기 에세이에서 마르크스와 하이데거의 관심을 종합하고자 했다. 그러나 그는 순수한 하이데거주의자가 되지는 않았다. 마르쿠제는 하이데거의 실존주의가 마르크스주의의 목적에 적합하게 쓰일지 모르지만, 그 반대는 성립하지 않는다고 믿었다. 마르쿠제는 첫 번째로 출판한 에세이에서 다음과 같이 말한다. "실존의 역사성은 모든 역사적 주제에 대한 적합한 접근 방법인 변증법적 방법에 입각해서 현상학을 수정할 것을 요구한다."[4] 마르크스주의의 해방의 목적, 즉 상품 생산 사회로 인한 노동자 계급의 비참한 삶에 종지부를 찍는 것은 항상 마르쿠제에게 규범적 기준으로 남아 있었다. 그러나 돌이켜 보면 마르쿠제는, 마르크스주의와 실존주의를 결합하고자 한 이러한 초기 노력이 궁극적으로 실패로 끝났음을 인정했다. 1971년 인터뷰에서 그는 다음과 같이 말했다.

> 나는… 실존주의와 마르크스주의 사이에 어떤 어우러짐이 있을 수 있다고 믿었는데, 정확히 그 이념들이 현실적인 인간 실존, 인간과 인간세계에 대한 구체적인 분석을 고집했기 때문이다. 그러나 나는 하이데거의 구체성은 대부분 거짓이고, 거짓 구체성이라는 점을 곧 깨달았다. 사실 그의 철학은 그 당시 독일 대학을 지배했던 철학들만큼이나 추상적이며, 현실을 제거하고 심지어 현실을 회피했다.[5]

마르쿠제가 젊은 시절에 하이데거를 만난 이야기는 매혹적이다. 무엇보다 이는 장 폴 사르트르Jean-Paul Sartre, 모리스 메를로 퐁티Maurice Merleau-Ponty, 체코 철학자 카렐 코지크Karel Kosik, 이탈리아 현상학자 엔조 파치Enzo Paci 등이 마르크스주의와 실존주의를 결합하려는 후속 노력으로 이어졌다. '인간의 얼굴을 한 마르크스주의'를 위한 철학적 토대를 놓으려고 했던 이러한 시도들은 1968년 8월 바르샤바 조약군이 프라하의 봄*을 진압했을 때 실패로 끝났다. 이후 유럽 좌파는 마르크스주의를 안으로부터 개혁하려는 모든 희망이 환상에 불과하다는 것을 깨달았다. 동유럽 공산주의는 더 이상 마르크스주의의 역사적 '기형'일 뿐이라고 설명될 수 없었다. 그것은 마르크스주의 자체의 본질이 갖는 중대한 점을 드러냈다.

1920년대 후반 마르쿠제는 마르크스와 하이데거를 화해시키는 일이 타당하고 바람직하다고 생각했다. 그런데 이는 '마르크스주의의 위기'를 보여준다. 마르크스주의 위기 담론은 소위 수정주의 논쟁과 맞물려 세기가 바뀔 즈음에 등장했다. 독일 사회민주당 이론가인 에두아르트 베른슈타인Eduard Bernstein은 사회주의로의 전환이 자연적으로 일어날 것이며, 결과적으로 혁명이라는 관용어가 불필요해질 것이라고 선언했다. 베른슈타인은 여러 측면에서 유럽 노동계급 운동의 현주소를 정확하게 묘사했다. 노동자들은 대체로 임금 인상과 더 나은 근로 조건에 대한 그들의 요구를 성공적으로 충족시켰다. 그들의 경제적 관심이 자본주의 시스템 자체 내에서 충족되고 있는데 왜 그들이 정치권력을 장악하는 데 관심을 갖겠는가? 베른슈타인의 동료 사회주의자들은 그의 견해

* 1968년 체코슬로바키아에서 일어난 민주자유화 운동.-편집자

를 이단적인 것으로 취급했다(예를 들어 그의 슬로건인 "목표는 아무것도 아니다. 운동이 모든 것이다"). 그러나 결국 그가 마르크스주의 교리 내에 중대한 격차가 있음을 알아봤다는 사실은 부인하기 어려웠다. 확실히 노동자들은 덜 혁명적이고, 덜 정치적이며, 점차로 자본주의 사회에서의 그들의 운명에 만족해했다. 이는 사회주의의 도래에 관한 마르크스의 예언에 치명적인 결함이 있음을 의미했다.[6]

또 다른 위기이자 마르쿠제 자신이 목격하게 될 위기는 제1차 세계대전 이후에 출현했다. 전쟁으로 인해 유럽 열강들의 도덕적 신뢰는 땅에 떨어졌다. 독일과 다른 지역의 경제적 여건은 최악이었다. 그런데도 혁명은 러시아 차르 체제하의 후미진 곳에서만 일어났다. 바이에른과 헝가리 소비에트 공화국과 같은 중부 유럽에서 일어난 혁명은 일시적이고 중요하지 않은 것으로 드러났다. 이 시나리오 역시 정통 마르크스주의의 기대를 저버리는 것이었기 때문이다. 더욱이 전쟁 이후 사민당이 독일의 집권당이 되었음에도 불구하고, 그들의 후원 아래에서 베를린과 뮌헨에서 혁명적인 봉기가 짓밟혔다. 따라서 사회민주주의의 반혁명적 성격에 대해서는 의심의 여지가 있을 수 없었다.

유럽 마르크스주의 관점에서 볼셰비키 혁명은 그것이 해결한 것만큼이나 많은 문제를 일으키는 것으로 보였다. 유럽 전역의 공산당은 모스크바의 독재와 결정에 대해 비굴한 노예의 자세를 취해야 한다는 사실을 알았다. 볼셰비키는 이론적으로 세련되지 않았던 것으로 악명이 높았다(부하린(Bukharin)의 입문서, 『공산주의의 ABC』는 유명하다). 전통적으로 마르크스주의는 진정한 평등이 부르주아 사회의 형식적 평등을 대체할 것이라고 주장했다. 역사철학으로서 마르크스주의는 계몽주의가 갖는 유토피아적 열망을 물려받았다. 초기 마르크스의 철학적 저작에는 개인적 전체성과 복원된 공동체에 대한 낭만적 주장이 포함되어 있었다. 마르크스주의의 위기로 인해, 질적으로 저하된 역사적 현재로부터 이러한 모든 희망을 빼앗긴 채 모두 근근이 살아가는 것 같았다.

마르크스주의의 위기와 하이데거 철학 사이에는 어떠한 관계가 있을까? 그 연결고리가 믿기 어려워 보일 수 있지만, 자세히 살펴보면 그것이 처음에 보이는 것만큼 그렇게 믿기지 않는 것은 아니다. 마르크스주의의 위기는 마르크스주의 교리의 위기이기도 했다. 말하자면 마르크스주의의 위기는 마르크스주의 이론의 완전성에, 즉 혁명적 사회 변화의 교리로서의 지위에 악영향을 미치는 **인식론적 위기**의 형태를 띠었다. 후기 엥겔스의 지도 아래, 독일 사회민주주의는 마르크스주의를 과학주의의 변종으로 재구상해왔다. 다윈이 자연계를 지배하는 진화 법칙을 제시했듯이, 마르크스는 『자본론』에서 인간 사회를 지배하는 법칙을 확립했다. 이러한 견해에 따르면, 마르크스주의는 '사회과학'이라는 최고 수준의 계몽주의의 꿈을 실현함으로써 자연과학의 경험적 성과를 보완했다.

그렇지만 철학적으로 훈련된 마르크스주의자들이 알고 있듯이 정치적 관점에서 보았을 때, 과학적 결정론의 한 유형으로 마르크스주의를 생각하는 것은 잠재적으로 치명적이었다. 만일 모든 프롤레타리아트가 해야 할 일이 속칭 자본주의의 발전 법칙이 저절로 해결되기를 기다리는 것뿐이라면, 정치적 행위는 불필요해지기 때문이다. 노동자들은 자본주의 체제의 최종적 위기를 기다렸다가 그 틈을 채우기만 하면 된다. 궁극적으로, 과학적 마르크스주의는 조직의 수동성과 노동자 계급의 무위無爲를 해결하기 위한 방안임이 드러났다. 그렇지만 최근의 사건들이 보여준 바와 같이, 위기는 마르크스주의 이론이 예언한 패턴이나 규모를 따르지 않는다. 레닌이 『무엇을 할 것인가?What Is to Be Done?』에서 논란의 여지가 있는 혁명적 전위사상을 정식으로 채택한 것은 이에 대응하기 위해서였다. 즉 직업적 혁명가 그룹이 노동계급을 '노동조합 의식'의 늪에서 꺼내서 정치혁명의 약속된 지형으로 인도할 것이다. 이것은 러시아 사회민주주의 내부의 논쟁이라는 맥락에서 공식화된 것으로, 레닌의 정치적 의지주의와 당의 역할에 대한 재정립은 마르크스주의 이론과 실천의 미래에 막대한 영향을 미쳤다.

독일 사회민주주의에서 나타나는 정치적 관점과 이론적 관점 사이의 확연한 모순은 결코 해결되지 않았다. 독일 사회민주주의는 정치 개혁을 조직 및 착수하고, 정책 권고안을 만들었지만, 예상되는 자본주의의 최종적 붕괴에 비추어보았을 때 기술적으로는 그러한 모든 준비가 '때 이른' 것이었다. 또 다른 차원에서 사회민주주의의 인식론적 결정론은 정당 조직과 경영 방식에 있어서 관료주의적 경직성을 낳는 데 일조했다. 정당의 관료주의적 마비는 로버트 미헬스Robert Michels의 중요한 책인 『정당Political Parties』의 주제가 되었다. 미셸은 이 책에서 '과두정치의 철의 법칙'에 관한 유명한 주제를 명료화했다.

1920년대 마르크스주의의 위기는 다수의 중요한 이론적 반응을 이끌어냈다. 게오르크 루카치와 카를 코르쉬Karl Korsch는 1923년에 잘 알려진 영향력 있는 설명을 공식화했다. 루카치의 뛰어난 연구서인 『역사와 계급의식』은 헤겔적 마르크스주의의 르네상스를 불러온 근원 텍스트로, 지하세계의 고전이 되었다. 1930년대 마르쿠제의 새로운 지적 고향이 되는 프랑크푸르트학파의 비판 이론은 루카치의 마르크스주의 계율에 대한 혁신적인 철학적 개조 없이는 상상도 할 수 없을 것이다. 그리고 제2차 세계대전 이후, 루카치의 잊힌 걸작은 철의 장막 시기 반체제 지식인들과 학생 혁명가들 사이에서 새로운 삶의 기회를 얻었다. 저자가 정통 마르크스주의에 대해 항의하고 있음에도 말이다.

독일 고전철학의 전통에 둘러싸여 있던 루카치는 볼셰비키 혁명 이후 마르크스주의로 전향했다. 초기에 도스토옙스키와 러시아 문학에 가졌던 열정을 레닌과 정당으로 바꾸면서, 그는 볼셰비즘을 가장한 '러시아 영혼'이 궁극적으로 정신성을 빼앗긴 물질주의적 서구사회를 보완할 수 있을 것이라 보았다. 40년 후, 루카치는 제1차 세계대전 당시의 지적 여정을 다음과 같은 말로 표현했다.

> 이 시기 나의 감정적인 태도를 의식적인 용어로 옮기려 했을 때, 나는 다음과 같은 명확한 표현에 이르렀다. 중앙의 강대국들은 아마도 러시아를 물리칠 것이다. 이것은 차르 체제의 몰락으로 이어질 수 있다. 그리고 나는 그에 대해 반대하지 않는다. 또한 서구가 독일을 물리칠 가능성도 있었다. 만일 이것이 호엔촐레른Hohenzollerns과 합스부르크Hapsburgs를 몰락시켰다면, 나는 다시 한 번 찬성했을 것이다. 그러나 의문이 생겼다. **누가 우리를 서구 문명으로부터 구해주었는가?**[7]

1917년의 러시아 혁명과 함께, 루카치의 애원하는 간청에 대한 답변은 하룻밤 사이에 이루어졌다.

『역사와 계급의식』은 마르크스주의 사상의 연대기에 있어서 획기적인 사건이었다. 루카치는 당시 다른 소수의 사람들처럼, 마르크스주의의 중심 교리들은 헤겔과 대결함으로써, 그리고 독일 고전철학의 유산으로부터 성장했음을 깨달았다. 더욱이 그는 마르크스주의의 철학적 기원을 살펴보지 않는 한, 마르크스의 교리는 비지성적인 것으로 남게 될 것이라 주장했다. 루카치의 주장이 갖는 정치적 함축은 정통 마르크스주의에 대한 만만치 않은 도전을 의미했다. 그는 본질적으로 마르크스주의의 철학적 기원을 망각하는 일은 잘못된 길 혹은 막다른 길을 의미하는 것이라고 완곡하게 말했다.

아마도 널리 퍼져 있는 정통 마르크스주의의 변종에 대해 루카치가 행한 가장 비판적인 주장은 마르크스주의를 '과학'으로 간주함으로써 그들이 정작 근본적으로 부르주아적 관점을 적용했다는 것이었다. 자연지배에 대한 선험적 관심으로, 과학은 단지 '대상 논리'를 따라갔으며, 자연과 사물에 '사물' 혹은 '대상성'의 관점을 투영했다. 자연과 사회를 객관적 법칙의 힘에 종속시키려 함으로써, 과학은 자신과 관계하는 모든 것을 새로운 현실로 바꾸어놓았다. 말하자면 그것은 본질적으로 지배를 위한 설계였다. 이와 대조적으로 루카치는 변증법적 사유의 방식으로서 마르크스주의는 주제와 대상 사이의 **상호작용**에 관심을 가졌다고 주장했다. 마르크스주의만이 결정적인 **매개**의 요소를 제공했으며, 그로써 관념론과 유물론 모두의 편파성을 바로잡을 수 있었다.

마르크스주의 사상에 기여한 루카치의 가장 중대한 공헌은 마르크스주의가 헤겔에게서 유래했음을 인정했다는 데 있다. 루카치는 『역사와 계급의식』이 처음 등장하고 9년 후에 출판된 마르크스의 「파리 수고Paris Manuscripts」를 접하지 않고도, 마르크스주의가 독일 고전철학에서 물려받은 주체와 대상 간의 분리 혹은 소외문제를 해결하려는 시도에서 시작되었음을 증명했다. 이것은 자본주의하에서 엄청난 규모를 차지하는 문제였으며, 사회는 (마르크스의 말로) "사람들 사이의 객관적 관계와 사물들 사이의 사회적 관계"[8]로 특징지어졌다. 마르크스에 따르면, 프롤레타리아트는 찢긴 혹은 물화된 사회적 총체성을 다시 한 번 전체로 만들 수 있는 힘을 대표했다. 마르쿠제가 주목한 바와 같이, "마르크스주의 접근법의 핵심은 급진적 행위가 가져오는 역사적 가능성이다. 그것은 필연적으로 총체적 인간을 가능하게 하는 새로운 현실을 야기한다."[9] 그러나 마르크스주의는 이러한 위업을 자본주의 발전의 객관적 법칙 때문이 아니라 탁월한 역사적 통찰이나 '계급의식' 덕분에 성취할 것이다. 후기 에세이에서 마르쿠제는 이러한 통찰을 다음과 같이 표현했다. "사회의 객관적 관계는 인간 자신이 그러한 관계 **자체**를 의식할 때, 즉 자신과 대상 모두에 대해 앎으로써만 인간적 · 사회적일 수 있다."[10]

초기 마르크스의 지적인 노정을 선견지명을 가지고 재구성한 결과, 루카치는 성숙한 마르크스가 헤겔의 영향력을 우연히 버린 것이 아님을 보여줄 수 있었다. 그 대신 마르크스 자신이 「포이어바흐에 관한 테제」(1845년)에서 인정한 바와 같이, 독일 관념론은 변증법의 '활동적 측면', 즉 '혁명적, 실천적-비판적 활동', 혹은 '프락시스'**를 해명했다. 마르크스는 다음과 같이 설명했다.

> 포이어바흐의 결함을 포함해서 지금까지 현존하는 모든 유물론이 갖

** 프락시스(praxis): 인간 삶의 방식으로서, 진리를 얻기 위해 사물을 관찰하고 이에서 비롯되는 앎과 구분되는 것으로, 인간에게 좋거나 나쁜 것과 관련한 행위(action)를 가리키는 말에서 유래되었다.-옮긴이

> 는 주된 결함은 사물, 실재, 감각을 대상의 형식 속에서만, 혹은 사색의 형식 속에서만 상상했다는 것이다. **인간의 감각적 활동, 실천**으로서가 아니라, 즉 주관적으로서가 아니고 말이다. 그런 이유로, 유물론과 대조적으로 관념론은 활동적 측면을 오직 추상적으로만 발전시켰다. 물론 관념론은 실제적인 감각적 활동 그 자체를 알지 못하기 때문이다.[11]

유물론의 '활동적 측면'이 인정받지 못한다면, 인간의 실천 활동이나 '프락시스'의 차원은 퇴색할 위험이 있다. 프락시스는 1920년대 마르크스주의의 과학주의로서의 방법론적 지위를 정확하게 묘사했다.

구체철학

『존재와 시간』의 출간은 마르쿠제를 프라이부르크로 이끌었다. 그는 하이데거의 실존주의를 '구체철학Concrete Philosophy'의 표현으로 여겼다. 당대의 철학계는 인간 실존에 대한 질문을 회피했으며, 지배적인 '위기'와 '쇠퇴'의 분위기를 진지한 지적 논의의 자격을 갖추지 못한 것으로 치부하고 묵살했다. 그와 반대로 하이데거의 사유는 이러한 물음들을 철학적 성찰을 위한 주요 문제로 다루었다. 그가 『존재와 시간』에서 주목한 바와 같이, 모든 존재론은 확실히 존재적ontic 관점을 전제한다.[12] 다른 말로, 세상**에 대해** 철학을 하기 위해서는, 불가피하게 우선적으로 세상 **속에** 위치해야만 한다. 이러한 기초적인 존재론적 사실을 부정하려 한 철학은 모두 '실존한다'는 것이 의미하는 바에 대한 근본 조건을 위반했다. 하이데거가 보기에, 실존은 근원적인 것이다. 형이상학적 문제나 주제로 다루어지기 이전에, 실존은 그저 **있다**(is). 세계-내-존재인 인간의, 논란의 여지가 없는 실존론적 기반을 억압하는 것은 '인간이 실천적으로 상황에 처해 있음situatedness'이라는 기본 조건을 위반하는 것이다. 마르크스주의를 포함한 당대의 어떤 철학도 하이데거의 초기 실존철학이

한 것과 같이, 인간의 실천적 삶이라고 하는 근본 문제를 깊이 있게 철학 안으로 끌어들이려 하지 않았다.

동시에, 마르쿠제는 처음부터 하이데거식 접근 방법이 지닌 한계를 알고 있었다. 하이데거의 초기 에세이에서는 한 가지 주제가 지속적으로 반복된다. 기초존재론에 대한 관심이 구체적인 역사적 용어로 옮겨지지 않는다면, 그것들은 추상적이고 무관한 것으로 남기 마련이다. '철학적 구체성'을 향한 열망은 '가짜-구체성'으로 증발할 것이다.[13] 『존재와 시간』에서 하이데거는 존재론적 탐구 단계와 존재적 탐구 단계를 원칙적으로 분리했다. 일상의 '현사실적factical' 삶의 관심에 해당하는 후자의 존재적 차원은 존재론적 탐구의 영역을 넘어서는 것으로 보인다. 그러나 마르쿠제는 기초존재론이 체계적으로 실존의 역사적 성격을 무시한다면, 경멸적인 의미에서 또 다른 '제일철학'이 될 위험을 갖는다고 주장한다. 이에 대한 규범적 처방은 추상적인 칸트의 도덕적 '의무ought' 보다도 별다른 효력이 없다. 마르쿠제가 「역사유물론 철학에의 기여」(1928)에서 주장하는 바와 같이, "마르크스주의를 넘어서, 그리고 그 이후의 어떤 관점에서든, 그것의 논리적인 일관성, 보편적 일관성 혹은 무시간적 타당성을 입증하고자 하는 어떤 철학도 처음부터 핵심에서 벗어나고 만다." 마르쿠제는 마르크스주의의 진리는 "인지적이지 않고 현실적이다"라고 주장한다. 마르크스주의는 "역사성에서 유래한 모든 지식을 실제 사건의 성격, 구조, 운동으로부터 이해한다."[14] 마르쿠제는 마르크스주의가 당대의 위기를 이해하는 데 가장 정교한 접근법을 제공하는 한, 마르크스주의에 특권을 부여한다. 마르크스주의가 갖는 방법론적 결함들에도 불구하고 말이다. 반면 기초존재론은 일종의 초월철학transcendental philosophy으로서 역사를 무시함으로써 '변증법적 환상'을 조장할 위험이 있다. 기초존재론은 개념적으로는 탁월했지만, 현사실적·경험적으로는 빈곤했다.

루카치의 뒤를 이어, 마르쿠제는 마르크스주의를 단지 특정 이데올로기나 세계관으로 지지하기를 원하지 않았다. 그가 추구한 것은 마르크스주의를 역사적 이해의 오류 가능성을 인정하는 방법으로 정당화하는 것이었다. 마르크스주의가 실존론적 현상학을 넘어서 갖는 장점은 우월한 역사적 분별력에 있다. 기초존재론과 다르게, 마르크스주의의 분석 범위는 무시간적이고 본질적인 인간 실존의 구조(하이데거의 실존범주)에 국한되지 않았다. 그 대신 기초존재론이 한낱 '존재적' 수준으로 깎아내렸던 실제 역사적 내용과 투쟁은 마르크스주의의 이론적 틀을 가득 채웠다.

'역사성'의 이념은 19세기 중반 이래로 시사성 있는 주제였다. 그러나 역설적이게도 그에 대한 지배적인 담론은 심각하게 비역사적이었다. 말하자면 역사학자들과 철학자들은 역사적 현재가 갖는 잠재적인 함의를 다루는 것을 의도적으로 회피했다. 하이데거는 『존재와 시간』 2부에서 딜타이의 역사성 개념을 재해석하면서, 이 함정을 비껴간다고 주장했다. 딜타이와 다른 사람들은 인간 삶이 역사 **속에서** 생겨난다는 것을 받아들여 온 반면, 하이데거는 현존재가 그 자체로 **역사적이라는**historical 것을 보여주고자 했다. 그 때문에 이전 설명에서는 누락되었던 '자기-구성self-constitution'이라는 요소를 추가했다. 그러나 마르쿠제가 보기에, 하이데거의 역사성에 대한 논의는 실제 역사에 대한 관심을 담기에는 여전히 지나치게 형식적이었다. 궁극적으로 역사성에 대한 기초존재론의 주장은 가짜-구체철학임을 보여주었다.

그와 동시에 마르쿠제는 마르크스주의자와 하이데거주의자가 역사성을 설명하는 데 있어 유사성을 갖는다는 점에 강하게 사로잡혔다. 이들 두 학파 사이의 화해 가능성은 이 유사성에 달려 있었다. 더욱이 마르크스의 혁명적 '프락시스' 개념, 즉 노동계급이 비인간적인 세계를 다시 인간적으로 만들기 위해 들고 일어서는 과정과, 하이데거의 본래성 개념 사이에 중요한 유사점이 있었다. 마르쿠제는 호의적으로 다음의 사실에 주목한다. "중요한 것은 하이데거의 해석이 제시하는 새로운 철학적 방향이다. 모든 살아 있는 철학의 근본 물음은 그 물음이 갖는 극도의 필요성에 대한 자각을 통해 제기되는 것이다. 말하자면, **본래적 실존이란 무엇이며, 그것은 어떻게 일반적으로 가능한가?**"[15]

『존재와 시간』 2부를 주의 깊게 읽어보면, 하이데거의 관심이 초기 마르크스와 관계가 있음을 보여준다. 1부는 현존재를 '평균적인 일상성'의 양식으로 묘사한다. 즉 현존재는 '공공성', '잡담', '호기심', 그리고 '애매함'의 특징을 갖는 비본래적 실존의 감언이설에 굴복하는 것으로 묘사된다. 형식적으로 볼 때, 비본래적인 세계-내-존재에 대한 이러한 표현들은 공통적인 특징을 갖는다. 모든 것은 하이데거가 인간 실존의 활동적, 혹은 '열광적' 순간이라 지칭한 것에 저항하거나 억압한다. 비본래적 현존재는 **사물 존재**Being of things와 닮은 지점으로까지 자신의 세계-내-존재를 느슨하게 풀어놓는다. 자신의 세계-내-존재를 '시간화하는', 즉 장래를 향해 스스로를 본래적으로 기투*하는 것을 거부함으로써, 비본

* 기투(Entwurf): 인간 현존재가 자기 자신뿐만 아니라 여타의 존재자를 자신의 존재 가능성으로부터 이해하고 파악하는 것을 말한다.-옮긴이

래적 현존재는 객관적인 어떤 것 혹은 한낱 '눈앞의 있음present-at-hand'을 닮은 지점으로까지 퇴락한다. 다시 말해서, 비본래적 현존재는 **물화**物化, reified**되며**, 그 지점에서 마르크스주의와의 유사성이 뚜렷해진다. 하이데거 자신도 이러한 유사성이 갖는 타당성과 중요성에 대해 알지 못했다. 『존재와 시간』에서 그는 루카치의 '의식의 물화' 이론을 두 번 언급한다. 하이데거는 다음과 같이 말한다. "그런 물화가 암시하는 사물의 존재 성격은 그것의 존재론적 기원을 보여주어야 한다. 만일 우리가 주체, 영혼, 의식, 정신, 그리고 개인과 같은 물화되지 않은 존재를 생각할 때, 우리가 이해해야 할 것을 긍정적으로 물을 수 있는 위치에 있게 된다면 말이다."[16] 이 의미심장한 공언에 근거해서, 기초존재론의 중점적인 목표가 **물화의 극복**, 즉 현존재가 '사물'로서의 자기 이해를 극복하는 것이라고 결론내리는 것은 억지스러운 일이 아니다. 의심의 여지 없이, 이것은 마르쿠제가 『존재와 시간』과의 길고 치열한 대결을 통해 이끌어낸 가장 중요한 철학적 결론 중 하나였다. "본래적 역사성에 대한 앎과 의식적인 역사적 실존은 오직 실존이 **물화를 산산조각 낼** 때에만 가능하다."[17]

이제 젊은 마르쿠제가 『존재와 시간』에서 지각한 거대한 철학적 약속이 이해 가능해진다. 『존재와 시간』이 비본래성을 비판적으로 다룬 덕분에, 마르쿠제는 하이데거를 마르크스주의의 '동료 여행자'로 정당하게 이해할 수 있다고 보았다. 루카치를 따라, 마르쿠제는 마르크스주의를 기본적으로 물화에 대한 비판으로 이해했다. 즉, 개인을 경제적 범주의 화신으로 체계적으로 격하시키는 사회질서를 탈신화화하는 것으로 이해했다. 개인을 현재 산업 관계의 어휘인, '인적 자본'의 지위로 타락시키는 그러한 사회질서 말이다.

『역사유물론의 현상학에의 기여』를 보면, 젊은 시절 마르쿠제가 마르크스에게 지적으로 어느 만큼 빚을 지고 있는지 그 깊이와 정도를 알 수 있다. 마르쿠제는 말한다. "처음부터 〔실존론적〕 곤경이 직접적으로 역사성으로 이끈다." 그는 계속해서 마르크스를 인용하지만, 당대 유행하던 과학적 마르크스와는 달리, 마르쿠제가 언급하는 마르크스는 명백히 루카치의 마르크스이다. 아직 발견되지 않았던 「파리 수고」의 저자로서의 마르크스 말이다.

> 모든 것은 끝없는 활동의 총합이며, 그럼에도 모든 것은 뗄 수 없이 서로 연관되고, 결정된다. 이러한 모든 활동은 행위자와 분리된다, 즉 활동의 일부가 아니라, 오직 활동을 처리하고, 자신의 일을 마음 쓰고, 혹은—궁극적 부조리인—살아가기 위해 활동해야 하는 행위자와 분리된다. 이것이 '모든 진정한 생명력을 박탈당한, 추상적 개인을 뒤에 남겨둔 인간의 물질적 힘으로의 변형'이다. 그렇게 해서 인간은 활동을 통해 자신을 소외된 힘으로 마주한다. 이것이 자본주의 사회의 **토대**를 관통한다. 이것은 '비인간적 실존의 현실'이 갖는 경제적 · 이데올로기적 형식의 저변을 지나간다. 반면에 그것은 **급진적 행동**을 요구하는 인간 실존의 현실을 통해 비인간적 실존의 현실을 직면한다.[18]

같은 시기, 마르쿠제가 물화에 대한 주제를 선명하게 제시한 「구체철학에 대하여」에서, 동일한 현상에 대해 보다 역사적으로 정밀한 설명을 제공한다.

> 현대사회가 기술의 진보와 합리화를 제공했음에도 불구하고, 힘에의 도취는 그 속에서 인간man의 **인간적**human 힘이 자연과 '사물'을 넘어서 증가하기보다 감소했다는 사실을 간과하도록 만들었다. 오늘날, '경제적 주체이자 대상'인 인간은 그들의 실존에 봉사하는 적절한 수단으로 기능하는 대신에, 자율적인 '사물'로 변모한 상품경제의 편리함 속에 서 있다. 같은 방식으로, 기계, 교통수단, 빛, 전기와 같은 '도구들'은 너무 광범위하고 거대해져서, 인간의 관점에서 보면, 인간들은 점점 더 그들의 실존을 도구에 맞추어 조직해야 하며, 도구의 봉사에 맞추어야 한다. 그들을 도구의 '기능' 속에서 유지하기 위해서 말이다. 이것은 자본주의 사회에서 모든 인간의 가치가 기술적이고 합리적인 '객관성'의 작동 속에서 상실되거나 객관성의 일부가 되는 모습의 한 단면일 뿐이다.[19]

'급진적 행동'을 요구하는 것은 마르크스와 하이데거가 공유한 입장이었다. 마르크스에게 급진적 행동은 '프락시스', 즉 '혁명적이고, 실천적 · 비판적 활동'의 형태를 취했다. 본래적 시간성을 기반으로 하여, 현존재 역시 소외된 사회적 실존에 대한 급진적이고 실천적인 대응을 필요로 했다. 마르쿠제는 하이데거적 언어를 지지하면서, 다음의 사실을 주시한다. "과거, 현재, 미래는 실존의 특성이므로 이해, 마음씀, 그리고 결단과 같은 가능한 근본적 현상을 제시한다." "이것은 우리가 하이데거 현상학의 결정적인 점으로 간주하는, 근본적인 실존론적 개념으로서 역사성을 증명할 수 있는 길을 열어준다."[20] 마르쿠제는 다음의 사실에 주목한다. 하이데거에게 있어서 "행위는 인간 실존의 본질적인 태도이자 인간 실존에서 유래하는 것으로서, **'실존론적'**인 것으로 파악된다."[21] '비변증법적 사상가'임에도 불구하고, 하이데거는 그에 앞서는 헤겔과 마찬가지로, 변증법의 '활동적 측면'에 대해 깊은 공감을 하고 있었다. 현대 마르크스주의 이론의 구체화된 조건을 감안할 때, 하이데거가 이러한 활동적 측면의 중요성을 철학적으로 강조한 것은 대단히 시의적절한 것이었다. 그런 이유로 『존재와 시간』이 제시하는 궁극적인 철학적 약속에 대해 마르쿠제가 보여주는 진정한 열정은 다음에서 볼 수 있다. "『존재와 시간』은… 부르주아 철학이 안으로부터 자신을 초월하여 새로운 '구체' 학문으로의 길을 여는, **철학사에서의 일대 전환점**을 가리키는 것 같다." 마르쿠제는 자신의 장담을 살짝 얼버무리면서, 계속해서 말한다. "하이데거의 작품은 상당한 오류를 지니고 있음에도 불구하고, '진실'을 담고 있다."[22]

『역사와 계급의식』의 1967년판 서문에서, 루카치는 젊은 시절에 저지른 철학적 오류와 거리를 두려고 조심하면서도, 그와 하이데거 사이의 지적인 가까움에 대해 놀라울 정도로 솔직하게 인정했다. 그것은 소외 문제에 대한 그들의 공동의 관심을 주제로 한 것이었다.

> 그 당시 『역사와 계급의식』이 끼친 영향과 현재와의 관련성을 평가하기 위해서는 세부적인 모든 문제를 넘어서 단 하나의 문제를 고려해야 한다. 이것은 마르크스 이후 처음으로 자본주의에 대한 주요 혁명적 비평이자, 이론적 · 방법론적 뿌리를 헤겔 변증법에 두고 있는 **소외의 문제**이다. 물론 이 문제는 당시 막연한 상태에 있었다. 몇 년 후 하이데거의 『존재와 시간』이 출간된 이후, 이 문제는 철학적 논쟁의 중심으로 옮겨갔다. … 그 문제가 막연하다는 말은 지극히 적절하다. 특히나 그 이유를 논하는 것이 불가능하고, 제2차 세계대전 이후 특히 프랑스에 막대한 영향을

미쳤던 마르크스주의와 실존주의의 결합을 드러내는 일이 가능하지 않은 실정을 고려했을 때 말이다. … 중요한 것은 인간의 소외가 우리가 사는 시대의 결정적인 문제이며, 이는 부르주아와 프롤레타리아 사상가들, 그리고 좌 · 우파에 대한 비평가들에 의해 그렇게 인정된다는 것이다.[23]

그러므로 하이데거와 마르크스가 관습에 구애받지 않았음에도, 때로 그들은 비슷한 최종 목표에 도달하기 위해 애쓰는 것처럼 보였다. 마르쿠제가 보기에, 하이데거와 마르크스는 서구 철학 전통에 잠재되어 있는 유토피아적 에너지를 인간 조건의 결핍을 바로잡는 실천적 목표로 전환하기 위해 매진했다. 그렇게 함으로써, 두 사람 모두 '세계성'과 '프락시스'를 위하여 이론적인 삶bios theoretikos, 즉 사색적인 삶의 목적을 포기했다. 그렇게 함으로써 두 사람은 신앙의 항목으로 굳어진, 즉 고정된 철학적 편견으로 굳어져 온 전통적인 위세를 뒤바꾸어 놓았다. 전통에 대한 마르크스의 태도와 그의 철학이 갖는 기본적인 급진주의적 성격은 그가 쓴 「포이어바흐에 관한 테제」 11번째에 잘 개괄되어 있다. "지금까지 철학자들은 세계를 여러 가지 방식으로 해석해왔을 뿐이다. 그러나 중요한 것은 세계를 변혁하는 것이다."[24] 마르크스에 이어, 마르쿠제도 다음의 사실에 주목한다. "역사적 필연성은 인간의 활동을 통해서 실현된다. 최근의 역사는 전반적으로 엉망이 된 혁명적 상황이라 할 수 있는데, 인간은 이러한 활동을 회피할 수 있으며, 역사의 주체로부터 역사의 대상으로 스스로를 격하시킬 수 있다. 이론의 임무는 필연성에 대한 앎에 비추어 프락시스를 자유롭게 하는 것이다."[25]

그러나 마르크스와 달리, 『존재와 시간』에서 하이데거는 명백하게 비민주적인 '귀족적 급진주의' 관점을 받아들였다. 그는 '자기 극복(니체)'이나 '본래성'의 목표를 선택된 소수, 즉 정신적으로 선택된 사람만이 접근할 수 있다고 굳게 믿었다. 또한 마르쿠제는 현재의 역사적 상황이 갖는 구체성을 기초존재론이라는 확고하게 비역사적인 틀 속에서 해체하는 위험성에 대해 우려했다. 실존주의는 물화를 인간 조건의 무시간적 특성으로 취급함으로써 물화가 갖는 실제적인 사회적 기원, 즉 그 속에서 인간이 생산 요소나 '변동 자본'으로 편입되어 버리는 자본주의 경제로부터 관심을 돌려버리는 위험을 자초했다.

마르쿠제가 보기에, 하이데거의 접근 방법은 장단점을 동시에 갖는다. 그러한 양 측면이 기초존재론의 방법론적 출발점인 실존하는 개인 혹은 현존재에서 명백하게 드러났다. 이상적으로, 하이데거가 개인에 초점을 맞추는 것은 마르크스주의가 사회적 관점이나 '역사 법칙'에 대해 호의적인 반면, 마르크스주의가 갖는 주요 결점 중 하나인 개인을 무시한다는 결점을 상쇄할 수 있다. '의식'의 역할에 대해 헤겔적 마르크스주의가 강조한 것을 따라서, 마르쿠제는 진보적인 역사적 변화의 도래는 필연적으로 개인의 인식 및 통찰 능력과 결부되어 있다고 주장했다. 사회 변혁은 의식적으로 의지에 의해 결정되는 과정, 즉 자기-**변혁**의 과정이어야 하며 그렇지 않으면 무가치하다. 마르쿠제가 관찰한 바와 같이, "오직 개인만이 실존하며, 사회는 개인에게서 그의 본래적 실존을 빼앗을 수 없다." 확실히 개인은 '역사의 대상'이 아니다. 그리고 궁극적으로는 "행위가 아닌 단독적인 실존에 기초하는 하이데거의 해법은 거부되어야 한다."[26] 그렇지만 마르쿠제는 비록 "철학의 의미는 개인에게 국한된 것이 아니지만, 이것은 오직 각각의 개인을 통해서만 실현될 수 있고 개별적 실존에만 그 근거를 갖는다"[27]라고 말한다.

그럼에도 마르쿠제는 실존주의의 방법론적 한계가 궁극적으로 그것이 갖는 긍정적인 기여분보다 더 큰 것인지 묻는다. 실존주의가 일상성에 확고하게 초점을 맞추었음에도, 실존철학이 역사적 구체성이라고 하는 필수적인 차원을 획득할 수 있는지는 의심스러워 보였기 때문이다. 역사성은 존재론적 구조이며, 시간적으로 처신하는 현존재가 갖는 비경험적 양상이다. 이 점에서 역사성은 불가피하게 실제 역사가 갖는 '존재적' 영역과 거리를 두고 실존한다. 궁극적으로 존재적 · '실제적real' 역사는 현존재와 그것을 구조화하는 '형식적 지시'**의 견지에서 봤을 때, 아무래도 좋은 사소한 일로 보인다. 마르쿠제에게 이 지점은 다른 모든 문제가 그로 인해 방향을 바꾸는 중심축이 되었다. 그가 보기에, 현대 위기의 본성과 깊이를 제대로 알아본다는 것은 역사적 구체성을 포함함을 의미했다. 이는 기초존재론의 '구조적' 관심에는 맞지 않아 보였다. 역사적 구체성은 제국주의와 독점 자본주의를 전적으로 역사적 · 현상적인 특수성 속에서 이해하는 것을 의미한다. 그러나 하이데거적 관점에서 보면 사회적 환경이 어떠하든, 현존재의 구조적 면모와 가능성, 말하자면 실존범주Existenzialien는 동일하다. 마지막 분석에서 하이데거 기획의 성공 여부는 "하이데거가 어디에서도 달성하거나 언급조차 하지 않

** 형식적 지시(formal indications): 초기 하이데거에게 철학은 인간 현존재의 현사실적 삶이라는 사태를 그 자체로 드러내는 것을 말한다. 현사실적 삶이 "내가 있다"고 하는 현상, 1인칭적 체험 영역에 속하기에 현사실적 삶이라고 하는 현상을 객관적 학문의 논리로 표현하는 것은 초기 하이데거에게 주요한 철학함의 과제라 할 수 있다. 이로부터 1인칭적인 체험 영역에 속하는 현사실적 삶의 현상에 대한 객관적 · 학문적 표현 방법으로 등장하는 것이 '형식적 지시'이다.-옮긴이

은 돌파구인, 역사성의 물질적 구성이라는 문제를 다루는 능력에 달려 있었다. … 역사성에 근거해서 역사적 대상을 분석하는 일은 구체적인 것, 역사적 상황, 그리고 구체적 · 물질적인 조건을 고려해야만 한다. 그러므로 인간 실존을 다루는 현상학은 역사적 실존의 물질적 조건을 회피하는 경우, 명확성과 완전성을 결여하게 된다. 이미 지적한 바와 같이 하이데거의 경우가 이에 해당한다."[28]

더욱이 마르쿠제가 「구체철학에 대하여」에서 강조한 바와 같이, 구체철학의 입장과 '결단'이 논쟁의 중심에 있는 공공의 영역Öffentlichkeit으로 들어서지 않는 한, 그러한 입장은 실효성이 없는 것으로 드러날 것이다. 철학이 실천적일 필요가 있다고 말하는 것은 부질없는 이야기가 될 것이다. 마르쿠제는 다음의 사실에 주목한다. "〔구체철학이〕 공적 영역, 그것의 일상적 존재, 실제로 실존하는 영역 내에 있는 실존에 영향을 줄 때만이, 구체철학은 이러한 실존의 운동을 진리의 방향으로 움직일 수 있다. … 모든 구체철학의 중심에는 공공의 행위가 서 있다."[29] 비록 기초존재론이 실천철학으로서의 자신의 지위를 중시한다 하더라도, 그것은 '공공성'을 '비본래성'의 표현으로 지속적으로 평가절하한다. 하이데거에 의하면, 공공 영역은 세상 사람들das Man에 의해 선험적으로 독점되고 식민화되어 왔다. 행위의 본래적 양상을 찾는 사람들은 체계적으로 이를 회피한다. 당연하게도 마르쿠제는 기초존재론의 실천적 주장, 즉 실천철학으로서의 자기 이해를, 기초존재론이 보여주는 '공공성'의 가치에 대한 끊임없는 적대감과 조화시키는 데 상당한 어려움을 겪었다.

하이데거의 지도하에 작성된 마르쿠제의 교수자격 취득논문, 「헤겔의 존재론과 역사성 이론의 정초」라는 통찰력 있는 논평에서, 테오도르

아도르노는 다음의 사실에 주목한다. 하이데거의 작품 내에서 역사성과 실제 역사 사이의 대립이 너무 깊고 단단히 자리 잡고 있다. 그렇기 때문에 하이데거와 마르크스 사이에 어떠한 화해의 가능성도 실패하도록 이미 예정되어 있다. 아도르노의 견해는 다음과 같다.

> 이 논문으로, 마르쿠제는 하이데거의 공개적인 가르침에서 벗어나거나, 또는 제자의 엄격함을 표현한 것으로 보인다. 말하자면 그는 '존재의 의미'로부터 존재자가 탈은폐하는 방향으로, 기초존재론으로부터 역사철학으로, 역사성으로부터 역사의 방향으로 기운다. 이는 이 작품을 비평에 취약하게 만듦과 동시에 의미 있게 만드는 지점이다. 만일 마르쿠제가 현사실적 존재의 가능성에 대해 존재론적으로 설명할 뿐만 아니라 현사실적 존재의 설명 가능성을 존재론적 구조 자체에서 추론한다면, 그 작업은 일관되게 나음에 대해 물을 것이다. 즉 왜 '존재론적' 물음이 실제 역사적 사실의 해석에 대한 물음보다 선행해야 하는가? 마르쿠제 자신이 존재론과 현사실성 사이의 간격을 메우고 싶어 하는 것인가?[30]

다른 말로 하자면, 궁극적으로 마르쿠제가 관심을 갖는 것이 실제 역사 차원이고, 기초존재론이라는 구상이 이를 방해하는 것이라면, 존재론을 전적으로 폐기하고 직접 역사에 집중하는 것이 어떨까?

존재론, 삶, 그리고 노동

마르크스의 『경제학 철학 초고』는 1932년에 출판되었다. 마르쿠제는 이 출판물을 "역사유물론의 기원과 근원적 의미에 대한 논의를… 새로운 발판 위에 세우는"[31] 것으로 보았으며, '마르크스주의 연구사에서 결정적 사건'으로 간주했다. 같은 해, 마르쿠제는 그것이 갖는 근본적 중요성을 확인하는 권위 있는 비평을 썼다. 원고는 여전히 부분적으로 헤겔의 마법을 따르는 심오한 철학자로서의 마르크스를, 그리고 지금까지 헤겔적 마르크스주의 그룹(상대적으로 국한된) 밖에서는 잘 알려지지 않은 마르크스의 면모를 드러냈다. 마르쿠제는 이러한 논증과 주장을 그가 가치 있는 것으로 여기는 하이데거 작품의 면면과 궁극적으로 양립 가능한 것으로 보아야 한다고 주장했다.[32]

마르쿠제는 파리 수고를 그가 「역사적 유물론의 현상학에의 기여」와 「구체철학에 관하여」에서 발전시킨 이론적 관점을 강력하게 확증하는 것으로 보았다. 마르크스의 초기 저작은 그 시초에서부터 서구 지적 전통이 관심을 가져온 바로 그 핵심적인 철학적 주제에 관심을 가져왔다는 사실을 보여주었다. 파리 수고는 두 가지 근본적 질문을 다루고자 했다. ① '인간 본질'을 구성하는 것이 무엇인가? ② 어떤 역사적 조건하에서 그 본질이 실현될 수 있을까? 이러한 상황에서 보았을 때, 마르크스주의는 철학적 전통과의 학문적 단절을 의미하지 않았다. 대신 마르크스주의는 철학적 전통의 완성 혹은 헤겔식의 용어로, 변증법적 지양을 나타냈다. 젊은 헤겔주의자로 시작했던 마르크스가 그의 기획을 '정치 경제 비판'으로 규정했을 때, 마르크스는 '비판'이라는 말을 칸트 철학의 의미로 사용했다. 말하자면 그는 정치 경제의 '한계'를 사회적 추론의 방법을 통해 증명하려고 했다. 이론적 접근 방법으로서 정치 경제는 본질적으로 **물화의 담론**이었다. 물화의 담론은 전도된 사회적 세계를 정당화하기 위한 수사로 기능했다. 그 속에서 '사물들(상품의 형태로)'이 일차적인 운동인the prime movers이 되고 사람들은 대상의 지위로 전락한 세계 말이다. 파리 수고에서, 마르크스는 이러한 상황을 다음과 같은 말로 기술한다.

> 노동자는 소외된 객체로서 자신이 한 노동의 산물과 관계한다. 이러한 전제하에서, 노동자가 자신을 더 많이 소모할수록, 그가 자신의 맞은편에 만들어낸 소외된 객관적 세계는 보다 더 강력해지는 것이 분명하다. … 자신의 생산물로부터 노동자가 소외된다는 것은 그의 노동이 객체, 즉 외부에 실재할 뿐만 아니라, 노동자 외부에 독립적으로, 이질적인 어떤 것으로 존재한다는 것을 의미한다. 그리고 그 생산물이 그에 대항하는 고유한 힘을 갖는다는 것을 의미한다. 말하자면 그가 그 대상에 부여했던 삶이 절대적이고 이질적인 것으로서 그에게 맞선다는 것을 의미한다.[33]

그러나 마르크스의 비판 개념에서 규범적 토대는 무엇이었을까? 그것은 마르크스의 정치경제학에 관한 후기 저술에, 철학에서 파생된 '인간 본질' 혹은 '유적-존재자' 개념으로 암묵적으로 남아 있었다. 초기 마르크스에게, 정치경제학이 갖는 주요 결점은 인간 본질에 대한 왜곡을 정당화하고 촉진했다는 점이다. 마르크스에 따르면, 노동의 본질은 인간이 자신을 지적 · 정신적으로 풍요롭게 하는 데 있다. 개인은 노동을 통해 자신을 실현할 뿐만 아니라, 노동을 통해 야수 같은 자연을 개간하고 인간화하는 데 성공한다. 그러나 자본주의하에서는 그 반대의 일이 일어났다. 개인이 더 많이 생산할수록, 그들 자신의 궁핍과 자기-전락이 더 진척되었다. 인간의 노동은 보편적이고 자유롭다는 사실로 인해 동물의 노동과 구분된다. 동물에게 노동은 필연성의 작용에 불과한 삶의 수단인 반면, 인류에게 노동은 자기실현을 위한 본질적 수단이었다. 말하자면 노동은 필요의 영역을 넘어 항구적이고 심미적으로 즐거운 사회 환경을 만드는 데 도움이 되었다. 노동을 통해, 남성과 여성은 숭고라고 하는 더 상위에 있는 인간의 목적에 부합하는 세계를 창조했다. 즉 그들이 편한 마음을 가질 수 있고, 궁극적으로 그들 자신의 것으로 인정할 수 있는 세계를 창조했다. 그러나 자본주의는 이러한 모든 잠재력을 위험에 빠뜨렸다. 자본주의는 인간의 목적이 엄격한 이질적인 경제법에 희생되는 세계를 창조했다. 그렇게 함으로써 자본주의는 자연법을 새롭고, 인위적인 필연성을 가진 '제2의 자연'으로 대체했다.

마르쿠제는 파리 수고가 마르크스주의와 기초존재론 사이의 양립 가능성을 입증했다고 믿었다. 마르크스 자신도 '존재론'을 두 번이나 긍정적인 의미에서 언급한다. 마르크스에 따르면, "인간적 열정의 **존재론적**

본질이 생겨나는 것은 사적 소유라고 하는 수단을 통해서이다." 관련 구절에서 그는 "인간의 느낌, 열정은 참으로 존재에 대한 **존재론적**인 긍정"이라고 단언한다.[34] 결과적으로, 초기 마르크스에게 위태로운 지점이 인간 본질 개념을 철학적으로 입증하는 것이라고 볼 때, 마르크스주의와 기초존재론의 기획은 서로 어긋나게 작동하기보다는 단연코 상호 보완적이었다. 마르쿠제는 마르크스의 입장이 갖는 핵심내용을 다음과 같이 개괄한다.

> 마르크스가 헤겔과의 논쟁을 통해 발전시킨 인간의 본질과 그것의 현실화에 대한 생각의 결과로 드러나는 단순한 경제적 사실은 인간 본질과 인간 현실이 왜곡되었다는 것이다. … 부르주아 정치경제학은 기본적으로 바로 이러한 이유로 변화되어야 한다. 부르주아 정치경제학은 실질적 주체인 인간을 결코 볼 수 없다. 이는 인간 역사의 본질을 묵살하기에 진실된 의미에서 '인간 과학'이 아니라 비인간적인, 그것도 비인간적 대상과 상품 세계의 과학이다. … 자본주의 사회가 경제적 사실과 대상뿐만 아니라 인간의 전체 '실존'과 '실재적 인간Dasein'을 문제 삼는다는 것은 마르크스에게 있어서 총체적이고 급진적인 혁명으로서 프롤레타리아 혁명을 결정적으로 정당화하는 이유가 된다. 어떠한 부분적인 격변이나 '진화'를 무조건적으로 배제하면서 말이다.[35]

파리 수고가 등장하기도 전부터, 마르쿠제는 이미 '노동의 존재론적 소명'이라는 개념에 매료되어 있었다. 1932년 교수자격 취득논문에서, 그는 노동을 핵심적인 역할을 하는 것으로 다루지만, 이 시기의 다른 에세이들과 뚜렷하게 대조적으로, 마르크스의 이름을 결코 언급하지 않는다. 물론 마르크스의 이름을 누락시킨 것은 대체로 전략적이었다. 마르쿠제는 고도로 형식화된 전문 자격을 취득하는 과정에서 『헤겔의 존재론』을 제출했다. 학문적 연구에서 정치적 헌신에 관한 문제는 거의 설 자리가 없다. 더욱이 그는 그 작품을 마르틴 하이데거에게 제출했는데, 하이데거는 확실히 좌파를 정치적으로 지지하지 않았다.[36]

마르크스에 대해 명시적으로 언급하지 않았음에도 불구하고, 이 기간 동안 마르쿠제를 사로잡았던 하이데거와 마르크스를 종합하는 과제는 『헤겔의 존재론』에서 쓰이지 않은 중심 주제였다. 마르쿠제는 카를 뢰비트에게 보내는 의미심장한 편지에서 다음과 같이 말했다.

> 헤겔에 대한 나의 더 긴 저작이 올가을 출판될 것이다. 이는 『논리학』과 『정신 현상학』을 역사성 이론의 기초로서 해석한 것이다. 헤겔-마르크스 문제가 명시적으로 다루어지지 않음에도 불구하고, 나는 이 해석이 양자의 관계에 대해 새로운 빛을 던져주길 바란다. 나는 이 작품에 하이데거에 대한 비판적인 논의를 담지 않으며, 그럴 의도도 없다. 오히려 전체〔중요한 것〕는 역사적 사건이 갖는 근본 성격을 명확히 하기 위한 필수적인 준비를 하는 것이다.[37]

독일 사상에서의 이러한 역사적 전환은 헤겔의 철학으로 그 기원을 추적할 수 있었다. 마르쿠제가 생각하기에, 헤겔의 **'운동성**Bewegtheit' 으로서의 생 개념은 중요한 지적 전환을 위한 씨앗을 담고 있다. '생life' 은 『현상학』과 『논리학』 모두에서 결정적인 역할을 한다. 이는 정신이 존재 혹은 외부성에 대한 몰입에서 주관성의 평면에 도달하는 순간을 의미한다. 만일 헤겔 철학의 목표가 "실체는 주체로서 이해되어야 한다"는 그의 잘 알려진 말에서 정확하게 포착되는 것이라면, 생 개념은 이러한 발전에 대한 결정적인 기대를 하게 한다.

마르쿠제가 생 개념에 초점을 맞추기로 선택한 것은, 그가 변증법의 '활동적인 측면'을 발전시킨 독일 관념론을 높이 샀을 때, 생 개념이야말로 '포이에르바흐에 대한 테제'에서 마르크스가 의미하는 바를 명확히 하는 데 도움을 줄 것이라 믿었기 때문이다. 사변철학을 역사적으로 방향 지어진 프락시스 이론으로 변형하는 일은 "헤겔이 준비한 근거와 헤겔 철학에 내재된 경향을 고수함으로써 가능했다."[38] 더욱이 생의 이념은 마르쿠제가 헤겔 이전 철학에 결여되어 있는 것으로 발견한 직접적이고 실천적인 차원을 제시했다. 생은 전통적인 체계철학이 사변적인 편견으로 인해 결여하게 된 **활동적** 요소를 보여주었다. 생이 '운동성'의 미덕을 구현하는 한, 생명은 어떤 다른 개체도 갖지 않는 자기-구성 능력을 보여준다. 이런 관점에서 헤겔적인 '생'과 하이데거적 '실존' 사이의 유사성은 설득력을 갖는 것으로 보였다.[39] 일단 '실존', '운동성', 그리고 '자기-구성'의 문제가 표면화되면, 역사적 의미라는 쟁점이 모습을 드러낸다.

『헤겔의 존재론』에서의 생을 다루는 마르쿠제의 논의는 난해하고, 극히 일부 사람들만 이해하는 '헤겔 주해'로, 철학적 영역에 국한되어 있었다. 그러나 '노동'에 대한 그의 논의는 이러한 틀을 벗어난다. 이 연구로부터 우리는 마르쿠제가 그러한 연구를 수행하게 된 지적 동기가 무엇인지 더 잘 이해할 수 있다.

헤겔의 가장 잘 알려진 노동에 대한 논의는 『정신 현상학』의 '주인과 노예' 장에서 다루어진다. 흥미롭게도, 마르쿠제는 이 유명한 에피소드에 초점을 맞추지 **않기로** 결정했다. 그의 견해에 따르면, 이 에피소드는 개인의 '자기의식'이라는 관점을 고집하느라 역사성이라는 질문에 충분한 주의를 기울이지 않았다. 대신 마르쿠제는 헤겔이 민족의 집단적 삶에 대해 논하는 『현상학』의 뒷부분에 집중한다. 돌이켜 생각해보면, 이 장은 '운명', '세대', 그리고 '민족'의 역사적 삶의 문제가 전면에 내세워지는 『존재와 시간』에서의 역사성 교리에 대해 상당한 기대를 드러낸다. 『현상학』 초반부에 헤겔은 "**행위는 정신이 자기의식으로 되는 것**"이라 공표한다.[40] 그러나 마르쿠제의 관점에서, 이 논의는 충분히 개진되지 않았다. '정신' 장에서 비로소 헤겔은 그 주제를 본래적 · 역사적 실존 혹은 '역사성'이라고 하는 문제를 통해 다루기 시작했다.

여기에서 노동 개념이 핵심적인 역할을 수행한다. 헤겔에 따르면, 노동의 산물이 개인만을 위한 것이 아니라 모두를 위한 것인 한, 노동은 '보편성의 요소'를 갖는다. 이처럼 노동이 갖는 보편적 요소는 자기의식이 세계 사물에 묶여 있다고 느낄 필요가 없음을 말한다. 자기의식은 세계 사물들을 의식의 필요와 의도에 따라 변형하기에 적합한 재료로서 선천적으로 가변적인 것으로 인식한다. 마르쿠제가 주목한 바와 같이, 노동의 형식 속에서 행위는 "생명 존재를 구성하기 때문에 일어난다. 그 행위를 통해 모든 실재(현실)를 산출하고 개방하는 생명 존재 말이다. … 참으로 있음은 사물 그 자체가 갖는 사실의 한 측면이다. 말하자면 그것은 의식에 영향을 받는 존재에 본질적으로 의존한다. 그것이 진리임을 확실시하고 그것을 현실화하는 방향으로 나아가는 의식 말이다."[41] 존재자의 무상함은 자기의식의 보편성을 증명한다. 자기의식의 본질은 자기를 객관화하는 개별적 행위와 결코 동일시될 수 없다. 자기의식은 존재자 속에서 표현을 찾지만, 존재자를 초월한다. 헤겔이 주목하는 바와 같이, 노동의 결과로서, "개별자가 갖는 본래적으로 고정된 성질은 그 자체로 그 활동성의 요소와 목적이라 할 수 있는 존재의 긍정적인 의미를 상실했다. 즉 그것은 대체된 순간일 뿐이며, 개별자는 보편적 자아의 형태를 갖는 자아이다."[42] '개별적' 자아에서 '보편적 자아'로 이행함으로써, 무대는 역사로 향할 준비를 한다.

마르쿠제는 헤겔이 칸트와 달리 진리를 단순히 주관적이거나 헛된 예지계 영역에 국한된 것으로 보지 않았다는 사실을 강조한다. 헤겔의 자기의식이 '활동적'이기 때문에, 진리는 '실제적'이 되어야 한다. 그러므로 마르쿠제의 생각에, 헤겔적 '정신'이 갖는 스스로를 현실화하는 성격은 실천철학의 형식을 취하는 마르크스주의를, 혹은 '행위' 철학을 앞서 보여준다. 마르쿠제는 주요 구절에서 다음과 같이 말한다.

> 생에 있어서 최초의 존재론적 결정인자는 처음부터 **활동성**이었다. 이 사실만이 헤겔 철학이 기초존재론적 틀과 칸트의 초월철학뿐만 아니라 다른 모든 형태의 논리주의, 합리주의와 거리를 갖는다는 사실을 보여준다. 그리스 이래로 서양 철학에서 생명과 그것이 갖는 활동성은 어디에도 없었으며, 노동과 프라그마로서의 생명의 세계는 사물의 중심에 놓여 있지 않았다. … 여기서 결정적인 것은 행위의 성격이다.[43]

마르크스로부터 실러에게로

노동을 프락시스로 보는 마르크스의 노동 개념과 현존재의 실천적 '상황에 처해 있음(본래성, 결단, 역사성과 관련된 개념과 마찬가지로)'에 대한 하이데거의 개념은 마르쿠제가 철학적으로 노동에 대한 타당한 정의를 제시하는 데 도움을 주었다. 그러나 문제는 이러한 존재론적 이념이 당시의 노동 상황과 거의 관련이 없다는 것이었다. 당시의 노동에 대한 이해는 편견에 젖어 있는 정치경제학이 규정해놓은 것이었다. 그렇기에 실제 마주하는 현실의 맥락에서, 인간이 노동을 통해 자기를 실현한다고 하는 개념은 전적으로 부재했다. 노동의 기능은 조잡한 경제 용어로만 이해되었다. 즉 노동은 생산 요소, '가변 자본', 효율적 노동, 경영 능률 전문가가 관리해야 할 행정 통제의 대상으로 간주되었다.

마르쿠제는 철학이 거짓 의식을 탈물신화하는 것을 주된 목적으로 하는 실천적 비평의 한 형태라 믿었다. 더욱이 현재의 위기가 정확하게 '주체성', 즉 의식이 물화됨으로 인해 생기는 위기라고 기술될 수 있다면, 철학적 계몽의 과제가—'이론주의자의 일탈'이 아닌—절대적 중심 과제라 할 수 있다. 통속적 마르크스주의는 사회적 존재가 사회적 의식을 결정한다고 판결 내린다. 반면, 충실한 헤겔주의자인 마르쿠제는 그러한 방법론적 숙명론은 프롤레타리아를 현재의 사회적 부패 상태의 거울이라 선고하는 것이라 믿었다. 그러므로 '유적 존재'의 형태로서의 노동에 적절한 철학적 근거를 부여하는 일은 유럽 노동운동이 겪은 패배를 되돌리는 중요한 첫걸음이 될 수 있다.

마르쿠제는 마지막으로 하이데거와 마르크스를 종합하고자 한, 「경제학에서 노동 개념의 철학적 기초에 대하여」에서 이 과제를 다루었다. 1933년에 출판된 이 확고한 하이데거주의자의 에세이(그들의 관계는 출판 직후에 단절되었다)는 『에로스와 문명』 및 기타 작품의 유토피아적 체계를 앞서 보여주기 때문에 주목할 만한 가치가 있다.

'일상의' 노동 개념이 정치경제학의 담론에 의해 편견을 갖도록 규정되어 있는 한, 노동의 존재론적 본질에 도달하기 위해서는 이 일상의 의미를 괄호 친 현상학적 '환원'이 필요했다. 따라서 마르쿠제는 '**인간 실존 자체에 대한 존재론적 개념으로서의 노동**'에 대한 정의를 찾고자 했다.[44] 『존재와 시간』에서 하이데거는 자신이 세계-내-존재라고 하는 인간의 기초적 · 존재론적 구조를 해명했다고 주장했다. 그러나 하이데거가 제시한 목록이 확정적이라고 추정할 이유가 없었다. 더욱이 사회 정의에 마음을 쓰는 과정에서 생긴 역사성에 대한 관점에서, 노동을 포함시킨 것은 전적으로 타당한 선택이었다.

마르쿠제는 노동의 현상학적 본질을 그의 초기 하이데거적 마르크스주의의 관점을 연상시키는 용어로 기술한다. 프락시스의 양상으로서의 노동은 인간의 자아실현을 위한 본질적 구성요소이다.

노동은 모든 활동이 거기에 기초하고, 다시 거기로 되돌아가는 것, 즉 '**함**(행위)'[Tun]이다. 이는 바로 세계 내에서의 인간의 존재 양상으로서 인간의 '함'이다. 이를 통해 인간은 최초로 그 자신인바 '독립적'으로 되고, 그 자신에게로 이르며, 자신의 '지속'을 획득하는 동시에 '자기 자신'의 세계를 만들면서 자신의 현존재의 형식을 획득한다. … 노동을 통해 인간과 그 객관화 사이에서 어떤 것이 일어난다. 그 결과는 인간과 객관화의 본질적 통일이다. 말하자면 인간은 자신을 '객관화'하며, 그 객체는 '인간의 것'이 되고, 그것은 **인간의 객체**가 된다.[45]

정치경제학의 담론과 대조적으로, 여기에서 노동은 일련의 외적 기준이나 목표에 의해서가 아니라, 인간 실존의 필수 조건에 따라 결정된다. 그러나 역설적이게도 이 에세이가 개념적으로 혁신하는 순간은 노동 개념이 아닌 '놀이' 개념과 관계된다.

놀이 개념은 실러의 『인간의 미적 교육에 대한 편지Letters on the Aesthetic Education of Man』(1795)에서 두드러지게 나타난다. 15번째 편지에서, 실러는 그의 급진적 명제를 제시한다. "인간은 인간이라는 말의 온전한 의미로 존재할 때만 놀이한다. **그리고 인간은 놀이하는 한에서만 온전한 인간으로 존재한다.**"[46] 마르쿠제는 실러의 격언을 마음에 새겼다. 이는 마르쿠제의 성숙한 작품의 고유한 아이디어 중 하나가 되었다. 놀이에 대한 마르쿠제의 논의는 간략하지만, 정통 마르크스주의 교리에서 노동을 비철학적이고 생산주의적으로 이해하는 것에 대한 그의 불만이 커지고 있음을 보여준다(말년에 아도르노는 마르크스가 세계를 거대한 노동력 착취 현장으로 돌리려 한다는 견해를 피력했다).[47] 마르쿠제는 마르크스의 초기 정의를 인용하면서

"자연이 인간화, 인간이 자연화"되는 온전한 인간 세계는 궁극적으로 노동에 대한 협소한 공리주의적 이해를 초월해야 한다고 느꼈다. 마르쿠제는 점점 더 노동을 필연성의 영역으로 바라보게 되었다. 즉 자유의 영역은 노동을 통해서가 아니라 노동을 **넘어서** 있었다. 문제가 되는 것은 정통 마르크스주의의 용어를 뛰어넘고, 1960년대의 리비도적 정치를 기대했던 마르크스주의를 수정하는 일이었다.

마르쿠제가 마르크스주의를 물화에 대한 비판으로 이해한 점을 감안할 때, 실러의 『인간의 미적 교육에 대한 편지』는 비판을 위한 풍부한 자원에 해당했다. 이 책은 부르주아 사회의 왜곡에 대한 낭만적인 저항을 보여주는 전형적인 사례였다. 현대적 조건하에서, "보다 복잡한 국가 기구는 계급과 직업을 더 엄격하게 분리할 것을 요구했다"고 실러는 개탄했다. 결과적으로 "인간 본성의 본질적인 유대는 해체되었고, 파괴적인 갈등은 조화로운 힘을 분산시켰다."[48] 지적 능력과 정서적 능력이 서로 상치되는 방식으로 작동한다는 사실이 말해주듯, 실러는 부르주아 사회에서의 전체성 결여를 비판했다. 지성은 논리적이고 일관되지만, 마음의 법칙에 귀 기울이지 않는 세계를 산출하고자 했다. 결과적으로 근대 사회에는 원칙과 감정이 해체 상태에 이르렀다. 실러가 주목한 바와 같이, "오늘날, 필요성이 주인이다. 그리고 필요성은 타락한 인류를 그 굴레 아래 굴복시킨다. 유용성은 모든 권력이 이에 봉사하고, 재능 있는 사람들이 충성을 맹세해야 하는 시대의 위대한 우상이다. 이런 투박한 척도 속에서 예술이라는 영적 봉사는 어떠한 중요성도 갖지 않는다."[49]

최근 출간된 세 번째 비판서에서 칸트의 주장을 새롭게 염두에 두고, 실러는 '놀이 충동'에 대한 자기 생각을 소개했다. 미적 영역에서 미의 법칙은 필연성보다는 자유를 섬긴다. 실러는 다음과 같이 주장한다.

> 이성은 선험적 근거를 바탕으로 형식적 · 물질적 충동 사이에 협력이 있어야 한다고, 말하자면 **놀이 충동**play impluse이 있어야 한다고 주장한다. 왜냐하면 놀이 충동만이 인간이라는 관념을 충족시키는 실재와 형식, 우연성과 필연성, 수동성과 자유의 결합이기 때문이다. … 인간은 오직 쾌적한 것, 좋은 것, 완전한 것에는 진지하다. 그러나 아름다움을 통해 **인간은 놀이한다**.[50]

실러는 칸트에 이어서, '무관심적 쾌락' 혹은 '놀이'의 미덕을 강조한다. 실러의 미학은 놀이를 마르크스주의가 전통적으로 노동으로서의 도구적 이성을 찬양한 것에 대한 보완물로 내세웠다. 파리 수고에 이어, 인간의 완전성 회복에 대한 마르크스의 근원적 관심, 즉 마르크스주의가 갖는 낭만적-유토피아적 차원은 역사유물론이 불신을 받음으로 인해 관심에서 제외되었다. 유토피아 마르크스주의를 이끄는 대표자, 에른스트 블로흐의 말 덕분에, 마르크스주의의 '차가운 기류'가 '따뜻한 기운'을 상대로 승리를 거두었다.

마르쿠제는 마르크스주의가 노동의 형이상학으로서 정치경제학을 초월하는 대신에 완성시켰다고 생각했다. 초기 마르크스는 노동을 인간 자아실현의 표현으로 보는 광범위한 정의를 지지했다. 그 정의는 '우리 이마 위의 땀과 우리 손의 피'라는, 노동에 대한 로크의 금욕주의적 개념보다 아리스토텔레스의 프락시스 개념과 더 많은 공통점을 갖는 것이었다. 그러나 후기 마르크스에게 노동은 '도구적 이성'과 다름없게 되었다.

젊은 마르크스가 독일 관념론으로부터 물려받았던 인간의 완성, 즉 자기-형성, 혹은 교양의 이념은 더 이상 마르크스주의의 중심에 위치하지 않았다. 그 대신 마르크스주의의 유일한 관심사는 자연에 대한 합리적 정복인 것 같았다.

마르쿠제는 「경제학에서 노동 개념의 철학적 기초에 대하여」에서 마르크스주의 선동이 상소하는 노동 중심성에 대한 지적 의구심을 공개적으로 털어놓았다. 마르크스의 논증은 '필요'를 의미하는 표현으로서 인간의 '결핍'을 보충하고자 하는 **'노동의 짐스러운 성격**Lastcharakter der Arbeit'을 강조했다. 더욱이 노동은 언제나 '결핍'을 위해 존립하기 때문에, 인간 활동의 형태로부터 완전히 자유로울 수 없다. 그 결과, 노동은 항상 대상 자체, 즉 필연성의 법칙에 속박되어 있다.

> 명시적이든 아니든, 의도적이든 아니든, 노동에서 문제가 되는 것은 언제나 사물 그 자체이다. 노동을 하면서, 노동자는 항상 '사물과 함께' 있다. 기계를 계속 지키거나, 기술적 계획을 세우거나, 조직적인 정책에 관여하거나, 과학적인 문제를 연구하고, 사람들을 지도한다. 활동을 통해 그는 자신을 지배하고 법칙을 따르는 사물의 지시를 받는다. 심지어 그가 대상을 지배하고, 지시하며, 이끌고, 그 나름의 길을 가게 할 때조차도 말이다. 각각의 경우에 그는 '그 자신과' 있지 않으며, 수동적으로 자신의 실존을 수수방관한다.[51]

그리스의 자율성 개념에서는 자유를 자기-입법의 이념적 견지에서 이해한다. 자기가 만든 법을 따른다는 의미에서 말이다. 마르쿠제는 참된 존재론적 의미에서 보았을 때 자동적으로 **대상**의 경로와 법칙을 따른 이래로, 프락시스의 한 형태로서의 노동은 결코 자유로울 수 없다고 주장했다. 마르쿠제는 다음과 같이 설명했다. "세계 속에서 누군가가 인간이 된다는 것은 다른 무엇보다도 '자기 활동', 즉 자기 자신의 실존 혹은 각각의 실존 속에서 '자신-임'을 결정하는 과정이기 때문이다. 또 다른 한편으로, 이러한 '자기로-있음'은 타인과 함께 있음으로써, 그리고 타인을 위한 것으로 대상성을 수동적으로 만들 때에만 가능해지기 때문에, 대상성에 기초한 노동은 **본질적으로 짐스러운 것**이다."[52]

고대 철학에서는, 그들 자신을 목적으로 하는 활동이 목적을 외부에 두는 활동보다 더 큰 존재론적 가치를 지녔다. 전자는 후자가 갖고 있지 않은 어느 정도의 자족적 성격을 지녔다. 아리스토텔레스는 행복, 즉 에우다이모니아eudaemonia에 관해서 다음과 같이 말했다. "그 자체로 바람직한 활동은 우리가 실제 활동하는 것 외에 그로부터 어떤 것도 이끌어내려고 하지 않는 활동이다."[53] 아리스토텔레스는 '덕'을 다음과 같이 정의했다. 덕스럽게 행동하는 것은 외적인 목적을 위해 하는 것이 아니다. 그 목적이 여전히 필연성의 영역에 속박되어 있으며, 그러므로 그것의 목적이 외적인 것에 있는 노동과 달리, 덕스럽게 행동한다는 것은 우리가 배타적으로 자신만을 위해서 하는 어떤 것을 의미한다. 이것이야말로 **본질적 선**이며 목적 그 자체이다. 마르쿠제의 견해에 따르면, 부르주아 사회의 비극 중 하나는 아리스토텔레스가 『니코마코스 윤리학』에서 '덕에 따르는 행동'이라 정의한 프락시스가 필연성 혹은 '짐'으로서의 노동으로 전락했다는 사실에 있다. 더 상위의 그리스적 '자기 활동'이라는 이념과 일치하는 프락시스의 대안적 형태는 사라졌거나, 자본주의하에서의 다른 많은 사회 문화적 삶의 특징과 마찬가지로 상품화되었다. 놀이와 '미적 차원'이 마르쿠제의 가치존재론에서 각별한 자리를 차지하게 된 이유 중 하나는 이러한 수칙들이 필연성의 법칙을 드러내놓고 탐탁지 않아 하기 때문이다. 마르쿠제는 매우 서정적인 구절에서 다음과 같이 말한다.

> 사물의 '객관성'과 그것이 갖는 효과, 그리고 대개 끊임없이 처리하도록 강요당하는, 그러므로 그것을 존중하는 법을 배우는 대상적 세계의 실재는 놀이에서 일시적으로 중단된다. 이번 한 번만은 사물을 가지고 온전하게 즐기듯이 행동하고, 자신을 사물들 저편에 위치시키고, 사물로부터 '자유롭게' 된다. 결정적인 것은 다음이다: 자기를-정립하는 이러한 대상성의 초월을 통해, 우리는 노동에서 거부된 자유의 차원에서 자기 자신에게 이른다. **가장 강력한 기술적 성취를 통해서가 아니라, 단 한 번 공을 던짐으로써 선수는 대상화를 넘어서는 대단히 위대한 인간 자유의 승리를 성취한다.**[54]

마르쿠제가 놀이의 미덕에 보내는 찬사는 『자본론』 3권에서 자유와 필연성의 관계에 대한 마르크스의 논의를 따른다. 파리 수고에서 전개했던 노동에 대한 낭만적이고 유토피아적인 개념과 대조적으로, 『자본론』에서 마르크스는 사회적 노동을 단순히 필연성의 영역과 동일시한다. 아리스토텔레스를 따라서 마르쿠제는 젊었을 때의 헤겔적인 언어로 돌아가 자유의 영역을 '자체 내 목적으로서의 인간 힘의 성장'으로 정의한다. 그는 그러한 자유의 영역은 오직 여가나 '자유-시간' 동안에 필연성의 영역을 **넘어서** 생겨날 수 있다고 주장한다.

마르크스와 마찬가지로 마르쿠제도 노동의 철학적 의미에 대한 두 가지 경쟁적인 비전 사이를 오갔다. 『에로스와 문명』에서 그는 초기 마르크스를 따라서 노동에 대한 '표현적' 개념을 주장했다. 즉 노동은 인간의 자아실현을 위한 필수적인 형식이다. 그러나 다른 저술들에서 그는 기술 숙련도가 향상됨에 따라 본질적으로 노동이 쓸모없게 된다고 주장하는 사이버네틱 유토피아의 이상을 지지하여 자아실현의 필수 형식으로서의 노동을 경시했다. 이 시나리오에 따르면, 여가나 '자유-시간'의 연장은 인간의 자아실현을 위한 시간이 유의미하게 증가할 것임을 의미했다. 마르쿠제는 『일차원적 인간』에서 다음과 같이 추측한다.

> 선진 산업사회는 연속적인 진보가 진보의 통상적인 방향과 구성을 급진적으로 전복할 것을 요구하는 단계로 진입하고 있다. 이 단계는 물질생산이 생명 유지에 필요한 모든 것을 충족시킬 수 있는 정도로까지 자동화될 때 도달될 것이다. … 필수 노동시간이 한계시간으로까지 단축되는 동안 말이다. 이 지점으로부터 기술의 진보는 필연의 영역을 넘어설 것이다. … 기술은 자연과 사회의 평화 회복을 위한 투쟁에서 능력의 자유로운 놀이에 종속될 것이다. 이러한 상태는 마르크스가 '노동의 폐지'라는 개념에서 구상했던 것이다.[55]

하이데거, 철학을 배반하다

1932년 12월 마르쿠제가 프라이부르크를 떠나고 한 달 후, 히틀러가 독일의 총리로 임명되었다. 두 달 안에 민주통치의 마지막 흔적을 없애기 위해 히틀러는 바이마르 헌법을 능숙하게 조작했다. 이후 유대인과 좌파(유대인 좌파는 말할 것도 없고)의 모든 학술적 발전을 기대할 수 없게 되었다. 후설의 중재로 프랑크푸르트 사회 연구소와 연락을 취한 마르쿠제는 곧 새로운 동료들을 따라 망명길에 올랐다. 1933년 5월 하이데거는 프라이부르크 대학의 첫 번째 나치 총장이라는 새로운 모습으로, 새 정권에 대한 충성을 선언했다. 돌이켜 보면, 간접적이긴 하지만, 이러한 정치 상황이 마르쿠제와 하이데거의 지적 갈림길에 중요한 역할을 했던 것으로 보인다. 하이데거 밑에서 철학적 훈련을 받은 기간 동안, 마르쿠제는 대표적인 사회민주당 잡지, 〈게젤샤프트Die Gesellschaft〉에 정기적으로 글을 기고했다. 하이데거가 자신의 젊은 추종자가 좌파의 정치 신념을 가졌다는 것을 몰랐을 리가 없다. 하이데거는 마르쿠제의 철학적 세계관의 핵심을 형성한 것이 마르크스주의와 실존주의를 종합하는 것임을 알고 있었다. 하이데거의 단호한 반공산주의적 관점에 비추어볼 때, 이를 호의적으로 보았다고 상상하기는 어렵다. 마르쿠제가 『헤겔의 존재론』에서 마르크스와 마르크스주의와 관련된 모든 문제에 대한 언급을 신중하게 생략했음에도 불구하고, 하이데거가 마르쿠제 작품의 방향을 감지하고 탐탁지 않아 했다고 결론 내리는 것은 무리 없어 보인다.[56] 그러나 우리는 궁극적으로 모순되는 증거를 보게 된다. 하이데거가 명시적으로 마르쿠제의 연구 방향을 거부했다는 것을 나타내는 문서는 어디에도 없다. 그렇지만 우리는 1930년 12월, 교수자격 취득 논문에서 마르쿠제가 쏟아부은 노력이 갑자기 실패로 돌아갔다는 것을 알고 있다.

확실히, 하이데거가 '독일 혁명'을 드러내놓고 지지한 일은 그들 사이의 균열을 사실상 돌이킬 수 없게 만들었다. 그 후 마르쿠제는 그의 이전 멘토에 대해 공개적으로 말을 아꼈음에도 불구하고 비판적이었다. 1947년 인터뷰에서 마르쿠제는 동료 학생들이 하이데거의 정치적 전회를 감지했었는지를 묻는 질문에 다음과 같이 답변했다.

> 개인적인 경험에서 볼 때 강연이나 세미나 혹은 개인적으로도 하이데거가 나치즘을 지지한 것에 대한 암시는 전혀 없었다. … 그래서 그가 공개적으로 나치즘을 선언한 것은 매우 놀라운 일이었다. 그때부터, 물론 우리는 스스로에게 질문을 던졌다. 우리가 『존재와 시간』이나 관련 글들에서 나타나거나 암시된 바를 못 보고 넘어간 것인가? 우리는 사후에 한 가지 흥미로운 의견을 내놓았다(나는 사후에 의견을 제시하는 것이 쉽다는 것을 강조하고자 한다). 인간 실존, 즉 세계-내-존재에 대한 그의 견해를 보면, 고도로 억압적이고, 숨이 막힐 듯한 해석을 발견하게 된다. 나는 오늘 『존재와 시간』의 목차를 다시 검토해보았다. 그리고 그가 실존 혹

은 현존재의 본질적 특성을 어떻게 보았는지를 말해주는 주요 범주들을 살펴보았다. 나는 당신에게 그에 대해 바로 읽어줄 수 있고, 당신들은 내가 무엇을 말하는지를 알 수 있을 것이다. "잡담, 호기심, 애매성, 퇴락 그리고 던져져 있음, 마음씀, 죽음을 향한 존재, 불안, 두려움, 지루함 등등." 이제 이것은 억압적인 사회에서 남녀의 공포와 좌절—죽음과 불인의 그늘이 드리워신, 기쁨이 없는 실존—을 잘 보여주는 그림을 건네준다. 즉 권위주의적 성격을 가진 인간 말이다.[57]

마르쿠제가 의구심을 가지고 보았던 『존재와 시간』 개념 중 하나는 '죽음을 향한 존재'였다. 비록 『존재와 시간』에 관한 방대한 2차 문헌들이 이것의 중요성을 과소평가해 왔지만, '죽음을 향한 존재'는 본래성으로 이르는 길에서 결정적인 중간 기착지이다. 일상적인 현존재('그들')는 인간의 유한성에 따르는 곤경을 마주하는 것을 체계적으로 회피하는 반면, 본래적 현존재는 이에 굴하지 않고 죽음의 현상에 맞서려는 의지를 가진다는 점에서 일상의 현존재와 구분된다. 죽음의 불가피성에 대한 자각은 현존재의 세계에 대한 참여와 몰입을 선명하게 한다. 실존이 본질적으로 유한하기 때문에(구원이나 영원한 삶이란 없다), 현존재가 시간성 및 세계성과 맺는 관계는 급진적이고 총체적이어야 한다.

그러나 마르쿠제가 주목하듯이, 하이데거가 죽음을 존재론적으로 특성화한 것은 제1차 세계대전 이후 독일의 '전선 체험'에 대한 예찬이라고 하는 특정한 존재적 맥락을 무심코 드러낸다. 예를 들어, 에른스트 윙거의 도발적인 전쟁 연대기, 『강철비 속에서』와 『내적 체험으로서의 전쟁』에서 전쟁 속에서 죽음을 직면하는 일은 최고의 실존론적 통과

의례로 지위가 격상된다. 하이데거가 죽음을 향한 존재를 격상시킨 것을 이러한 전후戰後 문화적 맥락과 분리하기 어렵다. 궁극적으로 '희생'과 "위험하게 살 용기를 가져라"라고 니체가 말한 격언의 중요성을 강조하는 이러한 에토스는 국가사회주의 전쟁의 에토스 속에서 그 근거지를 발견했다. 정권을 대표하는 하이데거의 정치 연설은 수사적으로 과장된 이러한 특징을 갖는 관용구들로 가득 차 있다.[58]

하이데거와 동시대인이자 문제의 역사적 경험을 목격한 자로서, 마르쿠제는 그러한 수사가 갖는 정치적 함축을 평가하기에 적절한 인물이었다. 수십 년 후, 하이데거의 본래성 개념이 하이데거의 정치 참여와 지속적으로 관련되어 있음을 주장하면서("나는 오늘날 선진 산업사회에서 본래성이… 점점 더 어려워지고 있음을 부정하지 않을 것이다"), 마르쿠제는 다음과 같이 말한다.

> [죽음을 향한 존재에 대한 하이데거의 집착은] 파시즘과 나치즘이 목적 그 자체로서의 희생에 중점을 두는 일을 정당화하는 역할을 했다. 나치 작가인 에른스트 윙거의 유명한 구절이 있다. 그는 "무의 끝에서, 혹은 심연의 끝에서[*am Rande des Nichts am Rande am Rande des Abgrunds*]" 희생의 필요성을 말한다. 다른 말로, 희생은 좋은 것이다. 왜냐하면 그것이 희생이기 때문이다. 그리고 그것이 자유롭게… 개인에 의해 선택되었기 때문이다. 하이데거의 [죽음을 향한 존재] 개념은 파시스트 미래주의자들의 전쟁터에서의 함성을 생각나게 한다: **죽음 만세.** Eviva la muerte[59]

『에로스와 문명』에서 마르쿠제는 하이데거의 실존론적 존재론에서 죽음을 향한 존재가 근본적으로 억압적인 역할을 하고 있음을 다시 한번 강조한다. 그는 현대 자본주의가 에로스 혹은 '생의 본능'을 체계적으로 억압한다고 주장했다. '수행원리'의 요구조건에 입각하여, 현대 자본주의는 소외된 사회노동의 광대한 체계를 유지하기 위해서 본능적인 금욕의 에도스를 구축한다. 마르쿠제의 견해로는, 실존철학이 죽음을 향한 존재에 집착하는 것은 본능적으로 억압적인 사회적 총체성의 이데올로기적 요구를 완벽하게 충족시킨다. 마르쿠제는 다음과 같이 말한다.

> 오늘날 신학과 철학은 서로 경쟁적으로 죽음을 실존론적 범주로 찬양한다. 생물학적 사실을 존재론적 본질로 왜곡하고, 그들이 영원하기를 희망하는, 즉 유토피아에 대한 약속을 배신하는 것에 대한 인류의 죄의식에 초월적 축복을 내려준다. … 죽음을 끊임없는 위협으로 두려워하든, 아니면 최고의 희생으로 찬미하든, 혹은 운명으로 받아들이든, 죽음에 동의하기 위한 교육은 처음부터 삶에 굴복하는, 즉 투항과 항복의 요소를 들여온다. 그것은 '유토피아적' 활동을 억누른다. 죽음과 깊은 친화성을 가진 힘. 죽음은 부자유와 패배의 증표이다.[60]

그러한 회고적인 비판에도 불구하고, 마르쿠제는 다른 곳에서 나치즘에 대한 하이데거의 '결단'은 그의 철학적 체계의 논리적 확장이라기보다 지적인 자기 배신 행위라고 주장했다. 나치즘이 승리한 이후, 국가사회주의의 철학적 기원을 탐구하는 첫 번째 논문에서 마르쿠제는 카를 슈미트, 에른스트 포르스토프Ernst Forsthoff와 같은 진정한 나치 사상가들과 하이데거와 같은 사람을 구분한다. 하이데거가 나치 정권을 지지한 것은 그의 이론적 신념과 불일치하기 때문이다. 마르쿠제는 하이데거의 비열한 정치 행위를 비난하는 데 시간을 낭비하지 않는다. 그는 궁극적으로 나치즘에 대한 하이데거의 당파성은 그 자신의 철학적 관점을 '급격하게 부정'한 것이라고 주장한다.

> 실존주의는 그 정치적 이론이 실현되는 순간 실패한다. 실존주의가 동경했던 총체적 권위주의 국가는 모든 진리가 거짓임을 보여준다. 실존주의는 지성사에서 독특한 일이라 할 수 있는 자기 굴욕과 함께 몰락한다. 말하자면 실존주의는 그 자신의 역사를 최후까지 사티로스극*으로 완성한다. 실존주의는 서구 합리론과 관념론에 대한 위대한 철학적 논쟁으로 시작했다. 이러한 지적 유산을 대표하여 개별적 실존을 역사적으로 구체화하기 위해서 말이다. 그리고 실존주의는 철학적으로 자신의 기원을 급진적으로 부정하는 것으로 끝을 맺는다. 이성에 대한 투쟁은 실존주의를 지배적인 권력의 품으로 맹목적으로 몰아넣는다. 지배적 권력의 보호 속에서 실존주의는 한때 서양 사유의 정점이라 좋아했던 그 위대한 철학을 배반한다.[61]

아마도 마르쿠제의 가장 통찰력 있는 논평은 "이성에 대한 투쟁이 실

* 사티로스극(Satyr play): 고대 그리스에서 3개의 비극 공연 후 네 번째로 행해진 극으로, 주신 디오니소스의 숭배 의식에 기원을 두고 있는 것으로 추정된다. 사티로스 극은 희극적 요소와 비극적 요소를 모두 포함하고 있지만 외설적이고 우스꽝스러운 내용이 주를 이루며, 이 문맥에서 '사티로스 극'은 실존주의가 최후에 맞이하는 비극에 대한 패러디로 이해될 수 있다.-옮긴이

존주의를 지배적인 권력의 품으로 맹목적으로 몰아넣는다"는 것이리라. 비록 마르쿠제가 자신이 의미한 바에 대해 보다 상세하게 설명하지는 않지만, 그의 후기 철학적 과정에 주의를 기울이면, 그 상황을 제법 명확하게 볼 수 있다. 후속 작품에서 그는 철학적 '이성Vernunft'의 확고한 옹호자가 되었다. 특히 이는 독일 관념론에 대한 저술들(더 정확히 말하면, 1940년 헤겔 연구서인 『이성과 혁명』)에 명시되어 있다. 마르쿠제는 실존주의가 '서구 합리론과 관념론의 논쟁'에서 시작했다는 점에 주목한다. 그러나 그가 보기에, 그 토론은 너무 일찍 거짓으로 끝났다. 실존주의는 유의미하고 세상적인 방식으로 이성의 이념을 **현실화**하기 위해 노력하는 대신 이를 거부했다. 윤리적으로 말해서, 실존철학은 이성이나 더 상위의 도덕적 규범에 의해 매개되지 않은, 전적으로 구체적인 상황이 요구하는 바에서 이끌려 나오는 결단성을 받아들였다. 『존재와 시간』에서 하이데거는 묻는다. "어떤 근거에서 결단을 내리는가? 오직 결단만이 말할 수 있다."[62] 이것이 마르쿠제가 "이성에 대한 투쟁이 실존주의를 지배적인 권력의 품으로 맹목적으로 몰아넣는다"고 말할 때, 염두에 두고 있는 것으로 보인다. 독일 갈색 혁명을 미루어 판단했을 때 하이데거는 더 상위의 규범들을 상실했다. 도덕적으로 무방비 상태였던 하이데거는 당면한 상황이 요구하는 것에 굴복했다. 하이데거는 히틀러를 "자신의 영웅으로 선택했다." 그리고 독일의 '운명'과 부침을 함께했다. 나치즘에 대한 하이데거의 결단은 우연한 전기적 선택과는 거리가 먼 것으로, 사실상 본래적인 역사적 헌신의 요건에 근거한 것이거나 『존재와 시간』에서 상세하게 설명된 '역사성'에 근거한 것이었다.[63]

마르쿠제는 하이데거가 나치즘에 굴복한 것을 자기-배반의 사례로 규정했음에도 불구하고, "그것은 철학자가 저질러서는 안 되는 오류 중 하나"라고 주장했다. 마르쿠제의 평가에 따르면, 나치즘에 대한 헌신은 한낱 특정한 잘못이나 부정의라 볼 수 없었다. 그것은 **"철학 그 자체에 대한 배신이며, 철학이 상징하는 모든 것에 대한 배신"**을 의미했다.[64]

1947년 국무부에서 근무하고 있던 마르쿠제는 하이데거의 토트나우베르크 오두막을 방문했다. 마르쿠제가 나중에 회상했듯이, 최근 정치 사건들을 중심으로 한 그들의 대화는 "즐거움과는 거리가 멀었다." 그 뒤의 서신에서, 마르쿠제는 철학에 대한 배신을 되풀이해서 비판했다. 어떤 사상가도 판단 착오로부터 자유로울 수 없다. 그러나 철학 자체의 소명을 의식적으로 부정하는 일은 전적으로 다른 것이기 때문이다. 그는 "1928년부터 1932년까지 자신에게 철학을 가르쳐준 사람"이라며, 하이데거에게 철학적 평판에 끔찍하게 흠이 가는 것을 줄일 수 있는 공개적인 참회의 말을 해달라고 간청했다. 마르쿠제는 자신의 입장을 다음과 같이 명확히 밝혔다.

> 저와 많은 다른 이들은 당신을 철학자로서 존경해왔습니다. 우리는 당신으로부터 무궁무진한 것을 배웠습니다. 그러나 우리는 철학자로서 하이데거를 인간으로서 하이데거와 분리할 수 없습니다. 그것은 당신 자신의 철학과도 모순되기 때문입니다. 철학자는 정치적인 문제와 관련해서 속을 수 있습니다. 이 경우에 그는 자신의 잘못을 인정할 것입니다. 그러나 그는 수백만 명의 유대인을, 그들이 단지 유대인이라는 이유로 살육을 자행한 정권에 속을 수는 없습니다. 공포를 일상적인 일로 만들고, 정신, 자유, 그리고 진리와 관련된 모든 것을 피로 더럽혀진 정반

대의 것으로 바꾼 정권에 속을 수는 없습니다. 모든 점에 있어서 당신 자신이 그렇게나 강력하게 해명하고 정당화했던 서구 전통을 끔찍하게 희화화한 정권 말입니다. … 당신은 정신의 역사에서 진정으로 이와 같이 기억되고 싶으십니까?[65]

그러나 하이데거는 수치스러운 줄을 모르는 것으로 드러났다. 그는 연합군에 의해 자행된 잔혹행위들이 나치가 저지른 것과 동일하다고 주장했다. 그러나 나치의 범죄는 독일 대중으로부터 비밀 유지가 된 반면, 동맹국들의 범죄는 그렇지 않았다.[66] 마르쿠제가 보낸, 책망으로 가득한 마지막 공식 편지 이후로, 그들의 편지 교환은 갑작스럽게 중단되었다.

좌파 하이데거주의

마르쿠제는 1933년 하이데거가 나치 정권에 대해 지지 선언을 한 후 하이데거와 결별했다. 그렇지만 마르쿠제의 초기 철학적 방향성이 결정적으로 하이데거에 의해 형성되었다는 사실을 부인할 수는 없다. 결과적으로, 마르쿠제의 성숙한 철학 작업에 하이데거주의자로서의 배움이나 영향력이 전혀 없다는 사실은 오히려 놀라운 일이 될 것이다.

전쟁 이후 마르쿠제의 저술에서 하이데거주의자로서의 면모는 완화되었지만 여전히 추적 가능하다. 그것도 두드러진 마르크스주의자의 초점과 불편하게 나란히 놓여 있다. 분명한 이유들로 인해, 마르크스주의의 결연한 역사주의는 무시간적인 제일원리를 추구하는 철학과 충돌한다. 여러모로 이 두 접근법은 서로 상반된 목적을 가지고 작동한다. 특히 혁명의 기운이 후퇴하는 시기에, 지식인들은 지속적으로 마르크스주의의 철학적 근거를 제시하려고 노력해왔다. 역사 발전에서 프롤레타리아트의 특권적 역할이 불확실해 보일 때, 철학적 원리들은 필요한 해명과 통찰을 제공한다. 칸트에 의지해 마르크스주의에 힘을 실어주고자 했던 오스트리아 마르크스주의자들의 전략이 바로 그런 것이었다. 루카치는 헤겔에 의지해서 유사한 전략을 추구했다. 그리고 호르크하이머Horkheimer의 지도 아래 프랑크푸르트학파는 '학제간 유물론inter-disciplinary materialism'이라 알려진 접근법을 추구했다.[67]

마르쿠제는 전쟁 후의 산업질서를 '1차원적 사회'라고 진단했다. 이 사회는 비본래성의 세계, 즉 맹목적으로 순응하는 대중사회였다. 마르쿠제에게 있어서, 본래적 실존을 실현하는 것을 방해하는 문제들은 존재론적이라기보다 우선 사회적이었다. 더욱이 그는 마르크스에 이어 사회가 소외의 **사회적** 기초를 극복하는 데 성공한다면, 소외를 일으키는 많은 존재론적 원인들도 정복될 것이라 판단했다. 그러므로 가장 사변적인 작품인 『에로스와 문명』에서 그는 노동은 '에로틱해질' 수 있으며, 죽음은 더 이상 박탈감이 아닌 '자유의 행위'[68]로 경험될 것이라 말하기까지 했다.

전통적으로 강력한 노동 계급 운동은 자본주의하에서의 지배 관계에 이의를 제기해왔다. 그러나 선진 산업사회에서, 그러한 갈등 가능성은 거의 잠잠해졌다. 최근 부유한 노동자 계급은 소외된 상태를 집과 같이 편안하게 느꼈다. 계급 갈등은 임금 인상뿐만 아니라, 인간 욕구를 이데올로기적으로 조작하고 관리하는 소비자 전략을 통해 진정되었다. 이러한 문제의식을 담고 있는 것이 마르쿠제의 '억압적 탈승화repressive desublimation' 이론이다. 억압적 탈승화는 소비자들이 자신이 구매한 상품과 리비도적으로 동일시하게 되는 대중의 퇴행 현상을 말한다. 마르쿠제가 『에로스와 문명』에서 진단한, 삶과 노동이 에로스로 충만한 일은 일어나지 않았다. 대신, 잠재적으로 폭발적인 리비도적 에너지는 소비를 위한 소비라는 자본주의적 소비자 정신을 통해 빨아들여지고 재조정되었다. 근대사회는 완벽한 니힐리즘의 상태를 대표한다는 하이데거의 주장을 무의식적으로 반복하면서, 마르쿠제는 "현대사회가 기술적 기반을 조직한 그 방식 덕분에, 현대사회는 전체주의화되었다"라고 주장했다.[69] 마르쿠제는 계속해서 다음과 같이 말한다.

> 사람들은 자신의 상품 속에서 자신을 인식한다. 그들은 자신의 영혼을 자동차, 고성능 음악장치, 복층주택, 주방기구에서 발견한다. … 그 결과는 적응이 아니라 **미메시스**〔모방〕이다. 말하자면 개인을 사회와 동일시하고, 이를 통해 전체로서의 사회와 직접적으로 동일시한다. 이러한 동일화는… 보다 혁신적인 소외의 단계를 구성한다. 후자는 완전히 객관화되었다. 소외된 주체는 소외된 실존에 의해 집어삼켜진다. 어디에서나 모든 형태에서 오직 1차원만이 있을 뿐이다.[70]

마르크스가 예언한 계급 없는 사회로 이끄는 역사적 동력은 완전히 멈추었다. 후기 자본주의의 억압적 탈승화의 논리는 루카치가 묘사한 의식의 물화를 질적으로 새로운 수준으로 끌어 올렸다. 마르크스주의가 전통적으로 자본주의의 발전이 갖는 모순을 폭로하기 위해 의존해온 내재적 비판 방법은 영구히 그 타당성을 상실한 것 같았다. 자본주의 발전으로 인한 전례 없는 기술적 역량과, 상품을 산출하고 새로운(비록 거짓이라 하더라도) 소비 욕구를 끊임없이 자극하는 능력 덕분에, 지배적인 사회 질서는 비판의 힘에 거의 영향을 받지 않은 것으로 보였다.

역사 변증법이 명백하게 좌초되었기 때문에, 새로운 비역사적인 정치 쟁점의 기원을 탐구할 필요가 있었다. 1960년대 후반 『에로스와 문명』의 모티프를 반복하면서, 마르쿠제는 '사회주의의 생물학적 기초'라는 견해를 떠올렸다. 마르쿠제는 추측했다. 리비도적 만족감을 추구하는 인류학적 욕구가 있을 수 있을까? 사회심리적으로 적응한 후기 자본주의의 세련된 메커니즘과 그에 상응하는 거짓 욕구의 세계를 전복할 수 있는 추동력 말이다. 하이데거에게 있어서 본래성은 존재론적 차원에 뿌리를 두고 있다. 본래성은 '양심의 부름'에 주의를 기울이고, 그렇게 함으로써 '일상성'의 위험을 극복하는 정신적 엘리트들의 선험적 역량에 놓여 있다. 마르쿠제는 후기 자본주의의 수행 원리가 야기하는 왜곡을 넘어 인류를 추동할 수 있는 유사한 존재론적 역량이 있을 수 있는지 모색했다. 마르쿠제는 '자유에 관한 에세이'에서 다음과 같이 추측한다.

> 특정한 사회적 기준에 따른 모든 윤리적 행위에 앞서, 모든 이념적 표현에 앞서, 도덕성은 유기체의 성향이다. 아마도 공격성에 대항하고, '언제나 더 큰 생의 통일성'을 창조하고 보전하는 에로틱한 욕구에 뿌리를 두는 성향 말이다. 그렇다면 우리는, 모든 '가치' 이전에, 인간 사이의 연대를 위한 본능적인 토대를 갖게 될 것이다. 계급 사회의 요구조건에 따라 효과적으로 억압되어 왔지만 지금은 해방의 전제 조건으로 등장하는 연대 말이다.

마르쿠제에 따르면, 후기 자본주의하에서, 마르크스주의는 의식의 총체적 물화에 직면하여 지금까지 탐험된 바 없는 저항을 위한 저수지를 찾아 나설 것을 강제한다. **"그 속에서 인간의 생기 있고, 필수적인 욕구와 충족이 드러나는 생물학적 차원"** 말이다.[71] 그러한 주장이 유토피아적 성격을 갖는다는 점을 순순히 인정했음에도, 마르쿠제는 1960년대 저항 문화의 에로틱한 감성에서 저항을 위한 가능성을 봤다고 여겼다. "전쟁이 아니라 사랑을 하라"는 슬로건은 마르쿠제가 조성하고자 하는 리비도적-문화 저항의 기본적 의미이다. 그의 견해에 따르면, 대대적인 환경 파괴, 핵의 과잉 살상 능력, 그리고 사적 호화로움과 대량 빈곤 사이의 터무니없는 격차와 같은, 선진 산업사회의 지나친 이성주의의 과잉이 야기하는 문제를 감안할 때, "보다 원시적일수록 더 좋다"는 격언이 유효한 것으로 보였다.

여러모로 마르쿠제의 후기 사회 이론은 좌파 하이데거주의의 틀과 내용을 재현한다. 그는 『존재와 시간』에서 전개한 '일상성'에 대한 전면적인 비판을 후기 자본주의의 사회세계로 옮긴다. 하이데거는 비본래성을 현존재의 '세계-내-존재'의 존재론적 상수로 해석했다. 마르쿠제는 비본래성을 선진 산업사회의 역사적 기초로 이해한다. 확실히 비평의 요소와 용어는 서로 다르지만, 시대 진단은 본질적으로 동일하다.[72] 더욱이 마르쿠제가 기술이 '사회적 중립성'을 갖는다는 점을 의심하기 시작하면서, 과학은 자연과의 도구주의적이고 조작적 관계를 전제로 한다는 하이데거의 견해를 공유한다. 자신의 주장을 분명히 제시하기 위해, 그는 하이데거의 글인 「기술에 관한 물음」을 만족스러운 듯이 인용한다. "근대인은 존재자 전체를 생산을 위한 원재료로 삼고, 대상 세계 전체를 생산을 위한 싹과 질서에 종속시킨다. … 기계부품의 사용과 기계의 생산은 기술 그 자체가 아니라 객관적인 원재료에서 기술의 본질을 실현하기 위한 적절한 도구일 뿐이다."[73] 마르쿠제에 따르면 이전 기술은 사회적으로 중립적이었을지 모르지만("기술적 우주의 기계부품은 정치적 목적에 무관심하다. … 전자 컴퓨터는 자본가 혹은 사회주의 행정관료에게 동일하게 봉사할 수 있다.") 오늘날의 기술은 더 이상 그렇지 않다. **"기술이 물질 생산의 보편 형식이 될 때, 그것은 문화 전체를 억압한다. 그것은 하나의 역사적 총체성, 즉 하나의 '세계'를 기획투사한다."**[74]

여기서부터는 논란의 여지가 있는 '신기술'에 대한 마르쿠제의 유토피아적 호소를 다룬다. 자연 정복이 아닌 자연과의 평화 회복을 목적으로 하는 신기술 말이다. 그의 주장은 후기 하이데거가 '포에시스' 혹은 '시적인 탈은폐'를 선호하는 것과 뚜렷한 유사성을 갖는다. 근대 '기술(닦달)'이 갖는 '몰아세움enframing'의 특성과 대조적인 기술 말이다. 두 사상가의 작품에는 독일 낭만주의 담론이 깊이 각인되어 있다. 마르쿠제의 경우, 현대사회의 적대감과 분열에 대해 미학적 화해를 제안하는 실러의 '놀이 충동'에 명백하게 의지하고 있다.

> 해방된 의식은 생명을 보호하고 충족하는 과정 속에서 사물과 인간의 가능성을 발견하고 실현하는 자유로운 과학과 기술의 발전을 촉진할 것이다. 이러한 목표를 달성하기 위한 형식과 질료의 가능성들과 유희하면서 말이다. 기술은 예술의 성향을 띠며, 예술은 현실을 형성하는 성향이 있다. 이러한 기술에서 상상력과 이성, 상위 능력과 하위 능력, 그리고 시적 사유와 과학적 사유의 대립은 유효하지 않음이 입증될 것이다.[75]

마르쿠제에 의하면, 이러한 노선에 따라 구상된 해방된 기술은 다음을 의미할 것이다. "과학은 본질적으로 다른 자연 개념에 도달하고, 본질적으로 다른 사실을 확립할 것이다."[76] 그렇게 함으로써 마르쿠제는 유대 신비주의의 교리, 독일 낭만주의, 마르크스의 파리 수고, 그리고 에른스트 블로흐의 철학에서 두드러지게 등장하는 비유인 '퇴락한 자연의 부활'이라는 개념을 제시한다.[77]

하이데거에게 있어서, 본래성은 정신적 엘리트에게 제한되는 가능성이다. 마르쿠제에게 있어서, 물화를 초월하는 능력은 이론적으로 재능 있는 사람들, 즉 지적 엘리트들의 영역이다. 북미로 망명해 가 있는 동안, 프랑크푸르트학파는 그들의 작업을 병에 편지를 넣어 바다에 띄워 보내는 메시지로 이해했다. 현대사회에서 기피하는 이 해방의 메시지는 '상상 속 미래의 목격자'에 의해 받아들여질 것이다. 호르크하이머는 '전통적 비판 이론'을 규범적 차원에서 정의하는 에세이에서 (어떤 아이러니의 흔적 없이) 다음과 같이 말한다. "일반적인 역사적 격변에서 진리는 수적으로 소수의 인간 집단에서 거주할 수 있다."[78] 이렇게 하이데거의 존재론적 엘리트주의는 비판 이론의 정치적 엘리트주의에서 유사성을 발견했다. 『에로스와 문명』에서 마르쿠제는 급진적 사회 변화를 위한 전망이 부재하다는 절망에 이끌려, 공개적으로 지적 독재라는 생각을 제시했다. "부자유가 지적인 조직체의 핵심적인 부분이 되었는데, 어떻게 문명이 방해받지 않고 자유를 창출할 수 있는가? … 플라톤으로부터 루소에 이르기까지, 유일하게 정직한 대답은 교육 독재의 이념이다. 진정한 선에 대한 앎을 획득한 것으로 여겨지는 사람들에 의해 실행되는 교육 독재 말이다."[79] 1950년대 장난삼아 시도해본 것이 1960년대에는 진정 강박관념이 되었다. 그는 논란의 여지가 있는 에세이, 「억압적인 관용」(1965)에서 다음과 같이 말한다. "만약 진정한 민주주의와 독재 사이에서 선택해야 한다면, 민주주의가 확실히 더 바람직할 것이다. 그러나 민주주의는 패배한다." 마르쿠제의 견해에 따르면 민주주의는 기술 전문가와 정치 엘리트에 의해 사실상 식민화되어 왔기 때문이다. 이런 이유로 마르쿠제는 훌륭한 플라톤적인 방식으로, 이성과 행복의 빛을 본 적이 있는 '지식인에 의한 독재'라는 생각을 공개적으로 품었다. 결국 마르쿠제는 그러한 독재가 "지성적이지 않은 소수의 정치인, 장군, 기업인들이 대표하는 정부보다 좀 더 공정하지 않을까?"라고 추론한다.[80]

그럼에도 불구하고 프랑크푸르트학파가 받아들인 보편적 해방이라는 주제는 하이데거의 뻔뻔스러운 귀족적 관점과 뚜렷한 대조를 이룬다. 비판 이론의 경우, 해방이라는 개념은 일반적이었으며, 결코 부분적이지 않았다. 정신적 엘리트만이 아니라 모든 사람을 포용할 **필요가 있다**. 결과적으로, 비판적 이론가들은 **형식적** 민주주의가 **실질적** 민주주의로 나아가는 방향 속에서 지양되어야 한다는 전통 마르크스주의 견해를 지지했다. 1930년대에 발터 벤야민은 다음과 같이 말했다. "여전히 거지가 있는 한, 신화는 있다."[81]

마르틴 하이데거(1933).
©J. B. 메츨러 출판 서점, 카를 에른스트 푀에셜 출판사.

7장

노동이 자유롭게 하리라

독일적인 '방식'의 철학자, 하이데거

보편 개념에 대한 거부감

하이데거는 1934년 5월에 대학 총장직을 사임했다. 그의 짧지만 결연한 정치 진출은 적지 않은 환멸을 불러일으켰다. 하이데거는 철학적으로 교만했으며 정치 경험이 부족했을 뿐 아니라 정치적 판단에 있어서도 기본적으로 무능했다. 카를 야스퍼스는 막스 베버의 말을 바꿔 하이데거에 대해 다음과 같이 언급했다. "세계사의 바퀴를 가지고 노는 아이들은 산산조각이 난다." 여러모로 하이데거가 정치적으로 서툰 것은 그가 초기에 가톨릭 신앙과 관계를 끊은 이후(1919) 구축해온 '현사실적 세계관factical worldview'의 결과물이었다. 당시 하이데거는 '신의 죽음'에 관한 니체의 통찰에 의해 어느 정도 확립된 사이비 영웅, 즉 후기-니체적 관점을 받아들이기 시작했다. 니체에 따르면, 신의 죽음은 서구의 최고 가치와 이상理想이 그 권위를 상실하는 것을 보여주는 징후였다. 남겨진 것은 니힐리즘의 심연과 니체 자신의 대안인 '선악을 넘어서는' 초인 사이에서 악마적 선택을 하는 것뿐이었다.

이것이 하이데거가 말하는 **실존철학**의 '존재적' 혹은 역사적 기원이었다. 최고의 이상이 불신을 당한 세상에서, 자신의 외면할 수 없는 세계-

내-존재라는 '현사실성'을 믿는 것 외에 무엇이 남았는가? 이것이 데카르트의 "나는 생각한다. 그러므로 존재한다"에 대한 하이데거의 응답이었다. 하이데거가 보기에는, 데카르트가 제시하는 이러한 최소한의 존재론적 전제조차 너무 많은 것을 가정한 것이었다. 더욱이 인간 본성을 '사유하는 실체res cogitans'의 관점에서 정의함으로써, 데카르트와 근대 철학은 치명적인 합리주의자의 편견을 형성했다. 그들은 인류에게 독특한 점이 이론이성의 능력에 있다고 가정했다. 하이데거는 이러한 경향을 파괴하기 위해 힘썼다. 그러므로 『존재와 시간』에서 하이데거는 인간의 지적 능력보다 더욱 근원적인primordial 것은 합리적인 것 이전의 성향과 기질들(기분, 도구, 언어, 실천적인 참여와 상황, 타자-와의-공동 존재 등)임을 증명하기 위해 많은 노력을 기울였다.

하이데거의 철학은 보편 개념에 대한 치명적인 불신을 드러낸다. 보편 개념은 그가 파괴하기를 희망했던 서구 형이상학 전통의 상징에 해당한다. '진리', '도덕성', 그리고 '선'과 같은 개념들은 플라톤적인 지적 곡해에 해당하는 것으로, '존재'에 대한 '표상'의 독재를 상징한다. 형이상학에 대한 하이데거의 비판에 따르면, 플라톤은 진리의 장소를 사물 그 자체의 '비은폐성unconcealment'으로부터 '생각' 혹은 '표상'으로서의 진리 개념으로 옮겨놓았다. 그리고 그로부터 서구 철학의 몰락이 시작되었다. 하이데거가 말하듯이, 플라톤과 함께 "진리는 어떤 것에 대한 지각과 진술의 정확성(올바름, correctness)이 되었다."[1] 그러므로 근원적으로 진리가 존재자의 존재에 고유한 어떤 것이라면, 이는 플라톤주의와 함께 (이러한 관점에서, 서구 형이상학의 모든 전통은 단지 플라톤의 잘못된 인도를 따른 것이다) 인간의 판단 능력으로 옮겨진다. 그러므로 하이데거는 『존재와 시간』

에서 서구 철학사를 급진적으로 '해체'할 필요가 있음을 선언한 것이다.[2]

보편 개념에 대한 거부가 나치즘에 대한 헌신을 수반하지 않는다는 것은 말할 필요도 없다. 그렇지만 보편 개념에 대한 거부라는 급진적인 철학적 조치로 인해, 하이데거는 정치운동에 취약할 수밖에 없었다. 장점이라고는 노쇠한 서구 자유주의를 반대하고, 민족적 특수주의particularism를 뻔뻔하게 찬양하는 정치 운동 말이다. 하이데거는 서구 합리주의에 반대하기 위해 제시한 동일한 규범적 비판을 국제주의, 인권, 입헌주의와 같은 정치 형태에 대한 반론으로도 사용했다. 하이데거의 방대한 철학 전집을 철저하게 조사한다 해도, 정치적 자유주의에 관한 긍정적인 말을 찾기는 어렵다. 그의 철학적 · 정치적 애호는 우연적이라기보다 필연적으로 연관되어 있다.

1945년 죽기 직전에 쓴 책에서, 에른스트 카시러는 하이데거 철학과 바이마르 공화국의 쇠퇴기에 유행했던 반민주주의적 사상의 관계를 명료하게 분석했다. 카시러의 성찰은 하이데거의 '실존론적' 출발점을 후설이 철학을 '엄밀한 학'으로 특성화한 것과 대조하면서 시작된다. 카시러에 따르면 후설 철학의 목표는 "하이데거에게는 전적으로 이질적인" 목표였다. 카시러는 다음과 같이 말한다.

> '영원한 진리', 플라톤적인 '이념의 왕국', 혹은 엄밀하게 논리적인 철학적 사유 방법과 같은 어떤 것이 있다고 인정되지 않는다. 이 모든 것은 규정하기 힘든 것이라 선언된다. 우리는 논리철학을 세우려고 헛되이 노력하지만, 우리가 내놓을 수 있는 것은 **실존철학**뿐이다. 실존철학은 객관적 · 보편적인 진리를 제공한다고 주장하지 않는다. 어떠한 사상

> 가도 자신의 실존을 넘어서는 진리를 내놓을 수 없다. 실존은 역사적 성격을 갖는다. 이것은 개인이 살고 있는 조건과 밀접한 관련이 있다. … 그의 사유를 표현하기 위해 하이데거는 새로운 용어를 주조해내야 했다. 그는 인간의 던져져 있음(피투성, Geworfenheit)에 대해서 말했다.[3]

카시러는 하이데거의 생각이 나치 이전의 독일 정치사상과 직접적인 혹은 즉각적인 관계가 없다는 점을 재빠르게 인정한다. 그러나 그는 또한 하이데거의 교리에 만연한 반합리주의적 적대감이 결코 효과가 없거나 영향력이 없는 것이 아니었다고 주장한다. 카시러는 다음과 같이 말한다. 그러한 접근법은 "근대 정치 신화에 저항할 수 있는 힘을 쇠약하게 하거나 서서히 약화시켰다. … '인간의 던져져 있음'을 주요한 특징으로 갖는 이론은 인간이 문화생활을 구성하고 복원하는 일에 능동적으로 참여하리라는 모든 희망을 포기한다. 그러한 철학은 자체의 근본적인 이론적 · 윤리적 이상을 단념한다. 그럴 경우 철학은 정치 지도자들의 순응적인 도구로 사용될 수 있다."[4]

인식론적으로 '현사실성'을 강조하는 입장은 직접적인 유산/삶/환경이 갖는 특수성을 찬양한다. 이러한 인식론적 입장은 추상적인 것보다 구체적인 것을 높이 평가하는 관점의 필연적인 귀결이다. 이와 관련하여 『존재와 시간』에서 하이데거가 '각자성'에 부여하는 중심적 위치 역시 흥미로운 사실을 드러낸다. 1933년에 베를린 대학이 제안한 자리를 거절하면서, 하이데거는 사람을 타락시키는 근대 도시에서의 삶을 비판하고 다른 지역이 지닌 지방적 가치를 찬미함으로써 그의 결정을 정당화했다.

도시 세계는 파괴적인 잘못에 빠질 위험이 있다. 매우 시끄럽고 몹시 활동적이며 강박적으로 유행을 따르는 태도로 종종 농부의 세계와 실존에 대해 마음을 쓰는 척한다. 그러나 이것은 지금 행해질 필요가 있는 유일한 일에는 어긋나는 것이다. 즉 농부의 삶과 거리를 두는 일, 그 어느 때보다도 그들의 실존을 그들 자신의 법에 맡기는 일, 지식인들이 '전통적인 특성'과 '대지에 뿌리박음'을 부정직한 수다로 끌어들이지 않고 내버려두는 일 말이다.[5]

친분이 있는 하인리히 페츠테트Heinrich Petztet에 따르면, 프라이부르크 철학자는 대도시에서의 생활을 불편해했다. "이것은 특히 서구 대도시 중심부의 삶에 익숙한 유대인 사회의 세속적인 영혼에도 적용된다."[6] 1920년대 후반 하이데거는 독일의 정신적 삶이 점차로 '유대인화'되는 것에 격렬히 항의했다.[7] 이와 같이 하이데거의 전집에서, 철학과 세계관의 경계는 유동적이며 열려 있다.[8] 오늘에 이르기까지 지배적인 해석인, 그의 작품에 대한 형식적 · 철학적인 해석은 그의 작품이 갖는 이데올로기적 차원을 체계적으로 무시해왔으며, 이러한 접근법은 해석자들 자신에게도 도움이 되지 않았다. 하이데거의 사유는 보편적인 것에 비해 특수한 것을 일관되게 가치 있게 여기는 철학적 관점에서 논의를 전개함으로써, 시작부터 중대한 윤리적 · 정치적 흠결에 노출되었다. 이는 하이데거가 1920년대 초에 구축했던 실존론적 관점이 1933년의 그의 정치적 잘못을 해명하는 데 있어서 중요하다는 사실을 시사한다. 그의 옹호자들이 강조하는 역사적-생물학적 우연성만큼이나 말이다.

『1933년 이전과 이후 독일에서의 나의 삶』에서 뢰비트는 1936년 스위스의 한 신문에서 하이데거의 정치적 충성이 그의 철학과 일관된 것인지에 관해 논쟁을 벌인 것을 회고한다. 스위스의 한 논평자는 하이데거가 자신의 철학을 '일상성', 즉 현대 독일의 정치와 접촉점을 가지는 방식으로 타협했다는 점에 대해 '유감을 표명'했다. 그러나 뢰비트는 그 문제를 전적으로 다르게 보았다. 뢰비트에 의하면, **실존**철학으로서의 하이데거주의는 그 철학의 범주적 요건을 충족시키기 위해 일상성과 접촉할 필요가 있다. 그러므로 뢰비트에게 있어서, "존재를 시간과 일상성의 관점으로부터 해명하는 철학이 매일의 역사적 현실과의 관계에서 존립하는 것"은 오히려 지극히 당연한 일이었다.[9] 뢰비트의 견해에 따르면, 하이데거의 출발점은 적나라한 '현사실적-역사적 삶'으로서, 이것이 갖는 급진주의적 성격은 모든 전통적 관점과 일반적으로 통용되는 관념을 평가절하한다. 그리고 이러한 급진주의적 출발점은 하이데거로 하여금 급진적인 정치적 해결책을 모색하도록 했다. 그해 말 뢰비트가 하이데거와 그 문제에 관해 토론할 기회를 가졌을 때, 하이데거는 국가사회주의를 향한 그의 당파성이 그의 철학의 본질에 놓여 있다는 사실을 인정하기를 주저하지 않았다. 하이데거는 '자신의 정치 참여를 위한 토대'를 형성한 것은 『존재와 시간』 2부의 중심 범주들 중 하나인 '시간성'의 이론이었다고 설명했다.[10]

역사성

『존재와 시간』에 관한 방대한 2차 문헌에서, 역사성 개념은 상대적으로 등한시되어 왔다. 그것은 역사성 개념이 철학자와 현대 정치의 밀접한 관계를 드러내는 『존재와 시간』의 측면을 드러내며, 하이데거 사상이 갖는 이데올로기적 측면을 가장 잘 드러내기 때문이다. 하이데거 연구자들이 역사성 개념을 등한시한 이유는 부분적으로 이해할 수 있다. 오늘날에 이르기까지 『존재와 시간』은 주로 본래성을 위한 투쟁, 죽음의 의미, '마음씀'의 성격과 같은 고도로 개별화된 현존재가 일련의 기초적인 존재론적 물음과 대결하는 것을 묘사하는, 키르케고르의 실존론적 맥락에서 해석되어 왔다. 그렇지만 여러 면에서 이 책의 서사의 정점에 해당하는 역사성에 대한 논의는 '운명', '숙명', 본래적 역사공동체의 본성과 같은 일련의 관심사를 강조한다. 이러한 관심사는 현존재를 기본적으로 고립된 개별적 '자아'로 간주하는 이 작품에 대한 키르케고르적 해석과 조화되기 어렵다. 확실히 현존재를 기본적으로 고립된 개별적 '자아'로 간주하는 것이 하이데거의 입장이라면, 역사적 · 정치적 참여를 말하는 사상을 그 자신의 의도와 조화시키기는 매우 어려울 것이다. 그리고 하이데거가 나중에 정치에 참여한 것을 『존재와 시간』의 기본적 이념과 모순되는 것으로 보아야 할 것이다. 철학자를 옹호하기 위해 다음과 같은 주장이 종종 제기되어 왔다. 하이데거는 역사공동체의 목적을 위해서 개인을 포기할 것을 주장했기 때문에 나치즘을 대표하는 행동을 했으며, 그의 철학적 선택은 그의 철학과 상이한 목적을 갖는다는 것이다. 이와 같은 해석에 따르면, 하이데거의 정치 참여는 **비본래성**을 보여주는 사례 중 하나로 볼 수 있다. 그러나 하이데거가 역사성 개념을 통해서 집단적인 역사적 참여의 중요성을 명확하게 선언했음을 진지하게 받아들이면, 이러한 해석은 타당성을 잃는다.

뢰비트가 이해한 것처럼, 현사실성과 개별적 실존의 특수성으로부터 집단적 · 역사적 용어로 민족적 지역주의를 찬성하기까지는 고작 한 발짝만 내디디면 되었다. 그러나 하이데거에게 있어서, 개인과 집단이라는 현존재의 두 측면을 연결하는 고리는 근대성에 대한 보수 혁명적 비판이었다. 부르주아 실존의 세계-역사적 몰락을 공격적으로 통탄하는 작업은 니체, 슈펭글러, 그리고 잘 알려지지 않은 셀 수 없이 많은 이들의 문명 비판에서 처음으로 이루어졌다. 예를 들어 토마스 만의 『비정치적 인간의 고백』에서, 문화와 문명 사이에 이율배반은 백 번 이상 일어난다.

『존재와 시간』이 보수 혁명적인 세계관으로부터 영향을 받았다는 사실은 하이데거의 실존론적 분석론이 사실상 존재적 내용, 즉 양 대전 기간의 **시대정신**에서 유래한 내용으로 가득 차 있다는 것을 시사한다. 이 내용은 순수하게 '형식적인' 작업과는 거리가 멀다. 1부에서 '일상성'에 대한 비판, 즉 '공공성', '퇴락', '호기심', 그리고 '세상 사람들'에 대한 비판은 정확하게 근대성 비판이라는 시대정신을 드러낸다. 하이데거의 작품이 갖는 이러한 차원에 대해 무관심한 것은 정치와 철학 사이의 친자관계를 선험적으로 밀어내는, 순수하게 텍스트 내재적인 독해라는 점에서 위험하다.

'기초존재론'과 '독일적 이데올로기'가 친밀성을 갖는 것은 전혀 놀랄 일이 아니다. 하이데거는 항상 존재론적 문제제기는 결코 무시간적일 수 없으며, 역사적 공허에서 생겨나지 않는다고 주장했다. 존재론적 문제제기는 불가피하게 역사성으로 **가득 차** 있다. 그가 『존재와 시간』에서 말한 바와 같이, "모든 존재론은 결정적으로 존재적 관점을 전제한다."[11]

역사적 관점이라는 척도를 장착한 우리는 이제 초기 하이데거가 어느 정도로 자신에게 비판적이었는지 알게 된다.[12] 뢰비트는 다음과 같이 말한다.

> 나중에 하이데거가 히틀러에 대해 보이는 당파성을 성찰하는 사람이라면 누구든지… 역사적 '실존' 이념을 최초로 정식화한 작업이 수년간 그가 한 정치적 결단의 구성요소가 됨을 발견할 것이다. 사람들은 사이비 종교적인 분리를 포기하기만 하면 된다, 그리고 '항상 개개인에게 특수한' 본래적 실존[개념]과 그로부터 따라 나오는 '의무'를 '특정한 독일적 실존'과 그 실존의 역사적 운명에 적용하기만 하면 된다. 독일 실존의 일반적인 과정에 활동적이지만 공허한 실존론적 범주를 도입하기 위해서, ('스스로의 힘으로 결단하고', '무에 직면하여 자기 자신을 찬찬히 살펴보고', '자기 자신에 대해 책임지는 것') 그리고 그로부터 지금의 정치 영역을 '해체'하는 과정으로 나아가기 위해서 말이다. 카를 슈미트에게서 하이데거의 실존주의 철학에 상응하는 정치적 결단주의를 발견한다면 그것은 우연이 아니다. 즉 개인적 실존이 '전체로서-있을-가능성'을 그 자체로 항상 특별한 본래적 국가의 '총체성'으로 옮겨놓는 정치적 결단주의 말이다.[13]

게르만적인 '세계-내-존재'

하이데거의 총장직은 불운하게 마무리되었으며, 그는 1년 후에 자리에서 물러나게 되었다. 1945년 대학의 탈나치화 위원회가 마련한 공식석상에서 자신의 임기에 대해 설명할 기회가 주어졌을 때, 하이데거는 자신을 학문의 정치화에 대한 대담한 적敵이라 자처했다. 우리는 이 설명이 대체로 그가 꾸며낸 것이며, 사실은 그 반대라는 것을 지금은 안다. 총장으로서 하이데거는 대학 생활을 정치화하는 방향으로 정책을 신속하게 펼쳤다. 많은 교직원이 그의 지시를 따르기를 꺼렸으며, 논쟁 역시 뒤따랐다. 하이데거가 시행한 일련의 급진적인 조치와 개혁을 교수진들이 지지하지 않는다는 사실이 분명해졌을 때에야 비로소, 그는 물러나기로 결심했다.[14]

하이데거는 결코 골수 나치가 아니었다. 그는 독일의 '국가 혁명'을 생물학적 발판이 아닌 존재론적 발판 위에 세울 필요가 있다고 확신했다. 그는 (서구 역사에 대한 독일의 비범한 세계사적인 공헌을 위해) 독일의 배타주의를 노골적으로 찬성했는데, 이러한 배타주의가 인종적 · 생물학적 용어로 정당화될 수 있다고는 결코 믿지 않았다. 하이데거에게 있어서 그러한 정당화는 19세기 과학주의나 생물학주의 논리로 후퇴하는 것을 의미했다. 그의 견해에 따르면, 인간 실존에 대한 모든 물음은 궁극적으로 '존재물음'과 함께 성립하거나 몰락했으며, 그런 이유로 결코 과학적으로가 아니라, 존재론적으로만 답할 수 있었다. '그리스의 시원'을 재발견하는 일을 중심 과제로 삼은 하이데거의 기초존재론은 이전 세기의 다윈 혁명과 싸우고 이를 극복하고자 했다. 그러므로 국가사회주의의 '존재론적 가능성'은 진화론적 혹은 사회적 다윈주의의 용어로 설명될 수 없었다. 하이데거의 관점에서, 나치즘에 대한 인종적-생물학적 해석은 자기-착오로 쓰러졌다. 해석학자인 하이데거는 자신이 나치즘을 나치보다 더 잘 이해했다고 믿었다. 만일 인류의 실존에 관한 궁극적인 물음이 **존재론적인 물음**이었다면, 정치적 운동에 대한 판단을 내리는 데 있어서 철학자들보다 누가 더 나은 위치에 있을 수 있을까? 혹은 적어도 '존재의 역사'와 관련해서 그러한 위치에 설 수 있을까? 인류의 실존에 대한 궁극적 물음이 인류가 존재자를 드러내거나 인류 자신을 보여주는 방식과 관련되는 한 말이다. 하이데거가 에른스트 윙거에게 한 '오만한' 발언, 즉 히틀러가 하이데거 자신을 실망시켰고, 따라서 자신에게 사과해야 한다는 말은 이러한 맥락에서 이해되어야 한다.[15] 이러한 주장을 통해 하이데거는 나치를 지지함으로써 실수를 저지른 자는 자신이 아니었으며, 진정한 철학적 가능성에 부응하지 못하고 길을 잃은 것은 나치즘이었음을 말하고자 했다.

이러한 철학적 의구심에도 불구하고, 하이데거는 새로운 정권이 구체화한 가능성에 깊이 공감했다. 1933년 '〔국가적〕 각성의 영광과 위대함'에 바치는 찬가로 마무리된[16] 총장 연설에서 볼 수 있듯이 말이다. 그러나 돌이켜 보면, 망상에 빠진 하이데거의 행동은 디오니소스(시러큐스의 독재자)에게 플라톤이 그랬듯, 자신이 히틀러에게는 플라톤이라고 생각했음이 분명하다. 그리고 동료가 나중에 말하듯이, 나치 운동에 적절한 철학적 방향성을 제공함으로써 '총통을 지도하는 것den Führer führen'이 그의 의도였음이 분명하다.[17]

총장 연설과 함께, 1934년 〈논리학〉 강좌는 철학적으로 중요한 시사점을 갖는다. 하이데거가 기초존재론과 제3제국 사이의 본질적 공통점을 어떻게 이해했는지를 보여주는 한에서 말이다. 나치당의 고위층이 생물학적 국가사회주의를 선호한 반면, 하이데거는 '존재론적 국가사회주의' 혹은 '존재론적 파시즘'의 지지자가 되었다. 그는 나치가 자유민주주의를 철폐하고 일당독재로 전환한 것을 긍정적인 발전이라 확신했다. 그의 지적인 길동무인 카를 슈미트, 에른스트 윙거와 같이, 하이데거는 무솔리니의 이탈리아 사례를 파시즘이 역사적으로 자유주의의 유의미한 대안으로 구체화된 것이라 확신했다. 문제는 파시스트적 방법과 목표를 독일의 독특한 역사적 상황에 적용하는 것뿐이었다. 파시즘, 혹은 그 변종이 유럽 니힐리즘의 심연을 극복하기 위한 최상의 전망을 제시한다는 것은 하이데거가 생이 끝날 무렵까지 유지했던 확신이었다. 그가 전쟁 이후 명백하게 정치에 대해 무관심한 태도를 보였음에도 말이다.[18] 심지어 그가 나중에 변명하고 스스로를 정당화했음에도 불구하고, 그는 나치의 권력 장악은 근본적으로는 건설적인 발전이었다는 사실을 숨기려 하지 않았다. 유감스럽게도 나치 권력이 궁극적인 형이상학적 가능성을 실행하는 데에는 실패했지만 말이다. 하이데거의 견해로는, 국가사회주의가 갖는 경험적 결점은 역사적인 '본질'에 영향을 미치지 않았다. 그가 말한 바와 같이, 나치는 "정치 혁명에 필요한 존재론적 근거를 제공하기에 그들의 사유 방식이 너무 제한적이었다."[19] '존재론적 순간', 즉 **카이로스**는 손에 쥐기만 하면 거기에 있었다. 그렇지만 인간의 나약함 때문에(열등한 '과학적', '이데올로기적' 관점에 근거한 나약함), 그 순간을 결코 포착하지 못했다. 1930년대 중반에 하이데거가 어느 강연에서 언급한 바와 같이, "각기 본질적으로 다른 방식으로 니힐리즘에 대한 대항 운동을 도입한 히틀러와 무솔리니는 둘 다 니체로부터 배웠다. 그러나 니체가 확립한 본래적인 형이상학적 영역은 아직 실현되지 않았다."[20] 히틀러와 무솔리니가 도입한 '니힐리즘에 대한 대항 운동', 즉 파시즘은 하이데거가 진심으로 지지한 것이었다. 두 파시스트 독재자가 '니체가 확립한 본래적인 형이상학적 영역'에 아직 진입하지 않았다는 사실은 유럽적 파시즘을 존재론적 목표와 분리시키는 공간이 있음을 의미했다. 하이데거가 보기에 존재론적 목표는 유럽 파시즘의 존재 이유를 제시해야 했다.

하이데거의 〈논리학〉 강좌에서, 무솔리니와 히틀러의 이름은 중요한 부분을 차지한다. 하이데거는 '역사성'의 의미를 분명히 보여주기 위해 그들의 업적을 언급했다. 하이데거에게 있어 역사성은 수동적이며 비본질적인 방식으로 역사적인 '눈앞에 있음'과 대비되는 것으로, **본래적인 역사적 실존**을 의미했다. 이와 같이 역사성 개념은 헤겔의 '세계 역사' 개념과 더불어 니체의 '기념비적 역사' 개념과 유사성을 갖는다. 「역사의 효용과 오용」의 저자인 니체는 그것을 '삶에 봉사하는 역사', 혹은 '경험이 풍부하고 우월한 자[초인]'에 의해 쓰이고 살아진 역사로 정의한다.[21]

하이데거는 자신의 논지를 설명하기 위해 사례들을 활용한다. 『존재와 시간』에서, 본래성이 갖는 독특함을 비본래적 현존재와 두드러지게 대비시켰듯이, 하이데거는 사이비 역사적 삶에 대한 분석으로 〈논리학〉을 시작한다.

다윈과 스펜서Spencer가 지적으로 군림했던 19세기에 자연사 개념이 통용되기 시작했으며, 당시 유행하던 사회진화론에 인간의 역사를 포함시키려는 잘못된 시도가 생겨났다. 그러나 하이데거에 따르면, 자연은 진화한다고 하더라도 역사, 다시 말해 소위 역사성을 결여한다. 역사성은 인민(민족)이 그에 부합해야 하는 '임무'와 '운명Auftrag and Geschick'에 대한 자각을 수반한다.

하이데거에게 있어서 서구의 정신적 몰락이 보여주는 본질적 징후 중 하나는 역사성의 의미에서의 역사 개념이 무의미해졌다는 것이다. 하이데거가 말한 바와 같이, 오늘날은 자본주의와 농민 전쟁의 역사를 이야기한다. 심지어는 빙하 시대와 포유류의 역사에 대해서 토론한다. 그러나 역사적 실존이라는 의미에서의 역사는 이러한 이해 중 어떤 것에도 들어맞지 않는다. 하이데거의 주장은 다음의 도발적인 주장에서 정점에 달한다.

> 자연도 역사를 갖는다[고 말해진다]. 그러면 그때 흑인들도 역사를 갖는다고 말할 수 있다. 아니면 그때 자연은 역사를 갖지 않는 것인가? 어떤 것은 사라진다는 점에서 확실히 과거로 들어설 수 있지만, 사라지는 모든 것이 **역사**의 일부가 되는 것은 아니다. 만일 비행기 프로펠러가 돌아간다면, 그 경우 어떤 것도 실제로 일어나지 않는다[역사적이지 않다]. 그러나 같은 비행기가 총통 히틀러를 무솔리니에게로 데려간다면, 그 경우 역사Geschichte가 된다. 그 비행기는 역사가 된다. … 비행기의 역

사적 성격은 프로펠러가 돌아가는 것에 의해 결정되는 것이 아니라, 이 상황으로부터 미래에 어떠한 일이 일어날 것인가로 결정된다.[22]

하이데거의 특정 입장이 선정적임에도 불구하고, 정당하게 평가할 필요가 있다. 자연사와 인간사 사이에 중요한 차이가 있다는 것은 자명하다. 최근 몇 년간 사회생물학에서는 자연사와 인간사 간의 차이를 없애려고 노력해왔다. 그러나 하이데거가 제안한 일단의 구분이 더 문제적이다. 자본주의의 역사와 농민 전쟁사에 대한 우월감 말이다. 주제 자체가 비본래적인 것이라 선험적으로 비난받아서는 안 된다. 그러나 철학자는 조급하게 이 주제를 가차 없이 다루었다.

하이데거의 판단이 종종 불손하다고 하는 사실(예컨대 자연과 같이 '흑인들'이 역사를 갖지 않는다는 그의 안하무인식의 주장)이 용납되어서는 안 된다. 비교적 중요한 역사적 사건에 관해 잘못된 판단을 내릴 수 있기 때문이다. 느슨한 포스트모던 상대주의는 하이데거가 보여주는 유럽 중심적 오만함에 대한 적절한 해결책이 아니다. 하이데거의 시각이 갖는 문제는 그가 판단한 내용이 아니라 구별하는 바로 그 근거에 있다. 역사성에 대한 그의 시각은 역사적으로 상대적 가치를 갖는 모든 문제를 사전에 결말지어버릴 위험이 있다. '독일적 이데올로기'와 정확히 같은 방식으로 말이다. 세계를 일단 '역사적', '비역사적' 민족과 사건들로 깔끔하게 나누고 나면, '자본주의', '농민 전쟁', '흑인'과 같은 역사의 회색 지대는 시야에서 점차 사라진다. 하이데거의 관점에서, 가장 풍부한 '역사성'을 소유한 민족은 독일인이다. 그러나 그러한 민족이 1934년 당시 정치적 다원주의, 시민적 자유, 법의 지배를 폐지했으며, 역사상 가장 야만적인 독재체제로 통합하는 과정에 들어섰다는 사실은 하이데거가 통찰한 '실존론적' 근거가 무엇인지에 대한 추가적인 의문을 야기할 수밖에 없다. 여기서 조건을 바꾸면, 1930년대 독일은 역사성의 과잉으로 고통받았다고 주장할 수 있다. 하이데거가 소홀히 한 역사적 사건이나 민족은 정반대로 진보적인 역사 서술에 통합될 수 있었다.[23] 그가 이러한 가능성을 알아보지 못하는 것은 그가 '세계주의적인 역사'를 단념하고 철학적으로 미화된 독일적 특수주의 혹은 소위 특별한 길을 수용했기 때문이다. 인식론적 관점에서 보자면, 하이데거가 겪은 어려움은 그가 **규범적**이기보다 **현사실적**인 것, 즉 각자성 혹은 독일 **실존**의 구체적 특수성에 근거해서 윤리적 · 정치적 판단을 내리는 것에서 기인한다.

1930년대 하이데거의 철학을 재고해볼수록, 그것을 이끄는 중심사상 중 하나는 게르만적 현존재의 요구에 맞추어 서구 형이상학을 재구성한 것임을 알게 된다.[24] 그는 서구 전통에서 우월한 지위를 차지한 '보편자the universals'를 일관되게 거부한다. 그가 게르만적 '세계-내-존재'의 연대기에서 파생된 민족 중심주의적 개념을 찬성하기에 말이다. '총통을 무솔리니에게로 데려가는 비행기'의 사례는 전형적인 사례에 불과하다.

논리학과 민족

하이데거는 자신의 총장직이 실패로 끝나자 〈논리학〉 강좌를 개설했다. 결과적으로 그 강좌는 나치 정권에 대한 환멸에서 태어난 정치적 지혜를 담고 있다. 그러나 그 강좌를 접하자마자, 하이데거가 나치즘에 대한 신념을 버리기는커녕, 나치즘 운동의 '본질을 해명하는' 해석—즉 '존재 역사'의 관점에서, 그리고 철학자 자신의 '본질적 사유'에서 유래한 해석—을 전파하는 데 관심이 있었음을 알 수 있다.

1934년 강좌의 명목상의 주제는 '논리학'이지만, 하이데거의 접근 방식은 전통적인 형식논리와는 관계가 없었다. 하이데거는 "우리는 논리학을 **그 토대에 이르기까지** 흔들기를 원한다"고 선언한다. "전통적인 논리학의 힘은 반드시 깨져야 한다. 그것은 투쟁을 의미한다."[25] 그렇게 함으로써 하이데거는 1920년대와 1930년대에 걸쳐 그의 강연과 저술의 특징이 되어온 관심사인, 아카데믹한 철학의 제약과 단절하고자 하는 바람, 그에 수반하여 철학의 뿌리를 인간의 실존에서 재발견하고자 하는 욕구를 시사했다. 궁극적인 하이데거의 관심사는 역사성의 제약에 따르는 민족의 삶이다. 그가 한때 주목한 바와 같이, "우리는 입장으로부터 자유로운 철학Standpunktsfreiheit der Philosphities을 원하지 않는다. 문제의 쟁점은 확정적인 관점에 기초한 결단이다."[26]

하이데거는 어떻게 〈논리학〉 강좌를 민족적 현존재의 미덕에 대한 논의로 바꾸었던 것일까? 그는 근대 '논리학'이 그리스 '논리학'을 왜곡했음을 증명하고자 했다. 하이데거에 따르면, 논리학에 대한 그리스의 이상은 명제적 진리의 관념이나 형식적 판단의 타당성과는 거의 관계가 없었다. 그러한 관심사는 오류투성이의 서구 형이상학적 전통에 의해 신성시되어 온 아리스토텔레스적 해석과 오해가 덧붙여진 결과이다. 하이데거가 말하는 **논리학**의 근원적인 의미는 언어에 관한 것이다. '존재'의 나타남을 위한 '장소'로서의 언어 말이다. 그러나 존재는 자신을 결코 제멋대로 드러내지 않는다. 그러므로 존재가 그 자신을 드러내 보이는 사람들은 존재의 '보냄Schickungen'에 의해 조율되어야 한다. 이런 점에서 (적어도 하이데거에게) 특정 민족이 언어학적으로나 역사적으로 특권을 부여받았다는 것은 말할 나위도 없다. 그러므로 궁극적으로 모든 **언어** 문제는 인간 **실존**의 문제임이 드러난다. 하이데거가 말한 바와 같이, "언어의 본질에 관한 문제는 언어학이나 언어철학의 문제가 아니다. 대신 인간이 자신을 진지하게 받아들이는 한, 인간에게 필요한 것이다."[27] 그러므로 문제를 '본질적으로' 제기할 때, 실존론적 물음은 한 민족의 역사적 자기 이해에 관한 것이다. 이러한 방식으로, 하이데거는 논리학과 언어로부터 독일 민족 혁명의 숨겨진 잠재력으로 이행할 수 있었다. 하이데거가 말한 대로 독일인들은 '그들 자신을 선택함으로써' 새로운 존재 이해를 선택하고 있다. 즉 자유주의 시대의 분열과 무력함에서 벗어나, 마침내 "〔그들이〕 지구적 기술과 근대적 인간 사이의 운명적 만남"[28]에 적합하다는 것을 입증할 수 있는 존재 이해 말이다. 1933년 독일의 중대한 정치적 변화(온전한 의미에서의 역사성)는 독일 국민이 통합된 정치적 의지를 확립하는 데 필요한 목표를 향해 나아갔다는 것이다. 하이데거는 〈논리학〉에서 다음과 같이 언급한다. "우리가 대학의 요구에 순응하고, 대학이 국가의 요구에 순응하는 한, 대학에서 우리는 마찬가지로 국가의 의지를 원한다. 그러나 **국가의 의지는 민족이 자기를 지배하고자 하는 의지이다**. 우리는 민족의 존재 속에 존립한다. 우리가 자기로-있음[Selbstsein]이 민족[으로 있음]이다."[29]

이렇게 말함으로써 하이데거는 일종의 지적인 동질화Gleichschaltung를 옹호한다. 학문의 자유와, 학문을 보다 넓은 의미의 실존론적 관심사로부터 분리하는 것을 오랫동안 비판해온 사람으로서, 하이데거는 나치 혁명이 지식을 민족과 '국가'로 재통합하고, 그로써 일련의 더 높은 존재론적 목표를 달성하는 전례 없는 기회라고 보았다. 이러한 방식을 통해서만 지식은 자유주의 시대에 그랬던 것처럼 자율적이고 '마음대로 요동치는 것'을 그만둘 수 있었다. 하이데거는 더 높은 '정신적 임무'에 봉사함으로써, 지식이 그리스인 이래로 가져본 적 없었던 존엄과 중요성을 되찾을 것이라 믿었다. 그는 다음과 같이 자신의 수강생들을 격려했다. **"강의가 행해지는 이 순간의 작고 좁은 '우리'가 갑자기 민족의 우리로 변모했다."**[30]

지적 획일화의 계율에 헌신한다는 것은 이미 총장으로서 하이데거가 보인 급진주의적 성격을 보여준다. 그는 다음과 같이 선언한 바 있다. "나의 총장직을 규정하는 원칙은 국가사회주의 국가의 힘과 요구의 토대 위에서 학문적 교육을 근본적으로 변화시키는 데 있다."[31] 〈논리학〉에서 그는 지금까지의 대학 개혁이 충분하게 급진적이지 않은 것으로 드

러났으며, 오래된 대학의 구조를 '해체'하는 일이 충분히 진행되지 않았음을 씁쓸하게 하소연했다.[32]

하이데거는 현대 독일에서 '민족'이라는 개념은 생각보다 널리 퍼져 있으면서도 제대로 이해되지 않았다고 보았다. 그는 민족의 의미와 중요성을 '현상학적으로' 해명하는 것이 그의 특권이자 소명이라 믿었다. 〈논리학〉의 대부분은 이러한 작업을 하는 데 바쳐졌다. 하이데거에 따르면, 나치 혁명 초기에 겪은 언어 및 실존론적 혼란 중 하나는 사람들이 민족이라는 개념을 매우 다양한 맥락과 장소에서 언급한다는 사실에서 파생된다. 민족 공동체Volksgemeinschaft, 시민 대학Volkshochschule, 인민재판Volksgericht, 국민 판결Volksentscheidung은 그 본질에 대한 깊은 이해 없이 사용되는 개념으로, 많은 용법들 중 몇 가지에 불과하다. 이 관념을 명확하고 정확하게 하는 것이 기초존재론의 임무였다.

아리스토텔레스를 연상시키는 방식으로, 하이데거는 그 문제에 대해서 대중적이지만 잘못 이해된 각양각색의 접근법을 검토한다. 예를 들어 프리드리히 대왕은 민족을 "많은 혀와 적은 눈을 가진 짐승"이라 불렀다. 하이데거에 따르면, 지금 민족을 "인간들의 연합"으로 정의하는 사람과 "유기적 조직체"로 기술하는 사람이 있다. 그러한 정의가 오늘날의 역사적 필요에 충분할 것인가? 그는 짐짓 심각하게 묻는다. "아마도 신문을 읽었을 것이다"라고 그는 회의적으로 답한다.[33]

하이데거에 의하면 민족의 본성은 사회학적으로나 학문적으로 정의될 수 없다. 『존재와 시간』에서 현존재를 특성화한 것을 되뇌면서 그는 말한다. "민족 개념을 물을 때, 우리는 사물의 존재를 특징짓는, '무엇'이라는 물음을 생각하는 것이 아니다. 우리는 '누구' 혹은 '우리'라는 물음, 즉 독일인의 역사적 정체성을 다루는 물음인 **실존론적 물음**과 관계하는 것이다." 하이데거는 "우리가 우리인바 민족인가?"는 결코 어리석은 물음이 아니라고 말한다.[34] 독일 현존재의 역사성과 관련되는 것이기에, 그 문제는 답변이 미리 나올 수 없다. 그것의 장래는 독일 민족이 자랑스러운 역사적 사명에 부합하는지 여부에 대한 '결단'에 달려 있을 것이다.

노동 계급

하이데거가 역사성에 대해 논의하는 모든 측면이 독일 이데올로기에 오염되어 있는 것은 아니다. 문제가 되는 것은 전후 기간 동안 그 실재가 널리 인정된 '역사적 실존의 위기'였다. 하이데거의 1929년 강좌인 『형이상학의 근본 개념들』은 '고통'이나 '궁핍'과 같은 당대의 문제에 사로잡혀 있다.[35] 이 모든 것을 아우르는 궁핍의 한 가지 징후는 '지루함Langweile'이다. 여기서 지루함은 그에 상응하는 의지의 결핍과 결합된 방향감각의 상실과 무력감을 의미한다. 하이데거의 실존론적 어법에서는, 개념이나 생각보다 '기분'이 한 시대를 규정하는 특징이 되는 경우가 많다.[36] 지루함과 그것이 수반하는 실존론적 마비는 **비본래성**을 표현한다. 그것은 '결단성'의 결핍을 초래하고, '세상 사람들'이 보여주는 순응에서 절정에 이른다.

그러나 하이데거가 선호하는 보수 혁명의 관용구는 되풀이해서 원형-파시즘을 갈망하는 양상으로 빠져들었다. 하이데거는 급진적이지 않은 대안을 열등한 미봉책이라 배제했기 때문이다.[37] 더욱이, 역사상의 이념을 면밀하게 검토할수록 철학적 차원이 어느 정도로 역사적 차원과 결합되어 있는지가 보다 분명하게 드러난다. 언뜻 보기에 형식적이어서, 다양한 역사적 상황에 적용할 수 있는 것으로 보이는 개념은 과도하게 내용을 담고 있는 것으로 드러난다. 궁극적으로 하이데거가 새롭게 정식화한 역사성은 양심의 자유, 법의 지배, 개인의 권리를 상징하는 정치적 자유주의와 양립이 불가능하다. 자유주의는 우리가 현재 겪는 궁핍의 근원이 되는 한, 하이데거가 극복하고자 하는 패러다임이다. 이는 '주체성(데카르트와 그의 후계자)'에 대한 하이데거의 비판을 그의 수상쩍은 정치적 결론과 분리하기 매우 어려워졌을 정도로 사실이다.[38]

『존재와 시간』에서와 같이, '기분' 개념은 〈논리학〉에서 중요한 역할을 한다. 하이데거는 다음과 같이 말한다. "훌륭하게 행동하는 사람은 기분, 즉 위대한 기분에 의해 정의된다. 반면 소인은 기질에 의해서만 정의된다." "민족의 모든 위대한 행위는 근본적인 기분에서 생겨난다."[39] '존재론적' 분석과 '존재적' 분석 간의 급격한 미끄러짐이 뚜렷하게 드러난다. 하이데거는 "임무Auftrag, 사명Sendung, 그리고 노동Arbeit이 갖는 3중의 성격이 기분을 통해 통합된다"고 주장한다. "우리의 정해진 운명을 통해 시간을 경험하는 것은 역사적 존재로서 우리라는 존재가 갖는 위대하고 독특한 방향성이다. 사건의 근본 성격은 **임무, 사명, 그리고 노동**이라는 3중의 의미에서 우리에게 지정된 사명이다."[40]

그러나 하이데거가 지닌 정치적 세계관의 결정적 면모는 '노동'의 중요성을 강조하는 데서 드러난다. 총장으로 재직하는 동안, 하이데거가 '노동 수용소'에 관여하려 한 덕분에 동료 교수진들과 충돌하게 된다. 국가사회주의는 대학 생활의 필수 요건으로 이데올로기 훈련을 의무화하는 공공사업을 후원했다. 하이데거가 수용소를 적극적으로 찬성하는 모습은 하이데거의 동료들에게 억압적이면서도 반지성적인 정권에게 양보하는 것으로 보였다. 반대로 하이데거에게 동료들의 반응은 그들의 급진주의가 미흡함을 추가적으로 보여주는 사례에 불과했다.[41]

1933년 하이데거의 총장 연설과 그의 정치 연설 모두 '노동'과 '노동 봉사'의 미덕에 대한 언급으로 가득 차 있다. 예를 들어 「독일 대학의 자기주장」은 지식 봉사, 군복무, 노동 봉사라는 세 가지 유형의 봉사가 무엇보다 중요하다고 강조한다. 더욱이 이 기간 동안, 진리의 '작품 속으로의 정립'이라는 개념이 그의 철학에서 중요한 부분을 차지한다. 하이데거의 1933-1934년 정치 연설은 앞서 언급한, 나치가 후원한 공공사업인 '노동 수용소' 문제에 사로잡혀 있었다. 노동 수용소는 국가사회주의의 이데올로기적 교화뿐만 아니라 계급 차이의 평준화를 목적으로 했다.[42] 그러므로 「노동 봉사와 대학」에서 하이데거는 격변하는 독일의 돌격대원 정신에서 한 걸음 벗어난 실존론적 어법을 통해 '노동'의 미덕을 찬미한다. 하이데거는 "민족공동체를 직접 드러내기 위한 새로운 제도가 노동 수용소를 통해 실현되고 있다"고 선언한다. "앞으로 젊은 독일인들은 **노동에 대한 앎**knowledge of labor의 지배를 받게 될 것이다. 노동 속에서 민족은 자신의 실존의 준엄함을 경험하고, 의지의 추진력을 유지하며, 다양한 능력이 갖는 가치를 새롭게 배우기 위해 자신의 힘을 집중한다." 그리고 1934년 연설인, 「국가사회주의 교육」에서 그는 국가사회주의의 '정신적' 노동 개념을 구시대적이고 통속적인 마르크스주의적 이해와 구별하고자 한다.

'지식'과 '학문'이라는 말처럼, '노동자'와 '노동'이라는 말 역시 그 의

> 미와 울림이 변화되었다. '노동자'는 마르크스가 주장하듯, 단순한 착취의 대상이 아니다. 노동자들은 일반 계급투쟁을 위해 집결하는 상속권을 박탈당한 계급이 아니다. … **우리에게 있어서 '노동'은 개인, 집단, 그리고 국가의 책임에 의해 지탱되므로, 민족에게 봉사하는 모든 질서 잡힌 행동에 대한 명칭이다.**[43]

하이데거가 칭송한 노동 수용소는 독일노동전선Reichsarbeitfront이 관리했던 것으로, 단일 민족공동체를 만들기 위한 나치 계획의 핵심에 해당하는 것이었다. 1933년 11월, 알베르트 슈페어Albert Speer의 지휘 아래, 나치는 '기쁨을 통한 힘'이라는 여가 프로그램의 일환으로 '노동 미화'를 위한 사무소를 설립했다. 이는 국가사회주의 세계관이 어느 정도로 노동을 중심에 놓았는지를 인식하는 데 도움을 주었다. 물론 나치 통치가 갖는 두드러진 면모 중 하나는 절대주의 시대 이래로 볼 수 없었던 **미학적 자기-정당화**를 위해 방대한 노력을 기울였다는 점이다. 그리고 '노동 미화' 프로그램은 이러한 노력의 필수적인 요소였다. 이러한 미화를 위한 노력은 '좋은 빛, 좋은 노동'이라는 슬로건에서 알 수 있듯이, 종종 효율성의 문제와 관련된 것이었다. 앤슨 라빈바흐Anson Rabinbach가 지적했듯이, "기계와 근대 공장의 효율성을 미화하는 테크노크라시 미학에 산업심리학을 결합한다는 점에서, 노동의 미화는 나치 이데올로기의 새로운 차원에 해당했다."[44] 그러나 노동계급을 대상으로 한 나치즘의 다른 방식들과 마찬가지로, 노동 미화 프로그램은 형식만 있을 뿐 실질적인 효과를 거두지는 못했다. 따라서 '노동 계급'에 말뿐인 지지를 하기는 했지만, 경영과 노동 사이의 전통적인 자본주의 위계질서는 엄격하게 유지되었다. 경우에 따라, 독일 노동자들은, 경미하게 개선된 노동 조건을 누렸을 수 있다. 그러나 거의 모든 실질적인 측면(임금, 보조금, 생활 조건 등)을 고려했을 때, 나치 치하에서 그들의 몫은 개선되지 않았다. 대부분의 허울뿐인 개선은 나치라는 거대 기업체가 그들을 이데올로기적으로 통합하기 위해 의도한 결과였다. '노동 미화' 프로그램은 자본주의와 공산주의하에서 결여된 노동의 '정신적 존엄성'을 회복하기 위해 노력했다고 주장했다. 하지만 이 프로그램이 노동 자체를 위해 실질적으로 제공한 혜택은 거의 없었다.

한 역사학자는 제3제국 초기에 '노동'의 중추적인 이데올로기적 기능을 다음과 같은 말로 요약했다.

> 추가적으로, 제3제국은 노동 정책을 보완하기 위해 노동 이데올로기를 제시했다. 노동 이데올로기는 동시에 그리고 거칠게 말해서 동등하게 자부심, 애국심, 이상주의, 계몽된 이기심을 결합하고, 마지막으로 그것에 노출된 사람들의 사기 확상 욕구를 결합한 것이었다. 그 중심에 놓인 것은 **노동 에토스**였다. 노동 에토스는 노동자가 아닌 노동 자체에 초점을 맞추었다. 즉 '노동의 지위를 높이는 것'을 특징으로 하는 슬로건이었다. … 큰 공장들은 심지어 예배당을 세웠다. 그 예배당의 주요 통로는 노동 전선의 상징 아래 히틀러의 흉상으로 이어졌으며, 측면에는 영웅적 규모의 노동자 모형들이 있었다. 사실상 예배당은 국가사회주의라는 노동의 신에 바치는 작은 사원이었다.[45]

하이데거가 새로운 제국에서의 노동의 중요성에 관심을 가진 것은 정치적 확신에서 비롯된 것일 뿐만 아니라 철학적인 문제이기도 했다. 독일 대학 생활의 노후화와 방향감각 상실을 오랫동안 비판해온 사람으로서, 하이데거는 노동 수용소가 (그가 숭배하는 세련됨이 부족하고 단순한) 독일 민족의 삶을 지식과 재통합하는 데 기여할 것이라 생각했다.[46] 뢰비트가 말한 바와 같이, 하이데거는 "모든 나치 운동의 파괴적인 급진주의와 ('기쁨을 통한 힘' 프로그램의) 프티 부르주아적 성격을 간과했다. 왜냐하면 그 자신이 급진적인 프티 부르주아였기 때문이다."[47] 하이데거는 지방의 하층 계급 출신이었고, 눈에 띄는 명석한 자였으며, 서른아홉 살까지 대학 학과장직을 거부당했던 사람이었다. 그런 그는 나치즘이 낡은 사유지를 해체하고 사회적 이동성을 높이는 데 헌신하겠다는 것에 많은 부분 동의할 수 있었다.[48] 그의 생각에 노동 수용소는 정치적으로 침묵하는 학자들을 이데올로기적으로 재교육하기 위한 수단으로서의 가치를 가지는 것으로, 제대로 평가될 필요가 있었다.

하이데거가 노동봉사라는 목표에 헌신한 것 역시 보수 혁명 이데올로기의 영향이라 할 수 있다. 전쟁의 마지막 몇 달 동안 계급 분화와 혁명적 격변으로 인해, 제1차 세계대전에서 독일이 패배한 이후, 급진적 보수주의자들 사이에서는 미래에 노동 계급이 '민족 공동체' 내로 통합되어야 한다는 견해가 지배적이었다. 이 새로운 지향점을 드러내는 고전 중 하나가 오스발트 슈펭글러의 1919년 소책자인, 『프로이센주의와 사회주의』였다. 경제 국유화라는 전쟁 활동을 생생하게 기억하고 있던 슈펭글러는 프로이센 민족주의의 미덕을 '사회주의'의 경제적 이점과 결합해야 한다고 주장했다. 슈펭글러는 국가 주도 혹은 계획경제라는 국가관리주의의 이념적 견지에서 사회주의의 경제적 이점을 이해했다. 이러한 방법을 통해서만 독일은 **다음** 유럽 전쟁에서 성공하기 위해 필수적인 내부 통합을 확립할 수 있었다. 슈펭글러는 다음과 같이 말한다.

> 우리에게는 **사회주의 초인** 계급이 필요하다. … 사회주의란 힘, 힘, 그리고 더 많은 힘을 의미한다. 힘으로 이르는 길은 미리 운명이 정해져 있다. 말하자면 독일 노동자의 귀중한 부분과 국가에 대한 옛 프로이센의 헌신을 가장 잘 대표하는 이들을 결합하는 것이다. 둘 다 철저한 사회주의 국가를 설립하기로 결의했다. … 둘 다 의무감을 통해, 위대한 과제에 대한 의식을 통해, 지배하고, 죽고, 승리하기 위한 소속에의 의지를 통해, 통합으로 나아갔다.[49]

1930년대 초 하이데거는 정치적으로 에른스트 윙거의 영향하에 있었다. 윙거의 1932년 연구인 『노동자Der Arbeiter』는 급진 우파 계열에서 엄청난 성공을 거두었다. 『노동자』에서 윙거는 미래 전체주의 국가 이론의 윤곽을 보여주었다. 전체주의 국가에서 정치적 자유주의의 힘을 약화시키는 분열은 극복될 것이다. 윙거에게도 제1차 세계대전 중 독일 전쟁의 마지막 단계로 기록된 '총동원'—경제, 문화, 가정에서의 모든 삶은 공유된 군사 목표에서 그 위치를 점하는—은 중요한 선례로 남았다. 윙거는 지정학적 충돌이 국내의 정치 목표를 결정하는 전체주의 국가의 환경에서, '군인'과 '노동자'의 구분은 사라질 것이라 주장했다. 두 집단 모두 완전히 군국화된 사회의 서로 다른 측면을 나타낼 뿐이다. 윙거에 의하면, '노동자-군인'들은 개인의 안전이나 행복 같은 무력해진 소일거리에만 관심이 있는 소심한 '부르주아'와 이데올로기적으로 대조를 이룬다.

윙거가 군국화된 '노동 세계'를 이상적으로 묘사한 것은 하이데거에게 깊은 인상을 남겼다. 하이데거는 1930년대에 윙거에 대한 두 번의 세미나를 개최했으며, 이 기간 동안 정치에 대한 자신의 이해가 윙거의 1932년 논문에 의해 대부분 형성되었음을 나중에 인정했다.[50]

독일이 근대 산업사회의 도전에 적응하는 과정에서 어려움을 겪었다는 것은 잘 알려진 사실이다. 근대 산업사회는 독일이 갖는 문화민족으로서 모든 면모와 대조를 이루었다는 점에서 말이다. 전쟁, 패배, 혁명의 트라우마에 뒤이어 산업주의가 불가피하다는 점을 확신한 지식층 고위 관료는 전통적인 독일의 가치(슈펭글러의 '프로이센주의')와 20세기 경제생활에 긴급하게 필요한 것을 조화하는 방안을 모색했다. 하이데거는 '지구적 기술과 근대적 인간의 운명적 조우'라는 문제의 해법을 국가사회주의의 '내적 진리와 위대함'에서 찾을 때, 어떠한 딜레마가 생길 수 있는지를 언급했다.[51] 급진적 보수주의의 성서라 할 수 있는 『힘에의 의지』에서 니체는 이미 기계의 독재와 리듬에 의해 질적 차이가 평준화된 시대에, 어떻게 영웅주의와 문화적 위대함의 가치를 유지할 것인지의 문제를 제기했었다. "인간을 왜소하게 만들고 특화된 유용성에 적응시키는 것에 반대하는 운동이 필요하다. 즉 합성, 개괄, 해명하는 인간의 생산은 **인류를 기계로 변형**하기 위한 전제 조건이 된다. 인간이 자신의 **더 높은 존재 형식**을 발명하기 위한 기초로서 말이다."[52] 니체에게 있어서, '위대한 정치'에 도달하는 것은 목가적이고 전근대적인 과거로 되돌아가는 것을 의미하지 않았다. 위대한 정치는 근대 기술이라는 현실과 초인에 대한 요구를 결합시켜야 한다고 보았다. 몇 단락 아래에서, 니체는 '20세기 야만인'의 필요성을 공표했다. "우세한 인종은 폭력적이고 끔찍한 기원으로부터만 자라날 수 있다. 문제는 이것이다. **20세기의 야만인들은 어디에 있는가?**" 국가사회주의에서 그의 예언자적 요청은 적절한 응답을 찾았다.[53]

하이데거는 1936년부터 1940년까지 니체 철학에 관한 네 개의 강좌를 개설했다. 그 강좌에서 그는 보수혁명의 기술론(기술사유, Technikgedanke)을 내면화했음을 증명했다. 그는 1940년 강좌, 〈유럽의 니힐리즘〉에서 다음과 같이 말한다.

> 지금 니체가 형이상학적으로 인식했던 사실이 이제 명확해졌다. 즉 근대의 '기계적 경제machine economy', 다시 말해 모든 행위와 계획을 기계적으로 철저히 계산하는 것이 이제까지의 인간을 넘어서는 새로운 인류를 무조건적으로 요구하고 있다. … 필요한 것은 **근대 기술의 독특한 근본 본질과 그것의 형이상학적 진리에 근본적으로 적합한** 인간 유형이다. 다시 말해 필요한 것은 기술의 본질에 의해 전적으로 지배될 수 있고, 이를 통해 개개의 기술적 과정과 가능성을 통제하고 이용할 수 있는 인간 유형이다. 무조건적인 '기계적 경제'에 적합한 것은 초인뿐이다. 반대로 이러한 초인은 지상에 대한 무조건적인 지배를 수립하기 위해 무조건적인 '기계적 경제'를 필요로 한다.[54]

강좌가 끝날 무렵, 독일의 전격전에서의 놀라운 승리를 염두에 둔 하이데거는 나치 전쟁 기계가 '근대 기술과 그것의 형이상학적 진리에 적합한 인간 유형'을 구현했다는 추가적 증거를 제공했다. 하이데거는 전격전('국방군'의 총체적 '동원')을 "무제한의 '기술주의'와 '물질만능주의'"의 사례로, 다시 말해 서구의 기술 사용과 동등한 발전으로 해석하는 것은 독일의 영광스러운 전장에서의 승리를 치명적으로 오해한 것이라 말한다. 하이데거는 "실제로 이것은 **형이상학적 행위**"라고 주장했다.[55] 국방군의 눈부신 성공은 독일만이 '기술이 근대인'에게 제기한 도전을 정복했음을 증명했다. 하이데거의 철학이 정권 이데올로기와 어떠한 차이를 갖든 간에, 그는 윙거가 1932년 에세이에서 예측한 대로, 나치 독일이 '노동자의' '지배와 형태'를 실현하는 데 기여했다는 점을 확신했다.

『존재와 시간』에서 하이데거가 노동의 사례로 제시한 것은 전통적인 장인과 수공업적인 작업 세계와 관련이 있다. 그의 시대 진단은 확고하게 반근대적인 것이었다. 그러나 기술에 대한 하이데거의 태도는 1933년, 독일의 민족적 자각과 윙거라는 양측의 영향을 받아, 결정적인 변화를 겪었다. 그의 견해에 따르면, 그리스인 이래로 가장 형이상학적 민족인 독일인들은 '기계 경제'의 지배를 전적으로 허용함으로써, '지상에 대한 절대적 지배'를 확립하는 자신들의 길에 거의 다다랐다.

노동과 본래성

기술과 노동은 수십 년 동안 독일의 지식 관료들이 경멸해왔던 주제이다. 이 주제는 세련된 문화인간의 품위를 떨어뜨리는 것으로, 기껏해야 사회주의자들의 관심사에 불과한 것이었다. 그러나 동료 보수 혁명가들과 함께, 하이데거는 발터 라테나우Walther Rathenau의 말을 인용하며, "경제학은 운명이 되었다"고 확신했다. 20세기의 이 최후통첩을 무시한 사람들은 위험을 각오해야 했다.

이러한 통찰은 어째서 하이데거가 이 기간 동안 '노동' 개념에 집착했는지를 설명해준다. 노동의 중요성에 초점을 맞춤으로써 하이데거는 이전에 사회주의 사상가들의 영역이었던 주제와 관심사를 생각해보게 되었다. 물론 궁극적으로 그의 관심은 엄격하게 민족적인 것이었으며, 그가 국가사회주의의 한 형태인 나치즘에 이끌리게 된 것은 이러한 의미로 이해되어야 한다.[56]

하이데거가 노동의 존재론적 소명에 대해 논의한 내용은 철학적으로 상당한 중요성을 갖는다. 의미심장하게, 그는 노동의 존재론적 소명을 기초존재론의 중심 주제 중 하나인 '시간성'의 문제와 연관 짓는다. 『존재와 시간』에서 하이데거는 자연과학에서 유래되었으며, 그 후에 데카르트에 의해 표준화된 근대적 시간 개념을 근본적으로 결핍된 것이라 비판했다. 시간에 대한 이러한 이해에 따르면, 인간의 실존도 '사물'을 표본으로 삼아, 단지 '눈앞에 존재하는' 무생물로서 이해하게 된다.

〈논리학〉에서 하이데거는 '공허한' 시간 개념이 지배하는 근대성의 열등한 시간 이해에 대해 반론을 제기한다. 하이데거는 시간이 "공허한 형식, 즉 인간 존재와 멀어진 연속체가 되었다"고 말한다.[57] 1927년에는 본래적 시간성 개념을 '죽음을-향한-존재' 개념과 관련지어 논하는 반면, 〈논리학〉에서는 본래적 시간성을 노동 개념과 결부시킨다. '임무', 그리고 '사명'과 함께, 노동은 독일 민족의 '근본 기분'의 본질적 요소이다. 이러한 맥락에서 눈에 띄는 것은 하이데거가 노동을 마르크스주의와 유사하게, 본래적 자아성의 필수적인 표현으로 묘사한다는 점이다. 하이데거는 "시간은 특징적으로, 그리고 오로지 인간에게만 속한다"고 말한다.

> 우리 자신의 가장 고유한 사건인 시간 개념에 따르면, 자연적 과정은 시간의 틀 내에서 단지 '끝날' 뿐이다. 돌, 동물, 그리고 식물은 우리가 존재한다는 의미로 시간적이지 않다. 돌, 동물, 그리고 식물은 **사명**에 대한 이해를 갖지 않으며, 어떠한 임무도 받아들이지 않는다. 그리고 **그것들은 노동하지 않는다**. 그것은 돌, 동물, 그리고 식물이 마음씀을 결여하고 있기 때문이 아니라, 노동을 할 수 없기 때문이다. 말horse은 인간의 노동에 관여할 뿐이다. 기계 역시 노동하지 않는다. 19세기에 노동을 물리주의적 의미로 이해하는 것은 오해의 결과이다.[58]

하이데거가 『존재와 시간』에서 본래성에 대해 논의하는 것은 역사성 개념에서 절정에 이른다. 문제가 되는 것은 본래적 공동체 개념이다. 이는 정해진 역사적 운명Geschick에 부합할 수 있는 민족 혹은 공동체[59]를 의미한다. 하나의 민족이 본래적 시간성의 제한에 따라 행동하는 것은 민족의 실존을 '역사화함historicizing'으로써 가능하다. 여기에서 우리는 〈논리학〉에서 모든 민족이 '역사성'—즉 본래적 역사성의 요건에 따라 고안된 '역사'—을 가질 수 있는 것은 아니라고 말한 하이데거의 견해를 떠올리게 된다.

〈논리학〉에서 새로운 것은 하이데거가 처음으로 시간성과 역사성을 노동 개념과 체계적으로 연결하고 있다는 점이다. 그렇게 함으로써 인류가 자신을 역사적으로 실현하는 필수적인 양상으로 노동이 다루어진다. 노동을 본래성의 표현으로 간주함으로써 하이데거는 초기 마르크스가 파리 수고에서 노동을 표현주의적 개념으로 이해한 것에 근접해간다. 헤겔과 실러의 영향하에서, 마르크스는 노동을 인간이라는 '유적 존재'의 최상의 표현으로 여겼다. 이 점에서, 젊은 마르크스가 자본주의하에서 일상의 삶의 타락을 비판하기 위한 근거로 '소외된 노동'을 비판한 것은 우연이 아니다.

전쟁 후에 프라이부르크 대학의 탈나치화 공식 기록에 적은 변명서에서, 하이데거는 1934년 6월 30일 룀Röhm 분파의 숙청 이후에 나치즘에 대해 환멸을 느끼게 되었다고 설명했다.[60] 하이데거에게 있어서 룀 숙청은, 마치 많은 '예전의 전사들'에게 그랬던 것처럼, 새 정권의 '우경화'를 상징했다. 이것은 국가사회주의의 '사회주의' 이념을 지지했던 많은 초창기 나치당 구성원을 포기하는 것을 의미했다. 동시에 새 정권이 전통적 독일 엘리트들, 힌덴버그Hindenburg, 국방군, 거대 산업과 화해하는 것임을 의미했다. 이처럼 하이데거의 자백은 초기 국면에서 국가사회주의 노동자당에 대한 그의 헌신의 깊이를 더 잘 보여준다.

〈논리학〉이 대중적인 정치연설(정권과의 일정한 타협이 필요할 수 있는)이 아닌 강좌라는 점에서, 짐작건대 하이데거의 진실한 견해를 반영한다. 그렇기 때문에 그가 적어도 한 번이라도, 정권의 인종적-생물학적 교리에 눈짓을 보내는 것을 발견하는 것은 충격적이다. 마찬가지로 불편한 것은 하이데거가 나치즘의 인종적 수칙('피'와 '인종적 혈통' 개념)을 '기분', '노동', 그리고 '역사성'이라고 하는 자신이 특별히 애정을 갖는 실존론적 주제와 조화시킬 수 있음을 암시하고 있다는 사실이다.

> 피, 인종적 혈통das Geblüt은 기질과 기분에 의해 밝혀질 때에만, 인간의 근본 기분과 조화될 수 있다. 피가 기여하는 바는 인간의 근본 기분에서 유래하며, 노동을 통한 우리 현존재의 결단에 속한다. 노동은 역사적 현재이다. 현재die Gegenwart는 단지 지금now이 아니다. 대신 그것은 노동을 통해 성취되는 실존의 해방을 통해 우리 존재를 변화시키는 한, 현재이다. 노동하는 자로서, 인간은 실존의 공공성으로 옮겨진다. 그렇게 옮겨져 있음이 우리 존재의 본질에 속한다. 즉 세계 내 사물들 한가운데 옮겨져 있다. … 근원적인 것으로서, 실존은 대상에 대한 학문적 인식을 통해 결코 드러나지 않는다. 실존은 노동 속에서 번성하는 존재론적 기분에서, 그리고 다른 모든 것을 앞서 결정하는 민족의 역사적 소명 속에서 드러난다.[61]

정권 초기에 국내 정치에 대한 나치의 관심사 중 하나는 국가사회주의 민족공동체 내에 독일 노동계급(전통적으로 견고한 정치적 좌파의 지지자들인)을 성공적으로 통합할 수 있는가 하는 것이었다. 이러한 목적을 달성하기 위해, 나치는 독일 노동자들에게 새로운 국가에서 그들의 역할이 필수 불가결함을 확신시키기 위해 독일 노동 전선German Labor Front을 설립했다. 앞에서 언급했던 '기쁨을 통한 힘'과 '노동 미화' 프로그램은 모두 이러한 노력이 낳은 결과였다.[62] '노동의 기쁨'을 기념하면서, 하이데거는 다시 한 번 실존철학과 국가사회주의 세계관 사이의 선택적 친밀성을 보여준다.

> 노동의 기쁨에 대한 물음이 중요하다. 근본 기분으로서 기쁨은 본래적 노동의 가능성을 위한 토대이다. 현전하는 것인바 노동 속에서, 존재의 현재화가 일어난다. 노동은 근원적 의미에서 존재의 우위 속에 우리 자신을 끼워넣을 정도로 현전한다. 노동을 통해 우리는 경이와 경외라는 위대한 기분에 근거하여 그 모든 위대함에 있어서 존재자 전체에 이르며, 그렇게 함으로써 존재자 전체를 그 위대함 속에서 향상시킨다.[63]

그러나 하이데거가 '노동의 기쁨'에 보내는 찬사에는 정치적 의도가 숨겨져 있다. 비평가들은 종종 『존재와 시간』에서 드러나는 세계관이 지나치게 감성적이라고 주장해왔다. 이 작품에서 가장 두드러지게 드러나는 침통함을 증거로 내세우며, 작품을 폄하하는 사람들은 종종 하이데거가 '불안', '죽음을-향한-존재', '책임', '퇴락'과 같은 범주에 사로잡혀 있었다는 점을 언급했다. 참으로 하이데거의 실존론적 존재론의 상당 부분은 원죄의 극복 불가능성과 돌이킬 수 없는 인간 조건의 쓸쓸함을 강조했던 세속화된 프로테스탄트적 감수성에 빚지고 있었다. 하이데거는 반종교개혁의 숨은 신을 대신해, 니체의 '신의 죽음'에 관한 선언을 받아들였다. 그러나 마지막 분석에서 인간 조건에 대한 지배적인 견해는 같았다. 허버트 마르쿠제는 1971년 인터뷰에서 이 문제에 대해 넌지시 말한 바 있다.

> 만일 당신이 〔하이데거의〕 인간 실존에 대한 견해, 즉 세계-내-존재에 대한 견해를 보면, 고도로 억압적이고, 숨이 막힐 듯한 해석을 발견하게 된다. 나는 오늘 『존재와 시간』의 목차를 다시 검토해보았다. 그리고 그가 실존 혹은 현존재의 본질적 특성을 어떻게 바라보았는지를 말해주는 주요 범주들을 살펴보았다. 나는 당신에게 그것들을 바로 읽어줄 수 있고, 당신은 내가 무엇을 말하는지를 알 수 있을 것이다. "잡담, 호기심, 애매성, 퇴락, 그리고 던져져-있음, 마음씀, 죽음을 향한 존재, 불안, 두려움, 지루함 등등." 이제 이것은 억압적인 사회에서 남녀—즉 기쁨이 없는 실존, 죽음과 불안의 그늘이 드리워진, 권위주의적 성격을 가진 인간—의 공포와 좌절을 잘 보여주는 그림을 건네준다.[64]

『존재와 시간』에 제시된 비탄에 잠긴 세계관은 독일의 민족적 자각에 의해 촉발된 고조된 열정과는 조화되기 어려운 것으로 드러났다. '노동의 기쁨'을 찬양함으로써, 하이데거는 기초존재론과 국가 혁명 간의 본질적 양립 가능성을 보장하기 위한 발자국을 내딛었다.

비은폐성으로서의 노동

〈논리학〉 강의는 노골적으로 이데올로기적 측면을 포함하고 있다. 그러나 총장 연설과 보다 정치적인 글에 해당하는 하이데거의 이데올로기적 저작을 그의 보다 철학적인 저작과 구분 짓는 것은 오해를 불러일으킬 수 있다. 철학과 이데올로기를 엄격하게 구분하는 것은 지지될 수 없다. 비록 정치적인 언급들과 요소들이 두드러진 덕분에, 〈논리학〉의 중요성을 대단치 않게 생각할 수 있지만, 다른 동시대 문헌을 면밀히 검토해보면 종류에 있어서 차이가 있다기보다 정도의 차이만이 있을 뿐이다.

더욱이 〈논리학〉에서 철학적으로 중요한 차원은 『존재와 시간』에서 확립된 존재론적 토대 위에서 유기적으로 구축된다. 두 작품 사이에 절대적인 단절은 없다. 하이데거는 항상 그러하듯, 본질적으로 새로운 역사적 · 개념적인 전개에 비추어 근본 개념들을 정교화하고자 했다. 1933년의 민족적 각성은 확실히 하이데거가 확신했던 '시대적epochal' 성격이 새로운 국면에 접어든 것을 의미한다. 동시에 〈논리학〉에서 그는 자신의 학문 활동을 통틀어 그랬던 것처럼, 자신의 철학의 기본 용어들을 재정의했다.

이러한 이유로 하이데거가 〈논리학〉 강좌에서 노동 개념에 대해 논한 것은 진정한 철학적 의미를 지닌다. 그 개념은 『존재와 시간』 어디에도 등장하지 않지만, 「독일 대학의 자기주장」에서는 눈에 띄게 보이기 시작한다. 여기에서 노동 개념은 '노동 봉사'를 가장하여 ('군복무'와 '지식 봉사'와 함께) 새로운 제국이 요구하는 세 가지 필수적인 수행 양상 중 하나로 등장한다.

『존재와 시간』에서 하이데거는 존재가 인간 경험에서 드러나는 근본적인 실존론적 구조(실존범주Existenzialien)를 규명하기 위해 피나는 노력을 기울인다. 그는 주지주의와 합리주의적 편견으로 인해, 서구 사유의 역사는 이 점과 관련해서 대체로 유용하지 않다고 생각한다. 이미 아리스토텔레스는 인간 본성을 이성적 동물로 규정했었다. 그에 이어, 그리스 사상과 문화가 라틴화되면서, 이 관점은 유럽 세계 전체로 전파되었다. 그리고 데카르트가 인간을 명시적으로 생각하는 사물, 즉 육체에서 분리된 정신이라 정의함으로써, 이 관점은 절정에 달했다. 이러한 합리주의적 경향과 대조적으로, 하이데거는 인간 실존을 '현존재'로 재정립하고자 했다. 현존재의 성격을 지적인 특질이나 성향을 통해 규명하는 대신, 하이데거는 일련의 더 '원초적인' 능력들인, 기분, 도구 다루기, 타인과의-공동-존재 등에 의해 규명하고자 했다.

『존재와 시간』에서 도구를 '손-안에-있음'의 존재 양상으로 논의한 것은 〈논리학〉에서의 '노동'의 지위를 앞서 보여준다. 하이데거가 말하고자 하는 바는 도구와 같은 유용한 사물을 다루는 경험은 대상을 단지 사물로서 개념화하는 것에 앞선다는 것이다. 대상을 개념화하는 것은 과학적이거나 객관화하는 태도를 말한다. 이는 데카르트가 대상을 인간의 신체를 포함해서 연장적 실체로 특징짓는 것과 유사하다. 반면 도구를 다룰 때 문제가 되는 것은 어떤 것이 잘못되지 않는 한 암묵적이고 주제화되지 않는 관계의 맥락이다. 만일 우리가 사용하는 망치에서 머리가 떨어져 나간다면, 우리가 그것을 망치로서 사용했을 때와는 전적으로 다른 방식으로, 말하자면 개별적인 대상으로서 그것이 갖는 독특하고 적나라한 성격이 명백하게 드러난다. 보다 일반적으로 말해서 망치와의 관계와, 그것이 수반하는 전체의 관계 맥락(다른 도구, 동료들, 건물과 주거에 관한 물음 등)은 그를 통해 현존재의 '세계-내-존재'가 구성 및 개방되는 본질적 양상이다. 이러한 관계의 맥락은 현존재의 존재론적 본성에 대해 본질적인 어떤 것을 말해준다. 예를 들어, 왜 현존재의 세계-내-존재는 사물의 존재, 즉 도구와 다른가 하는 이유에 대해서 말이다. 명시적으로 언급하지 않은 채, 전체 논의는 현존재의 세계-내-존재를 노동의 지위와 관련해서 다룬다.

〈논리학〉 강의에서 말하는 노동의 지위도 이와 비슷하다. 그러나 『존재와 시간』에서 '노동'은 일종의 암묵적 지식 혹은 인간 경험의 현상학적 전제조건을 의미하지만, 〈논리학〉에서 하이데거는 노동을 존재를 탈은폐하는 데 있어서 자율적이고 중심적인 역할로 격상시킨다. 〈논리학〉에서 하이데거는 노동을, 『존재와 시간』에서 '결단성'과 '죽음을 향한 존재'에 부여했던, 일종의 영웅적이고 존재론적 책무를 맡는 것으로 승격시킨다. 그가 노동을 존재론적 사명으로 칭송하는 것은 일석이조의 목표를 염두에 둔 것이다. 그는 지적 노동과 육체 노동에 대한 관습적 이원론(또 하나의 의미심장한 데카르트적 잔해)을 극복하고자 하며, 기초존재론의 기획이 새로운 정권의 세계관과 양립할 수 있음을' 증명하고자 한다. 이것은 국가 혁명이 갖는 철학적 혹은 진지한 측면이다. 1930년대 하이데거는 종종 철학자, 정치인, 그리고 시인들이 존재의 진리를 탈은폐하는 데 있어서 본질적 역할을 수행한다는 점을 높게 평가했다.[65] 〈논리학〉 강의에서 그는 전통철학의 무익한 합리주의를 상쇄하는 방법으로 노동에 온 노력을 기울인다. 따라서 그는 『존재와 시간』에서 일상의 세계-내-존재가 얼마나 존재론적 함축으로 가득 차 있는지를 보여주었듯이, 〈논리학〉에서 노동이 존재가 드러나는 본질적인 양상임을 증명하고자 한다. 이 속에서 노동은 인간의 '세계-내-존재'의 열등한 양상과는 거리가 멀다. 사실상 많은 면에서, 대학 내 학문의 비생산적 지성주의보다 노동의 개입이 우월하다는 것을 보여준다. 하이데거는 총장 연설과 그 밖의 다른 곳에서 행한 강연에서 대학 내 학문이 갖는 결핍을 풍자적으로 보여준 바 있다. 세계-내-존재의 양상으로서, 그리고 인간 이외의 존재자에 대한 창조적인 접근법으로서, 노동은 자연과학이 객관화하는 관점을 넘어선다. '자연과학의 객관화'하는 관점에 따르면 존재자들은 단지 기술 지배와 착취의 대상에 불과하다. 데카르트적 '주체'의 관점을 비반성적으로 받아들임으로써, 근대 철학은 이러한 데카르트적 원죄를 영속화함으로써, 근대 기술(몰아세움, das Gestell)의 참상을 야기했다. 이와 반대로, 하이데거에게 있어서, 노동은 몰아세우는 '기술'과 같지 않는 한에서, 존재론적으로 중요하다. 기술이 '존재자의 존재'를 격하시키기보다 **격상**시킬 수 있는 한 말이다. 그는 〈논리학〉에서 이러한 생각을 다음과 같이 전달한다.

> 존재자의 존재는 대상의 존재 속에서 다 고갈되지 않는다. 그러한 잘못된 견해는 인간을 '주체'로 전제하는 관점으로서, 사물을 처음부터 '대

> 상'으로서 접근하는 곳에서만 번성할 수 있을 뿐이다. 그러나 존재자는 애초에 대상에 대한 과학적 인식을 통해 자신을 드러내지 않으며, **본질적인 기분에서 자라나는 노동과 본질적 기분을 결정하는 민족의 역사적 사명 속에서 자신을 드러낸다.**[66]

이 때문에, 하이데거는 '사회주의' 개념이 진지하게 받아들여져야 한다고 주장한다. 그러나 경제 관계의 변화라고 하는 관습적인 의미에서나, 공동체적 복지에 대한 널리 퍼진 관심에서가 아니다. 하이데거의 관점에서 사회주의는 '경력과 성취에 따른 위계질서, 그리고 모든 [유형의] 노동이 갖는 불가침적 명예'라는 원칙을 지시한다.[67] 문제가 되는 것은 마르크스주의 사회주의가 아니라, **국가사회주의**다.

후설과 하이데거(1921).

8장

남은 이야기

『존재와 시간』, 실패한 걸작인가?

반근대주의와 '새로운 삶'

여러 해 동안 하이데거의 1927년 대작은 신화에 둘러싸여 있었다. 그것은 스승이 직접 정성스럽게 일구어온 순수성의 신화였다. 이 전설에 따르면, 명백한 천재의 작품인 『존재와 시간』은 사실상 무에서 생겨났다. 하이데거의 견해로는, 철학의 본질에 대한 물음이 문제가 될 때, 학문적 영향이나 지적 전기에 대해 고려하는 것은 논점을 벗어난다. 그는 한때 아리스토텔레스 강좌를 다음과 같이 말하면서 시작한 것으로 유명하다. "그는 태어났고, 일했으며, 죽었다." 이 말은 이러한 연속적 사건에서 첫 번째〔태어났다〕와 세 번째〔죽었다〕는 사상가로서 아리스토텔레스의 중요성을 이해하는 것과 무관한 것임을 암시한다. 한때 하이데거는 친구에게 다음과 같이 말했다. "내 인생은 전혀 흥미롭지 않다."[1] 하이데거는 자신의 작품에 근거해서만 평가받기를 원했다. 일반적으로 인정하는 바와 같이, 이는 인간의 세계-내-존재의 성격을 설명하기 위해 근본적으로 우연적이고, 비자율적인 '던져져 있음Geworfenheit'이라는 용어를 창안한 사람의 입장이라고 보기에 매우 이상하게 들린다. 즉 『존재와 시간』에서 기초존재론이 불가피하게 자신의 개인적 관점인 실존론적 토대existential basis에서* 유래했다고 공언한 사람으로서 말이다.[2] 테오도르 키지엘Todore Kisiel은 이에 대해 다음과 같이 공언했다. 하이데거가 자서전에 명백하게 무관심한 태도를 보이는 것은 "이론적으로나 실천적으로나 하이데거 철학의 가장 독특한 면모에 위배된다." 하이데거는 때로 자신의 사유를 명확히 하고 진척시키기 위해, '현사실성의 해석학'을 자신의 상황에, 즉 그 자신의 '해석학적 상황'이라 부르는 것에 적용하는 방식으로 철학적 전기에 의존했기 때문이다.[3]

전설에 따르면 1915년과 1927년 사이에 프라이부르크 현자는 어떠한 것도 출판하지 않았다. 마침내 12년에 걸친 인고의 세월 끝에, 하이데거의 대표작이 모습을 드러냈다. 이에 대한 일반적인 이해는 하이데거의 (가상적인) 「어느 일본인과 어느 질문자의 대화」에서 잘 서술되어 있다. 이 대화에서 "그래서 당신은 12년간 침묵하셨군요"라는 일본인의 머뭇거리는 말에, '질문자(하이데거 자신)'는 잠자코 있었다.[4] 하이데거 철학이 상황과 관련된 측면을 고의적으로 도외시함으로써(스승의 바람을 따라, 하이데거의 전집 편집자들은 지속적으로 판본에 대한 연구 자료를 제공하는 것을 거부해왔

* 위 문맥은 『존재와 시간』에서 기초존재론이 현존재의 전기적 · 역사적 경험과 관련한 '개인적 관점'에서 유래해야 함을 말하기 때문에, '실존적 토대(existentiell basis)'라고 말하는 것이 적합한 표현으로 보인다. 하이데거는 『존재와 시간』에서 현존재 개인이 존재적이고 실존적으로 경험한 바를 이에 대한 실존론적이고 존재론적 해석(기초존재론이 이에 해당한다)과 구분한다. 하이데거에 의하면 현존재에서 개인의 실존적 · 존재적 경험이 세계와 존재자를 드러내는 방식은 여러 이유들로 은폐되어 있기에, 그러한 은폐를 뚫고 나갈 수 있는 존재론적-실존론적 해석이 요구되는 동시에 이러한 존재론적 해석이 한낱 자의적인 이념이나 공상의 산물로 전락하지 않도록 하기 위해서 끊임없이 현존재 자신이 실존적이고 존재적으로 개시한 사태를 참조해야 하기 때문이다. 그런 의미에서 이 시기 하이데거 철학은 실존적 토대와 실존론적 해석 사이의 순환적 교차 속에서 전개된다. '실존적-실존론적'을 가리키는 용어는 각기 다음과 같이 구분된다. '실존적: existentiell(영), existenziell(독)/실존론적: existential(영), existenzial(독)'. 영어 표기는 『존재와 시간』 영어판, *Being and Time*(J. Macquarrie and E. Robinson 옮김)의 용어 대조표를 따른 것이다.-옮긴이

다), 하이데거의 초기 철학의 기획과 그것의 발생사를 체계적으로 재구성하는 일은 난항을 겪어왔다. 그러다가 하이데거의 초기 프라이부르크 강좌(1919-1923)가 출판됨으로써, 최근 몇 년 사이에 상황이 상당히 변화하기 시작했다. 이들 출판물을 기반으로 해서, 『존재와 시간』에서 절정에 달한 지적 경로를 학기별로 추적할 수 있게 되었다.[5]

물론 하이데거도 자신의 삶이 **전적으로** 흥미롭지 않은 것은 아님을 인정할 수밖에 없었다. 그래서 그는 자신의 일생에서 가치 있다고 느꼈던 일화를 들려주기도 했다. "현상학에 이르는 나의 길"(1963)에서 하이데거는 프란츠 브렌타노Franz Brentano의 「아리스토텔레스에게 있어서의 존재자의 다양한 의미에 관하여」라는 논문이 어떻게 18세의 신학부 학생이었던 그를 철학의 신비 속으로 이끌었는지 이야기한다. 어린 짐나지움 학생의 흥미를 불러일으킨 질문은 다음과 같다. "만일 존재자가 다양한 의미에서 말해진다면, 그것의 주된 근본적 의미는 무엇인가? 존재는 무엇을 가리키는 것인가?"[6] 하이데거의 기본적인 철학적 물음인 '존재물음'이 이 시점에 확립되었다.

2년 후(1909-1910) 하이데거는 후설의 고전적 연구서인 『논리연구Logical Investigations』를 발견했다. 그는 이후 2년 동안 대학도서관에서 이 책을 대출받아 보았다. 하이데거가 특별히 관심을 가진 부분은 인간의 정신 작용을 물리주의적 용어로만 이해할 수 있다고 보는 심리학주의에 대해 후설이 행한 강력한 반박이었다. 사상과 언어가 존재론적으로 하나님의 말씀에 근거하는 방식에 관심을 두던 젊은 신학생의 입장에서 볼 때, 인간 정신에 대한 심리학주의의 주장은 오만하면서도 신성모독적이었다. 신학의 과제는 철학과 논리학의 도움으로 과학적인 자만심이 그 한계를 의식하도록 하는 것이었다. 『논리연구』에서 후설은 브렌타노의 입장을 따라, 판단의 심리적 측면과 논리적 측면의 차이를 명확히 했다. 그는 전자가 상대적 · 우연적이고 개인마다 다른 반면, 후자는 무시간적인 타당성을 지닌다고 주장했다. 후설에 따르면 삼단논법의 진릿값은 그것이 실현되는 심리적 요인 및 메커니즘과 독립적이다. 철학의 자율성을 주장하는 입장이 자연과학적 방법에 의해 심각하게 공격받던 시기에, 「엄밀한 학문으로서의 현상학Philosophie als strenge Wissenschaft」(후설이 1909년 〈로고스〉라는 잡지에 기고한 논문 제목)이라는 후설의 생각은 하이데거의 젊은 시절 지적 성향과 직관을 떠받치는 데 결정적인 역할을 했다. 1916년 후설은 프라이부르크에서의 직책을 수행하기 위해 괴팅겐을 떠났다. 하이데거는 4년(1919-1923) 동안 그의 조수로 일했다.

하이데거가 가톨릭과 맺은 관계—그가 메스키르히에서 받은 엄격한 가톨릭 훈육(그의 아버지는 지역 교회의 관리인이었다), 신학 공부, 1915년 예수회 회원이 되는 데 실패한 일(하이데거는 3주간의 공부 끝에, 건강상의 이유로 그만두었다), 그리고 마침내 1917년 '젊은 시절 종교'와의 고통스러운 결별 등—에 대해서는 말이 많았다. 그러나 최근에 이르기까지 하이데거가 스무 살에 세기의 전환기 독일을 뒤흔든 '모더니즘'을 둘러싼 논쟁에 얼마나 깊이 관여했는지 아는 사람은 거의 없었다. 하이데거는 횔덜린의 격언을 즐겨 인용했다. "당신은 시작한 것과 마찬가지로, 남게 될 것이다('처음에 이미 모든 것이 완전하게 존재한다'는 의미-편집자)." 아니나 다를까 젊은 시절 가톨릭에 대한 하이데거의 깊은 애착은 그의 성숙한 세계관에 대한 많은 부분을 설명해준다.

1871년 독일 통일 이후, 2년 동안 비스마르크는 일련의 강제적이고 억압적인 명령을 통해 새로운 국가에 대한 가톨릭의 충성을 강요하려 했다. 그가 열변을 토한 문화전쟁은 오랜 기간 치유가 필요한 상처를 남겼다(역설적이게도, 투쟁 과정에서 독일 가톨릭은 예배와 양심의 자유 원칙을 지지했던 많은 자유주의자의 지지를 얻었다). 하이데거가 1910년경 성년이 되던 시기에는 독일 국가에 대한 가톨릭의 불신이 강하게 남아 있었다. 당시 그러한 불신은 종교와 전통의 가치가 확산되는 것을 위태롭게 하는 근대사회의 모든 측면에 대한 혐오로 탈바꿈했다. 역사학자 한스 울리히 벨러Hans Ulrich Wehler는 제2제국 시절 가톨릭의 극단적 보수주의에 대해 다음과 같이 기술했다.

> 1864년 ('당대의 80가지 오류' 색인인) '오류에 대한 주제별 항목'에서, 정통 가톨릭은 자유주의, 사회주의와 근대 과학을 완강하게 반대했다. 교육과 연구에 대한 교회의 통제를 강화해야 한다는 이들의 요구는 전체주의와 비슷한 규모에 달했다. … 개신교의 관용의 원리를 [로마 가톨릭 교회]가 경멸했기 때문에 경쟁 조직이나 다른 교육적 주장과 공존하는 것이 매우 어려워졌다. 의심의 여지없이, 19세기 중반 이후 여러 교황이 발전을 도모한 토마스주의 신스콜라 철학 또한 당시 로마 가톨릭의 반모더니즘적 성격을 강화했다. 이 일련의 이론들은 근대의 사회적 유동성과 의회 대표성과 민주적 평등 관념을 반대했다. 이는 가톨릭의 과거 회고적인 전통을 굳건하게 만들었으며, 토지에 기초한 사라진 세계의 가치를 이데올로기로 바꾸어놓았다. 그것은 역사의 물결이 반대 방향으로 흐르는 동안, 19세기를 중세적 질서의 속박에 묶어두려 했다. 가톨릭은 독일에서의 의회 영향력이 확산되는 데 적극적이고 지속적으로 기여

할 가능성이 개신교보다 적었다. 궁극적 민주화는 말할 것도 없었다.[7]

하이데거가 1910-1912년에 보수적인 가톨릭 저널, 〈아카데미커Der Akademiker〉에 게재한 8편의 글들을 숙독한다면, 그러한 비타협적인 가톨릭 관점이 젊은 시절 하이데거에게 어느 정도로 스며들어 있었는지 알 수 있다. 하이데거의 초기 글들을 발굴한 전기 작가, 후고 오트는 다음과 같이 말한다. "〈아카데미커〉에 실린 글들은 그 글들에 가톨릭 세계관에 담긴 반근대적 관점의 폐쇄적 시스템이 내재되어 있음을 보여준다. 마르틴 하이데거는 신학, 철학, 윤리학 분야에서 강렬한 진지함과 위대한 열정으로 극도로 보수적인 가톨릭을 표방했다."[8] 하이데거 자신이 〈아카데미커〉에 실은 글들을 전집 판본에서 생략했다는 점에서, 그가 자전적 주제에 선택적으로 접근했다는 것이 분명해진다.

〈아카데미커〉는 교황 비오 10세의, 소위 1907년 반근대주의 회칙의 정신으로 설립되었다. 사실 이 잡지의 창간호에는 비오 10세의 서문이 실려 있다. 그 서문에서 교황은 자신의 독일 추종자들에게 모더니스트 관습과 가치에 대항하는 투쟁에 대한 격려의 말을 전했다. 하이데거가 이 글을 작성할 당시, 그는 반근대주의 신학자인 카를 브라이크Carl Braig의 영향 아래 있었다(전해진 바에 의하면, 브라이크는 '모더니즘'이라는 단어를 창안했다). 하이데거는 약 50년 후 『사유의 사태로』에서 브라이크의 '통찰력 있는 사유'[9]를 높이 사면서, 자신이 브라이크에게 지적인 빚을 지고 있음을 인정했다. 자신의 논쟁적인 저술에서, 브라이크는 다음과 같이 모더니즘에 대해 격분했다. "〔모더니즘은〕 자아가 아니거나, 자아에 봉사하지 않는 모든 것, 역사적 진리에 눈이 멀었다." 브라이크는 이어서 말한다. "모든 진리와 마찬가지로, 그리고 가장 찬란하게 승리하는 것이 수학적 진리인 것과 같이, 영원한 진리의 가장 엄밀한 형태는 주관적인 자아에 선행하고 주관적 자아 없이 존재한다. … 이성의 자아가 사물의 합리성을 고려하자마자, 사물들은 '참'으로 존재하지 않는다. … 칸트조차도 인간이 사물의 존재 방식에 따라 행동하도록 명하는 법칙을 바꾸지 못할 것이다."[10]

하이데거가 〈아카데미커〉에 쓴 글은 독창성을 결여할 수 있지만, 논쟁적인 열의로 가득 차 있다. 예를 들어, 그가 〈아카데미커〉에 쓴 첫 번째 글은 비오 10세와 카를 브라이크의 정신에 입각해, 주체성의 예측 불가능한 변화에 매료된 모더니스트를 공격한다.

> 우리 시대는 '인격'에 대해 많은 말을 한다. 그리고 철학자들은 새로운 가치 개념을 발견한다. 비판적 · 도덕적 · 미적 평가 외에도, 철학자들은 '인격에 대해 평가'한다. 특히 문학에서 말이다. 예술가의 인격이 전면에 드러난다. 따라서 사람들은 흥미로운 사람에 대해 많이 듣는다. 멋쟁이 오스카 와일드Oscar Wilde, 명석한 주정뱅이 폴 베를렌Paul Verlaine, 위대한 방랑자 막심 고리키Maxim Gorky, 초인 니체. 이들은 모두 흥미로운 사람들이다. 이 흥미로운 이들 중 한 사람이 은총의 시간에 자신의 집시 생활에 대한 위대한 거짓말을 의식하고, 거짓된 신들의 제단을 부수고, 기독교인이 되었을 때, 그들은 이를 '감식력이 없고, 반항적'이라 부른다.[11]

하이데거는 "행복은 기만적인 삶을 통해서만 가능하다"는 견해를 입센Ibsen 덕분으로 돌린다. 그는 이어서 묻는다. "우리가 언급한 위대한 인물들이 행복을 찾는가?" 아니다. "그들 중 어느 누구도 진리를 발견하지 못"하는 한, 그들이 찾은 것은 죽음과 절망뿐이다. 이들은 모두 하이데거가 '거짓된 삶의 기준'이라 선언한 '개인주의'를 고집했다. 그는 계속해서, 더 지고한 생은 더 낮은 형식의 삶, 즉 "신체의 의지, 세상의 교리, 쾌락주의"가 파괴될 때에만 승리할 것이라고 말했다. 하이데거의 열정적인 결론은 다음과 같다.

> 널리 퍼진 인격 숭배는 가장 풍부하고 깊은 종교 윤리적 권위의 원천과 친밀한 관계를 유지할 때만 융성할 수 있다. 이것은 그 성격상, 공경할 만한 외적 형식 없이는 번성할 수 없다. 그리고 교회가 영원한 진리라는 보물에 충실하다면, 교회는 모더니즘의 파괴적인 영향력과 정당하게 전투를 벌일 것이다. 모더니즘은 삶에 대한 근대적 견해가 기독교적 전통이 갖는 고대적 지혜와 날카롭게 대립하는 것을 의식하지 못한다.[12]

그러나 하이데거가 자아에 대한 근대적 신격화를 비판하는 일은 반지성주의적 방향으로 흐르지 않는다. 그는 항상 논리와 엄격함, 그리고 진리라고 하는 보다 고귀한 개념으로 자신의 입장을 정당화한다. 주관적 경험을 근대적으로 미화함으로써 근대 사상이 무시해온 진리 말이다. 그런 이유로 그는 근대 사상을 '혼란과 방향감각의 상실을 긍정적 가치로 만드는 것을 과제로 삼은 느슨한 주관주의'로 간주한다. 하이데거는 "오늘날 영원성의 거울인 철학이 오직 주관적 의견, 개인적 기분과 바람만을 반영한다"고 탄식한다. 근대적 자아가 갖는 무정형의 경향성에 반대하는 하이데거는 "엄밀하고 냉정한 논리는 **세련된** 근대적 영혼의 감정에 적대적이다"라고 말한다. "특정한 윤리적 힘의 기초는 영혼의 정서적 영향력에 스스로를 닫아거는 엄밀하게 논리적인 사유에, 그리고 각각의 학문이 갖는 진정으로 전제되지 않은 작업에 속한다."[13]

이러한 주장에서 주목할 만한 것은 그것들이 어느 정도로 하이데거의 성숙한 입장과 견해를 앞서 보여주는가 하는 점이다. '존재'물음을 중심으로 한, 하이데거의 평생에 걸친 존재론적 탐구는 문화적 근대성이 갖는 혼란스러운 다원주의와 상대주의에 응답하는 과정에서 촉진되었음이 분명하다. 데카르트의 유산인 근대 인식론에 대한 하이데거의 거부감은 『존재와 시간』에서 시작해서 1930년대 니체 강의에서 절정을 이루는데, 이러한 초기 저술에 드러난 근대 사상에 대한 비판에서 그 기원을 일부 찾을 수 있다. 근대 예술과 문학에 대한 그의 단호한 반감은 명백하게 문화전쟁의 정신mentalité of Kulturkampf에서 기인한다.[14] 그는 1966년 〈스피겔〉지와의 인터뷰에서 미학적 모더니즘을 본질적으로 '파괴적인' 것으로 규정한다. 하이데거가 미국을 '재앙의 장소'로서 무자비한 기술적 몰록(Moloch, 암몬족이 숭배한 무시무시한 신-편집자)으로 히스테리에 가깝게 이미지화하는 것은 〈아카데미커〉에서 최초로 표현한 태도와 확신에서 기인한다.[15] 하이데거가 국가사회주의에 매료된 것은, 초기 논문에 표현한 것처럼, 반모더니즘적 관점에 기초한 국가사회주의를 근대'사회'의 열상과 분열로부터 독일을 구원할 수 있는 '원초적' 정치 현상으로 본 것에서 그 원인을 찾을 수 있다.[16] 일찍이 1924년에 하이데거는 '우리 독일의 현존재를 견고한 지반' 위에 둘 필요가 있음을 공개적으로 선언했다.

하이데거는 항상 기초존재론의 방향성이 '현사실적' 경험의 영역, 즉 순전한 직접성 내에서의 '삶'의 영역에서 유래한다고 주장했다. 『존재와 시간』에서 그는 '현존재의 실존'에 대한 존재론적 해석의 기초가 되는 '현존재의 현사실적 이념'에 대해 언급하기까지 한다. 다른 말로 하면, 직접적인 경험의 영역인 '현사실성facticity'**은 제일철학에 우선한다.[17] 그리고 1920년대 초반 카를 뢰비트에게 보내는 공개 서한에서, 하이데거는 그의 철학이 '현사실성' 혹은 그 자신의 '세계-내-존재'의 실존론적existential 직접성에서 유래한다고 주장한다. "나는 구체적으로 현사실적 방식으로, '나의 정신적, 참으로 현사실적 유산/환경/삶의 맥락을 통해 내가 존재하는 바'로부터 작업한다. 즉 그렇게 함으로써 나는 그 속에서 살아가는 체험을 갖는 나에게 접근하게 된다."[18] 이 모든 선언은 하이데거 사상의 상황적인 측면이 부수적인 것이거나 무관한 것이 아니라, 그의 철학을 이해하는 데 근본적으로 중요한 요소임을 의미한다.

최근에 출판된, 하이데거가 엘리자베스 블로흐만Elisabeth Blochmann과 나눈 서신 교환은 하이데거 철학의 밑바탕에 깔린 '현사실적 이념'의 자전적 요소에 대한 추가적 통찰을 제공한다. 절반은 유대인이었던 블로흐만은 원래 하이데거의 아내, 엘프리데Eltride의 친구였다. 그녀는 스트라스부르크에서 게오르크 지멜과 함께 철학을 공부했으며, 니체, 지멜, 딜타이로 대표되는 생철학이 유행했던 청년운동 서클을 자주 다녔다.

그들의 편지는 하이데거와 블로흐만이 친구 이상이었음을 암시하지만(하이데거는 평소답지 않게 솟구치는 서정적인 표현에서 자주 영감을 받았다) 그들

** 현사실성(facticity, 독일어로 factizität)은 초기 하이데거에게 철학의 주요한 단서가 된다. 하이데거에게 현사실성은 일종의 개인이 펼쳐내는 역사적 삶의 경험이자, 핵심적으로는 의미로 채워져 있는 직접적 세계 경험을 가리킨다. 철학은 삶이 펼쳐내는 이러한 직접적이면서 비개념적인 세계 경험을 명시적으로 풀어내는 과제를 맡는다.-옮긴이

의 관계를 알려주는 구체적인 증거는 부족하다. 그들은 국가적 절망 상태인, 제1차 세계대전이 끝나가는 시기에 편지를 교환하기 시작했다. 당시는 급진적인 질문을 하기에 적절한 시기였다. 전쟁 이전의 삶과 생각에 대한 처방과 합리화가 전적으로 부적절해진 시기였기 때문이다. 하이데거가 생각하기에, 전쟁은 '자아의 내적 가치 혹은 자아의 중심에 속하는 인격이나 신념의 힘'을 제외한 모든 것을 약화시켰다. 이는 후설의 초월론적 현상학이 끼치는 영향력을 저버리는 주장이다.[19] 시대정신을 잘 파악한 책을 꼽으라고 한다면, 슈펭글러의 『서구의 몰락』을 들 수 있다. 슈펭글러와의 대결은 곧 우경화된 독일 지식인들의 통과의례가 되었다. 하이데거가 슈펭글러의 역사 유형을 궁극적으로는 피상적인 것으로 여겼음에도, 이 시기의 진정한 중심사상이라 할 수 있는 '해체'와 '파괴' 명령에 대한 하이데거 자신의 집착은 전후 문화적 기분과 완벽하게 조화를 이루었다.[20]

블로흐만과의 편지에서, 그 젊은 시간강사는 자신의 영혼을 드러낸다. 하이데거는 1918년 6월 15일자의 열정적인 편지에서 다음과 같이 쓰고 있다.

> 정신적 삶spiritual life이 우리와 함께 다시 진정으로 현실화되어야 한다. 정신적 삶은 인격에서 태어난 힘, 즉 '전복하고' 참된 상승을 강제하는 힘을 부여받아야 한다. 이 힘은 무감동의, 타락한, 강제 속에서가 아니라, 오직 단순함에서만 참된 힘으로 드러난다. … 정신적 삶은 그 삶을 공유하는 사람들이 **자신의 최상의 인격적인 실존 속에서** 그 힘에 직접적으로 사로잡힐 때만 발휘되고 형성될 수 있다. … 자기 동일성의 내적 가

치에 대한 믿음이 진실로 살아있는 곳에서, 그곳의 우연적인 환경에서 무가치한 모든 것이 내부에서부터 그리고 영원히 극복된다.[21]

하이데거는 전쟁을 새로운 독일이 출현할 수 있는 위대한 정화제라고 생각했다. 정신의 관점에서 보았을 때, 전장에서의 패배는 되돌릴 수 없는 좌질을 의미하지 않는다. 전쟁은 인공적이고 머뭇거리고 필수적이지 않은 모든 독일 문화를 정화하는 역할을 할 것이다. 전쟁터에서의 패배는 인위적이고, 불확실하며, 비본질적인 모든 독일 문화를 정화해줄 것이다. 전쟁은 더 깊고 심오한 독일이 출현하기 위한 위대한 산욕이었다. 독일 낭만주의의 프리즘과 전쟁 경험 자체를 통해 재해석된 근본 기독교의 주제는, 죽음과 파괴로부터 '새로운 삶'이 탄생한다고 보는 하이데거의 통찰과 맞닿아 있다. 그는 1919년 1월 블로흐만에게 보내는 편지에서 다음과 같이 말한다. "우리가 원하는, 혹은 우리를 원하는 새로운 삶은 보편적인 것, 즉 거짓이나 이차원적인 것(피상적인 것) 없이 지내는 것이다. 새로운 삶의 자산은 근원성이며, 인공적으로 구성된 것이 아니라 총체적 직관이다."[22] 새로운 독일의 정신적 엘리트의 구성원으로서 이해한 바에 따라, 그는 전쟁의 '긍정적 효과'를 다음과 같이 말한다. "내적으로 가난한 탐미주의자들과 '정신적인'—다른 사람들이 돈과 쾌락을 가지고 노는 것처럼 단지 정신을 가지고 놀았을 뿐인—사람들은 이제 속절없이 무너지고 절망할 것이다. 그들로부터는 어떠한 도움이나 유용한 지침도 기대할 수 없다."[23]

'총체적 직관'에 대한 언급은 앎에 대한 새로운, 보편적이지 않은 접근법에 초점을 맞춘다. 하이데거는 이를 현상학적 방법에서 나오는 것으로 보았다. 이 시기 하이데거에게 있어서 중요한 지적 발견은 거의 번역하기 불가능한 개념인, 각자성Jeweiligkeit이었다. 이 개념은 『존재와 시간』에서 중요한 부분을 차지한다. 비교 불가능한 시공간적 현재가 갖는 독특성과 개념을 통해서 그러한 독특성을 어떻게 표현할지와 관련한 문제 말이다. 새로운 시간성 개념을 확보하기 위해 하이데거가 찾은 본질적 돌파구가 이 개념 속에 담겨 있다. 전통 형이상학은 진리를 생생한 경험의 시간성과 역사성에 손상되지 않는 영원한 것으로, 즉 '보편적인 것'으로 표상해왔다. 하이데거는 시간의 문제를 특히 중시함으로써 이러한 편견을 전복하고자 했다. 결과적으로 존재를 시간 속에서 현출하는 것으로, 그러한 현출이 갖는 계기의 독특성(카이로스, 순간, der Augenblick)이 하이데거 사상의 중심을 차지하게 된다. 그가 **"시간은 스스로를 변화시키고 다원화하는 것이다. [반면] 영원은 단순하다."**[24]라는 마이스터 에크하르트Meister Eckhart의 말을 교수자격 논문 이후 시범 강좌의 서문 소개 문구로 선택한 것은 이러한 생각에서였다. 전통적 존재론이 갖는 보편화 경향은 의미 있는 경험, 즉 **생생한 경험**에 무관심했다. 비슷한 맥락에서, 중세 철학자 둔스 스코투스Duns Scotus에 대한 교수자격 논문 연구에서 하이데거는 다음과 같이 말한다. "참으로 존재하는 것은 개별적인 것이다."[25] 급진적으로 변형된 시간성 개념만이 기존 철학이 이제까지 무관심했던 단독성singularity이라는 사태에 다가설 수 있다.

하이데거가 형이상학을 쇄신하는 작업은 처음부터 문화·정치적 쇄신을 포괄하는 계획의 일환이었다. 제1차 세계대전 이후 첫 강좌인 〈철학의 사명에 대하여〉에서 그는 다음과 같이 예언적으로 선언했다. "학문의 관념—그리고 그것의 진정한 실현—은 삶을 직접적으로 의식하기 위해 변형하는 개입을 의미한다. 이것은 새로운 의식의 태도 변화와 정신적 삶의 운동에 상응하는 형식을 포함한다." 그는 다음과 같이 선언함으로써 앞서 말한 내용을 보완한다. "모든 위대한 철학은 세계관을 통해 성취된다." 달리 말하면, 독일 관념론과 다르게, 진정한 학문은 세계의 영향을 받지 않으면서〔도〕 세계를 떠나지 않는다.[26]

가톨릭과의 단절

1917년 청년기에 하이데거는 종교로부터 점점 소외감을 느끼는, 극심한 개인적·종교적인 위기를 경험했다. 하이데거 전기 작가인 후고 오트가 이를 '첫 번째 방향 전환'이라고 언급한 것처럼, 이러한 신앙의 갈림길은 상당히 중요한 의미를 지닌다. 소년 시절 내내 하이데거는 학자금을 마련하기 위해 가톨릭교회의 보조금에 의존했다. 재정적으로 의존했기에 그가 받은 장학금에는 종종 조건이 따라붙었고, 이로 인해 억울한 일이 생기기도 했다. 예를 들어, 박사학위 논문인 「심리학주의에서의 판단론」(1911년)을 쓴 이후에, 하이데거는 현상학과 논리학에 대한 연구를 계속하고 싶었다. 하지만 성 토마스 아퀴나스를 기리는 재단으로부터 봉급을 받으면서, 그는 스콜라 철학 연구에 주로 힘을 쏟을 수밖에 없었다.

하이데거와 엘프리데 페트리는 1916년 약혼했으며, 다음 해에 결혼했다. 엘프리데는 독실한 개신교 배경에서 자랐다. 하이데거는 이 약혼을 통해 지난 몇 년 동안 잊고 지내던 신앙에 대한 환멸이 커진 것으로 보인다. 하이데거의 아버지는 메스키르흐에 있는 지역 교회의 관리인이었다. 13년 동안, 가톨릭 단체와 기관은 그의 교육을 후하게 지원했다. 이런저런 이유로 엘프리데와 약혼할 당시, 그가 가톨릭과 공식적으로 단절한 사건이 지니는 전기적 중요성을 과대평가하기는 어려울 것이다.

1919년 1월 하이데거가 자신의 멘토 중 한 명인 프라이부르크 대학 신학과 교수이자 신부 엥겔베르트 크렙스Engelbert Krebs에게 보낸 편지에는 가톨릭과의 단절에 대한 그의 증언이 담겨 있다. 하이데거는 다음과 같이 고백한다.

> 지난 2년 동안 저는 모든 전문화된 학문적인 작업을 제쳐놓고, 저의 철학적인 입장을 기본적으로 명료하게 밝히기 위해 애썼습니다. 이 작업으로 만일 제가 철학 외부에서 생겨난 자리에 묶여 있다면, 자유롭게 다니고 가르칠 수 없다는 결론을 내렸습니다.
>
> 역사적 인식론으로 나아가는 인식론적 통찰은 가톨릭 체계를 문제시하고, 받아들일 수 없도록 만들었습니다. 그러나 기독교와 형이상학은 그렇지 않으며, 저는 이를 새로운 의미에서 받아들였습니다.[27]

하이데거의 편지는 그가 가톨릭 신학에 매여 있는 철학자로서 느꼈던 제약과, 새롭게 연구의 자유가 주어진다면 기독교와 형이상학이 필요로 하는 것을 조화시킬 수 있으리라는 기대를 동시에 보여준다. 그러나 이와 함께 중요한 것은 그가 독일 역사주의의 '인식론적 통찰'에 대해 언급하고 있다는 점이다. 둔스 스코투스에 대한 교수자격 논문을 마무리한 후에, 하이데거는 딜타이에 대해 집중적인 연구를 시작했다. 딜타이에 대한 연구는 '역사적 지식'의 이념을 인문과학 제1의 원리의 지위로까지 끌어올렸다. 『존재와 시간』의 중심 범주 중 하나인 딜타이의 '역사성' 개념은 전통존재론을 실패한 것으로 보는 하이데거의 생각을 확고히 해주었다. 시간성에 대한 혐오, 그리고 지금 여기에서의 단독성을 희생하고서 '보편성'과 '영원성'에 과도하게 초점을 맞추는 전통 존재론에 대한 하이데거의 생각 말이다. 반면 역사성에 대한 생각은 시간 내에서 생겨나는 사건이 갖는 환원 불가능한 독특성이라는 개념의 핵심에 근접하게 해준다.

1910년 중반 하이데거가 점차로 가톨릭으로부터 강한 소외감을 경험함에 따라, 그는 아우구스티누스, 루터, 슐라이어마허Schleiermacher, 키르케고르의 작품과 같은 개신교 신학의 필수 문헌들과의 대결에 착수했다. 그렇지만 그는 기독교 사상이 갖는 종교적 내용에 대해서는 별 관심을 두지 않았다. 대신 그는 기독교 사상의 현상학적 측면과 의의, 즉 지향적 경험의 표현으로서의 종교적 의식에 더 관심을 가졌다.[28] 이와 같이 그는 종교적 경험의 매개체로서의 기독교에 대해서는 별 관심을 갖지 않았다. 반면 그는 보편적인 경험의 패러다임으로서 기독교의 지위에 관심을 가졌다. 신앙의 개인적 경험, 내적 자아의 함양(내적으로 됨, Innewerden), 그리고 독일 경건주의의 의미에서 '자기의식'의 도래(이후에 헤겔에 의해 전용되는)에 수반되는 자아에 대한 현상학적 심화 작업 말이다. 1920년 강좌인 〈종교 현상학 입문〉에서 하이데거는 이 주제를 주로 끄집어내고, 그가 추구하는 영역을 기술하기 위해 '자기-세계Self-world'라는 용어를 만들어낸다.

하이데거에 따르면, 개신교의 고전적인 문헌들은 신과 개별자의 만남이라는, 대체 불가능한 **생생한 경험**(체험, lived experience, Erlebnis)에 대한 통찰을 제공했다. 로마의 신토마스주의와 교회의 편향된 시각 때문에, 가톨릭 전통이 덜 중요하게 여겼던 경험 말이다. 하이데거는 1916년경 가톨릭 전통에 대해 다음과 같이 통탄한다. "철학인 체하는 특정 종교 체계(예를 들어, 가톨릭), 추정컨대 종교 또는 종교적인 것에 가까운 독단적·궤변적인 사이비 철학들은 **문제의 생명력을 증진시킬 능력이 없다**." 아리스토텔레스의 그릇된 지도를 따라, 방향을 내적 삶의 영역이 아닌 자연 세계로 잡으려는 한, 스콜라 철학은 "종교적 삶의 직접성을 위태롭게 하고 신학과 신조를 위해 종교를 망각한다."[29] 초기 하이데거가 숭배했던 현상학적 관점에서 볼 때, 스콜라적 존재론은 긴급하게 '해체'할 필요가 있었다. 그는 현상학만이 경험의 바탕을 근원적 직접성 속에서 되찾을 수 있는 방법이라고 믿었다. 형이상학의 역사를 통틀어 이질적 존재론을 도입함으로써 억압되고 왜곡되어 온 경험의 바탕 말이다. 이러한 방식으로, 하이데거는 자아와 세계 사이의 근원적·현상학적인 관계에 대해 탐구했다. 한 해설자의 말에 따르면, "1917년 종교적 위기의 문턱에서 하이데거는 이미 종교의 현상학에 깊은 관심을 가지고 있었다. 이 작업은 화석화된 철학을 삶 속으로 다시 가져오기 위한 수단으로서… 지향성에 대한 통찰을 얻기 위해서였다."[30]

현상학과의 만남

"현상학. 그것은 하이데거와 저입니다." 이것은 후설이 1920년대 초 현상학적 운동을 간결하게 특징지은 것이었으며, 그가 신중하게 선택한 계승자 하이데거를 공개적으로 지지하는 찬사의 표현이기도 했다. 그의 예언은 1928년 프라이부르크에서 후설의 후임 자리에 하이데거가 앉았을 때 사실임이 입증되었다. 1920년대 초, 후설 밑에서 공부하기 위해 찾아온 학생들은 몇 주 후 하이데거의 강의와 세미나 청강으로 변경하곤 했다. 때로는 후설도 그들에게 하이데거 밑에서 공부할 것을 권장했다. 하이데거의 80세 생일을 맞아 쓴 헌사에서, 한나 아렌트는 하이데거가 『존재와 시간』을 출판하기 전부터 독일 대학생들 사이에서 누렸던 지하에서의 명성을 강조한다.[31]

하이데거가 자신의 철학적 길을 회고할 때, 초기의 현상학자로서의 경력과 후기의 존재 철학자로서의 지위가 연속적임을 강조한 반면, 후설과의 단절이 갖는 의미에 대해서는 대단치 않게 생각했다. 그러나 그들이 초기에 공동 작업을 한 시기부터, 그 동맹에서의 균열은 쉽게 눈에 띄었다. 후설과 하이데거는 '학문'의 사명에 대해서 근본적으로 다른 생각을 가지고 있었다. 후설에게 현상학의 궁극적인 목표는 철학을 엄밀한 객관적 토대 위에 두는 것('의심할 나위 없는 확실성'에 대한 열망이 방법에 대한 후설의 초기 논문에 드러난다)이었다. 반면 하이데거는, 우리가 지금까지 살펴본 바와 같이, 매우 다른 종류의 관심사로부터 동기를 부여받았다. 독립적 가치이자 규범적 출발점으로서, 직접성의 관점에서 보는 '삶'에 대한 찬사—생철학의 중심적인 방향 설정인—는 후설의 접근법에서 봤을 때 전적으로 이질적인 것이었다. 하이데거는 생기론에 대해 분명히 방법론적으로 의구심을 가지고 있었음에도, 생기론의 비판적 목표에 대해서는 많은 부분 공감했다. 1919년 그는 다음과 같이 말한다. "오늘날 '생생한 경험'이라는 말은 너무 진부하고 색깔이 없어서, 그렇게 직접적으로 중심적인 것이 아니라면, 한쪽으로 제쳐두는 것이 최선일 것이다."[32] 역설적으로 보이겠지만, 합리주의와 비합리주의 사이의 커다란 지적 차이를 평가하는 데 있어서, 후설과 하이데거는 반대 입장에 섰다. 하이데거는 일종의 현상학적인 **확고부동한 토대**로서, 상황에 놓여 있지 않은 초월론적 자아를 강조하는 후설의 입장을 점차 용납할 수 없는 방법론적 실패로 바라보게 되었다. 하이데거가 보기에, 초월론적 자아는 데카르트의 '생각하는 사물'에 현상학이라는 옷을 걸쳐놓은 것이었다. 후설은 현상학을 물리주의와 유물론의 모든 오염을 피하면서, 제일철학의 사명에 충실한 계몽주의를 학문적으로 보완하는 것이라 이해했다. 후설은 1935년 편지에서 다음과 같이 말한다. "나는 신비주의와 비합리주의에 맞서, 낡은 합리주의를 넘어서면서도 그것의 가장 내적인 목표의 정당성을 입증하는 일종의 **초합리주의**superrationalism를 확립하기를 원한다."[33] 현상학적 본질직관은 전통 형이상학이 보여주는 입증할 수 없는 추측으로 퇴행하지 않으면서도, 이러한 목표를 달성할 것이다. 그에 맞게 초월론적 현상학은 명료함, 빛, 그리고 이성이라고 하는 근대 학문의 가치를 받아들인다. 후설은 다음과 같이 선언했다. "오직 한 사람만 나를 받아들이면 된다. 나는 명료함을 확보해야 한다. 그렇지 않으면 나는 살 수가 없다. 내가 명료함을 성취할 것이라 믿을 수 없다면, 나는 생을 견딜 수 없다."[34] 반대로 하이데거는 헤아릴 수 없는 근원적 경험의 깊이를 뒤좇으면서, 분석적 이성에 의해 산출된 진리는 피상적이고 그다지 중요하지 않다고 확신했다. 하이데거는 생생한 경험의 한 측면으로서 '판단'은 일종의 '살아 있지 않은' 것이라고 격렬하게 비판한다. "대상적인 것, 즉 알려진 사물은 멀리 떨어진 것이며, 본래적인 생생한 경험과 단절된 것이다."[35]

프라이부르크에서의 초기 공동 작업과 관련된 일화는 그들의 실질적인 입장 차이가 갖는 특성을 잘 보여준다. 두 사람의 수업을 모두 청강했지만, 후설을 지지했던 학생은 다음과 같은 불만을 털어놓았다. "하이데거 박사는 원초적 나primal I는 '역사적 나'라고, 즉 원초적이고 순수한 나는 모든 역사성을 억압하고 역사적 나로부터 파생되어 나온 것이라 주장함으로써 중재하는 입장을 취합니다."[36] 여기에 그들의 기초적인 의견 차이가 놓여 있다. 후설은 초월론적 자아의 순수성은 모든 역사적 요소와 영향력을 제거하는 것에 달려 있다는 입장을 취했다. 역사적 우연성은 초월론적 관점의 순수성을 훼손할 뿐이었다. 어느 때에는 '순수 자아와 순수 의식'을 '모든 경이들 중의 경이'라고 특징짓기까지 했다.[37] 『형식적 · 초월론적 논리학』에서 후설은 "우리가 좋아하든 싫어하든 간에, 괴물처럼 들리든 그렇지 않든, '내가 존재한다'는 것은 옹호해야 하는 근본적 사실이며, 철학자로서 결코 잠시라도 흔들리지 않아야 한다"고 말했다.[38] 말년에 쓴 『유럽 학문의 위기와 초월론적 현상학』(1936)에서 후설은 뒤늦게 역사의 요구를 받아들이는 태도를 취한다. 거기서 그는 (천진하게 놀라면서) 유럽을 지배하는 과학주의적 · 생기론적 지적 흐름 가운데 맥락이 사라진 제일철학의 목적을 재정립할 수 있을 때에만, 임박한 니힐리즘의 심연을 피할 수 있다고 주장했다. 반대로 하이데거에게 역사성(시간성)을 수용하는 것은 자아가 갖는 필수적 자질 중 하나였다. 하이데거는 다음과 같이 말한다. "이론적 태도에서 나는 어떤 것으로 향한다, 그러나 세계 내의 이러저러한 사물과의 생생한 관련을 맺지 않는다."[39] 이런 방식으로 기초존재론은 '마음씀', '기분', '배려', '퇴락'이라는 체화된 성질에 초점을 맞추며, 후설 현상학의 초월론적 '나'를 능가한다.

1919년의 주목할 만한 강좌인 〈철학의 사명에 대하여〉는 제일철학에 대한 하이데거의 독특한 접근법이 갖는 맹아를 보여준다. 그것을 읽으면 지적 발견의 전조가 되는 순간에 접근하는 느낌이 든다. 하이데거는 전후 독일의 혁명적인 혼란 상황인, 비상 상황에서 강좌를 구상했다. 그리고 그가 강좌를 진행한 학기는 '전쟁비상 학기'로 알려졌다. 여기서 하이데거는 기원의 문제에 매달려 있었다. 이 문제를 만족스럽게 다루고 난 후에야, 학문의 사명이 확실한 지반 위에 놓이게 될 것이기 때문이었다. 이 기록은 하이데거가 자신의 철학적 작업의 대상인 명확한 현상학적 순간을 탐색하고 있음을 보여준다. 그는 인류의 미래가 이 발견에 달려 있음을 암시하며, 체계적이고 엄격하게 진행한다. 하이데거의 말로 하자면 "우리는 철학의 삶과 죽음이 달려 있는 방법론적 기로에 서 있다. 말하자면 우리는 심연 앞에 서 있다. 무의 심연, 예컨대 절대적 객관주의로 나아갈 것이냐, 혹은 또 다른 세계로 성공적인 도약을 할 것이냐, 즉 보다 정확하게 말해서 처음으로 세계로 도약할 것이냐."[40]

하이데거가 같은 시기 뢰비트에게 보낸 편지에서 언급했듯, 그의 철학은 '필요한 한 가지'를 찾는 것에서 영감을 받았다. 이러한 추구를 통해 그는 철학과 '실존' 양쪽에서 동기를 부여받는다. 그는 철학과 실존은 결코 분리될 수 없다고 공언한다. 하이데거는 말한다. "나는 철학에 관해 일차적으로 고립된 정의를 하는 것에 관심이 없다. 대신 현사실성의 실존론적 해석과 관련된 정의에만 관심이 있다." 편지에서 그는 반복해서 이 지점으로 되돌아온다.

> 나는 학문적 · 이론적인 삶과 자신의 삶을 구분하지 않는다. 나의 현사실성이 실존적으로 분명하게 표현되는 본질적인 방식은 학문적인 연구를 통해서이다. … 그렇기 때문에, 내가 철학을 하는 동기와 목표는 결코 객관적 진리의 저장량을 늘리는 것이 아니다. 왜냐하면 철학의 객관성은… 나의 실존적 의미 내에 놓여 있기 때문이다.[41]

이러한 간단한 정의와 설명으로부터, 하이데거가 '현사실적/실존론적'(앞의 현사실성에 대한 389쪽의 각주를 참조하라.–옮긴이) 마음씀, 혹은 '삶'의 차원을 특히 중시하는 방식으로 초월론적 현상학을 재조명하는 방향으로 나아가고 있음을 알 수 있다. 그러나 문제는 삶이라는 개념이 가치철학과 세계관이라고 하는 유사 대중적인 용어로 전락했다는 것이다. 하이데거의 주요 학문적 목표 중 하나는 널리 퍼져 있는 피상적인 생철학의 방향을 엄격한 현상학적 발판 위에 놓는 것이었다.

1920년대 초 하이데거는 그가 '근원적인-것Ur-etwas'이라고 부르는 것에 대한 현상학적 탐구에 착수했다. 이러한 차원의 경험과의 만남은 기초존재론으로 나아가게 된다. 하이데거는 자신이 모색하고 있는 것은 근대 인식론의 '감각 자료(로크)'나 '감각적 다양(칸트)'과는 아무런 상관이 없다는 점을 분명히 한다. 인식론의 경험 모델은 언제나 **과학적인 경험**이었으며, 그 모델은 이론적인 것의 폭압에 굴복함으로써 '삶에서 생명성을 제거Entleben des Lebens'하는 일을 자행한다.[42] 인식론의 모델에서는 '근원적인 것'인 삶이 경험될 수 있기 전에, 삶을 과학적 인식의 대상으로 가공한다. 하이데거에게 있어서 이러한 삶의 근원적 경험의 층은, 선-이론적이기는 하지만, **이미 의미로 가득 차 있다**already meaningful(반대로 추상적인 대상에 맞세워서 인식론적 주체를 정립하는 것은 학문적 구상의 결과이다). 나아가 기초존재론은 낯선 개념적 틀을 삶에 억지로 떠맡기지 않는다. 기초존재론은 애초에 경험을 개념을 통해 기계적으로 종합하는 '인식' 행위와는 아무런 관련이 없다. 대신 기초존재론은 이미 거기에 있거나 경험적으로 앞서 주어진 의미를 읽어낸다. 한때 하이데거는 그의 접근법을 '분명하게 하는 행위illuminating comportment'라 말함으로써 자신의 접근법을 인식론의 주장과 구별하고자 했다.[43] 기초존재론은 분석과 판단의 방법을 통해 참인 명제나 진술을 산출해내기보다, '해석학적 직관'의 방법을 사용한다.[44] 궁극적으로 이러한 방법론적 돌파구는 알레테이아aletheia 개념—'은폐'와 '탈은폐'의 존재론적 명암법으로서의 진리를 의미—을 위하여 아리스토텔레스적인 로고스(합리적 계산)의 우선성을 거부할 것을 요구한다. 기초존재론의 '해석학적 직관(나중에 '형식적 지시'로 불림)'은 경험의 흐름을 정지시키는 것이 아니라 이미 현존하는 의미를 드러낸다. 자아와 세계 사이의 근원적 만남인 경험 자체는, 침묵하고 있는 것이 아니라 항상 이미 의미 있는 것으로, 표현적 차원을 포함한다. 우리가 그 신호에 주의를 기울이는 능력을 다시 획득한다면, 경험의 의미를 드러낼 수 있을 것이다. 하이데거는 세심하고 조용하게 다음과 같이 말한다. "근본적인 앎으로서의 철학은 그것의 역사성에 있어서 삶의 현사실성을 급진적으로 현실화하는 것이다."[45]

이 시기 하이데거가 발견한 결정적인 것 중 하나는, 하이데거에게 『존재와 시간』으로 이르는 길을 안겨준 '현사실성' 혹은 '현사실적 삶'에 대한 생각이었다. 이를 통해 하이데거는 주체-객체 분열 이전의 환원 불가능하고 근원적인 차원의 경험(더 이른 시기에는 '근원적인 것'인)을 인식하고자 했다. '~이 있다es gibt'를 사례로 들 수 있는 원초적 경험에서는 세계가 분리된, 개별적인 대상으로 분화되기 이전의 '근원적으로 주어져 있음primordial givenness'의 단계를 탐색하게 된다. 우리는 단순히 '일어난sich er-eignet' 어떤 것을 탐구하며, 세계가 범주화되기 이전의 그때마다의 '시간적 성격temporal jeweiligkeit'을 경험한다. 우리는 존재자의 본질(존재론으로서의 형이상학이 전제하는 가짜-근원적 문제제기의 수준), 즉 존재자가 '무엇인지whatness'에 그다지 관심이 없다. 우리가 관심 갖는 것은 존재자가 '어떻게 있음how-ness', 즉 존재자가 갖는 기초적 · 실존론적 양상이다. 하이데거에게 있어서 형이상학은 존재자의 '무엇임' 혹은 본질(특히 현존재의 그것)에 온통 마음을 빼앗김으로써, 내재적으로 경험을 구체화한다. 형이상학은 현존재의 기초적인 실존론적 양상들을 본질적으로 사물과 같은 것으로 정의하며, 그렇게 함으로써 시간성을 얼어붙게 만든다. 그러나 형이상학의 '존재-신-론'이라는 어휘에서, 사물은 다양한 기능(목적)을 가지며, '이성적인 동물'인 '인간'도 마찬가지다. 그러나 형이상학은 세계-내-존재인 인간을 앞서 규정함으로써, '실존' 혹은 '현사실적 삶'의 영역에서 고유한 원초적 경험이 갖는 가능성을 제거한다. 그 영역은 하이데거에게 있어서 우리의 '가장 고유한', 즉 우리의 가장 본래적인 혹은 가장 본연의 영역을 의미한다.

하이데거 논의가 보여주는 이데올로기적 취지는 명백하다. 제1차 세계대전 동안 독일 지식인들을 위한 표준 절차와 마찬가지로, 그는 철학을 통해 '문명 비판'을 시도한다. 하이데거는 철학을 '근대성'과 '서구'의 가치에 대항하는 투쟁의 무기로 바라본다. 하이데거는 "모든 근대적인 것은 '효과(바쁨, 선전, 전향, 경제적 파벌, 지적 부당이익)'를 창출하기 위해서 자신의 시간으로부터 슬그머니 빠져나오는 특징을 갖는다"[46]고 논평한다. 〈아카데미커Der Akademiker〉에 기고한 글과 유사한 논쟁을 연상시키는, 근대성에 관해서 비통해하는 그의 입장은 호기심을 비판하는 『존재와 시간』의 논지에서 다시 모습을 드러낸다. 호기심은 '그들-자아they-self'의 기초적 존재 양상 중 하나이다. 하이데거는 호기심을 '새로운 것'을 끊임없이 추구하는 것이라 정의한다. 이것은 근대성이 갖는 '분주함'에 몰두하는 태도의 연장선상에 있다고 볼 수 있다. 즉 이는 그 자체로 자기를-망각하는 현존재, 즉 현존재가 자신이 되는 것을 거부하는 모습이 보여주는 본질적 양상이다. 하이데거는 다음과 같이 설명한다. "호기심이 자유롭게 되었을 때, 호기심은 본 것을 이해하기 위하여 보는 것이 아니라… 단지 보기 위해서 본다. 호기심은 새로운 것에서 또 다른 새로운 것으로 뛰어들기 위해서만 새로운 것을 찾는다. … 호기심은 관찰하며 시간을 보내는 여가도 누리지 않으며, 언제나 변화하는 새로운 만남이 주는 안절부절함과 흥분을 찾는다."[47] 독일어에서는 호기심이 어원학적으로 새로움과 관련되므로, 〔호기심과 새로운 것 사이에〕 유사성이 추가된다.

1923년에 하이데거가 주장했듯이, 철학은 '보편 인류와 문화'의 문제를 해결하는 데 어떠한 관심도 갖지 않는다. 또한 철학은 '시간적으로 결정되는 현존재의 가능성으로서의 실존'을 '보편적 추론과 대중적 토론의 대상'으로 삼는 데에도 관심이 없다. '공적 이성'의 가치에 확고하게 반대하면서, 하이데거는 항상 개별적 자아의 경험인, 현사실적 경험이라는 특정 관점을 받아들인다. "현사실적으로 살아간다는 것은 자기 가능성으로서 있음the Being of self possibility의 어떻게How로 **있다**는 사실로부터 특징지어진다. 현존재(현사실성)가 있다는 그 자체의 본래적 가능성은… 실존이라 불린다."[48] 현사실성 혹은 실존이 문제가 될 때, 항상 기초존재론의 경우에서처럼, "내 삶이 위태롭다"는 개신교의 중심 사상이 작동한다.

하이데거가 현사실성에 대해 논의하는 것은 나중에 그가 '주체'도 '대상'도 아니며, '세계-내-존재'로서 존재론적으로 양자에 앞서는, 현존재를 앞서 보여준다. 현존재가 『존재와 시간』에서 존재의 자리인 것과 같이, 현사실성은 '존재의 자리(나중에 하이데거는 이 자리를 '열린 터Lichtung'라 규정한다)'이다. 『철학의 사명』에서 하이데거의 '생생한 경험 구조의 분석'은 명백하게 『존재와 시간』에서의 '실존론적 분석론'을 앞서 보여준다.

프로네시스와 실존

아리스토텔레스 『형이상학』 7장은 "존재하는 것은 여러 가지 방식으로 말해진다"는 문장으로 시작된다. 이 말은 젊은 하이데거에게 철학에 대한 관심을 촉발시켰다. 그러나 그는 곧 아리스토텔레스에 대한 환상에서 깨어났다. 아리스토텔레스는 사물들이 존재의 측면에서 말해지지만, '명백하게', "애초에 '있는' '것은' 사물의 실체를 지시하는 '무엇'이다"[49]라고 결론짓는다. 그런 의미에서, 아리스토텔레스에게 있어서, '최고로 실재하는' 일차적인 존재자는 '실체ousia'와 같다. 이 경우 아리스토텔레스는 실체를 모든 변화에도 불구하고 동일하게 있는 것으로 정의한다. 그러나 일찍이 하이데거는 존재론의 2,500년 역사를 지배한 실체 형이상학이 '현사실적 삶'의 경이를 공정하게 다룰 수 없다고 보았다. 실체 형이상학은 사물의 '무엇임(본질)'에 과도하게 초점을 맞추기 때문이다. 또한 하이데거는 실체 형이상학이 본질적으로 고정성이나 영속성을 거역하는 시간적 성격을 갖는 현존재의 양상을 설명할 수 없다고 보았다. 철학자 베르너 마르크스Werner Marx가 관찰한 바와 같이, "우리 시대 철학자는 존재의 문제를 **더 이상** 본질에 대한 문제로 제기하지 않으며, 특히 **더 이상** 우시아ousia 혹은 실체의 의미에서 생각하지 않는다. 우리는 이러한 변화를 진정한 혁명으로 간주해야 한다."[50]

실체 형이상학에 대해 확고한 의구심을 가졌음에도 불구하고, 하이데거는 제일철학의 부활은 아리스토텔레스 사상을 체계적으로 재평가하는 방식으로만 성취될 수 있다고 확신했다. 1921년에서 1924년 사이 하이데거는 아리스토텔레스 철학에 대한 강의와 세미나를 10번 이상 개최했다. 절반 정도는 절제되고 평범한, 〈아리스토텔레스에 대한 현상학적 해석〉이라는 제목을 달고 있었다.

이 기간(『존재와 시간』이 생겨나기 위한 혹독한 시련의 기간들) 동안 하이데거가 다룬 아리스토텔레스의 핵심 문헌은 『니코마코스 윤리학』 6권이었다. 거기서 아리스토텔레스는 존재의 다양한 양상에 적합한 여러 종류의 앎을 명시했다. 누스(이성, Nous)는 변하지 않는 제일원리나 순수 존재를 인식하기에 적합한 순수한 앎이었다. 포에시스(도구 제작에 관한 앎, Poesis)는 사물의 제작과 관련한 앎의 종류였다. 그리고 하이데거의 입장에서 가장 중요한 프로네시스(실천적 앎, Phronesis)는 남녀가 도덕적인 삶을 살기 위해 서로 협력하여 행동하기에 적합한 형태의 앎이었다. 『니코마코스 윤리학』에서 아리스토텔레스는 인간의 본질적인 덕목들을 가늠하고 범주화하기 시작했다. 그는 인간사가 갖는 다양하고 변화무쌍한 성격에 비추어볼 때, 인간 행위에 대한 앎은 절대화할 수 없다는 점을 강조했다. "두 가지 합리적인 요소가 있다고 가정해보자. 둘 중 하나를 통해 우리는 그것의 근원적인 원리가 그것들이 존재하는 바와 다르게 있음을 허락하지 않는 것을 파악한다. 그리고 다른 것을 통해 우리는 **다르게 있음을 허락하는 것**을 파악한다."[51] 두 번째 유형의 앎인 프로네시스는 인간의 실천적 삶의 영역에 적합하다. 이것은 실존론적 분석을 위해 가장 생산적인 출발점이라 할 수 있는 방법, 즉 형이상학적이라기보다 해석학적인 하이데거의 견해에 영감을 주었다. 포에시스에 의해 산출된 물질적 대상과 다르게, 현존재는 자기 자신의 운동의 원천이었다. 그리고 스스로 운동하는 현존재는 물리적 대상들과 다르게, '자기 자신'으로 될 수 있는 능력을 지녔다. 이는 하이데거가 실존이 갖는 두드러진 특징 중 하나로 간주하게 된 가능성이다. 오직 현존재만이 **실존한다**. 세계 내 사물들은 그저 **있다**.

하이데거는 아리스토텔레스의 통찰을 '현사실적 삶' 혹은 세계-내-존재를 어떻게 개념화할지에 대한 실마리로 보게 되었다. 무엇보다도, 아리스토텔레스의 가르침은 기초존재론이 어떻게 나아가면 **안 되는가**에 대한 그의 생각을 견고하게 해주었다. 기초존재론은 '실체 형이상학'의 계율과 편견에 의존하는 데서 시작해서는 **안 된다**. 이런 식으로 진행하면, 기초존재론은 현존재를 그것과 전적으로 맞지 않는 형이상학적 척도와 규범에 종속시키게 될 것이기 때문이다. 이 과정을 밀고 나간다면, 제일철학은 (과거에 종종 그랬던 것처럼) 부적절한 기획이 될 것이다.

하이데거의 관점에 따르면, 존재론(아리스토텔레스)과 인식론(데카르트)적 접근 방식 역시 잘못되었다. 하나는 실체의 우선성을, 다른 하나는 인식하는 주체의 우선성을 강조했다. 하이데거는 진정한 현상학적 출발점인 '현사실적 삶'은 두 측면 모두에 선행하는 것이라 믿었다. '현상학적 직관'이 전적으로 주관적이지도, 객관적이지도 않은 것처럼 말이다. 이 사실을 고려하는 접근 방법만이 우리가 갖는 존재와의 근원적 만남을 정당하게 다룰 수 있다.

돌이켜 생각해보면, 『존재와 시간』에서의 '실존론적 분석론'이나 '현존재-분석'은 이상한 혼합으로 보인다. 한편, 하이데거는 『니코마코스 윤리학』으로부터 **실천적 삶의 우선성**을 강조하는 관점을 흡수했다. 그 결과, 그는 아리스토텔레스적 프라그마타(사물들, pragmata)와 관련성을 갖는, '세계 관련'이 우선한다는 견지에서 현존재를 이해했다. 사물의 세계와 맺는 우리의 관계는 일차적으로 기술-과학적이지 않다. 그것은 본질적으로 '세계 지배'와는 관련이 없다. 대신에 '사물들'은 근본적으로 인간적인 상호작용의 자리 혹은 지평에 해당한다. 사물들은 비물리적 · 실존론적 의미에서 '세계'를 구성한다. 우리가 일상에서 다루는 사물들은 육체와 분리된 '주체'와 대면하는 무차별적인 '대상들'이 아니다. 그것들은 단순하게 눈앞에 있지 않다. 사물들은 사용 대상인 그것들을 조작하는 인간들과 필요 불가결한, 심지어는 준-동족적인 관계에 있다. 이것이 자아를 '자기를-정립하는 주체성'으로 파악하는 근대 인식론적 자아 개념과 확고하게 대비되는 『존재와 시간』의 차원이다.

동시에 『존재와 시간』이 갖는 이러한 아리스토텔레스적인 측면은 또 다른 차원—1917년경 하이데거가 가톨릭에 환멸을 느낀 자전적 체험에서 기인한 개신교-신학적 측면—에 의해 그 가치를 잃어버린다. 『존재와 시간』에서 아리스토텔레스적인 측면과 개신교적 측면은 불안정하게 혼합되어 있다. 하이데거의 프로테스탄트는 현존재의 근본적 특성 중 하나인 '퇴락함Verfallen'에 대한 논의에서 그 모습을 드러낸다. 기초존재론이 갖는 암울한 특성에 해당하는 것이 이 차원이다. 인간 삶에 대한 아우구스티누스적인, 불안에 시달리는 관점 말이다.

하이데거가 개신교-신학적 경향을 갖는다는 점은 최근 재발견된 『존재와 시간』의 1922년 초안, 「아리스토텔레스에 관한 현상학적 해석」에서 특히 두드러지게 드러난다. 하이데거는 『존재와 시간』에서와 같이 '현사실적 삶(현존재)'을 '마음씀'의 견지에서 특징지으면서 시작한다. "현존재가 지니는 특성인 구체적 시간화temporalizing에서, 현존재는 **심지어 자신을 회피할 때조차도**, 자신의 존재에 대해 마음을 쓴다." 그러나 분명하지 않은 이유들로 인해, 하이데거의 실존론적 존재론에서 '자기 회피' 혹은 '신실하지 않음'이 빠르게 우위를 차지한다. "이것을 보여주는 가장 명백한 징후는 현사실적 삶이 만사를 쉽게 풀어가려는 경향성을 갖는다는 것이다." 즉 '자기로 됨' 혹은 '본래적으로 됨'의 과제를 저버리는 성향 말이다. 하이데거를 읽는 데 있어서, 기초존재론의 실존론적 급진주의와 경쟁하는 진리와 의미에 대한 모든 패러다임은 거의 총체적으로 단절되어 있다.

> 현사실적인 삶이 본래적으로 이러한 '무겁게 존재함'과 '어렵게 존재함' 속에서 그 자체로 있을 때, 그것에 진정하고 알맞게 접근하는 방법과 그것을 참으로 보호하는 방법은 '힘들게 하는 것'에만 있다. 무엇이든 쉽게 풀어가려고 하는 것, 욕구에 아첨하는 방식으로 모든 것을 잘못 이끄는 것, 그리고 주로 책으로 배운 지식에 근거해 형이상학적으로 안심시키는 것, 이 모든 것은 기본 목표에 있어서 철학의 대상을 그대로 두는 것은 고사하고, 시야에 들어오게 하고 파악하는 데 실패하게 한다.[52]

본래성을 추구하는 과정에서, 현존재는 "원초적인 현사실적 삶의 경향, 즉 자기 자신에게서 **멀리 떨어져 나가는** 경향과, 세상에 **동화되면서** 자기 자신을 **떠나는** 경향"으로 인해 끊임없이 좌절을 경험한다. 하이데거는 "현사실적 삶이 세계에 동화되는 과정에서 점점 더 자신에게서 낯설게 되는 한[53] 퇴락에의 경향은 〔자기 자신에게서〕 **낯설어지는 것이다**"라고 말한다. 이런 식으로 현존재의 자기 이해는 점차 '세상적'으로 되어간다. 이러한 방식의 현존재의 자기 이해는 자신을 (스스로-운동하는) 실존이 아닌 실재 혹은 사물로서 보는 경향이 있으며, 따라서 본래성 혹은 자기-실현의 기회를 회피한다. 본질적으로 **"삶이 자신에게서 숨는다."** 혹은 하이데거가 비슷한 생각을 직설적으로 표현한 바 있듯이, "현사실적 삶은… 대부분 현사실적 삶으로 살지 않는다."[54] 낯섦과 떠나감의 유혹은 **죽음**의 경우에 가장 극심하다. 현존재가 자신의 실존을 본래적으로 시간화할 수 있는지 여부를 결정하는 것은 현존재가 궁극적 사례 혹은 한계 상황으로서 죽음 앞에서 보여주는 태도이다.

세계-내-존재에 대한 하이데거의 견해는 왜 그렇게 편향적으로 암울한 것일까? 더욱이 하이데거는 인간 실존을 자기 회피, 소외, 그리고 '퇴락함'으로 규정하는 것에 대해 충분히 정당화하고 있는가?

두 번째 물음을 먼저 다루어 보자면, 정당화 문제는 전통적으로 기초존재론의 주요 약점 중 하나였다. 하이데거가 철학하는 방식은 현대적인 기준으로 보자면 구식이다. 그는 일상적 언어의 문제에 관심이 없다. 그러한 문제들은 '일상성'이라는 열등한 영역에서 파생되어 나온 것인 한, 선험적으로 평가절하된다. 앞에서 살펴보았듯이 '그들-자기'에 의해 식민화되어 온 일상성의 영역은 철학적 중요성을 갖는 문제에 중요한 기여를 할 수 없다. 그는 공통감Sensus Communis은 잘못 이끌 수 있다고 믿었다. 하이데거에게 철학은 본질적으로 귀족적인 작업이다. 1935년 강의에서 하이데거는 말한다, "진리는 모두를 위한 것이 아니라 오직 강한 자를 위한 것이다."[55] 하이데거의 철학적 성향은 실용주의 전통(퍼스, 미드, 듀이)과 완전히 대조적이며 민주적인 공감을 결여한다. 하이데거에게 철학이라는 행위는 근원적 존재 경험인, 실존의 긴밀한 차원에 특권적으로 접근하는 것을 말한다. 그에 따르면, 제일철학의 영역에서 행해진 이전의 거의 모든 노력은 철학적 사유의 언어를 밑바닥에서부터 환골탈태해야 할 정도로 열등한 가치를 갖는다. 그러나 몇몇 비평가들이 말한 바와 같이, 평범한 언어를 피하고 다루기 어려운 새로운 표현을 선호하는 하이데거의 접근법은 언어적 권위주의로 흐를 조짐이 있다. 어휘에서 오는 거만함은 독자들에게 순응적인 항복의 자세를 요구하는 것처럼 보인다. 그러한 발화는 확정적이고 거창한 선언 앞에서 독자들이 수동적으로 순응하도록 강요하는 효과가 있기 때문이다. 마지막 분석에서 하이데거의 철학적 권위주의를 그의 정치적 권위주의의 문제와 분리하는 것은 불가능해 보인다. 앞서 말한 비판들이 결코 기초존재론의 기획을 실격시키는 것은 아니지만, 기초존재론을 수용하는 문제에 관한 중요한 경고를 암시한다.

확실히 『존재와 시간』의 시야에 만연해 있는 실존론적 허탈감은 독일 특유의 유산이다. 그가 사용하는 많은 염세적 비유들은 종교적 구원의 전망을 벗어던지고, 철저하게 현실에 입각한 실존론적 존재론의 요소를 새긴 독일 낭만주의의 자산이자 업이다. 하이데거적 불안은 이전 시대의 희망과 위로가 시대착오적이면서 비양심적인 감상에 그치는 것으로 보이는 시대에 염세적인 낭만적 감수성을 표현한다. 그의 철학에서 고통과 고결한 성품의 낭만적 결합은 독일이 경험한 전쟁의 끔찍한 이미지를 통해 정련되었다. 독일의 전통에 관한 한, 이것은 돌이킬 수 없는 지점이었다. 물론 하이데거는 이런 공포를 개인적으로 경험한 적은 없었다. 한때 그는 가스 공격 시 기상 자료를 제공하는 일기예보관으로 근무했다. 그러나 곧 그는 의사제대를 하게 되었다(심장 두근거림으로. 후에 그는 자신의 복무기록이 형편없음을 자각하고, 이력서에 사실이 아닌 설명을 기입했다). 그럼에도 불구하고 전쟁 경험은 독일의 국가 보수주의자들에게 의무적인 평가기준이 되었다. 특히 하이데거가 본래적 실존의 시금석으로서 죽음을 향한 존재를 강조하는 것은 그러한 역사적 영향과 잔재를 강하게 드러낸다.

하이데거의 실존론적 실재론은 정치철학자인 카를 슈미트와 비교되곤 한다. 하이데거와 같이, 슈미트도 제1차 세계대전 이후 정치적 실존주의를 받아들이기 위해 확고한 가톨릭 배경을 넘어섰다. 국제관계의 영역(국제법, Völkerrecht)으로 옮겨진 정치적 실존주의는 '세계관(윌슨주의)'의 종말과 비이데올로기적 실재론으로의 회귀를 요구하는 것처럼 보였다. 그러나 슈미트의 '실재론'이 이데올로기적으로 서구의 '보편주의'에 맞서는 한, 이것은 독일 특수주의를 실질적으로 정당화하는, 즉 독일적 '길'의 이데올로기적 표현이 되었다. 슈미트의 정치적 실존주의는 『정치적인 것의 개념』(『존재와 시간』과 같은 해인 1927년에 출간되었다)의 다음과 같은 주장에서 절정에 이른다. "위대한 정치에서 최고의 시점은 적이 적으로서 구체적인 명료성을 띠고 시야에 들어오는 순간이다.—세계 시민주의 혹은 '인권'에 관한 서구의 케케묵은 생각에 대해서는 이쯤에서 그만두기로 하자."[56] 제1차 세계대전 이후 첫 번째 책인 『정치적 낭만주의』에서, 슈미트는 본래적인 정치적 결단에 있어서의 낭만적 무능력을 새로운 독일 정신과 구별하고자 했다. 슈미트가 전자를 19세기 격세유전의 결과로 보았다면, 후자인 새로운 독일 정신을 전쟁 경험의 도가니에서 단련된 남성 우월주의자, 두려움을 모르는, 단호하고 단단한, 문자 그대로 히틀러 친위대의 에토스로 보았다. 하이데거 역시 이러한 에토스의 많은 부분을 흡수했다. 결단성은 '세상 사람들'의 우유부단한 애매함과는 대조적인 것으로, 본래성의 특징 중 하나이다.[57]

기초존재론은 전승된 세계관과 문화적 전통 전체에 대한 후설적인 '판단 중지(환원)'를 수행했다. 초월론적 현상학이 이 환원을 인식론적인 목적을 위해 사용한 반면('순수한 앎'이라고 하는 인식적 이상을 확보하기 위해), 하이데거는 그의 스콜라 철학적 훈련에 따라서, 환원을 존재론적 목적을 위해 사용했다. 그러나 일단 '본질'이 '실체 형이상학'을 상기시키는 것으로 괄호 쳐지고 나면, 무엇이 남겨질까? 남는 것은 다른 것과 섞이지 않는 실존의 적나라한 사실인가? 이러한 철학적 표현이 갖는 대담성, 새로운, 그리고 시기적절함에는 의심의 여지가 없지만, 이는 궁극적으로 지적으로 막다른 골목으로 이어졌다. 존재-신-론의 전통에서, 실존은 형이상학적으로 보장되거나 근거가 확보되는 한에서만 의미를 보장받았다. 즉 본질은 실존에 선행하며, 더 크고 의미 있는 전체 내에서 실존을 위한 자리를 보장한다. 존재론의 역사를 체계적으로 해체한 이후, '현사실적 삶'은 근본적 토대를 상실하게 되었다. 대표적으로 하이데거는 단어의 유희를 통해 이 딜레마를 표현했다. 근거(이유)는 벌거벗은 실존 그 자체의 '심연(근거 없음)groundlessness' 앞에서 무너졌다. 『존재와 시간』에서 하이데거는 독자들에게 '불안에의 용기Mut zur Angst'를 불러일으킬 것을 촉구했다. 이러한 초반의 급진적인 해체 이후, 뒤이은 『존재와 시간』 2부에서의 '전통'과 '전승'에 대한 논의는 공허하고 진실되지 않은 것으로 들릴 수밖에 없었다.

니힐리즘 혹은 무의미성의 문제에 대한 하이데거의 해법은 독일 속담인 "정면 돌파하라"는 공식을 따랐다. 말하자면 그는 황소의 뿔을 붙잡기로 했다. '세계에 동화'됨으로써 인간 조건이 갖는 본질적 니힐리즘에서 도주하는 대신, 기초존재론은 단순하게 그것을 받아들인다. '심연을 사유하는 것'이 명예의 증표가 되었다.

1927년, 불가사의한 해

1927년, 『존재와 시간』은 후설의 『현상학 연구 연보』에 게재되었다. 하이데거는 『존재와 시간』을 일부 외적인 제약 조건으로 인해 서둘러 써야 했다. 하이데거는 아직 마르부르크의 전임 교수가 아니었고, 주요 저작의 출판이 승진을 위한 필수 조건이었다(1926년 베를린 대학은 출판물이 부족하다는 이유로 하이데거의 임용을 거절했다).

하이데거는 1926년 봄과 가을 사이에 놀랄 만한 창조적 폭발력으로 『존재와 시간』을 써내려갔다. 글을 쓰는 동안 그는 야스퍼스에게 보내는 편지에서 이 작업에 대한 깊은 의구심을 자주 표현했다. 하이데거는 5월에 "전반적으로, 이것은 나에게 있어서 과도기적인 작업이다"라고 말했다. 6개월 후 논문이 완성될 무렵, 그는 야스퍼스에게 작품이 지니는 가치에 대한 그의 평가치가 "심히 높지 않다"고 털어놓았다. 하지만 그는 그것을 완성한 후, "더 위대한 자들이 목표하는 바가 무엇이었는지를 이해하는 법을 배웠다." 12월에 그것을 끝내자, 그는 야스퍼스에게 『존재와 시간』의 주된 장점은 그가 많은 긴급한 철학적 문제와 주제들을 꿰뚫어볼 수 있도록 해준 것이라고 말했다. 그것을 끝냄으로써 그는 보다 철

학적인 작업을 발전적으로 해나갈 수 있었다.[58]

하이데거가 방법론적으로 불확실했다는 사실은 책 구조가 갖는 모호함에 반영되어 있다. 책은 '존재물음'을 전면에 위치시키는 플라톤 『소피스트』의 도발적인 인용구로 시작한다. 그리고 '존재 의미에 대한 물음을 개진함'이라는 긴 도입부 장을 위해 분위기를 잡는다. "당신은 분명히 이미 오래전부터, 당신이 '존재하는'이라는 표현을 사용할 때 그 표현이 무엇을 의미하는지를 잘 알고 있다. 우리도 전에는 그것을 이해한다고 믿었는데, 지금은 당혹감에 빠져 있다." 그러나 그가 공언한 존재 문제에 대한 초점을 존재론적 관심—현존재의 존재와 관련한—대신 실존론적 관심을 지향하는 본문의 성격과 조화시키는 것은 힘든 것으로 드러났다. 존재에 대한 물음은 일종의 약속 어음으로서 책의 결론에 잠깐 다시 등장한다. 하이데거는 『존재와 시간』을 2부로 구성된 책의 첫 번째 책일 뿐이라고 단언했다. 그러나 책의 2부인 『시간과 존재』는 쓰이지 않았다. 이상하게 보일 수 있지만, 하이데거는 『존재와 시간』의 출판으로 이어지는 철학 사다리를 오르는 데 12년을 보내고, 그가 정상에 도달했을 때 사다리를 내던진 것으로 보인다.

하이데거의 후속 강좌와 에세이에서 현존재는 보이지 않는다. 그래서 현존재가 오히려 눈에 띈다. 예를 들어, 1929년 프라이부르크 대학의 취임 연설인 「형이상학이란 무엇인가」에서는 존재물음이 분명히 중요한 자리를 차지하고 있어, 하나의 분수령에 해당한다. 현존재의 '존재'는 더 이상 그가 탐구하는 주요 초점이 아니었다. 하이데거는 '니힐리즘' 혹은 '무無, nothingness'를 논의의 중심에 놓는다. 이는 존재자의 존재에 대해 관습적이고 현실에 안주하는 관계 앞에서 취해야 하는 태도를 말한다. 그렇기에 '무' 개념은 철학이 '존재'의 심장부에 오르기 위해, '존재자' 전체가 붕괴되거나 혹은 존재자 전체를 '괄호 치는' 정도가 어느 정도로 급진적이어야 하는지를 나타낸다.

이 주제들 중 많은 부분이 1929년, 스위스 다보스에서 에른스트 카시러와의 전설적인 논쟁에서 표면화되었다. 카시러는 하이데거가 모든 전승된 문화적 형식에 대해 노골적으로 허무주의적인 관계를 맺는 것과 관습에 얽매이지 않는 개인적 태도에 대해 경고한 적이 있었다. 하이데거는 자신을 혁명적이고 우상을 타파하는 자, 그리고 전통적인 학문적 · 관료적 관습을 경멸하는 강인한 야외 활동가로 보았다. 하이데거는 그 토론을 부적절하게 대립을 일삼는 것으로 보았지만, 동시대의 관찰자들은 전혀 다른 생각을 가지고 있었다. 『상징 형식의 논리』라 불리는 네 권의 책의 저자이자, 신칸트학파인 카시러는 문화를 궁지에 몰린 허약한 인간 존재의 우연성을 막는 방이벽으로 보았다. 토론 중에, 그는 하이데거가 유한한 인간의 변덕스러움을 위하여 문화의 '전적인 절대성과 객관성'을 '파괴'하기를 원하는지 질문함으로써 문제를 결말짓고자 했다. 하이데거와 카시러 사이의 전선은 그렇게 그어졌으며, 하이데거는 당대의 문화가 개인 각자의 진정한 자유 실현을 막는 일종의 마취제라고 역설했다. 하이데거는 개개인이 자신을 멍청하게 만드는 감언甘言에서 도피처를 찾는 대신, 그들의 실존론적인 적나라함과 '운명의 준엄함'[59]으로 되돌아가야 한다고 주장했다.

현존재에 의해 매개되지 않은 존재를 직접적으로 성찰하는 경향은 1930년대 초의 중요한 에세이인 「진리의 본질에 대하여」, 「진리에 대한 플라톤의 교리」, 그리고 「횔덜린과 시의 본질」에서 계속 이어졌다. 이 모든 문헌에서, '존재의 의미'에 대한 물음은 '존재 진리'에 대한 물음으로 넘겨졌다. 하이데거는 전자가 인간학적 가정에 의해 치명적으로 오염되었다고 보았다. 심지어 현존재가 후기 문헌들(예컨대 1947년의 「휴머니즘 서간」)에 잠시 다시 등장할 때에도, 하이데거는 현존재를 하이픈으로 연결한다Da-sein. 이는 문제가 되는 것이 **인간** 존재와 혼동할 수 있는 개체가 아니라 '존재'의 '장소'라는 것을 강조하기 위해서이다. 이들 문헌을 검토하면, 하이데거 사유에 있어서 '전회Kehre'는 흔히 가정하듯 1930년대 후반이 아니라, 『존재와 시간』이 출판된 직후부터 시작되었다고 봐야 한다.

강조점이 급격하게 변화된 것을 나타내는 주요 징후는 「형이상학이란 무엇인가」의 1943년 후기에서 찾을 수 있다. 『존재와 시간』에서 하이데거는 "현존재가 있는 한, 즉 존재 이해의 존재적 가능성이 있는 한에서만, 존재가 '있다'"라고 주장한다. 이에 반해 1943년 후기에서, 하이데거는 존재와 존재자 사이의 관계를 특징짓기 위해 존재의 독립적인 우선성을 강조하는 것으로 완전히 180도 변화했다. 하이데거는 "존재는 존재자 없이 잘 현성하지만, 존재자는 결코 존재 없이 있지 않다"[60]고 말한다. 그리고 같은 시기 「형이상학에의 회상」(1941)에서 그는 같은 생각을 단호하게 말한다. "존재의 역사는 인간의 역사도 인류의 역사도 아니다. 또한 존재의 역사는 인간이 존재자와 맺는 관계의 역사도, 인간과 존재와의 관계의 역사도 아니다. 존재의 역사는 **존재 자체이며 오직 존재이다.**"[61] 하이데거의 접근 방식에 있어서 이러한 혁명적인 방향의 변화를 어떻게 설명할 수 있을까?

하이데거의 성장의 길을 재구성해보면, 그로 하여금 동기 부여하게 만드는 관심은 '존재'물음을 새롭게 정식화하는 것이었음이 분명하다. 그 과정에서 '젊은 시절의 종교'를 운명적으로 포기함으로써, 하이데거는 선한 루터적 방식으로, 현존재 혹은 인간의 경로를 통해서 존재와 맺는 근원적 만남에의 현상학적 접근을 얻을 수 있다고 확신하게 되었다. 그가 『존재와 시간』에서 **"오직 현존재가 있는 한에서만… 존재가 있다"**고 단언한 것은 바로 이런 의미였다. 그가 1910년대 후반과 1920년대 초반 개신교 신학의 고전 문헌에 집착했을 뿐만 아니라, 그 후 아리스토텔레스의 『니코마코스 윤리학』(여기에서는 덕의 양상 혹은 인간적인 탁월성이 문제가 된다)에 집중한 것은 그 자신이 올바른 방향을 추구하고 있다는 확신을 재차 확인시켜주었다. 명백히 실존적 관점에서 보면, 그 결과는 도발적이고 마음을 사로잡으며, 사실상 철학적인 전례가 없는 것이었다. 최종 결과는 하이데거의 초기 철학이 이룬 최고의 성취라 할 수 있는, 『존재와 시간』의 '실존론적 분석론'이다.

그러나 학문적 · 존재론적 관점에서 보면, 결과는 기대에 못 미치는 것이었다. 『존재와 시간』이 갖는 혁신적 성격에도 불구하고, 1927년 하이데거의 위대한 업적은 존재 문제를 해결하는 데는(스스로 해결하게 하라) 거의 진전을 이루지 못했다. 해설자들은 『존재와 시간』에서 하나는 실존론적이고, 다른 하나는 존재론적인 명백하게 경쟁하는 두 의제를 조화시키기 위해 피나는 노력을 해야 했다. 기초존재론의 목표는 명백하게 이 두 가지 관심 영역을 **조화시키는** 것이었다. 그러나 『존재와 시간』이 실존론적 분석의 예측불허의 변화, 즉 세계-내-존재로서 현존재의 다양한 양상에 과도하게 초점을 맞추었다는 점을 감안해볼 때, 존재물음을 독립적으로 다룰 여지는 거의 남아 있지 않았다.

하이데거의 80번째 생일을 맞아, 한나 아렌트는 스승의 철학적 토대를 이루는 존재론적 추동력에 관해서 날카로운 통찰력을 보여주는 의견을 내놓았다.

> 하이데거의 생각을 관통해서 불어닥친 폭풍은, 수천 년이 지난 후에도 플라톤의 작품이 여전히 우리를 폭풍처럼 휩쓸고 가듯, 그가 살고 있는 세기에서 비롯된 것이 아니다. 그것은 태곳적에서 왔고, 뒤에 남는 것은 완벽한 모든 것과 같이 태곳적으로 귀향하는 것이다.[62]

이를 통해 아렌트는 실존으로부터 존재로 이르는 하이데거 사유에서의 '전회'에 놓여 있는 동기를 충실히 포착했다.

하이데거는 존재의 태곳적 기원에 매료되었으며, 이러한 철학적 태도는 그를 플라톤 훨씬 너머로 데려갔다. 궁극적으로 그는 존재에 대한 플라톤의 원리를 불충분하게 급진적인 것으로 여겼다. 하이데거에 따르면, 플라톤은 이데아 이론으로 감각적 세계와 초감각적인 세계 사이를 돌이킬 수 없을 정도로 분리했다. 이는 전적으로 서구 형이상학의 특징이 된 분리이며, 게다가 영원히 계속되는 각인(적어도 하이데거가 평가하기에)이 되었다. 이데아 이론은 존재의 진리를 존재 자체에서가 아니라 '주관적인 것', 말하자면 '표상'으로서의 이데아Eidos에서 추구했다. '표상'은 주관적인 구성물과 다른 것인가? 하이데거는 '전회'라는 반주관주의적antisubjectivist 방향성으로 선회함으로써, 존재가 표상주의적 사유와 치명적으로 결합되는 것을 깨뜨리고자 했다. 궁극적으로 그는 소크라테스 이전 파르메니데스와 헤라클레이토스의 교리에서 영감을 받고 방향을 찾았다. 하이데거는 소크라테스 이전 철학이야말로 자연 그대로의 낡은 아름다움을 지니고 존재로의 본래적 '가까움Nähe'으로의 일별을 제공한다고 믿었다. 후기 소크라테스적 사유를 대표하는 자들이 감당할 수 없는 일별 말이다. 키지엘은 하이데거가 "이론적 판단에 권한을 부여하는 그것It"에 근원적으로 매료되었다는 사실에 대해 타당한 의견을 내놓는다. ('내게 일어났다' 혹은 '그렇게 일어났다'의 경우와 같이) "그의 오랜 이력에 걸쳐, 하이데거는 사건 속에서 일어나는 '나I'를 감싸는 비인격적 사건에 우선권을 부여하는 이러한 중심적 통찰을 결코 벗어나려 하지 않았다."[63] 확실히 결과는, 더 정확히 말해서 1938년 강좌에서 한 거창한 그의 말, "존재는 신의 떨림이다"[64]라는 말은 종종 현대인의 귀에 얼토당토않고, 무겁게 들린다. 그의 철학적 방향성의 다양한 변화(때로는 숨이 멎는 듯한)가 갖는 중요성을 축소하는 것은 어리석은 일이긴 하다. 하지만 하이데거의 근본적인 물음은 그가 브렌다노에 관한 논문에서 최초로 제시했던 존재에 관한 물음이라는 점은 틀림없다. 그러므로 그가 즐겨 좋아했던 횔덜린의 구절은 그의 인생에 걸친 작업의 추진력을 특징짓는 데 특히 적절한 경구가 될 것이다. "당신이 시작했던 대로, 그렇게 당신은 남을 것이다."

결론

내가 하이데거의 정치사상에 대한 초창기 연구를 마친 직후, 호의를 가진 한 논평가가 나의 연구 결과에 대해 의혹을 제기하면서 자신의 평가를 마무리했다. 의혹은 내가 하이데거의 정치적 유산을 평가하는 데 민주주의 정치학의 계율이라는 이질적인 척도를 제시하는 것은 아닌지 하는 것이었다.[1] 만일 냉전 기간 동안 그러한 윤리적 문제가 불분명하고 혼란스러워 보인다면—결국 서구 민주주의와 소비에트 연방 모두 도덕적 최고 지대를 비워둔 채로 사악한 **현실정치**에 기초해서 행동하지 않았는가?—공산주의 붕괴 이후, 윤리적 문제들은 훨씬 덜 불분명한 것 같다.

대안적으로, 누군가는 하이데거가 내렸던 철학적 · 정치적 선택을 판단하기 위해 '역사주의적' 기준을 채택할 수 있다. 하이데거의 동기를 '호의적으로' 재구성함으로써 비판적 평가를 보류하기 위해서 말이다. 그러나 에른스트 놀테Ernst Nolte가 최근에 프라이부르크 현자에 대한 접근법으로 채택한 정치적 전기로 인해, 그런 접근법은 실패한 것으로 드러났다. 여기에서 논란을 일으킨 역사학자는 동일화(감정이입, Einführung)라는 역사주의 기법을 사용해, 1933년 국가사회주의를 선택한 하이데거는 본질적으로 '올바른 선택을 내렸다'고 결론지었다.[2] 그러나 하이데거의 (그리고 독일의) '선택'은 독일에 있는 유대인 시민 50만 명에게는 극단적으로 참혹한 것이었다. 말하자면 그것은 유럽의 미래를 위해서도 파국의 징조가 되는 선택이었다. 역사를 서술하는 것이 단지 '한 편을 선택하는(독일 역사학자 투쟁에서 놀테의 지지자들 중 일부가 그랬던 것처럼)' 문제라고 말하는 것은 명백하게 부적절하다.[3] 역사주의의 파탄과 그것이 촉진시킨 가치 상대주의는 나치라는 재앙으로 귀착되었다. 역사적 판단의 척도라는 것이 좀처럼 분명하지 않지만, 적합한 척도를 찾는 일을 거부하는 것은 절망으로 이르는 길이다.

그렇다면 논평자의 질문에 대해 되묻는 것이 정당하지 않겠는가? 민주주의적인 것보다 하이데거의 유산과 그의 제자들의 유산을 평가할 수 있는 더 나은 기준은 무엇이겠는가? 만일 누군가가 판단 기준으로서 역사주의뿐만 아니라 하이데거와 카를 슈미트가 숭배했던 '본래적 결단'의 에토스를 포기한다면, 그때 선택할 수 있는 것은 무엇인가? 이것은 독일 낭만주의 시대를 생각나게 하는 골치 아픈 역설이다. 대단히 통찰력 있고 풍부하지만, 같은 이유로 건설적인 도덕적 처방을 제시하지 않는 사상을 발견하고자 한 낭만주의 사상 말이다. 낭만주의 사상은 당대에 대한 전면적인 비판을 이유로 규범적 토대를 위한 전망을 제시하는 일을 사실상 스스로 거부했다.

하이데거와 그의 제자들이 쓴 책보다 더 나은 철학사 안내서도 거의 없다. 하지만 헤겔과 마찬가지로 그들은 종종 철학사와 역사 자체를 혼동하는 오류를 범했다. 그러나 철학과 역사라고 하는 두 영역의 논리는 반대 방향으로 나아간다. 따라서 스승의 지도를 따른 하이데거의 제자들(마르쿠제는 그나마 나은 범죄자이다)에게 있어서, 데카르트 철학(데카르트주의)은 근대성과 그 모든 영광스러운 결핍의 형상이 되었다. 그리고 데카르트가 근대 철학에 미친 영향력은 확실히 엄청나지만, 이러한 표준적인 논쟁에서 데카르트의 실제적인 **역사적** 영향력은 극도로 과장되어 있다. 문제는 관료적인 지적 전통이 갖는 기질적인 쇠약함들 중 하나이다. 사회사를 고려하는 것을 귀족적으로 경멸하며 내용이 빈곤한 사변적 주장을 매우 좋아하는 기질 말이다. 한 논평가는 다음과 같이 언급했다. "나이 많은 관료들의 경우, '형이상학'과 '사회적 비관주의' 사이의 보수적인 동맹은… 공화주의자와 거리를 둘 만큼 강력했다. 그리고 그러한 생각이 들었을 때, 그들은 '권위주의적' 방향으로 이끌렸다."[4] 지금까지 살펴본 대로, 심지어 정치적 좌파의 관점에서 근대성의 결점을 바로잡고자 했던 마르쿠제조차도, 그가 추구했던 혁명이 실현되지 못한다는 사실이 분명해지자 경솔하게 '교육 독재' 이념에 동조했다.[5]

하이데거의 제자들에게 있어서, 그들의 지적인 약점은 역설적이게도 그들의 강점이었다. 그들은 오늘날 망각될 위험이 있는 철학적 통찰력을 깊이 파고들 수 있는 능력을 보여주었다. 동시대 집단으로서, 그들은 인간 실존의 의미에 대해 '궁극적' 물음—그들과 동시대인인 논리 실증주의자들이 비트겐슈타인의 『논고Tractatus』 말미에 나오는 유명한 처방("말할 수 없는 것에 대해서는 침묵해야 한다.")을 따라, 심각한 지적 담론의 영역에서 추방하기를 원했던 질문—을 던지는 것을 결코 회피하지 않았다. 오늘날 실증주의는 대체로 좋지 않은 평판을 받고 있음에도, 후기 비트겐슈타인을 따라 제한적으로 철학의 '치료적' 존재 이유를 주장하는 분석철학자들 사이에서 실증주의의 흔적은 여전히 강력하게 남아 있다.

이러한 관점에 따르면, 독립적이고 비판적인 의제를 수립한다는 이념은 철학의 범위를 넘어선 것이다. 그 대신 철학의 목표는 겸손하게 언어적 오해를 해소하는 것으로 국한시켜야 한다.

그러나 철학의 사명을 지나치게 제한하는 것은 부당하게 체념하는 태도로 보인다. 문제가 흥미로워지기 시작하던 참에, 말하자면 철학적 실체에 대한 문제가 제기될 때, 철학이 황급히 달아나는 것으로 보인다. 그렇게 함으로써 철학은 자신의 '강력한 평가' 능력, 즉 문화, 도덕성, 그리고 진리의 영역에서 중요한 구분 능력을 자발적으로 그리고 상처 없이 포기하는 것이 된다.[6] 나아가 언어철학이 흄에서 유래된 인식론적·규범적 회의주의를 성급하게 너그러이 받아들이는 것을 극단적이라 느끼지 않을 수 없다. 그러므로 실증주의하에서 진리는 '프로토콜protocol 문장'* 혹은 기본적인 논리적 진리로 협소하게 연관되는 반면, 보다 최근에 진리는 '사용의' 맥락의존성과 동일시되어 왔다. 두 경우 모두에서 철학의 자율성은 손상되었다. 실증주의의 경우 철학의 자율성은 과학철학에, 분석철학의 경우 일상적 언어사용의 조건의 제물로 바쳐졌다.

하이데거가 시작하고 그의 지적인 후계자들이 계승 및 변화시킨 '실존론적' 패러다임은 독특한 철학적 물음 방식을 보존한다는 점에서 주목받을 만한 가치가 있다. 그들이 보여주는 미덕 중 하나는 동시대를 지배

* 프로토콜 문장은 논리실증주의 철학에서, 앎의 궁극적 근거가 된다고 주장하는 직접적 경험이나 지각을 기술하는 진술을 말한다. 이 용어는 20세기 루돌프 카르납의 작업과 관련된다. 특정 시간에 특정한 관찰자의 감각을 보고하는 프로토콜 문장은 '지금 파란 조각'에서부터 '테이블 위에 파란 구가 있다'에 이르기까지 범위가 다양하다. 프로토콜 문장은 반박 불가능하기 때문에 다른 복잡한 진술, 특히 과학의 진술을 위한 궁극적 정당화 작업을 하는 것으로 생각되었다. 만일 과학적 진술이 일련의 프로토콜 진술들의 의미와 동등하다면, 그 진술 문장은 참이라고 간주된다. 그러므로 과학은 견고하게 관찰과 경험에 근거 지어진다.-옮긴이

하는 세계화된 공리주의적 방향성에서 벗어나려는 의지를 갖는다는 점이다. 어떤 의미에서, 이 경우 실존론적 전통이 갖는 가치는 '중요할' 뿐만 아니라 '미학적'이다. 실존론적 전통은 도구적인 사용-가치 혹은 효율성의 기준에 의해 측정되는 것을 거부하는 사유 방식으로 이루어져 있기 때문이다. 이 경우 부분적으로 그 가치는 '일상성'의 압력에 의해 오염되지 않은 궁극적 가치 혹은 '목적'에 대한 반성을 위한 공간을 마련한다. 그렇게 함으로써 실존론적 전통은 독일 고전주의 시대가 소중히 여겨온 정신의 자율성을 잠시 동안이나마 되찾는 데 성공한다. 그러므로 한나 아렌트는 자신의 마지막 책의 주제를 '정신의 삶'으로 선택했다. 철학의 주제는 변화하는 지적 유행을 거슬러 견뎌내는 일임을 강조하기 위해 말이다.

실존론적 사상이 갖는 '명백한' 특징이 있다면, 민주적 정치 문화의 중심적 에토스인 '공공의 이성'의 가치에 대한 헌신이 부족하다는 것과 관련이 있다. 칸트는 공공 이성의 가치를 다음과 같이 특징지었다. "우리가 어떤 것이 참이라고 생각하는 것이 확신인지 혹은 단순히 설득인지를 결정하는 기준은 외적인 것이다. 즉 **모든 인간 지성에 대해 타당하도록** 소통하고 발견할 수 있는 가능성 말이다."[7] 하이데거와 그의 철학적 후계자들이 보이는 공공 이성에 대한 신뢰의 결핍은 확실히 부분적으로 양 세계대전 사이의 방향감각 상실에 의해 과잉 결정된 세대적 현상이다. 만약 이성적이고 합리적인 주장을 깨뜨림으로써 명예를 부여받은 시대가 있었다면, 바로 그 시대일 것이다. 그러나 오늘날 '실존론적 패러다임'이 갖는 시대적 관련성을 알아내고자 하는 우리 같은 사람들에게 이러한 결점은 눈 감아줄 수 있는 것이 아니다. 이것은 상당히 중요한 문제이다.

또한 마르쿠제는 유사-예외적 지위를 가짐으로써, 1933년경 하이데거 철학이 파시스트적으로 위치를 변경한 사실 저변에 깔린 지적 토대에 관한 통찰을 제시했다. 마르쿠제는 하이데거의 다른 제자들과는 다르게, 스승의 사유를 좌파 철학의 견지에서 접근했다. 그러므로 하이데거의 제자들 중에서 마르쿠제는 하이데거의 사유와 한동안 하이데거가 자기 것으로 만든 나치 명분 사이의 선택적 친화성을 가장 먼저 지각한 사람이기도 했다.

「전체주의적 국가관에서 자유주의에 대한 투쟁」(1934)에서, 마르쿠제는 하이데거 철학과 나치와 그 지지자들이 옹호한 반자유주의적 세계관 사이의 문제적인 가족 유사성을 강력하게 묘사했다. 마르쿠제가 보기에, 논쟁의 많은 부분은 고전 독일 철학이 진척시킨 '이성의 자율성'이라는 칸트적 이념을 하이데거가 의식적으로 포기한 것과 관련된다. 마르쿠제가 말했듯이, "칸트는 스스로가 자기 자신에게 부여한 의무, 즉 유일한 기본법으로서 자유로운 자기결정의 의무를 인간에게 부과했다." 칸트는 양도할 수 없는 인권의 존재를 믿었다. **"인간이 인권을 기꺼이 양도할 때조차, 인권을 포기할 수 없다."** 반대로 "이성에 대항하는 실존주의의 투쟁이 실존주의를 맹목적으로 지배 권력의 품으로 끌어들이는"[8] 한, 실존주의는 그들의 유감스러운 종말을 예비했다. 헤겔은 '이념'을 "인간 삶을 하나로 묶어주며 장점과 타당성을 가진 모든 것"이라고 보며 지속적으로 찬양했다. 그러나 카를 슈미트가 잘 알고 있었듯이, 1933년 1월 30일(나치가 권력을 장악한 악명 높은 날) "헤겔은 죽었다." 슈미트는 헤겔의 죽음을 발전적 현상으로 보고 개인적으로 환영했다.[9] 그 운명적인 날을 기점으로 현실과 이념을 화해시키고자 하는 독일 관념론의 유토피아적인 꿈은 연기처럼 사라져버렸다. 이러한 생물 정치적 현실주의의 새로운 분위기를 따라서, 하이데거는 진리를 '구체적인' 것으로 재구성하고자 하는 열망으로, "총통만이 독일의 현실이자, 법이다"[10]라고 선언했다. 독일의 재앙과 그것이 낳은 트라우마와의 관계를 제대로 인식하는 하이데거의 제자들을 이해할 때만이, 그들의 강력하고 복잡한 철학적 유산을 온전하게 평가할 수 있을 것이다.

옮긴이 해설

1. 문제를 봉합하지 않고 질문하도록 하는 접근법

이 책의 미덕은 하이데거의 나치 참여 전력이라고 하는 문제를 서둘러 봉합해버리지 않고, 독자로 하여금 질문하도록 한다는 점이다. 그런 의미에서 이 책은 빅토르 파리아스의 『하이데거와 나치즘』이나 후고 오트의 『마르틴 하이데거: 그의 전기를 찾아서』와 논의의 결론은 같을지언정 접근 방식에서 차이점을 갖는다. 오트와 파리아스는 하이데거의 나치와 관련한 구체적 행적들에 대한 전기적 고찰을 통해 하이데거가 나치임을 규명해낸다. 이에 따르면 우리가 할 수 있는 최선은 20세기 사상사에서 하이데거가 갖는 대가로서의 지위를 박탈하고 철학사에서 추출하는 것이다. 반면 이 책의 저자인 리처드 월린은 역사학자임에도 전기적 접근 방식에만 국한하지 않고 하이데거의 사상이 갖는 역사-정치적 심층 차원을 밝혀냄으로써, 하이데거의 나치 참여는 우연한 선택이 아닌 사상 자체에 뿌리내리고 있다는 결론을 도출해낸다.*

* 하이데거의 나치 참여 문제를 하이데거 사상과의 관계 속에서 다룬 주목할 만한 국내 연구로는 박찬국 교수의 『하이데거와 나치즘』(2001)과 『하이데거는 나치였는가?』(2007)가 있다. 박찬국 교수에 의하면 시대와 대결하고자 했던 하이데거가 선택한 '국가사회주의'는 히틀러의 나치즘과 본질적으로 다른 철학적 동기에 이끌린 결과이며, 따라서 하이데거의 나치즘과 히틀러의 나치즘은 구별되어야 한다.

하이데거의 나치 참여 문제를 다루는 데 있어서 월린은 두 가지 전략을 취한다. 첫째, 역사적으로, 하이데거가 19세기 바이마르 공화국 시기부터 제1차 · 2차 세계대전 당시 독일에서 번성한 보수주의 이데올로기의 계승자라는 것이다. 그중에서도 하이데거가 당대 독일의 대표적인 우익 사상가인 카를 슈미트, 슈펭글러, 그리고 에른스트 윙거의 사상적 영향을 지대하게 받았다는 점에 주목한다. 그리고 그러한 사상적 영향력의 중심에는 '독일적'인 특수한 현상이라고 할 수 있는 반유대주의와 근대를 죄악시하는 반근대적 관점이 놓여 있다. 둘째, 초기 하이데거 실존철학의 급진주의적 이데올로기적 요소, 즉 실존철학의 결단주의적 성격이 하이데거를 나치 참여로 이끌었다는 것이다. 그런 의미에서 월린은 역사적이고 전기적 접근에 기초해 초기 하이데거 사상에 대한 분석을 수행한다는 점에서, 텍스트에 대한 내재적인 접근과 외재적인 접근 양자를 동시에 수행한다.

나아가 월린은 하이데거의 나치 참여 문제를 네 명의 하이데거 제자들에 대한 분석과 비평을 통해 입체적인 방식으로 풀어낸다.

2. 네 명의 제자들에 드리운 스승의 길고 강력한 그림자

월린은 이 책에서 엄청난 재능을 지닌 유대인 사상가들과 독일적 사유의 본성을 고집했던 하이데거 사이의 우려스러운 친밀성이라고 하는 문제를 다루고 있다. 저자가 다루는 하이데거의 제자들은 한나 아렌트, 카를 뢰비트, 한스 요나스, 허버트 마르쿠제이다. 그렇다면 질문이 생긴다. 왜 이들 네 명인가? 저자에 따르면 이들은 모두 ① 독일 문화권에 속해 있었으며, 1897년에서 1906년 사이에 출생했다는 점에서 비슷한 세대적 경험을 공유했다. ② 이들 모두 최소한 한동안은 하이데거의 제자들이었으며, 하이데거의 실존주의에 강하게 경도된 적이 있었다. ③ 1933년 1월 나치가 권력을 장악하고, 그해 5월 존경하는 스승이 대대적인 축하와 함께 나치당에 가입한 것을 충격적으로 목도한 인물들이었다.

이들 네 명의 제자들은 모두 하이데거와 '함께하면서도' 하이데거에 '대항하는' 방식으로 그들 각자의 철학적 세계를 구축한 20세기 위대한 사상가들이었다. 그런 의미에서 니체가 『자라투스트라는 이렇게 말했다』에서 남긴 말을 조금 바꾸어 말하자면, 이들은 모두 학생으로만 남지 않았다는 점에서, 그들의 스승인 하이데거에게 훌륭하게 보답한 제자들이었다.

네 명의 제자 중 월린이 첫 번째로 다루고 있는 아렌트가 현대 정치철학에 미치는 영향력은 인문학이 척박한 한국사회에서 아렌트의 거의 모든 책이 번역되었다는 것을 통해 단적으로 드러난다. 아렌트는 하이데거의 현상학적 세계 이해가 나사가 없는 빈곤한 개념이라 비판한다. 뢰비트의 19세기 유럽 정신사 연구에 관한 역작인 『헤겔에서 니체로』는 고전의 반열에 올라 있다. 뢰비트는 하이데거의 『존재와 시간』을 중심으로 한 초기 철학이 갖는 인간중심주의적인 면모를 강하게 비판한다. 나아가 요나스의 『생명의 원칙』은 윤리의 원칙을 생명이라고 하는 객관적 토대에서 발견하는 생태철학의 고전이라 할 수 있다. 요나스는 하이데거를 대신해 서게 된 학회 연단에서 스승의 존재 사유가 나치 정치 참여로 이끌 수밖에 없었음을 명시적으로 밝힌다. 요나스에 의하면 하이데거의 존재 사유는 존재의 부름에 응할 것을 요구함에도 정작 그 부름에 대해 어떻게 응답할지 그 규범을 제시하지 않는다. 종국에 그 응답을 제시하는 것은 그 시대의 주류 이데올로기, 총통의 법일 수밖에 없다. 마지막으로 마르쿠제는 마르크스 이론가이자 신좌파의 대표적 사상가이다. 이 책을 통해 시대의 위기로부터 '삶', '실존', '세상 사람들', '죽음' 등과 같은 사유의 원천을 길러낸 초기 하이데거에게 마르쿠제가 얼마만큼 강하게 경도되었는지를 볼 수 있다. 그와 동시에 마르쿠제가 이러한 문제의식이 형식적 분석으로 환원됨으로써 '가짜 구체철학'에 머물러 있음을 얼마나 통렬하게 비판하고 있는가를 보게 된다. 나아가 저자는 이들이 구축한 고유한 철학적 세계의 이면에 감추어져 있는 스승이 드리운 어두운 그림자에 주목한다.

근대를 '죄악'시하는 하이데거의 보수주의적 시대진단은, 그의 제자들에게 각기 부정할 수 없는 어두운 그림자를 드리웠다. 임박한 생태학적 재난을 극복하기 위해 요나스는 당황스럽게도 전제정치의 미덕을 공개적으로 찬양한다. 생태학적 재난의 극복이라는 미래의 긴급한 요구를 위해 현재의 이익을 보류할 수 있는 정치적 규율이 무엇보다 요구되기 때문이다. 요나스는 이 목적에 부합하지 않기에 정치적 자유주의를 기꺼이 묵살할 수 있었다. 그런가 하면, 아렌트의 행위 지향적 정치철학은 오늘날 정치의 도구화와 식민화라고 하는 근대사회의 정치적 질병의 치유책으로 논의되지만, 기실 그녀의 정치 사유는 1920년대 독일의 반근대주의에 뿌리를 두고 있다. 가령 아렌트는 전체주의를 근대 대중사회의 결과물로 보며, 『예루살렘의 아이히만』에서는 죄의 근원을 근대성과 문명 비판에서 찾는다. 저자에 의하면 이는 명백하게 하이데거의 영향사 속에서만 제대로 독해될 수 있다. 또한 뢰비트는 근대의 기획을 과학혁명과 유럽 팽창의 시대로부터 시작된 인간의 자기주장에 그 근거를 두는 것으로 해석한다. 마지막으로 월린은 마르크스주의를 실존주의와 결합하고자 했던 마르쿠제를 다른 세 제자들과 다른 예외적 인물로 규정한다. 그럼에도 후기 마르쿠제 역시 선진 산업사회를 인간을 비본래적 삶의 방식으로 몰아넣는 것으로 비판하고, 과학기술을 자연과의 도구주의적이고 조작적 관계만을 갖는 것으로 본다는 점에서 하이데거의 사유틀 내에서 근대 산업사회와 과학기술을 비판했다.

3. 순수한 텍스트 내재적 독해의 위험성

월린은 하이데거와 그의 제자들의 문제적인 가까움이라는 주제를 다루면서 근대성의 미덕이라고 하는 텍스트 외재적인 평가 척도를 제시한다. 하이데거와 그의 제자들에게 근대성은 죄악의 근원이다. 나아가 하이데거는 근대의 보편주의 이념을 거부하고 독일적 방식의 특수주의를 옹호한다. 반면 월린에 의하면 근대성은 이성에 대한 신뢰, 보편성의 추구, 그리고 민주주의 원칙에 대한 절대 양보할 수 없는 미덕을 체현한다. 저자는 직접적으로 묻는다. "민주주의적인 것보다 하이데거의 유산과 그의 제자들의 유산을 평가할 수 있는 더 나은 기준은 무엇이겠는가? 만일 〔…〕 누군가가 판단 기준으로서 '본래적 결단'의 에토스를 포기한다면, 그때 선택할 수 있는 것은 무엇인가?" 월린에 의하면 순수하게 텍스트 내재적인 독해는 하이데거와 제자들의 철학과 정치 사이의 긴밀한 관계를 선험적으로 배제해버리는 우를 범할 수 있기에 위험하다.

월린은 하이데거의 수용사를 논할 때에도 이러한 외적 평가 척도를 중요하게 제시한다. 월린은 영미권 내에서 하이데거의 수용이 키르케고르적 실존주의적 접근 방식에서 데리다적 하이데거주의로 바뀌었지만, 여전히 내재적 접근을 선호해왔다는 점을 지적한다. 국내 하이데거의 연구에 대해서도 아주 다른 평가를 내리기는 쉽지 않을 것 같다. 그런 의미에서 저자가 제시하는 하이데거나 제자들의 사상에 대한 텍스트 외재적인 분석과 비평은 기존에 내재적 접근 방식이 주를 이루었다는 점을 감안했을 때, 균형 잡힌 시선을 제시하는 미덕을 분명히 갖는다. 그럼에도 이 글의 독자 입장에서 나에게는 다음과 같은 질문이 생긴다. "텍스트 외재적인 평가 척도를 제시하는 것은 정당한가?"(월린은 이 글의 결론에서 논평자로부터 이러한 질문을 받은 적이 있음을 소개하기도 한다) 『왜 하이데거를 범죄화해서는 안 되는가』(글항아리, 2016)에서의 지젝의 표현을 빌려 말해보자면, "진지한 철학적 분석에서 외재적 비평은 내재적 비평에 근거해야 한다."

지젝은 월린을 포함한 자유민주주의 비평가들이 자칫 하이데거가 근대성의 기본 교의에 대해 제기하는 문제를 회피하고 있는 것은 아닌지 묻는다. 근대성의 핵심 이념이라 할 수 있는 '인간중심주의', '민주주의', '진보'와 같은 가치는 생명공학적 발견과 전 지구적 자본주의 사회가 던지는 사회적 문제를 다루기에 더 이상 유의미하지 않은 낡은 기준일 수 있기 때문이다. 나아가 지젝에 의하면 하이데거의 사상을 독일 민족주의적 보수 이데올로기로 직접적으로 환원시켜 해석하는 것은 부적절하다. 하이데거의 철학체계는 이들 원천으로부터 독립적으로 탈맥락화되었다고 보아야 하기 때문이다. 생태 하이데거주의자나 좌파 하이데거주의자들이 생겨나는 것이 그 때문이기도 하다는 것이다.

4. "오늘날 우리는 하이데거를 어떻게 읽어야 하는가?"

저자는 이 글의 제2판 머리말(2015)에서 한 편의 긴 글을 싣고 있다. 2014년 하이데거의 『검은 노트Schwarze Hefte』 출간 후 하이데거의 악의적인 반유대주의가 적힌 글들이 드러남으로써, 하이데거의 나치 참여와 관련한 이전의 논쟁이 새로운 국면에 접어들었기 때문이다. 하이데거는 『검은 노트』에서 유대인의 삶의 자세와 원리를 비판적으로 서술한다. 월린을 포함한 많은 연구자는 하이데거의 '유대성Judentum'에 대한 언급을 인종으로서의 유대인에 대한 비판으로 읽는다. 반면 다른 한편에서는 『검은 노트』에서 '유대성'이 유대인 개인이나 인종을 말하기보다 근대 기술 문명에서 절정에 달한 제작성Machenschaft(인간을 포함한 존재자 전체를 제작 가능하고, 마음대로 처분 가능한 것으로 바라보는 태도)의 태도를 대표하는 것으로 독해한다(지젝도 대표적으로 이러한 해석을 제시한다). 그럼에도 질문은 여전히 남는다. "왜 다른 민족이 아닌 유대인이 서구 형이상학적 사유, 곧 제작성의 사유와 태도를 대표하는가?"

"오늘날 우리는 하이데거를 어떻게 읽어야 하는가?" 우리가 해야 할 일은 하이데거를 철학사에서 성급하게 제거하는 것이 아니라 질문하는 것이지 않을까.

이 책의 번역을 제안하고, 오랜 시간 원고를 기다려준 경희대학교 출판문화원과, 이 글이 보다 친절한 글이 되도록 애써주신 최정미 편집자님에게 감사의 마음을 전하고 싶다. 그리고 이 글을 읽어주시고 조언과 격려를 해주신 박찬국 교수님께 깊은 감사의 마음을 전하고 싶다. 마지막으로 글을 옮기면서 길을 헤맬 때 조언을 해주고 함께 고민해주었던 나의 벗 이풍실에게도 깊은 감사의 마음을 전한다.

미주 및 참고문헌

제2판 머리말

1) 예를 들어 1966년 〈슈피겔〉지와의 인터뷰에서 하이데거는 다음과 같이 말한다. "오직 신만이 우리를 구원할 수 있다." 이때 하이데거는 그의 프랑스인 동료에게 제대로 된 철학을 하기 위해서는 반드시 독일어를 구사해야만 한다고 말한다.

2) 예를 들어 다음을 참조하라. Samuel Fleischacker(편), 『하이데거의 유대인 제자들: 한나 아렌트, 레오 스트라우스, 한스 요나스, 에마뉘엘 레비나스(Heidegger's Jewish Followers: Essays on Hannah Arendt, Leo Strauss, Hans Jonas, and Emmanuel Levinas)』(Pittsburgh: Duquesne University Press, 2006); Marie Anne Lescourret(편), 『부채와 거리: 하이데거의 소수의 유대인 학생과 독자들(La Dette et la distance: dequelques eleves et lecteurs juifs de Heidegger)』(Paris: Editions de l'eclat, 2014).

3) 그러므로(이렇게) 『대륙의 분리: 하이데거, 카시러, 다보스(Continental Divide: Heidegger, Cassirer, Davos)』(Cambridge, Mass.: Harvard University Press, 2010)에서 피터 고든(Peter Gordon)은 이러한 문제를 제기하는 사람들을 비난함으로써 하이데거의 작업에서 철학과 정치학을 가르는 방화벽을 세우고자 했으나 실패한다. 그리고 '반지성주의자'로서 관심을 갖는다. 그러나 이는 단지 실제적인 토론이나 논쟁을 미연에 방지하기 위해 고안해낸 회피 전략에 불과하다. 아이러니 중 하나는, 질문을 받았을 때, 하이데거는 항상 그의 작품에서 철학과 정치학 간의 매끄러운 연속성을 강조했다는 사실이다. 그가 1936년 로마에서 카를 뢰비트에게 설명한 것으로, 그의 나치 참여를 위한 철학적 기반은 그의 '역사성' 개념이었다. (이 부분에 대해서는 Löwith, 「1936년 로마에서 하이데거와의 마지막 만남(My Last Meeting with Heidegger in Rome, 1936)」, Richard Wolin(편), 『하이데거 논쟁: 비판적 독해(The Heidegger Controversy: A Critical Reader)』(Cambridge, Mass.: MIT Press, 1993, 142쪽 참조.) 말하자면 고든은 설득력 없이 그러한 우려를 제기함으로써, 하이데거에 대한 비평은 철학자로서 하이데거의 위대함을 훼손하기 위한 저속한 시도라 주장한다. 이러한 불평에 대해서는 다소 분명한 답변이 있다: (1) 그의 철학적 재능을 전체주의 체제를 위해 제공한 것은 하이데거 자신이다. 전체주의 체제는 처음부터 영혼을 절멸하는 계획을 숨기고자 하지 않았으며, 그의 명성을 계속 더럽혔다. (2) 반박의 중심 주제는 하이데거 비평가들을 '반지성주의'라 비난하려 한다는 것이다. 고든 자신은 하이데거의 사악한 정치적 견해를 노골적이고도 속 보이게 축소·은폐하는 일에 가담했다. 여기에서 궁금한 점은 다음과 같다. 그것으로 인해 누가 이익을 보는가? 모든 것을 고려해 볼 때, 분명한 사실은 하이데거의 나치 전력에 대해 토론하는 것은 이것이냐/저것이냐의 양자택일의 사항(고든이 문제를 호도해서 제안하는)이 아니라, '둘 다/그리고'의 사항이라는 것이다. 다른 말로 하면, 하이데거의 나치즘**뿐만 아니라 그의 철학에 대해**, 그리고 이 두 측면이 어떻게 연관되어 있는지에 대해, 비판적이고 합리적인 논의에 참여할 수 없는 어떤 이유도 없다. 어느 접근법도 다른 접근법을 반드시 배제하지 않는다.

명백하게 관련성을 갖는 이들 두 문제들을 전적으로 구분된 것이라 주장함으로써 실수를 범하는 것은 고든 자신이다. 내가 보기에 이는 순진할뿐더러 피상적이기까지 한 생각이다. 참고로, 그의 논증을 재현해보겠다. "내가 전형적인 비유적 해석 전략이라 부르는바, 즉 철학적 문제에 대해 동의하지 않는 것을 마치 정치 투쟁을 밖으로 표현한 것으로 다루는 해석들이다. 그러나 비유에서 진정한 위험은 철학적인 것을 정치적인 것으로 해소함으로써, 지적인 논쟁의 옳고 그름을 결정할 표준으로 순전한 권력의 반지성주의적 우발성만을 받아들일 위험이 있다는 것이다. 다보스에서의 만남이 갖는 궁극적 비극은 이것이 잘못된 종류의 정치의 승리로 끝났다는 데에 있지 않다. 좀 더 심원한 비극은 이것이 정치로 종결되었다는 데에 있다."(『대륙의 분리』, 357쪽)
이러한 문제를 결정하는 것은 '권력의 반지성주의적 우발성'이 아니라(고든이 주장한바, 그의 수사적 웅변에서 표류하는 것으로), 분명해져야 하는 것으로, 탁월하게 규범적이고, 도덕적이며, 역사적인 표준이다. 그렇게 봤을 때 이러한 주장은 문제를 호도하는 것이다. 무엇이 보다 분명해져야 하는가? 더욱이 우리가 기억해야 할 것은, 많은 비평가들이 지적한 바와 같이, '결단', '운명', '민족' 등등의 개념들에 의존함으로써 그의 철학과 '순전한 권력의 우발성' 간의 실존론적 관련성을 지각한 것은 하이데거 자신이라는 사실이다. 이것은 하이데거가 **실존**(Existenz)의 문제에 도움이 되도록, 규범적인 문제를 지속적으로 거절한 결과였다. 그는 이러한 규범적 문제를 구식의 것으로 보았다.
이것이 프랑크푸르트학파 정치학자인 프란츠 노이만(Franz Neumann)이 국가사회주의 교리와 하이데거의 실존철학 간의 관련성에 대해 말한 것이다. 『베헤모스: 국가사회주의의 구조와 실천(Behemoth: The Structure and Practice of National Socialism)』(New York: Oxford University Press, 1942), 135쪽. "〔제3〕제국의 정당화로서 무엇이 남겨졌는가? 인종주의도 아니고, 신성로마 제국의 이념도 아니고, 물론 대중적 주권 혹은 자기-결정권과 같은 의미 없는 민주주의적 수사도 아니다. 남은 것은 제국뿐이다. 이것이 그 자신이 고유한 정당화이다. 이러한 논증의 철학적 뿌리들을 하이데거의 실존철학 내에서 발견할 수 있다. 정치의 영역으로 전도되었을 때, 실존주의는 권력과 힘이 진리라고 주장한다: 권력은 보다 많은 권력을 위한 충분한 이론적 토대이다. 독일이 그 중심에 있다. 이것〔독일〕은 잠재적으로 유럽에서 가장 위대한 권력이나, 이것〔독일〕은 철저히 가장 강력한 국가로 가는 길 위에 있다. 그러므로 이것은 새로운 질서를 구축하는 것으로 정당화된다."

4) 계획되었던 학회, "하이데거와 유대인"에 대한 의구심은 실체를 갖는 것이었다. 유명한 프랑스 지성인, 미셸 코엔-할리미(Michèle Cohen-Halimi)와 프란시스 코엔(Francis Cohen)이 쓴 공개서한은 '유대인(Jews)'이라는 말이 갖는 의심스러운 성격에 의문을 제기하는 것이었다. 선례를 보자면, Jews 개념을 구별하는 관행이 수상쩍은 해석적 자유를 용인했다는 것이다. 여기에서 쟁점이 된 것은 '실질적(real)'이라기보다는 '기호적(figural)' 유대인이다. 비평가들이 우려하는 것은 부유하는 '기표'인 '유대정신/유대인(Juifs/Jews)'에 초점을 맞추는 것('프랑스 이론'의 문제적 유산 중 하나)은 1940-1944년의 '암흑 시대' 동안에 프랑스에서의 유대인 박해의 역사에 관한 경험적이고 역사적인 문제들에 대해 프랑스 내에서 생각해야 할 필요성을 제거한다는 것이다. 또한 최근 들어서, 프랑스에서의 유대인 박해는 프랑스 좌파가 소리 높여 외치는, 많은 경우 반유대주의로 발전하는 반시오니즘의 빛 속에서 일어났다. 그러므로 툴루즈, 브뤼셀, 그리고 파리(네 명의 유대인이 2015년 1월 6일 찰리 헵도 학살(Charlie Hebdo massacre)과 함께 하이퍼 캐셔 마켓에서 살해되었다)에서의 유대인에 대한 최근의 공격들은 그들이 **단지 유대인이었기 때문이었으며**, 프랑스 내에 안전에 대해 공포심을 가진 육십만 명이 넘는 유대인들은 이민을 심각하게 고려해야만 했다. 이런 이유로, 회의론자들은 다음과 같이 결론을 내렸다. 실제적 유대인과 대립되는 것으로서, 기호적 맥락에서의

'유대인' 개념에 초점을 맞추는 학회는, 본질적으로 회피의 전략을 취하는 것이었다. 그것도 하이데거의 반유대주의에 대한 심각한 토론을 사전에 제압하거나 대단치 않은 것으로 생각하도록 하기 위해서 말이다. 최근에 『검은 노트(the Black Notebook)』가 출판된 것을 고려해볼 때, 하이데거의 반유대주의는 종종 고도로 심원한 하이데거의 학문 영역 내에서 또다시 문제적 주제가 되었다. 그들의 관심사를 뒷받침하는 추가적인 증거로서, 미셸 코엔-할리미와 프란시스 코엔은 반유대주의에 대한 전문적 역사학자들도 아니고 전문가도 아닌 사람들이 그 학회에 초대되었다는 사실을 지적했다. 그들 생각에 이는 하이데거의 나치 참여와 관련된 보다 골치 아픈 문제를 저지하도록 계산된 방식이었다.

5) 다음의 글을 참조하라. Jonas, 『회고록(Memoirs)』, Krishna Winston 옮김(Waltham, Mass.: Brandeis University Press, 2008), 61쪽. "한나는 유대교(Judaism)에 내해서 실질적으로는 아무것도 알지 못한 채, 유대인이 된다는 것에 대해 잘 알고 있었다. 그녀는 이른바 무식한 사람(am ha-aretz)이라 불렸다."

6) Franz Neumann, 『베헤모스: 국가사회주의의 구조와 실천(Behemoth: the Structure and Practice of National Socialism)』(New York: Oxford University Press, 1942), 121쪽. 강조는 저자.

7) 다음을 참조하라. Scholem, 「독일계 유대인의 대화의 신비에 대하여(On the Myth of the German Jewish Dialogue)」, 『위기의 유대인과 독일인에 대하여(On Jews and Germans in Crisis)』(New York: Schocken Press, 1976). 이 문제를 보다 명쾌하게 다룬 것으로, 풀저(Peter Pulzer)의 훌륭한 연구를 참조하라. 『독일과 오스트리아에서 정치적 반유대주의의 부흥(The Rise of Political anti-Semitism in Germany and Austria)』(New York: Oxford University Press, 1986).

8) Pulzer, 『독일과 오스트리아에서 정치적 반유대주의의 부흥(Rise of Anti-Semitism in Germany and Austria)』, X IV, X V.

9) 1982년에 사망한 숄렘은 예견하지 못했을지라도, 이처럼 계속되는 상호 문화적 드라마가 갖는 아이러니 중 하나는 다음과 같은 것이다. 1945년의 영시(the Stunde Null) 이후에, 초기 연방 공화국의 도덕적 잣대를 재설정하도록 한 사람들이 과거 극복(과거를 헤치고 나가는)이라는 프로이트적 주제를 따라 되돌아온 대규모의 독일-유대 망명자 그룹이었다는 것이다. 중요한 하버마스의 에세이를 참조하라. 「독일 초기 연방 공화국으로 귀환한 자들인, 유대적 배경을 가진 철학자들과 사회학자들: 회상록(Philosophers And Sociologists of Jewish Background As Returnees in the Early Federal Republic of Germany: A Recollection)」, 『테크노크라시의 유혹(The Lure of Technocracy)』, Ciarin Cronin 옮김(Cambridge, Mass. Polity Press, 2015), 105-119쪽. 또한 다음을 참조하라. Clemens Albrecht 외, 『연방공화국의 지적인 정초: 프랑크푸르트학파의 영향사(Intellektuelle Grundung der Bundesrepublik: Eine Wirkungsgeschichte der Frankfurter Schule)』(Frankfurt: Campus Verlag, 2007).

10) Peter Gay, 『바이마르 문화: 내부자로서의 외부자(Weimar Culture: the Outsider as Insider)』(New York: Norton 2001).

11) David N. Myers, 『저항하는 역사: 역사주의와 독일-유대 사유 내에서 그에 대한 불만(Resisting History: Historicism and Its Discontents in German-Jewish Thought)』(Princeton: Princeton University Press, 2003).

12) 마이클 브레너(Michael Brenner)의 다음의 중요한 연구를 참고하라. 『독일 바이마르의 유대 문화의 르네상스(The Renaissance of Jewish Culture in Weimar Germany)』(New Haven: Yale University Press, 1998).

13) 다음을 참조하라. Freyer, 『우파 혁명(Revolution von Rechts)』(Jena: Eugen Diedrichs Verlag, 1931). 또한

다음을 참조하라. Jerry Muller, 『실패한 다른 신: 한스 프리어와 독일 보수주의의 탈급진주의(The Other God that Failed: Hans Freyer and the De-radicalization of German Conservatism)』(Princeton: Princeton University Press, 1988).

14) Helmut Berding, 『독일 내 오늘날의 반유대주의(Moderner Antisemitismus in Deutschland)』(Frankfurt: Suhrkamp Verlag, 1995), 213쪽 인용.

15) Jünger, 『내적 체험으로서의 투쟁(Kampf als inneres Erlebnis)』, 57쪽.

16) 다음을 참조하라. Wagner, 『음악에서의 유대정신(Das Judenthum in der Musik)』(Leipzig: J. J. Weber, 1869).

17) 다음을 참조하라. Jünger, 「반민족주의적 힘들(Die antinationalen Machte)」, Arminius 5(1927), 3-15쪽; Jünger, 「국가주의와 유대문제에 대하여(Uber Nationalismus und Judenfrage)」, Die Kommenden 38, 1930, 445-446쪽. 극우 홍보 담당자로서 윙거의 글들은 그의 전집 판본에서 삭제되었다. 그러나 그 글들은 윙거 사후 몇 년 후, 2000년대 초반에 마침내 재출간되었다. 다음은 니클라우스 바흐만(Niklaus Wachsmann)이 윙거의 경력의 한 국면에 대해 쓴 뛰어난 기사이다. 「스와스티카 아래서 행진하는 에른스트 윙거 그리고 국가사회주의, 1918-1933(Marching under the Swastika? Ernst Jünger and National Socialism, 1918-1933)」, Journal of Contemporary History 33(4), 1988, 573-589쪽.

18) Spengler, 『서구의 몰락 2(Decline of the West, vol. II)』, C. Atkinson 옮김(New York: Alfred Knopf, 1932), 317-318, 318-319, 320-321쪽.

19) 다음을 참조하라. Heidegger, 『나의 사랑스러운 사람: 하이데거가 그의 부인, 엘프리데에게 보낸 편지(Mein liebes Seelchen: Briefe Martin Heideggers an seine Frau Elfride)』(Berlin: Deutsches Verlagsanstalt, 2005), 176쪽.

20) 다음을 참조하라. Martin Heidegger-Elisabeth Blochmann, 『서한집: 1918-1969(Briefwechsel: 1918-1969)』(Marbach:Deutscher Schillergesellschaft, 1989), 12쪽.

21) Heidegger, 『독일 대학의 자기주장(Die Selbstbehauptung der deutschen Universitat/Das Rektorat: Tatsachen und Gedanken)』(Frankfurt: Klostermann, 1983).

22) Martin Heidegger, 『숙고 II-VI[검은 노트, 1931-1938](Uberlegungen II-VI[Schwarze Hefte, 1931-1938])』(Frankfurt: Klostermann, 2014); Heidegger, 『숙고 VII-IX[검은 노트, 1938-1939](Uberlegungen VII-IX[Schwarze Hefte, 1938-1939])』(Frankfurt: Klostermann, 2014); Heidegger, 『숙고 VII-XV[검은 노트 1939-1941](Uberlegungen VII-XV[Schwarze Hefte, 1939-1941])』(Frankfurt: Klostermann, 2014). 더 많은 정보를 알고 싶으면 내 논문을 참조하라. 「하이데거의 검은 노트: 세계 유대인들 그리고 존재의 역사(Heidegger's Black Notebooks: National Socialism, World Jewry and the History of Being)」, The Jewish Review of Books, June 2014, 40-45쪽.

23) 다음의 자료를 참조하라. Kurt Sontheimer, 『바이마르 공화국에서 반민주주의적 사유(Antidemokratisches Denken in der Weimarer Republik)』(Munich: Nymphenburger Verlags-Handlung, 1962). 또한 다음의 혁신적인 연구를 참조하라. Jeffrey Herf, 『반동적 모더니즘: 바이마르와 제3제국에서의 기술, 문화, 그리고 정치(Reactionary Modernism: Technology, Culture, and Politics in the Weimar and the Third Reich)』(New York: Cambridge University Press, 1984).

24) Winfried Franzen, 「엄격함과 무거움에 대한 추구(Die Suche nach Harte und Schwere)」, Gethmann-Siefert and O. Poggeler(편), 『하이데거와 정치철학(Heidegger und die praktische Philosophie)』(Frankfurt: Suhrkamp Verlag, 1988), 78-92쪽.

25) Scholem, 「독일계 유대인 대화에 대한 신화에 반하여(Against the Myth of the German-Jewish Dialogue)」, 62쪽. 강조는 저자.

26) Nietzsche, 『자라투스트라는 이렇게 말했다(Thus Spoke Zarathustra)』, XII, 3쪽.

27) Jonas, 『회고록(Memoirs)』, 59-60쪽.

28) Harold Bloom, 『영향의 불안: 시의 이론(The Anxiety of Influence: A Theory of Poetry)』(New York: Oxford University Press, 1997).

29) Heidegger, 「독일 대학의 자기주장(The Self-Assertion of the German University)」, Richard Wolin(편), 『하이데거 논쟁: 비판적 독해(Heidegger Controversy: A Critical Reader)』(Cambridge, Mass.: MIT Press, 1993), 30쪽.

30) 예를 들어, Peter Gordon, 『로젠츠바이크와 하이데거(Rosenzweig and Heidegger)』(Berkeley: University of California Press, 2002), 7쪽 참고.

31) 『하이데거, 제자들 그리고 나치(Heidegger's Children)』와 같이, 『존재의 정치학(The Politics of Being)』은 5개 국어로 빠르게 번역되었다(프랑스어, 독일어, 일본어, 중국어, 포르투갈어).

32) Richard Evans, 『제3제국의 도래(The Coming of the Third Reich)』(New York: Penguin, 2008), 76쪽.

33) Heidegger, 『숙고 I-V〔검은 노트, 1942-1948〕(Anmerkungen I-V〔Schwarze Hefte, 1942-1948〕)』(Frankfurt: Klostermann, 2015).

34) Ibid., 20쪽.

35) Sartre, 『반유대주의와 유대인(Anti-Semite and Jew)』, George Becker 옮김(New York Schocken, 1965), 69쪽.

36) Rosenzweig, 「뒤바뀐 전선들(Vertauschte Fronten)」, 『프란츠 로젠츠바이크: 인물과 그의 작품. 전집 III(Franz Rosenzweig: der Mensch und sein Werk, Gesammelte Schriften III)』(Dordrecht: Martinus Nijhoff, 1976-1984), 234-238쪽; Heidegger, 『존재와 시간(Being and Time)』, Macquarrie and Robinson 옮김(New York: Harper and Row, 1962), 41-49쪽.

37) 『한스 게오르크 가다머의 철학(The Philosophy of Hans-Georg Gadamer)』, L. E. Hahn(편)(Chicago: Open Court Press, 1996), 6쪽.

38) Heidegger, 『존재와 시간(Being and Time)』, 41쪽.

39) Rosenzweig, 『구원의 별(The Star of Redemption)』〔Ⅱ 23f.〕.

40) Löwith,, 「M. 하이데거 그리고 F. 로젠츠바이크: 『존재와 시간』의 후일담(M. Heidegger and F. Rosenzweig: A Postscript to Being and Time)」, 『자연, 역사, 실존주의(Nature, History, and Existentialism)』(Evanston: Northwestern University Press, 1971), 73쪽.

41) Ibid., 64쪽.

42) Marcuse, 「하이데거의 정치학(Heidegger's Politics)」, 『하이데거적 마르크스주의(Heideggerian Marxism)』, Richard Wolin and John Abromeit(편)(Lincoln: University of Nebraska Press, 2005), 99쪽.

43) Rosenzweig, 『문서들(Briefe)』(Berlin: Schocken Verlag, 1935), 507쪽.

44) 이런 점에서, 나는 피터 고든의 믿을 만한 책인, 『로젠츠바이크와 하이데거(Rosenzweig and Heidegger)』에서 피터 고든이 제기한 다음의 두 가지 주장에 정중히 반대한다. 우선, 로젠츠바이크와 하이데거의 교리 사이의 궁극적 양립 가능성에 관해 카를 뢰비트가 제시한 회의주의가 1930년대 초반 하이데거가 나치즘으로 전향한 데 대해 뢰비트가 비통해한 결과라는 인신공격식의 주장이다. 뢰비트의 전기적, 심리적 동기에 관한 그러한 추측은 다음과 같은 사실을 간과한다. 즉 뢰비트가 자기주장을 정당화하기 위해 채택하는 강력한 논증들이 그들 자신의 견해 위에서 존립한다는 사실 말이다.

이것은 특히 실체적 근거를 가지고 설득력 있게 주장하는 뢰비트의 다음 주장과 관련해서는 사실이다. 즉 로젠츠바이크가 영원과 구제와 이념에 대해 갖는 강한 신념이 하이데거가 유한성에 몰두하는 입장과 근본적으로 양립 불가능하다는 것이다.

여기서, 나는 이 주장을 뒷받침하기 위해 『구원의 별(The Star of Redemption)』의 대표적인 구절 하나를 인용할 것이다. "〔유대〕 사람들은 그 영원한 존재 때문에 시간적 실존을 거부당한다. … 〔유대인〕은 이 세상의 가시적인 곳에 거주하지 않는다. 대지에 의해 근거 지워지고 한계 지어진 세계의 확고한 국가 지역에서 그 자신의 정신을 표현하는 그들의 민족적인 삶의 방식과 민족 언어와 함께. 대신 그들은 유일하게 그리고 단순하게 그것의 실존의 불멸성 속에서 살아간다. … 그것은 오직 자기-창조의 영원성만을 신뢰할 뿐이다. … 이 사람들은 이 영원성을 진정으로 믿고 있다. 〔유대인으로서〕 우리의 삶은 더 이상 외부와 얽혀 있지 않다. … 지상 위에 뿌리를 두지 않고, 그러므로 영원한 방랑자로, 우리는 우리 자신, 즉 우리의 육체와 피에 깊이 뿌리박게 되었다. 그 영원성을 보장하는 것은 우리 자신의 뿌리를 자신 속에 가진다는 것과 우리 자신 속에서만 갖는 것이다."(III, 49)

45) 자서전에서, 가다머(Gadamer)는 실존론적 방향성을 지닌 고대 그리스인들에 대한 하이데거의 태도에 주목한다. 어느 날 "모닥불에 불이 붙었고, 하이데거는 우리 모두를 감동시킨 연설을 했다. 이것은 '밤의 불길을 알아차리라'는 말과 함께 시작되었다. 그리고 그의 다음 말은 '그리스인들은…'이라는 것이었다. 확실히 청년 운동의 낭만주의가 감돌았다. 그러나 그곳에는 그 이상의 것이 있었다. 그것은 우리의 시대와 과거, 미래, 그리고 그리스 철학을 하나로 바라보는 사상가의 단호함이었다." 『철학적 수습기간(Philosophical Apprenticeships)』, R. Sullivan 옮김(Cambridge, Mass.: MIT Press, 1985), 48쪽.

46) Strauss, 「설명하기(A Giving of Accounts)」, 『유대 철학과 근대성의 위기(Jewish Philosophy and the Crisis of Modernity)』, Kenneth Green(편)(Albany: State University of New York Press, 1993), 458쪽.

47) Ibid., 450쪽.

48) Strauss, 「하이데거적 실존주의 입문(An Introduction to Heideggerian Existentialism)」, 『고전 정치철학의 재탄생(The Rebirth of Classical Political Philosophy)』(Chicago: University of Chicago Press, 1989), 30쪽.

49) Strauss, 「설명하기(A Giving of Accounts)」, 461쪽.

50) The Independent Journal of Philosophy 5/6, 1988, 183-184쪽.

51) Strauss, 「독일 니힐리즘(German Nihilism)」, Interpretation 26/3, Spring 1999, 358쪽. 다음 페이지에서, 스트라우스는 단호하게 근대성과 플라톤의 '돼지의 도시' 사이의 유사점을 강력하게 지지한다.

52) Strauss, 「스피노자의 종교 비판 서문(Preface to Spinoza's Critique of Religion)」, 『유대 철학과 근대성의 위기(Jewish Philosophy and the Crisis of Modernity)』, 137-138쪽.

53) Strauss, 「1933년 5월 19일, 뢰비트에게 보내는 서한(Letter to Lowith of 19 May 1933)」, 『전집 III(Gesammelte Schriften III)』, H.(Stuttgart: J. B. Metzler, 1997), 625쪽.

54) F. Poire, 『에마뉘엘 레비나스: 수필집과 인터뷰(Emmanuel Levinas: essais et entretiens)』(Paris: Actes du Sud, 1996), 78쪽.

55) Ibid., 81쪽.

56) Levinas, 「마르틴 하이데거와 존재론(Martin Heidegger et l'ontologie)」, Revue philosophique de la France et de l'etranger 53, no. 5-6, May-June, 1932, 395쪽.

57) Dostoyevsky, 『카라마조프가의 형제들(The Brothers Karamazov)』, David McDuff 옮김(London: Penguin Books, 1993), 332쪽. 강조는 저자.

58) 다음의 중요한 에세이를 보라. 「제일철학으로서의 윤리학(Ethics as First Philosophy)」, S. Hand(편), 『레비나스 읽기(The Levinas Reader)』(Cambridge, Mass.: Blackwell, 1989), 75-87쪽.

59) Ibid., 77-78쪽.

60) 다음을 보라. Levinas, 『윤리학과 무한(Ethics and Infinity)』, Philip Nemo(편), R. Cohen 옮김(Pittsburgh: Duquesne University Press, 1985), 39-41쪽.

61) 다음을 보라. Otto Pöggeler, 「총통을 지도하다: 하이데거, 국가사회주의, 그리고 끝이 없음(Den Fuhrer fuhren: Heidegger, Nationalsozialismus, und kein Ende)」, Philosophische Rundschau 32(2), 1985, 26-67쪽.

62) Samuel Moyn, 『타인의 기원들: 계시와 윤리학 사이의 에마뉘엘 레비나스(The Origins of the Other: Emmanuel Levinas between Revelation and Ethics)』(Ithaca: Cornell University Press, 2005), 100쪽.

63) 이에 대한 중요 논쟁은 다음을 참조하라. Zeev Sternhell, 『반계몽주의 전통(Anti-Enlightenment Tradition)』, David Maisell 옮김(New Haven: Yale University Press, 2011).

64) Karl Dietrich Bracher, 『독일 독재: 국가사회주의의 기원, 구조 그리고 결과(The German Dictatorship: The Origins, Structure, and Consequences of National Socialism)』(New York: Penguin, 1991), 9쪽.

65) Antonio Carioti, 「도나텔라 체사레는 사임하고, 하이데거에 대한 논쟁은 여전하다(Donatella Di Cesare si dimette e ancora polemica sulla Societa Heidegger: ≪Siete provinciali≫)」, Corriere della Sera, 30 March 2015.

66) Adam Soboczynski, 「국가사회주의는 무엇을 의미하는가?(Was heisst N. Soz.?)」, Die Zeit 26, March 2015.

67) 마르틴 하이데거, 『횔덜린의 송가-게르마니엔과 라인강』, 최상욱 옮김, 서광사, 2009.

68) Julia A. Ireland, 「[퓌시스]와 '국가사회주의의 내적 진리'를 명명하기: 새로운 아카이브 발견」, Research in Phenomenology, 44, 2014, 315-346쪽.

69) Markus Gabriel, 「국가사회주의에 대한 실질적 인정(Wesentliche Bejahung' des Nationalsozialismus)」, Die Welt, 7 April 2014. 위 인용구에서 '전면적인(강조는 저자)'은 독일어 원문에는 없다.-옮긴이.

70) Jaspers, 『하이데거 논쟁: 비판적 읽기(Heidegger Controversy: A Critical Reader)』, 149쪽.

71) Adorno, 「아우슈비츠 이후의 교육(Education After Auschwitz)」, 『비판적 모범들(Critical Models)』(New York: Columbia University Press, 1998), 191쪽.

제1판 머리말

1) 『존재의 정치학: 마르틴 하이데거의 정치적 사유(The Politics of Being: The Political Thought of Martin Heidegger)』(New York: Columbia University Press, 1980).

2) 『하이데거 논쟁: 비판적 독해(The Heidegger Controversy: A Critical Reader)』, 2nd ed.(Cambridge: MIT Press, 1993).

프롤로그
첼란의 시 「죽음의 푸가」와 「토트나우베르크」

1) Martin Heidegger, 『존재와 시간(Being and Time)』, J. Macquerrie and E. Robinson 옮김(New York: Harper and Row, 1962). 번역서: 하이데거, 『존재와 시간』, 이기상 옮김, 까치글방, 1998.

2) John Felstiner, 『파울 첼란: 시, 생존자, 유대인(Paul Celan: Poet, Survivor, Jew)』(New Haven: Yale University Press, 1995), 245쪽.

3) 자프란스키(Rüdiger Safranski)가 쓴 최근 하이데거 자서전, 『하이데거: 독일의 철학 거장과 그의 시대(Heidegger: Ein Meister aus Deutschland)』, 박민수 옮김, 북캠퍼스, 2017, 『마르틴 하이데거: 선·악을 넘어서(Martin Heidegger: Beyond Good and Evil)』(Cambridge: Harvard University Press, 1998). 첼란과 하이데거의 만남에 대한 다른 글은 다음을 참조하라. Richard Rorty, 「독일에서 온 스승(A Master from Germany)」, New York Times Book Review, 3 May 1998, 12쪽.

4) 이러한 상황은 정권 초기에 특히 특징적인 것이었다. 더 자세한 내용을 알고 싶으면, 한스 게오르크 가다머의 태도와 독일 고전 전문직에 대한 내 논문을 참조하라. 「파시즘과 해석학(Fascism

and Hermeneutics)」, The New Republic, May 15, 2000: 36-45쪽; 또한 다음을 보라. T. Laugstein, 『독일 파시즘 내에서의 철학(Philosophie Verhältnisse im deutschen Faschismus)』(Hamburg: Argument Verlag, 1990); 『국가의 최고의 정신: 철학과 국가사회주의(Die besten Geister der Nation: Philosophie und Nationalsozialismus)』, I. Korotin(편)(Wien: Picus Verlag, 1994).

5) 마르쿠제가 1948년 하이데거에게 쓴 애처롭고 감동적인 편지글을 보라. "우리 중 많은 이들이 오랫동안 당신을 [정권과] 동일시하는 것으로부터 분명하고 최종적으로 벗어나도록 해줄 성명서를 기다려 왔습니다. 상식을 가진 사람들은(지식인들 사이에서도) 당신을 철학자로 보기를 거부합니다. 철학과 나치즘은 양립 불가능하기 때문입니다. 이러한 상식적 견해는 정당합니다. 다시 한 번 당신이 바뀐 견해를 공식적으로 표현할 때에만, 당신(과 우리)은 당신의 인격과 당신의 작품을 나치즘과 동일시하는(그리고 당신의 철학을 해체하는) 입장과 싸울 수 있습니다." Wolin(편), 『하이데거 논쟁: 비판적 독해(The Heidegger Controversy: A Critical Reader)』(Cambridge, Mass.: MIT Press, 1993), 161쪽.

6) Berel Lang, 『하이데거의 침묵(Heidegger's Silence)』(Ithaca: Cornell University Press, 1997), A. Milchman and A. Rosenberg(편), 『마르틴 하이데거와 홀로코스트(Martin Heidegger and the Holocaust)』(Atlantic Heights, N.J.: Humanities Press, 1996).

1장
도입부: 하이데거의 제자들이 지닌 딜레마

1) 이러한 가정적 명성에 임의적인 것이 있다는 것에 대해서는 말할 필요도 없다. 다른 가능한 후보자는 레오 스트라우스, 안토니오 그람시, 그리고 카를 슈미트가 될 것이다. 후자의 두 사람의 사상은 좌 · 우익의 정치적 극단주의에 가깝기에 후보에서 제외시켰다. 스트라우스는, 철학적 문헌의 독자로서 예리한 통찰력을 지녔음에도, 그의 동료 독일계 유대인 망명자들처럼, 근대 정치의 요구를 모르는 것으로 보인다. 그가 미국 신보수주의에 대해서 일시적으로 영향을 끼쳤음에도 말이다. Shadia Drury, 『레오 스트라우스와 미국의 우파』(New York: St. Martin's Press, 1997). 스트라우스와 아렌트를 비교하려면 다음을 참조하라. 『한나 아렌트와 레오 스트라우스: 독일 망명자 그리고 제2차 세계대전 이후의 미국의 정치적 사유』, P. Kielmansegg 외(편)(Cambridge: Cambridge University Press, 1995).

2) Walter Benjamin, 『독일 비애극의 원천(The Origin of German Tragic Drama)』, J. Osborne 옮김(London: New Left Books, 1977), 182쪽, 강조는 저자; 번역본: 『독일 비애극의 원천』, 김유동, 최성만 옮김, 한길사, 2009.

3) 근대 시에 대한 고전적인 연구는 다음을 참조하라. Harold Bloom, 『불안과 영향(Anxiety and Influence)』(New York: Oxford University Press, 1997).

4) 하이데거 작품에서 이 문제에 대한 중요한 논쟁은 다음을 참조하라. Jürgen Habermas, 「마르틴 하이데거: 작품과 세계관(Martin Heidegger: Work and Weltanschauung)」, 『신보수주의: 문화 비평과 역사학자 논쟁(The New Conservatism: Cultural Criticism and the Historians' Debate)』, S. Nicholsen 옮김

(Cambridge: MIT Press, 1989), 140-172쪽.

5) 세대 현상으로서의 니힐리즘에 대한 논의는 다음을 참조하라. Robert Wohl, 『1914년 세대(The Generation of 1914)』(Cambridge: Harvard University Press, 1979).

6) Hugo Ott, 『마르틴 하이데거: 정치적 삶(Martin Heidegger: A Political Life)』(New York: Basic Books, 1993); Victor Farias, 『하이데거와 나치즘(Heidegger and Nazism)』(Philadelphia: Temple University Press, 1989). 또한 이 문제와 관련해서, 다음을 참조하라. Michael Zimmerman, 『하이데거의 근대 기술과의 대결(Heidegger's Confrontation with Modern Technology)』(Bloomington: Indiana University Press, 1989).

7) 「허버트 마르쿠제-마르틴 하이데거: 서신 교환(Herbert Marcuse-Martin Heidegger: An Exchange of Letters)」, Wolin(편), 『하이데거 논쟁(The Heidegger Controversy)』, 161쪽. 이 매력적인 편지는 최근 허버트 마르쿠제의 저작에서 증쇄되었다. 『기술, 전쟁, 그리고 파시즘(Technology, War, and Fascism)』, D. Kellner(편)(New York: Routledge, 1997), 263-267쪽.

8) Martin Heidegger, 「왜 우리는 지방에 남아야 하는가(Why We Remain in the Provinces)」, 『바이마르 자료집(The Weimar Sourcebook)』, M. Jay, A. Kaes, and E. Dimendberg(편)(Berkeley and Los Angeles: University of California, 1992), 426-428쪽.

9) Martin Heidegger, 「독일 학생들(German Students)」, Wolin(편), 『하이데거 논쟁(The Heidegger Controversy)』, 47쪽.

10) Karl Löwith, 『1933년 이전과 이후 독일에서의 나의 삶(My Life in Germany Before and After 1933)』(Urbana: University of Illinois Press, 1994), 60쪽.

11) 아렌트가 야스퍼스에게 보낸 편지, 『한나 아렌트-카를 야스퍼스 서신(Hannah Arendt-Karl Jaspers Correspondence)』, 48쪽.

12) Edmund Husserl, 「1933년 5월 4일의 편지(Letter of May 4, 1933)」, 『제3제국에서의 마르틴 하이데거(Martin Heidegger im dritten Reich)』, B. Martin(편)(Dormstadt: Wissenschaftliche Buchgesellschaft, 1989), 149쪽.

13) Ulrich Sieg, 「독일 정신의 유대인화(Die Verjudung des deutschen Geistes)」, Die Zeit 52, 22 December 1989, 19쪽.

14) 「막스 뮐러와의 대화(Ein Gespräch mit Max Müller)」, Freibürger Universitätsblätter 92, June 1986, 13-31쪽.

15) Léopoldine Weizmann, 「하이데거: 나치인가?(Heidegger: était-il Nazi?)」, 『에뛰드(Etudes)』, 638쪽.

16) 바움가르텐에 대한 하이데거의 맹렬한 비난과 관련한 이야기는 다음을 참조하라. Victor Farias, 『하이데거와 나치즘(Heidegger and Nazism)』, 209-211쪽. 또한 다음을 참조하라. Thomas Sheehan, 「하이데거와 나치(Heidegger and the Nazis)」, New York Review of Books, 15 June 1988, 38-47쪽.

17) Karl Jaspers, 「프라이부르크 대학 탈나치화 위원회에 보내는 편지(Letter to the Freiburg University Denazification Committee)」, 『하이데거 논쟁(The Heidegger Controversy)』, 159쪽.

18) 하이데거의 전기 작가 후고 오트와의 구두 의사소통. 하이데거의 실패에 대해서는 다음을 참조

하라. Ott, 『마르틴 하이데거: 정치적 삶(Martin Heidegger: A Political Life)』, 309-351쪽.

19) 이 문제에 관해서는 다음을 참조하라. Johannes Fritsche, 『하이데거의 『존재와 시간』에서 역사적 운명과 국가사회주의(Historical Destiny and National Socialism in Heidegger's Being and Time)』(Berkeley and Los Angeles: University of California Press, 1999); Richard Wolin, 『존재의 정치학: 마르틴 하이데거의 정치적 사유(The Politics of Being: The Political Thought of Martin Heidegger)』(New York: Columbia University Press, 1990); Tom Rockmore, 『하이데거의 나치즘과 철학(On Heidegger's Nazism and Philosophy)』(Berkeley and Los Angeles: University of California Press, 1992).

20) 다음을 참조하라. Arendt, 「무엇이 남는가? 언어가 남는다: 귄터 가우스와의 대화(What Remains? The Language Remains: A Conversation with Günter Gaus)」, 『이해에 관한 에세이: 1930-1954(Essays in Understanding: 1930-1954)』, J. Kohn(편)(New York: Harcourt Brace, 1994), 1-23쪽.

21) 다음을 참조하라 Löwith, 「유럽 니힐리즘: 유럽 전쟁의 정신적 · 역사적 배경(European Nihilism: Reflections on the Spiritual and Historical Background of the European War)」, R. Wolin(편), 『마르틴 하이데거와 유럽 니힐리즘(Martin Heidegger and European Nihilism)』(New York: Columbia University Press, 1995), 173-224쪽, Löwith, 『헤겔에서 니체로(From Hegel to Nietzsche)』(New York: Columbia University Press, 1991), passim.

22) Hannah Arendt, 『인간의 조건(The Human Condition)』(Chicago: University of Chicago Press, 1958), 1-2쪽; 한나 아렌트, 『인간의 조건』, 이진우 · 태정호 옮김, 한길사. 인용된 구절에서, 아렌트는 확실히 "인간의 지구라는 감옥으로부터 탈출"하려는 갈망이 만연해 있는 상황을 과장해서 표현하고 있다. 때때로 그러한 태도가 표현되었을지 모르지만, 그러한 견해는 확실히 소수의 견해인 것으로 보인다. 더욱이 '탈출'에 대한 갈망과 새로운 기술 가능성에 대한 찬양을 명확하게 구별하는 것에 종종 어려움이 있었다. 아렌트에게는 미안한 말이지만, 당시 지배적인 정서는 알려지지 않은 지평을 탐험하는 인류의 능력을 높이 평가하는 것이었다. 따라서 콜롬비아의 '탐험 시대'와의 일반적 비교이다.

23) Hans Jonas, 『책임의 명령: 기술 시대 윤리의 모색(The Imperative of Responsibility: In Search of an Ethics for the Technological Age)』(Chicago: University of Chicago Press, 1984), 201-202쪽.

24) 하이데거가 수차례 사용했던, '전 지구적인 기술'이라는 관용구는 1930년대 초 최초로 별칭을 만들었던, 에른스트 윙거의 종말론적 예언에 빚을 지고 있음을 보여준다. 윙거에 대한 더 자세한 내용은 다음을 참조하라. Elliot Neaman, 『수상쩍은 과거: 에른스트 윙거와 나치즘 이후의 문학의 정치』(Berkeley: University of California Press, 1999).

25) Anson Rabinbach, 『재앙의 그림자: 종말과 계몽 사이에서의 독일 지성인들(In the Shadow of Catastrope: German Intellectuals Between Apocalpyse and Enlightenment)』(Berkeley and Los Angeles: University of California Press, 1997), 27쪽.

26) Georg Lukács, 『소설 이론(The Theory of the Novel)』(Cambridge: MIT Press, 1971), 21쪽.

27) Nietzsche, 『힘에의 의지(The Will to Power)』, W. Kaufmann and R. J. Hollingdale 옮김(New York: Vintage, 1967), 7, 9쪽. 독일적 문맥에서의 니체 철학의 수용에 대한 중요 연구는 다음을 참조하라. Steven Aschheim, 『1890-1990년대 독일에서 니체의 유산(The Nietzsche Legacy in Germany: 1890-

1990)』(Berkeley and Los Angeles: University of California Press, 1992).

28) Ernest Gellner, 『말과 사물: 언어철학에 대한 비판적 해석과 이데올로기 연구(Words and Things: A Critical Account of Linguistic Philosophy and a Study in Ideology)』(London: Victor Gollancz, 1959, 20).

29) Richard Wolin, 「자크가 구축한 집: 해체와 혹독한 평가(The House that Jacques Built: Deconstruction and Strong Evaluation)」, 『문화적 비평의 조건: 프랑크푸르트학파, 실존주의 그리고 후기구조주의(The Terms of Cultural Criticism: The Frankfurt School, Existentialism, and Poststructuralism)』(New York: Columbia University Press, 1992).

2장
독일에 동화된 유대인: 정체성 혼란과 시련

1) Arno J. Mayer, 『왜 하늘은 어두워지지 않은 것일까?(Why Did the Heavens Not Darken?)』(New York: Pantheon, 1988), 39쪽.

2) Franz Neumann, 『베헤모스: 국가사회주의의 구조와 실천(Behemoth: The Structure and Practice of National Socialism)』(New York: Harper and Row, 1966), 121쪽, 강조는 저자. 노이만의 연구는 1942년에 처음 출판되었으며, 2판은 1944년에 출간되었다. 독일의 역사적 책임을 유사하게 굴절시킨 조지 모스는 다음과 같이 주장했다. "역설적이게도, 제1차 세계대전 이전에 성공적인 인종차별주의자와 국가사회주의 운동의 본고장이 될 것으로 보였던 곳은 독일이나 오스트리아가 아니라 프랑스였다." Mosse, 『최종 해결책을 향하여: 유럽 인종차별의 역사(Towards the Final Solution: A History of European Racism)』(New York: Howard Fertig, 1974), 14쪽.

3) George Mosse, 『유대교를 넘어선 독일계 유대인(German Jews Beyond Judaism)』(Bloomington: University of Indiana Press, 1985), 14쪽.

4) 『한나 아렌트와 카를 야스퍼스의 서신 교환, 1926-1969(Hannah Arendt-Karl Jaspers Correspondence, 1926-1969)』, L. Kohler and H. Saner(편)(New York: Harcourt Brace, 1992), 198쪽.

5) H. I. Bach, 『독일계 유대인: 유대교와 서구 문명의 종합, 1730-1930(The German Jew: A Synthesis of Judaism and Western Civilization, 1730-1930)』(Oxford: Oxford University Press, 1984), 143쪽.

6) Sigmund Freud, 『정신분석학 작품 전집 판본(The Standard Edition of the Complete Psychological Works)』(London: Hogarth, 1959), 273-274쪽. 그는 계속해서 다음과 같이 생각했다. "내가 유대인이었기 때문에, 나는 편견에서 자유로웠다. 다른 사람들의 경우 편견은 그들의 지성을 제한했다. 그리고 유대인으로서 나는 반대편에 가담할 준비가 되어 있었으며, '강한 다수당'과의 동의 없이 할 준비가 되어 있었다." 프로이트의 유대교와의 관계에 대한 더 많은 자료는 다음을 참조하라. Yosef Yerushalmi, 『프로이트의 모세: 유대교, 끝마칠 수 있는 그리고 끝이 없는(Freud's Moses: Judaism Terminable and Interminable)』(New Haven: Yale University Press, 1991).

7) Kafka, 『사랑하는 아버지(Dearest Father)』(New York: Schocken, 1964), 173쪽.

8) Bach, 『독일계 유대인(The German Jew)』, 167쪽.

9) Kafka, 『밀레나에게 보내는 편지(Letters to Milena)』(New York: Schocken, 1990), 219쪽. 숄렘에게 보내는 편지에서, 벤야민은 카프카가 갖는 근대인(그리고 시인)으로서의 중요성을 강조했다. 카프카는 "우리 시대의 현실을 직면한 개인이다. 이론적으로, 예를 들어 근대 물리학에서, 그리고 실천적으로 근대 전쟁 기술에서 실현된 우리의 현실 말이다. 내가 말하고자 하는 것은 이러한 현실은 사실상 한 개인에 의해 더 이상 경험될 수 없다는 것이다. 그리고 종종 그러한 장난스러움과 천사들과 엮여 있는 카프카의 세계는 그 시대의 거주민들을 상당히 거대한 규모로 없애려고 준비하고 있는 그의 시대의 정확한 보완물이다." 다음을 참조하라. Benjamin, 『계시(Illuminations)』(New York: Schocken, 1969), 143쪽.

10) Stephen Magill, 「방어와 자기성찰: 1914년 독일계 유대인(Defense and Introspection: German Jewry, 1914)」; Bronsen, 『1866-1933년의 유대인과 독일인들(Jews and Germans from 1866-1933)』(Heidelberg: Carl Winter, 1979), 220쪽.

11) Kafka, 『친구, 가족, 그리고 편집자에게 보내는 편지(Letters to Friends, Family, and Editors)』(New York: Schocken, 1978), 289쪽.

12) Saul Friedländer, 『나치 독일과 유대인들(Nazi Germany and the Jews)』(New York: HarperCollins, 1996), 84쪽.

13) Jacques Le Rider, 『비엔나의 근대성 및 정체성의 위기(Modernité viennoise et crises de l'identité)』(Paris: Presses Universitaires de France, 1990), 215쪽.

14) Hans-Ulrich Wehler, 『1871-1918년까지의 독일제국(The German Empire: 1871-1918)』(Leamington Spa: Berghahn, 1985), 219쪽.

15) Ernst Jünger, 「국가사회주의와 유대인 문제(Uber Nationalismus und Judenfrage)」, Suddeutsche Monatshefte 27, 1930, 845쪽. 1940년대 후반 독일의 관료적 사람이 표현한 비슷한 감상을 듣고, 철학자 위르겐 하버마스는 윙거가 거의 주의를 기울이지 않았다는 사실에 주목한다. 윙거는 후설, 막스 셸러, 게오르크 지멜, 루드비히 비트겐슈타인과 같은 저자들의 작품을 읽는 데 너무 몰두했기 때문이다.

16) Richard Wagner, 『음악에서의 유대교 그리고 다른 에세이들(Judaism in Music and Other Essays)』(Lincoln: University of Nebraska Press, 1995), Otto Dov Kulka, 「리하르트 바그너 그리고 근대 반유대주의의 기원들(Richard Wagner und die Anfänge des modernen Antisemitismus)」, Bulletin des Leo Baeck Instituts 4, December 1961, 281-300쪽.

17) Habermas, 『철학적-정치적 개요(Philosophical-Political Profiles)』, 41쪽. 슈미트의 반유대주의에 대한 더 많은 정보는 다음을 참조하라. Raphael Gross, 『카를 슈미트와 유대인(Carl Schmitt und die Juden)』(Frankfurt am Main: Suhrkamp Verlag), 2000.

18) Ray Monk, 『루드비히 비트겐슈타인: 천재의 의무(Ludwig Wittgenstein: The Duty of Genius)』(London: Jonathan Cape, 1990), 394쪽.

19) Isaiah Berlin, 「유대인 노예와 해방(Jewish Slavery and Emancipation)」, Jewish Chronicle 21, 1951, 9쪽.

20) Gershom Scholem, 『위기에 처한 유대인과 유대교에 관하여(On Jews and Judaism in Crisis)』(New

York: Schocken, 1978), 80쪽.

21) Ibid., 83쪽.

22) Dan Diner, 「부정적인 공생: 아우슈비츠 이후의 독일인과 유대인(Negative Symbiosis: Germans and Jews after Auschwitz)」, P. Baldwin, 『과거를 다시 만들기: 히틀러, 홀로코스트, 그리고 역사가들의 논쟁(Reworking the Past: Hitler, the Holocaust, and the Historians' Debate)』(Boston: Beacon Press, 1990).

23) Enzo Traverso, 『유대인과 독일(The Jews and Germany)』, D. Weissbort 옮김(Lincoln: University of Nebraska Press, 1995), 40쪽.

24) Fritz Stern, 『꿈과 망상: 독일 역사의 드라마(Dreams and Delusions: The Drama of German History)』(New York: Alfred Knopf, 1987), 111쪽.

25) Shulamit Volkov, 「해체의 역학: 동부 유대인과 독일 유대인(The Dynamics of Dissimilation: Ostjuden and German Jews)」, 『독일 문화에 대한 유대인의 반응: 계몽주의 시대로부터 제2차 세계대전까지(The Jewish Response to German Culture: From the Enlightenment to the Second World War)』, J. Reinharz and W. Schatzberg(편)(Hanover and London: University Press of New England, 1985), 195-211쪽. Amos Funkenstein, 「동화의 변증법(Dialectics of Assimilation)」, Jewish Social Studies 1, winter 1995: 1-14쪽.

26) Martin Buber, 「유대인 르네상스(Jüdische Renaissance)」, Ost und West 1(1901): 7-10쪽.

27) Moritz Goldstein, 「독일 유대인 문단(Deutsch-jüdischer Parnass)」, Der Kunstwart 25, March 1912), 283쪽.

28) Ismar Schorsch, 「독일 유대교: 고백에서 문화로(German Judaism: From Confession to Culture)」, 『1933-1943 국가사회주의 독일에서의 유대인들(Die Juden im Nationalsozialistschen Deutschland, 1933-1943)』, A. Paucker(편)(Tübingen: J. C. B. Mohr, 1986), 68쪽. 이러한 경향에 대한 명료한 조사는 다음을 참고하라. Michael Brenner, 『바이마르 독일에서 유대 문화의 르네상스(The Renaissance of Jewish Culture in Weimar Germany)』(New Haven: Yale University Press, 1996).

3장
한나 아렌트: 히틀러의 평범한 사형집행인에 대한 기능주의적 해석의 위험성

1) Thomas Mann, 「독일과 독일인들(Germany and the Germans)」(Washington: Library of Congress, 1945), 18쪽.

2) Heidegger, 『형이상학 입문(Introduction to Metaphysics)』(New Haven: Yale University Press, 1959), 150쪽; 번역본: 마르틴 하이데거, 『형이상학 입문』, 박휘근 옮김(문예출판사, 1994); Heidegger, 「오직 신만이 우리를 구할 수 있다(Only a God Can Save Us)」, R. Wolin(편), 『하이데거 논쟁(The Heidegger Controversy)』, 111쪽.

3) 비교를 위해 다음을 참고하라. Ian Kershaw and Moishe Lewin(편), 『스탈린주의와 나치즘: 독재정권의 비교(Stalinism and Nazism: Dictatorships in Comparison)』(Cambridge: Cambridge University Press, 1997).

4) 여러 지점에서, 아렌트의 분석이 중단한 부분을 찾아낸 반유대주의에 대한 최근의 중요 연구는 다음을 참고하라. Albert Lindemann, 『에서의 눈물: 반유대주의와 유대인의 부활(Esau's Tears: Modern Anti-Semitism and the Rise of the Jews)』(Cambridge: Cambridge University Press, 1997).

5) Karl Löwith, 『1933년 이전과 이후 독일에서의 나의 삶(My Life in Germany Before and After 1933)』, 45쪽.

6) Hannah Arendt/Martin Heidegger, 『1925-1975년 사이의 편지들(Briefe: 1925-1975)』(Frankfurt: Klostermann Verlag, 1998), 21-25쪽.

7) Elzbieta Ettinger, 『한나 아렌트/마르틴 하이데거(Hannah Arendt/Martin Heidegger)』(New Haven: Yale University Press, 1995), 15쪽.

8) Martin Heidegger, 「왜 우리는 지방에 남아야 하는가(Why We Remain in the Provinces)」, 426쪽.

9) Heidegger, 「독일 대학의 자기주장(The Self-Assertion of the German University)」, 『하이데거 논쟁(The Heidegger Controversy)』, 34쪽.

10) Claudia Schorcht, 『1933-1945년 바이에른 대학들에서의 철학(Die Philosophie an den Bayerischen Universitäten 1933-45)』(Erlangen: Harald Fischer, 1990), 161쪽.

11) Rüdiger Safranski, 『마르틴 하이데거: 선 · 악을 넘어서(Martin Heidegger: Beyond Good and Evil)』, 327쪽.

12) Ettinger, 『한나 아렌트/마르틴 하이데거(Hannah Arendt/Martin Heidegger)』, 15쪽.

13) Hannah Arendt/Martin Heidegger, 『1925-1975년 사이의 편지들(Briefe: 1925-1975)』(Frankfurt: Klostermann, 1998), 76쪽.

14) Ibid., 66쪽.

15) Ibid., 150쪽.

16) Hannah Arendt/Heinrich Blücher, 『1936-1968년의 편지들(Briefe, 1936-1968)』(Munich: Piper Verlag, 1996), 208쪽.

17) 사르트르의 고전적 설명은 다음을 참조하라. 『반유대주의와 유대인(Anti-Semite and Jew)』(New York: Grove Press, 1960).

18) Arendt, 『파리아로서의 유대인(The Jew as Pariah)』, R. Feldman(편)(New York: Grove Press, 1978), 92쪽.

19) Arendt, 『이해의 에세이, 1930-1954(Essays in Understanding, 1930-1954)』(Jerome Kohn, ed., New York: Harcourt Brace, 1994), 6, 12쪽.

20) 『프란츠 카프카의 일기(The Diaries of Franz Kafka)』, 111쪽.

21) Richard Bernstein, 『한나 아렌트와 유대인 문제(Hannah Arendt and the Jewish Question)』(Cambridge: MIT Press, 1996), 28쪽; 번역본: 리처드, J. 번스타인, 『한나 아렌트와 유대인 문제』, 김선욱 옮김(아모르문디, 2009).

22) Arendt, 『파리아로서의 유대인(The Jew as Pariah)』, 247쪽.

23) Bernstein, 『한나 아렌트와 유대인 문제(Hannah Arendt and the Jewish Question)』, 29쪽.

24) David Sorkin, 『1780-1840년 독일계 유대인의 변신(The Transformation of German Jewry, 1780-1840)』(New York: Oxford University Press, 1987), 23쪽: "해방 논의의 밑바탕에는 부패하고 닳고 닳은 유대 민족에 대한 이미지가 있었다. 이러한 이미지 때문에, 해방은 유대인의 도덕적 갱생이라는 개념과 연결되었다. 해방 논쟁은 기본적으로 이러한 도덕적 갱신이 가능한지, 그것에 대해 누가 책임져야 하는지, 그리고 언제 어떤 조건하에서 이것이 일어날 것인가를 중심 주제로 했다."

25) Wilhelm Marr, 『유대인 전쟁무대에 대하여: 전투기록(Vom Jüdischen Kriegsschauplatz: Eine Streitsschrift)』(Berne, 1879), 19쪽; 나음에서 인용함. Peter Pulzer, 『독일과 오스트리아에서 정치적 반유대주의의 발생(The Rise of Political Anti-Semitism in Germany and Austria)』(Cambridge: Harvard University Press, 1988), 48쪽.

26) Hermann Cohen, 「독일성과 유대인성(Germanness and Jewishness)」, 『이성과 희망(Reason and Hope)』(New York: W. W. Norton, 1971), 187쪽.

27) Heinrich von Treitschke, 『19세기 독일 역사(A History of Germany in the Nineteenth Century)』 4권 (Chicago: University of Chicago Press, 1975), 556쪽.

28) Habermas, 『철학적-정치적 개요(Philosophical-Political Profiles)』, 22쪽.

29) Peter Pulzer, 『독일과 오스트리아에서의 정치적 반유대주의의 발생(The Rise of Political Anti-Semitism in Germany and Austria)』, 68쪽; Steven Aschheim, 『형제와 이방인: 1800-1923년 독일 내에서 동유럽계 유대인 그리고 독일계 유대인의 의식(Brothers and Strangers: The East European Jew in German and German Jewish Consciousness, 1800-1923)』(Madison: University of Wisconsin Press, 1982), 78쪽: "유대인에 대한 역사적 이미지는 독일 내에서 결코 사멸하지 않았으며, 구조적 위기가 닥쳤을 때 이용할 수 있었다. 탈무드와 게토 유대인에 대한 전통적인 두려움과 불신 위에 개성 없고 의도에 있어 파괴적인 근대 유대인의 개념이 접목되었다."

30) 전년도에 쓴 논문, 『동료 존재에서 개인의 역할』에서, 카를 뢰비트 역시 『존재와 시간』에서의 하이데거의 '더불어 있음' 개념에 대해 직접적으로 이의를 제기했다. 그러나 아렌트는 『사랑과 성 아우구스티누스』에서 뢰비트의 논문을 언급하지 않는다. 뢰비트의 비판에 대해서는 4장을 참조하라.

31) Arendt, 『사랑과 성 아우구스티누스(Love and Saint Augustine)』(Chicago: University of Chicago Press, 1995), 178쪽. 아렌트의 비판이 갖는 이러한 측면을 지적해준 새뮤얼 모인(Samuel Moyn)에게 감사한다.

32) Fritz Ringer, 『독일 관료의 몰락: 1890-1933년, 독일의 학문 공동체(The Decline of the German Mandarins: The German Academic Community, 1890-1933)』(Cambridge: Harvard University Press, 1969).

33) Arendt, 『사랑과 성 아우구스티누스(Love and Saint Augustine)』, 100쪽.

34) Ibid., 102쪽.

35) Arendt, 『인간의 조건(The Human Condition)』, 53쪽.

36) Arendt, 『라헬 파른하겐: 한 유대 여성의 삶(Rahel Varnhagen: The Life of a Jewess)』, L. Weissberg(편), R. and C. Winston 옮김(Baltimore: Johns Hopkins, 1997), 91쪽.

37) Arendt, 『이해의 에세이(Essays in Understanding)』, 11쪽. 하이데거 후설에게 보낸 편지는 다음을 참조하라. Bernd Martin(편), 『마르틴 하이데거와 제3제국(Martin Heidegger und das dritte Reich)』(Darmstadt: Wissenschaftliche Buchgesellschaft, 1989), 149쪽.

38) Arendt, 『라헬 파른하겐(Rahel Varnhagen)』, 85쪽. 강조는 저자.

39) Ibid., 88쪽.

40) 베버의 파리아로서의 유대인에 대한 논의는 다음을 참조하라. 『고대 유대교(Ancient Judaism)』(New York: Free Press, 1967).

41) Arendt, 『라헬 파른하겐(Rahel Varnhagen)』, 91쪽.

42) Arendt, 「실존철학이란 무엇인가?(What Is Existenz Philosophy?)」, Partisan Review 13(1), 1946, 46쪽.

43) Thomas Mann, 『1942-1949, 의회도서관에서 발표된 연설들(Addresses Delivered at the Library of Congress, 1942-1949)』, 51쪽, 65쪽.

44) Arendt/Heidegger, 『편지 교환(Briefwechsel)』, 75쪽.

45) Hannah Arendt/Karl Jaspers, 『편지(Correspondence)』(New York: Harcourt and Brace, 1925), 142쪽.

46) Arendt, 「실존철학이란 무엇인가?(What Is Existenz Philosophy?)」, 48쪽.

47) Arendt, 「80세 생일을 맞은 마르틴 하이데거(Martin Heidegger at Eighty)」, M. Murray(편), 『마르틴 하이데거와 근대 철학(Martin Heidegger and Modern Philosophy)』(New Haven: Yale University Press, 1978), 302쪽; Theodor Adorno, 『본래성이라는 용어(The Jargon of Authenticity)』, K. Tarnowski 옮김(New York: Seabury, 1975). 하이데거의 반나치즘에 대한 후고 오트의 반박에 대해서는 다음을 참고하라. Ott, 『마르틴 하이데거: 정치적 삶(Martin Heidegger: A Political Life)』, 235-260쪽.

48) Seyla Benhabib, 「그 개인은 정치적이지 않다(The Personal Is Not the Political)」, The Boston Review 24(5), October-November 1999, 46쪽. 강조는 저자.

49) Hannah Arendt/Karl Jaspers, 『편지 교환(Correspondence)』, 457쪽.

50) Hannah Arendt/Martin Heidegger, 『편지들(Briefe)』, 94쪽.

51) Seyla Benhabib, 「그 개인은 정치적이지 않다(The Personal Is Not the Political)」, 47쪽.

52) Arendt, 『예루살렘의 아이히만(Eichmann in Jerusalem)』(New York: Penguin, 1963), 117, 125-126쪽. 강조는 저자.

53) Yehuda Bauer, 『홀로코스트의 역사(History of the Holocaust)』(New York: F. Watts, 1982), 166-167쪽.

54) Scholem, 「게르숌 숄렘과 한나 아렌트 간의 편지 교환(An Exchange of Letters between Gershom Scholem and Hannah Arendt)」, 『파리아로서의 유대인(The Jew as Pariah)』, 243쪽.

55) Michael Marrus, 「홀로코스트의 역사: 최근 문서에 대한 검토(A History of the Holocaust: A Survey of Recent Literature)」, Journal of Modern History 59, March 1987, 149쪽.

56) 룸코프스키의 통치에 대한 소설화된 설명은 다음을 참고하라. Leslie Epstein, 『유대인의 왕(The

King of the Jews)』(New York: Coward, McCann & Geoghegan, 1979).

57) 아이히만을 '유대교로 개종한 자'라고 한 말에 대해서는 다음을 참조하라. Arendt, 『예루살렘의 아이히만(Eichmann in Jerusalem)』, 40쪽.

58) Ibid., 58쪽.

59) Hannah Arendt/Karl Jaspers, 『편지 교환(Correspondence)』, 586쪽.

60) Raul Hilberg, 『기억의 정치: 홀로코스트 역사가 저널(The Politics of Memory: The Journal of a Holocaust Historian)』(Chicago: Ivan Dee, 1996), 149-150쪽.

61) 이 주제에 대한 더 많은 정보를 위해서는 다음을 참고하라. Bernstein, 『한나 아렌트와 유대인 문제(Hannah Arendt and the Jewish Question)』, 137-153쪽.

62) Hans Mommsen, 「한나 아렌트와 아이히만 재판(Hannah Arendt and the Eichmann Trial)」, 『바이마르로부터 아우슈비츠까지(From Weimar to Auschwitz)』(Princeton: Princeton University Press, 1991), 271, 255쪽.

63) Tocqueville, 『구정권과 프랑스 혁명(The Old Regime and the French Revolution)』, S. Gilbert 옮김(Garden City: Anchor Books, 1955).

64) Arendt, 「조직화된 범죄와 보편적 책임(Organized Guilt and Universal Responsibility)」, 『파리아로서의 유대인(The Jew as Pariah)』, 230쪽; 나치에 대한 기능주의적 접근에 대해서는 다음을 참고하라. Ian Kershaw, 『나치 독재: 문제와 해석의 관점(The Nazi Dictatorship: Problems and Perspectives of Interpretation)』(London: E. Arnold, 1993), Christopher Browning, 『평범한 인간: 경찰 부대 101(Ordinary Men: Police Battalion 101)』(New York: HarperCollins, 1992), 특히 5장을 참조하라. Hans Mommsen, 『바이마르로부터 아우슈비츠까지(From Weimar to Auschwitz)』와 Omer Bartov, 『우리 중의 살인자: 홀로코스트와 근대의 대량살상(Murderers in Our Midst: The Holocaust and Modern Mass Death)』(New York: Oxford University Press, 1995)을 참조하라.

65) Arendt, 「조직화된 범죄와 보편적 책임(Organized Guilt and Universal Responsibility)」, 229쪽.

66) Ibid., 231쪽.

67) Ibid., 234쪽.

68) Ibid., 232쪽.

69) 물론 이것은 다른 그룹들이 엄청나게 고통을 받지 않았다고 주장하는 것은 아니다. 그러나 심지어 많은 수가 죽임을 당한, 집시와 동성애자들은 해결책 혹은 최종 해결책의 명시적인 표적이 되지는 않았다.

70) 단 다이너는 다음과 같이 말한다. "한나 아렌트에게 블뤼허가 준 영감과 영향은 여전히 탐구 주제다. … 특히 『기원』의 마지막과 세 번째 부분에서, 전-공산주의 이야기에 대한 담론 구조가 눈에 띈다." Diner, 「다시 생각하는 한나 아렌트: 그녀의 홀로코스트 서술에서 평범성과 악에 대하여(Hannah Arendt Reconsidered: On the Banal and the Evil of Her Holocaust Narrative)」, New German Critique 71, spring-summer 1997, 187쪽. 야스퍼스에게 보내는 1963년도 편지에서, 아렌트는 유대 민족에 대한 블뤼허의 견해가 항상 누군가가 희망하는 것은 아니라고 언급한다. Arendt/

Jaspers, 『편지 교환(Correspondence)』, 511쪽.

71) Arendt/Jaspers, 『편지 교환(Correspondence)』, 542쪽.

72) Margaret Canovan, 『한나 아렌트: 그녀의 정치철학에 대한 재해석(Hannah Arendt: A Reinterpretation of Her Political Philosophy)』(Cambridge: Cambridge University Press, 1992), 20쪽.

73) Steven Aschheim, 『문화와 재앙(Culture and Catastrophe)』(London: MacMillan, 1996), 111-112쪽.

74) Richard Bernstein, 『한나 아렌트와 유대인 문제(Hannah Arendt and the Jewish Question)』, 특히 7장을 참조하라.

75) Arendt, 『예루살렘의 아이히만(Eichmann in Jerusalem)』, 26쪽.

76) Diner, 「다시 생각하는 한나 아렌트(Hannah Arendt Reconsidered)」 185쪽.

77) Dana Villa, 『아렌트와 하이데거: 정치적인 것의 운명(Arendt and Heidegger: The Fate of the Political)』(Princeton: Princeton University Press, 1996). 그의 주된 실패는 아렌트와 하이데거의 정치적 사상이 발전한 역사 · 문화적 매트릭스에 관한 자각을 결여하고 있다는 것이다. 이는 그 자체로 앞서 언급했던 탈맥락화된 접근 방법의 전형을 보여준다. 따라서 빌라는 아렌트와 하이데거를 따라, 근대 사회에 대한 경멸적인 특성화를 무비판적으로 전유한다(예를 들어, '근대인의 소외'와 같은 닳아빠진 클리셰를 들여온다든지). 이 판단들은 단지 가정되는 것이 아니라 문서화되고, 검증되고, 정교화되어야 한다. 문제는 아렌트가 '심미화된 정치'와 '행동을 위한 행동'—아렌트가 『인간의 조건』에서 자유롭게 지지한 입장—을 찬양한다는 것이며, 이러한 입장은 1920년대 정치적 우파가 받아들였던 자유 민주주의에 대한 '행동주의자' 그리고 '결단주의자'의 비판과 위태롭게 유사하다. 아렌트의 정치사상이 갖는 반근대주의적 편견(확실히 지적으로 매혹적인)을 보다 면밀하게 검토할수록, 아렌트의 정치사상이 갖는 반근대주의적 편견을 역사적으로 알려진 고대 혹은 근대의 민주주의적 실천의 화신이라는 이미지와 조화시키기는 더 어렵다(그녀가 의회 민주주의에 대해 뒤늦게 지지한 것은 이 판결의 부분적 예외에 해당한다). 아렌트의 정치철학이 그 속에서 등장하는 노골적인 반자유주의적 맥락을 진지하게 받아들이는 데 실패함으로써, 빌라의 해석은 1920년대 독일의 반민주주의적 사상에 고유한 엄청난 딜레마를 무반성적으로 계승한다. 마침내 아렌트를 '포스트 모더니스트'로 보는 시도는(그녀의 정치사상은 "토대 없는 정치적 행위와 판단을 사유"하려고 시도한다고 주장하면서 말이다) 정치 이론에 대한 아렌트의 접근이 갖는 고전주의적 편견을 심각하게 잘못 해석하고 있다.

78) Pierre Bourdieu, 『마르틴 하이데거의 정치 존재론(The Political Ontology of Martin Heidegger)』, P. Collier 옮김(Stanford: Stanford University Press, 1991); 부르디외, 『나는 철학자다—부르디외의 하이데거론』, 김문수 옮김(이매진, 2005).

79) Arendt, 『인간의 조건(The Human Condition)』, 23쪽.

80) Karl Marx, 「포이에르바흐 테제(Theses on Feuerbach)」, 『마르크스-엥겔스 읽기(The Marx-Engels Reader)』, R. Tucke(편)(New York: Norton, 1978), 143쪽.

81) Herbert Marcuse, 「역사유물론의 토대(The Foundations of Historical Materialism)」, 『비판철학 연구(Studies in Critical Philosophy)』, J. de Bres 옮김(Boston: Beacon, 1972), 13-14쪽, 아렌트의 '공화주의'에 대한 마이클 왈저의 비판을 참조하라. 그녀는 '노동'과 '사회성'을 희생하면서, 시민권이나 정치

적 '미덕'에 특권을 부여하려는 편견에 찬 시도를 한다: "실제로 노동은, 비록 필요에 의해 시작하지만, 자신의 가치를 갖는다. 즉 직업에 대한 헌신, 잘된 일에 대한 자부심, 직장에서의 동지애에서 표현되듯 말이다. 이 모든 것은 시민권의 가치에 비견되는 것이다." Walzer, 「시민사회의 개념(The Concept of Civil Society)」, M. Walzer(편), 『타워는 글로벌 시민사회이다(Tower Is a Global Civil Society)』(Providence: Berghahn Books, 1995), 10쪽.

82) Charles Taylor, 『자아의 원천: 근대적 정체성 만들기(Sources of the Self: The Making of Modern Identity)』(Cambridge: Harvard University Press, 1989), 292쪽. 필립 아리에스의 폭로성 언급을 참조하라. "역사가들은 오래전에 왕은 결코 홀로 남겨지지 않았다고 가르쳤다. 그러나 사실상 17세기 말엽까지, 어느 누구도 혼자 남겨지지 않았다. 사회적 삶의 밀도는 고립을 사실상 불가능하게 만들었고, 한동안 방에 틀어박혀 지낸 사람들은 예외적인 인물이라 여겨졌다." 『유년시절의 세기(Centuries of Childhood)』, R. Baldick 옮김(New York: Knopf, 1962), 398쪽.

83) John Milton, 『실락원(Paradise Lost)』, VIII, II. 192-194쪽.

84) 자유주의적 정치 사유는 미덕을 결여한다는 주장에 대한 설득력 있는 반박을 위해서는 다음을 참조하라. Peter Berkowitz, 『근대 자유주의의 미덕과 형성(Virtue and the Making of Modern Liberalism)』(Princeton: Princeton University Press, 1999).

85) Arendt, 『인간의 조건(The Human Condition)』, 31쪽.

86) François Furet, 『프랑스 혁명 해석(Interpreting the French Revolution)』(Cambridge: Cambridge University Press, 1979).

87) 확실히, 아렌트가 보는 아리스토텔레스는 하이데거화되었다. 빌라는 다음과 같이 말한다. "그러므로 아렌트가 아리스토텔레스의 행위함과 제작함[phronesis and poesis]의 구별을 사용할 때, 그녀는 프락시스를 본래적 실존으로 재구성한다." 『아렌트와 하이데거(Arendt and Heidegger)』, 140쪽. Benhabib, 『한나 아렌트의 내키지 않는 모더니즘(The Reluctant Modernism of Hannah Arendt)』, 107쪽; 하이데거와는 대조적으로, 아렌트는 아리스토텔레스의 프락시스 개념에서 인간 행동을 새롭게 재평가할 열쇠를 발견했다. 나타남의 공간 내에서 펼치는 상호작용으로서 말이다.

88) 이 점과 관련해서는 다음 글을 참고하라. Donald Sassoon, 『100년의 사회주의(One-Hundred Years of Socialism)』(New York: The New Press, 1996).

89) J. Cohen and A. Arato, 『시민사회와 정치 이론(Civil Society and Political Theory)』(Cambridge: MIT Press, 1992), 177쪽.

90) Karl Jaspers, 『하이데거에 대한 비망록(Notizen zu Martin Heidegger)』(Munich: Piper Verlag, 1988), 274쪽.

91) 그러나 그녀가 노동자 평의회에 대해 갖는 존경심은 운동의 내용과 방향성에 대해서 몇 가지 심각하게 그릇된 설명을 담고 있다. 아라토(Arato)와 코엔(Cohen)은 『시민사회와 정치 이론』(199쪽)에서 이에 대해 지적한 바 있다: "[노동자 평의회와 관련한] 그녀의 주장은 전적으로 허구적인 것이다. 그녀가 언급한 1848년에서 1956년까지의 운동은 사회경제적 이해와 요구를 갖지 않고, 심지어 사회의 경제적 재생산에서 주요한 부분을 담당하지 않았다고 말해질 수 없기 때문이다." 아렌트의 정치사상이 통일 이후 독일 좌파에 영향을 미친 방식에 대한 최근 설명을 위해서는 다음을 참조하라. Jan Müller, 「지식인과 베를린 공화국(Intellectuals and the Berlin Republic)」, New

German Critique 72, 1998, 178-181쪽.

92) Heidegger, 『횔덜린의 송가 '게르마니엔'과 '라인강'(Hölderlins Hymnen "Germanien" und "Der Rhein")』(Frankfurt: Klostermann, 1980), 210쪽; 마르틴 하이데거, 『횔덜린의 송가』, 최상욱 옮김(서광사, 2009).

93) Heidegger, 『형이상학 입문(Introduction to Metaphysics)』, 133쪽.

94) Ibid., 153쪽.

95) Arendt, 『인간의 조건(The Human Condition)』, 211쪽.

96) Arendt, 『혁명에 대하여(On Revolution)』(New York: Penguin, 1963), 275쪽.

97) Ibid., 279-280쪽.

98) Canovan, 『한나 아렌트(Hannah Arendt)』, 135쪽.

99) Arendt, 『인간의 조건(The Human Condition)』, 205쪽.

100) Nietzsche가 '위대한 정치'를 옹호하는 내용은 『선악을 넘어서(Beyond Good and Evil)』와 같은 그의 후기 작품에서 등장한다. "하찮은 정치의 시대는 끝났다. 바로 다음 세기는 지구 지배를 위한 싸움, 즉 위대한 정치에의 '충동'을 불러올 것이다." 208편. 아렌트의 정치철학에 대한 유사한 비판에 대해서는 다음을 참조하라. Sheldon Wolin, 「한나 아렌트: 민주주의와 정치적인 것(Hannah Arendt: Democracy and the Political)」, 『한나 아렌트: 비판적 에세이(Hannah Arendt: Critical Essays)』, L. and S. Hinchman(편)(Albany: State University of New York Press, 1994), 289-307쪽.

101) Hannah Arendt, 「카를 마르크스와 서구의 정치적 사유의 전통(Karl Marx and the Tradition of Western Political Thought)」; 다음에서 인용함. Canovan, 『한나 아렌트(Hannah Arendt)』, 142쪽.

4장
카를 뢰비트: 근대 니힐리즘에 대한 스토아주의적 답변

1) Löwith, 『헤겔에서 니체로: 19세기 사상의 혁명(From Hegel to Nietzsche: The Revolution in Nineteenth-Century Thought)』, David Green 옮김(New York: Columbia University Press, 1989); 번역본: 『헤겔에서 니체로』, 강학철 옮김(민음사, 2006년); 『역사의 의미(Meaning in History)』(Chicago: University of Chicago Press, 1949), 『베버와 마르크스(Max Weber and Karl Marx)』(London: Allen and Unwin, 1982). 또한 다음도 참조하라. Löwith, 『자연, 역사, 그리고 실존주의(Nature, History, and Existentialism)』, A. Levinson(편)(Evanston: Northwestern University Press, 1966), 레오 스트라우스의 『헤겔에서 니체로』에 대한 극단적으로 호의적인 리뷰를 참조하라. From Hegel to Nietzsche, in Social Research 8(4)(1941).

2) Löwith, 「유럽 실존주의의 역사적 배경(The Historical Background of European Existentialism)」, 『자연, 역사 그리고 실존주의(Nature, History and Existentialism)』, 7쪽.

3) Goethe, 「젤터에게 보내는 편지(letter to Zelter)」, June 6, 1825, 『괴테가 주고받은 편지(Goethes

Briefe und Briefe an Goethe)』, vol. 4, Munich: Beck, 1988, 146쪽.

4) Charles Baudelaire, 「폭죽불꽃(Fusées)」, 『전집(Oeuvres Complètes)』(Paris: Gallimard, 1975), 665-666쪽.

5) Nietzsche, 『힘에의 의지(The Will to Power)』, 861-862, 866, 868쪽.

6) 정치적 함축에 초점을 맞춘 세속화 논제에 대한 뢰비트의 훌륭한 찬성 논고에 관해서는 다음을 참고하라. Jeffrey Barash, 「역사의 의미: 카를 뢰비트의 세속화 개념의 정치적 함축에 대하여(The Sense of History: On the Political Implications of Karl Löwith's Concept of Secularization)」, History and Theory 37, ebruary 1998. 69-83쪽; Robert Wallace, 「진보, 세속화, 근대성: 뢰비트-블루맨베르크 논쟁(Progress, Secularization, and Modernity: the Löwith-Blumenberg Debate)」, New German Critique 22, 1981, 63-79쪽; Hans Blumenberg, 『근대의 정통성(The Legitimacy of the Modern Age)』, R. Wallace 옮김(Cambridge: MIT Press, 1983), 27-35쪽 옮김.

7) Löwith, 「세계와 인간세계(Welt und Menschenwelt)」, 『전집(ISämtliche Schriften I)』(Stuttgart: Metzler, 1981), 302쪽.

8) Löwith, 『역사의 의미(Meaning in History)』, v, vi. 스토아학파와 관련한 뢰비트의 지적 궤적에 대해서는 다음을 참고하라. Josef Chytry, 「우주를 되찾기 위하여: 카를 뢰비트 대(對) 하이데거(Zur Wiedergewinnen des Kosmos: Karl Löwith contra Martin Heidegger)」, 『하이데거 철학의 현재성을 위하여(Zur philosophischen Aktualität Heideggers)』(D. Papenfuss and Otto Pöggeler, eds., Frankfurt: Klostermann, 1990), 71-99쪽.

9) Friedrich Nietzsche, 『자라투스트라는 이렇게 말했다(Thus Spoke Zarathustra)』, R. J. Hollingdale 옮김(New York: Penguin, 1969), Part I, section 5. Human, All-Too-Human dates from 1880.

10) 뢰비트는 「유럽 실존주의의 역사적 배경」 15-16쪽에서 다음과 같이 말한다. "나폴레옹과 비스마르크로부터, 니체는 유럽의 민주주의적 평준화가 언젠가는 독재에 이르게 될 거라는 것을 배웠다. … 이와 같이 〔그의〕 생각은 제3제국을 위한 길을 닦았다."

11) Löwith, 『니체의 동일자의 영원회귀 철학(Nietzsche's Philosophy of the Eternal Recurrence of the Same)』, Harvey Lomax 옮김(Berkeley and Los Angeles: University of California Press, 1997), 8쪽.

12) 뢰비트의 후기 사상에 대한 주요 비판은 다음을 참고하라. Jürgen Habermas, 「카를 뢰비트: 역사의식으로부터 스토아적 후퇴(Karl Löwith: Stoic Retreat from Historical Consciousness)」, Philosophical-Political Profiles, 79-98쪽.

13) Hans-Georg Gadamer, 『진리와 방법(Truth and Method)』(New York: Seabury, 1975), 481쪽.

14) Löwith, 「자연과 인간의 휴머니티(Natur und Humanität des Menschen)」, 『전집 I(Sämtliche Schriften I)』, 294쪽.

15) Löwith, 「세계와 인간세계(Welt und Menschenwelt)」, 295쪽.

16) Heidegger, 「세계상의 시대(The Age of the World Picture)」, 『기술에 대한 물음과 기타 에세이들(The Question Concerning Technology and Other Essays)』, W. Lovitt(편)(New York: Harper & Row), 115-154쪽; 번역본: 「세계상의 시대」, 『숲길』, 신상희 옮김(2008).

17) Löwith, 「세계와 인간세계(Welt und Menschenwelt)」, 295쪽.

18) Ibid., 307쪽.

19) Max Weber, 「직업으로서의 학문(Science as a Vocation)」, H. Gerth and C. W. Mills(편), 『막스 베버로부터: 사회학 에세이(From Max Weber: Essays in Sociology)』(New York: Oxford, 1946), 156쪽.

20) Karl Löwith, 「인생 이야기(Curriculum Vitae)」, 『1933년 이전과 이후 독일에서의 나의 삶(Mein Leben in Deutschland vor und nach 1933)』(Stuttgart: Metzler Verlag, 1986), 147쪽.

21) Dieter Henrich, "Sceptico Sereno?", 『자연과 역사: 카를 뢰비트의 70번째 생일을 맞이하여(Natur und Geschichte: Karl Löwith zum 70. Geburtstag)』(Stuttgart: Kohlhammer, 1967), 458-463쪽.

22) Hans-Georg Gadamer, 「카를 뢰비트(Karl Löwith)」, 『철학 수업시대(Philosophical Apprenticeships)』(Cambridge: MIT Press, 1985), 171쪽.

23) Löwith, 『공동인간의 역할 속에서의 개인(Das Individuum in der Rolle des Mitmenschen)』(Darmstadt: Wissenschaftliche Buchgesellschaft, 1969), 1쪽.

24) Ludwig Feuerbach, 「미래 철학의 원리(Principles of the Philosophy of the Future)」, W. Schirmacher(편), 『독일 사회주의 철학(German Socialist Philosophy)』(New York: Continuum, 1994), 77쪽.

25) Ibid., 41쪽. 20세기 상호주관성 철학에 관한 훌륭한 개관을 위해서는 다음을 참고하라. Michael Theunissen, 『타자: 후설, 하이데거, 사르트르, 그리고 부버의 사회존재론 연구(The Other: Studies in the Social Ontology of Husserl, Heidegger, Sartre, and Buber)』, C. McCann 옮김(Cambridge: MIT Press, 1986).

26) 후설의 언급은 1933년 5월 4일 그의 편지에서 확인할 수 있다. Bernd Martin(편), 『마르틴 하이데거와 '제3제국'(Martin Heidegger und das "dritte Reich")』, 149쪽.

27) Löwith, 『1933년 이전과 이후 독일에서의 나의 삶(Mein Leben in Deutschland vor und nach 1933)』. 이 글은 1940년에 작성되었다. 하버드 상위원회는 이것이 '과거에 대해 철학적으로 성찰'하는 데는 관심이 없고, '사실적(사실에 충실한)' 증언에 관심이 있음을 분명히 했다. 말할 필요도 없이, 뢰비트는 상을 받지 못했다. 당대의 위대한 인물들과 사건에 대한 그의 성찰이 하버드 상위원회의 취향에 비해 너무 본질적이라는 점이 확실히 드러났다. 그 원고는 뢰비트 미망인에 의해 발견되고 1986년에 출판되기까지, 약 46년 동안 잠자고 있었다. 영어 번역본은 다음을 참고하라. 『1933년 이전과 이후 독일에서의 나의 삶(My Life in Germany Before and After 1933)』, E. King 옮김(Urbana: University of Illinois Press, 1994).

28) Löwith, 『독일에서의 나의 삶(Mein Leben in Deutschland)』, 19쪽.

29) Ibid., 25쪽. 이러한 지성사의 경향에 대한 최근 조사를 위해서는 다음을 참고하라. Arthur Herman, 『서구사에서 몰락의 관념(The Idea of Decline in Western History)』(New York: The Free Press, 1997).

30) 니체의 '위대한 정치' 개념에 대한 탁월한 설명을 위해서는 다음을 참고하라. Bruce Detwiler, 『니체의 귀족적 급진주의(Nietzsche's Aristocratic Radicalism)』(Chicago: University of Chicago Press, 1990).

31) Fritz Ringer, 『독일 관료의 몰락(Decline of the German Mandarins)』.

32) Löwith, 『독일에서의 나의 삶(Mein Leben in Deutschland)』, 44-45, 57쪽.

33) Löwith, 「하이데거 실존주의의 정치적 함축(The Political Implications of Heidegger's Existentialism)」, Wolin, 『하이데거 논쟁(The Heidegger Controversy)』, 182-183쪽.

34) Löwith, 『마르틴 하이데거와 유럽 니힐리즘(Martin Heidegger and European Nihilism)』, R. Wolin(편)(New York: Columbia University Press, 1995), 236쪽.

35) 환멸을 느낀 전 당원이 국가사회주의를 '니힐리즘 혁명'으로 분석한 다음의 글을 참조하라. Hermann Rauschning, 『니힐리즘 혁명(The Revolution of Nihilism)』(New York: Alliance, 1939).

36) 하이데거 사상이 갖는 문제에 대한 체계적인 논의는 다음을 참고하라. Johannes Fritsche, 『하이데거의 『존재와 시간』에서의 역사적 운명과 국가사회주의(Historical Destiny and National Socialism in Heidegger's Being and Time)』(Berkeley and Los Angeles: University of California Press, 1999).

37) Löwith, 「하이데거의 실존론적 존재론의 정치적 지평(The Political Horizon of Heidegger's Existential Ontology)」, 『마르틴 하이데거와 유럽 니힐리즘(Martin Heidegger and European Nihilism)』, 212쪽.

38) Hugo Ott, 『마르틴 하이데거(Martin Heidegger)』, 307쪽.

39) Arendt, 「실존철학이란 무엇인가?(What is Existenz Philosophy?)」, 34-56쪽.

40) 하이데거가 사르트르에게 보낸 편지는 원래 잡지에 출판되었다. Frankfurter Allgemeine Zeitung, 1 January 1994, 27쪽. 두 사람의 만남에 대한 토와르니키의 이야기를 보려면, 그의 회고록을 참고하라. 『마르틴 하이데거: 추억과 일대기(Martin Heidegger: Souvenirs et Chroniques)』(Paris: Rivages, 1999).

41) Hans-Georg Gadamer, 「존재와 비존재(Das Sein und das Nicht-Sein)」, Traugott König(편), 『사르트르: 회합(Sartre: Ein Kongress)』(Hamburg: Rowohlt, 1988), 37쪽.

42) 『실존주의는 휴머니즘이다』, 박정태 옮김, 이학사, 2008; Jean-Paul Sartre, 「실존주의의 휴머니즘(The Humanism of Existentialism)」, G. Guignon and D. Pereboon(편), 『실존주의: 기본 저작들(Existentialism: Basic Writings)』(Indianapolis: Hackett, 1995), 27쪽.

43) Heidegger, 「휴머니즘 서간(Letter on Humanism)」, 『기본 저작들(Basic Writings)』(New York: Harper Row, 1977), 208쪽, 213-214쪽; 번역본: 「휴머니즘 서간」, 『이정표2』(한길사, 2005). 철학적 안티휴머니즘에 대한 나의 글은 다음을 참고하라. 「전후 프랑스 사상의 담론에서 안티휴머니즘(Antihumanism in the Discourse of Postwar French Thought)」, 『미로: 비판적 관념사 탐구(Labyrinths: Explorations in the Critical History of Ideas)』(Amherst: University of Massachusetts Press), 175-209쪽.

44) Telos 72, (2)20, summer 1987, 132쪽.

45) 슈미트의 자유주의와의 관계에 대해서는, 존 맥코믹(John McCormick)의 다음의 주요 연구를 참조하라. 『카를 슈미트의 자유주의 비판(Carl Schmitt's Critique of Liberalism)』(Cambridge: Cambridge University Press, 1998). 또한 다음을 참조하라. William E. Scheuerman, 『카를 슈미트: 법의 종말(Carl Schmitt: The End of Law)』(Lanham, Maryland: Rowman & Littlefield, 1999). 바이마르의 법률 문화의 맥락 내에서 슈미트에 대한 논의는 다음을 참조하라. Peter C. Caldwell, 『독일 헌법의 위기와 국민 주권: 바이마르 헌법주의의 이론과 실천(Popular Sovereignty and the Crisis of German Constitutional Law: The Theory and Practice of Weimar Constitutionalism)』(Durham: Duke University Press, 1997).

46) 무솔리니와 관련해서는 다음을 참고하라. Carl Schmitt, 『의회 민주주의의 위기(The Crisis of Parliamentary Democracy)』, E. Kennedy 옮김(Cambridge: MIT Press, 1985), 82쪽: "16세기 이탈리아인이 다시 한 번 정치적 실재론의 원리를 표현한 것 같았다."

47) Schmitt, 『정치적인 것의 개념(Der Begriff des Politischen)』(Berlin: Duncker and Humblot, 1979), 67쪽; 영어 번역본: 『정치적인 것의 개념(The Concept of the Political)』, G. Schwab 옮김(Chicago: University of Chicago Press, 1996). '적을 갖는 것에 대한 파악'이 갖는 중요성에 대한 니체의 논의는 다음을 참조하라. 『우상의 황혼(Twilight of the Idols)』, R. J. Hollingdale 옮김(New York: Penguin, 1968), 43-44쪽.

48) 나는 다음 자료에서 슈미트의 사유 발전의 두 국면 간의 관계에 대해 논의한다. 「카를 슈미트의 정치적 실존주의와 전체주의 국가(Carl Schmitt, Political Existentialism, and the Total State)」, 『문화 비평의 조건(The Terms of Cultural Criticism)』(New York: Columbia University Press, 1992), 83-102쪽, 「카를 슈미트: 보수 혁명의 아비투스와 공포의 정서 연구(Carl Schmitt: the Conservative Revolutionary Habitus and the Aesthetics of Horror)」, 『미로: 비판적 관념사 탐구(Labyrinths: Explorations in the Critical History of Ideas)』, 103-122쪽. 윙거에 대해 탁월하게 다룬 자료는 다음을 참고하라. Elliot Neaman, 『의심스러운 과거(A Dubious Past)』(Berkeley: University of California Press, 1999).

49) Löwith, 『마르틴 하이데거와 유럽 니힐리즘(Martin Heidegger and European Nihilism)』, 215쪽.

50) 뢰비트의 생애에 걸쳐 이 책은 세 가지 판본을 거쳤으며, 1984년 그의 전집 8권의 표제논문에 포함되었다.

51) 이에 대해서는 하이데거의 다음 논문을 참고하라. 「세계상의 시대 그리고 기술에 대한 물음(The Age of the World-Picture and The Question Concerning Technology)」, W. Lovitt(편), 『기술에 대한 물음과 다른 에세이들(The Question Concerning Technology and Other Essays)』(New York: Harper and Row, 1977). 또한 1936-1938년의 주요 문헌도 참조하라. 일부 사람들은 이를 『존재와 시간』의 누락된 속편이라 칭송했다. 『철학에의 기여(Beiträge zu Philosophie)』(Frankfurt: Klostermann, 1989); 번역본: 『철학에의 기여』, 이선일 옮김(새물결, 2015); 『철학에의 기여(Contributions to Philosophy)』, P. Emad and K. Maly 옮김(Bloomington: Indiana University Press, 1999).

52) Löwith, 『마르틴 하이데거와 유럽 니힐리즘(Martin Heidegger and European Nihilism)』, 43쪽.

53) Heidegger, 「횔덜린과 시의 본질(Hölderlin and the Essence of Poetry)」, 『실존과 본질(Existence and Being)』(Chicago: Regnery-Gateway, 1949), 287쪽. 또한 『횔덜린의 송가 '게르마니엔'과 '라인강'(Hölderlins Hymnen "Germanien" und "Der Rhein)』, 51-52쪽의 다음의 언급을 참조하라. "국가의 역사적 현존재(그것들의 출현, 개화, 그리고 쇠퇴)는 시에서 생겨난다. 후자에서 철학적 의미에서의 본래적 지식이 유래한다. 그리고 이들 두 가지에서 민족으로서의 민족이 국가 정치를 통해 현실화된다. 그러므로 민족의 근원적이고 역사적인 시대는 시인, 사상가, 그리고 국가 설립자들의 시대이다. 즉 민족의 역사적 현존재를 본래적으로 근거 짓고 확립하는 그런 사람들의 시대이다."

54) Heidegger, 「휴머니즘 서간(Letter on Humanism)」, D. Krel(편), 『기본 저작들(Basic Writings)』(New York: Harper and Row, 1977), 210, 216쪽.

55) Löwith, 『마르틴 하이데거와 유럽 니힐리즘(Martin Heidegger and European Nihilism)』, 86쪽. 하이데거의 아낙시만드로스 인용은 다음을 참고하라. 「아낙시만드로스 단편(The Anaximander Fragment)」, 19쪽.

56) Heidegger, 「니체의 말: '신은 죽었다'(The Word of Nietzsche: 'God is Dead')」, 『기술에 대한 물음(The Question Concerning Technology)』, 112쪽. 강조는 저자.

57) Löwith, 『마르틴 하이데거와 유럽 니힐리즘(Martin Heidegger and European Nihilism)』, 43쪽.

58) Ibid., 251쪽.

59) 재출간된 『하이데거 논쟁(The Heidegger Controversy)』, 91-116쪽.

60) Ibid., 106쪽.

61) Löwith, 『마르틴 하이데거와 유럽 니힐리즘(Martin Heidegger and European Nihilism)』, 90-91쪽.

62) 이 주장과 관련한 논쟁은 다음을 참고하라. 『형이상학 입문(An Introduction to Metaphysics)』(New Haven: Yale University Press, 1959), 159쪽; Jürgen Habermas, 『마르틴 하이데거: 1935년 강좌의 출판에 대하여(Martin Heidegger: On the Publication of the Lectures of 1935)』, 『하이데거 논쟁(The Heidegger Controversy)』, 186-197쪽.

63) Löwith, 『마르틴 하이데거와 유럽 니힐리즘(Martin Heidegger and European Nihilism)』, 78-79쪽.

64) 다음의 책에서 인용됨. H. W. Petzet, 『마르틴 하이데거와의 만남과 대화(Encounters and Dialogues with Martin Heidegger)』, P. Emad 옮김(Chicago: University of Chicago Press, 1993), 91쪽.

65) Habermas, 「카를 뢰비트(Karl Löwith)」, 『철학적-정치적 개요(Philosophical-Political Profiles)』, 85쪽.

66) 「카를 뢰비트」에서 하버마스는 이 딜레마를 다음과 같은 언어로 새롭게 정식화한다. "근대적 의식에 의해 제기된 것으로 보이는, 매우 실제적인 위기에 대한 경험으로부터, 뢰비트는 고전적 의미에서의 세계에 대한 이론적 태도[즉, 이론 혹은 사색]로 되돌아가기를 원한다. 왜냐하면 이론이 실천보다 높게 평가되고, 실용적 의식의 제약으로부터 자유롭기 때문이다."(84쪽) 하버마스는 계속해서 뢰비트가 '우주'를 받아들이는 것은 『에라노스 연보(Eranos Jahrbuch)』에서 발견할 수 있는 관점이라고 신랄하게 말한다.

67) 예를 들어 다음을 참조하라. R. R. Palmer, 『민주주의 혁명의 시대(The Age of Democratic Revolutions)』, 2권(Princeton: Princeton University Press, 1959).

68) Löwith, 「야콥 부르크하르트(Jacob Burckhardt)」, 『전집(Sämtliche Schriften)』 7권(Stuttgart: Metzler, 1984), 1935년에 처음 썼다. 자살에 대한 뢰비트의 견해는 다음을 참고하라. 「살인, 살해 그리고 자살: 죽음에의 자유(Töten, Mord, und Selbstmord: Die Freiheit zum Tode)」, 「죽음에의 자유」, 『인간과 인간세계』, 399-425쪽.

69) Heidegger, 「형이상학의 극복변형(Overcoming Metaphysics)」, 『하이데거 논쟁(The Heidegger Controversy)』, 67-90쪽.

70) 이러한 의미에서 근대성에 대한 주요 해명은 다음을 참고하라. Habermas, 「근대성: 미완의 기획(Modernity: An Unfinished Project)」, 『하버마스와 미완의 근대성의 기획(Habermas and the Unfinished Project of Modernity)』, D'Entreves and Benhabib(편)(Cambridge: MIT Press, 1997), 38-55쪽.

71) 이러한 진보적 경향에 대한 고전적 논의는 다음을 참고하라. T. H. Marshall, 『시민권과 사회 계급(Citizenship and Social Class)』(Cambridge: Cambridge University Press, 1950).

5장

한스 요나스: 인간과 자연의 공생을 추구한 생철학자

1) Heidegger, 「휴머니즘 서간(Letter on Humanism)」, 『기본 저작들(Basic Writings)』(New York: Harper and Row, 1977), 210쪽; 번역본: 「휴머니즘 서간」, 『이정표2』, 이선일 옮김(한길사, 2005), 143-144쪽.

2) Jonas, 「하이데거와 신학(Heidegger and Theology)」, 『생명의 현상: 생물학의 철학을 향해(The Phenomenon of Life: Towards a Philosophical Biology)』(New York: Delta Publishing, 1966), 247쪽.

3) Löwith, 『1933년 이전과 이후 독일에서의 나의 삶(My Life in Germany Before and After 1933)』(Urbana: University of Illinois Press, 1994).

4) Jonas, 「믿음은 여전히 가능한가? 루돌프 불트만에 대한 기억과 그의 작품의 철학적 면모에 대한 반성(Is Faith Still Possible? Memories of Rudolf Bultmann and Reflections on the Philosophical Aspects of His Work)」, 『사멸성과 도덕성(Mortality and Morality)』(Evanston: Northwestern University Press, 1996, 146쪽).

5) Jonas, 『인격적 체험으로서의 학문(Wissenschaft als persönliches Erlebnis)』(Göttingen: Vandenhoeck und Ruprecht, 1987), 20-21쪽.

6) Jonas, 『그노시스 종교(The Gnostic Religion)』(Boston: Beacon, 1958).

7) Jonas, 『그노시스주의(Gnosticism)』, 『철학백과사전(The Encyclopedia of Philosophy)』(New York: MacMillan, 1967), 340쪽.

8) Ibid., 337쪽.

9) Ibid., 340쪽.

10) Bacon, 『신기관(Novum Organum)』, E. Burtt(편), 『베이컨에서 밀까지 영국 철학자들(The English Philosophers From Bacon to Mill)』(New York: Random House, 1939), 28쪽.

11) Jonas, 「그노시스주의, 실존주의, 그리고 니힐리즘(Gnosticism, Existentialism, and Nihilism)」, 『생의 현상(The Phenomenon of Life)』, 214쪽.

12) Ibid., 233쪽.

13) Ibid., 44-45쪽.

14) Nietzsche, 『힘에의 의지(The Will to Power)』, 8쪽.

15) Jonas, 『생명의 현상(The Phenomenon of Life)』, 3쪽.

16) Ibid., 4쪽.

17) Jonas, 「진화와 자유: 생명체의 연속성에 대하여(Evolution and Freedom: On the Continuity Among Life-Forms)」, 『사멸성과 도덕성(Mortality and Morality)』, 66쪽.

18) Ibid., 68쪽.

19) Ibid.

20) Ibid., 69쪽.

21) Simmel, 「메트로폴리스와 정신적 삶(Metropolis and Mental Life)」, 『게오르크 지멜의 사회학(The Sociology of Georg Simmel)』(New York: The Free Press, 1950), 409-410쪽.

22) Christian Zimmerli, 「궁핍한 시대의 예언자(Prophet in dürftiger Zeit)」, Focus 19, May 10, 1993, 82쪽.

23) Jonas, 『책임의 원칙(The Imperative of Responsibility)』(Chicago: University of Chicago Press, 1984), 9쪽.

24) Jonas, 『사멸성과 도덕성(Mortality and Morality)』, 101쪽.

25) Ibid.

26) Jonas, 『책임의 원칙(The Imperative of Responsibility)』, 26-27쪽.

27) Ibid., 27쪽.

28) Ibid., 131쪽.

29) Ibid., 104ff.

30) Ibid., 137쪽.

31) Herbert Schnädelbach, 『1831-1933 독일에서의 철학(Philosophy in Germany: 1831-1933)』(Cambridge: Cambridge University Press, 1984), 140쪽. 생철학과 국가사회주의의 상관관계에 대한 극단적인 사례를 보여주는 연구로는 다음을 참고하라. Georg Lukács, The Destruction of Reason(London: Merlin, 1982), passim.

32) Jonas, 『책임의 원칙(The Imperative of Responsibility)』, 138쪽. 녹색당 정치에 대한 양질의 논의는 다음을 참조하라. A. Markovits and P. Gorski, 『독일 좌파(The German Left: Red, Green, and Beyond)』(New York: Oxford University Press, 1993), 117쪽.

33) Ibid., 139쪽.

34) 이러한 변화에 대한 인상적인 설명으로는 다음을 참고하라. Donald Sassoon, 『사회주의 100년: 20세기의 서구 유럽 좌파(One-Hundred Years of Socialism: The Western European Left in the Twentieth Century)』(New York: New Press, 1997).

35) Jonas, 『책임의 원칙(The Imperative of Responsibility)』, 143, 145쪽.

36) Ibid., 146-147쪽.

37) Ibid., 147쪽. Erik Jacob, 『마르틴 하이데거와 한스 요나스(Martin Heidegger und Hans Jonas)』(Tübingen: Francke Verlag, 1996), 355쪽: "요나스에게, 마르크스주의 이데올로기는 마르크스주의의 이론적 원칙의 결과로, 시장 경제와 민주주의하의 자유주의 체제보다 책임 윤리의 요구를 더 잘 충족시킬 수 있을 것이다: 필요 경제가 이익 경제를 대체할 것이다. 합리적 중앙집권화된 관료 국가는 자유로운 이익-지향적 기업가 정신을 대체할 것이다."

38) Ibid., 149, 151쪽.

39) Jonas, 「비참한 최후에 더 가까운(Dem bösen Ende näher)」, Der Spiegel 20, 1992, 95쪽.

40) Ibid., 99, 101쪽.

41) Ibid., 101쪽.

42) Jonas, 『아우슈비츠 이후의 신 개념(The Concept of God After Auschwitz)』, 『사멸성과 도덕성(Mortality and Morality)』, 139쪽.

43) Ibid., 142쪽.

44) Jonas, 「하이데거의 결단성과 결단(Heidegger's Entschlossenheit und Entschluss)」, Neske and Kettering(편), 『대답: 마르틴 하이데거와의 대화(Antwort: Martin Heidegger im Gespräch)』(Pfullingen: Neske Verlag, 1988), 225쪽.

45) Ibid., 227쪽.

6장
허버트 마르쿠제: 실존론적 마르크스주의로부터 좌파 하이데거주의로

1) Paul Piccone and Alexander Delfini, 「마르쿠제의 하이데거적 마르크스주의(Marcuse's Heideggerian Marxism)」, Telos 6, 1970: 36-46쪽. 마르쿠제의 신좌파와의 관계에 대한 타당한 평가를 위해서는 다음의 자료를 참조하라. Paul Breines, 「마르쿠제 그리고 미국에서의 신좌파(Marcuse and the New Left in America)」, J. Habermas(편), 『허버트 마르쿠제에 대한 응답(Antworten auf Herbert Marcuse)』(Frankfurt: Suhrkamp Verlag, 1968), 134-151쪽.

2) 마르쿠제는 1978년 인터뷰에서 자신의 정치적 발전에 대해 다음과 같이 상세하게 묘사한다. "나는 1918년 베를린의 라이니켄도르프구에 있는 군인평의회 일원으로 잠시 참여했습니다. 그들이 장교를 선출했을 때, 저는 군인평의회를 빠르게 떠났습니다. 그 후 저는 SPD(사회민주당)에 잠시 동안 소속되어 있었지만, 1919년 1월 이후 그곳을 떠났습니다. 나의 정치적 입장은 그 당시에 확정되었습니다. 제가 SPD 정책에 단호하게 반대했다는 점에서 말입니다. 이러한 관점에서 저는 혁명가였습니다." Marcuse, 「이론과 정치: 논고(Theory and Politics: A Discussion)」, Telos 38, Winter 1978-1979: 125쪽. 독일어 판본은 다음을 참고하라. Jürgen Habermas et al., 『허버트 마르쿠제와의 대화(Gespräche mit Herbert Marcuse)』(Frankfurt: Suhrkamp, 1978), 9-62쪽.

3) Ibid., 125쪽. 마르쿠제는 1977년 하이데거 기념출판물에서, 비슷한 통찰을 드러낸 바 있다. 『존재와 시간』은 바이마르 공화국이 해체되는 국면에 출판되었다: 다가오는 재앙인 나치 정권이 근접해온다는 것이 일반적으로 감지되었다. 그러나 당시 주류 철학적 흐름은 이러한 상황을 숙고하지 않았다. 하이데거의 작품은 나와 친구들에게 새로운 시작으로 등장했다. 우리는 그의 책(그리고 우리는 강의에서 원고를 손에 넣을 수 있었다)을 마침내 구체적인 철학으로 받아들였다. 여기에서는 실존, 그것도 우리의 실존, 불안, 마음씀, 지루함 등에 관한 이야기가 있었다. 그리고 우리는 또 다른 '학문적' 해방감을 느꼈다. 그리스 철학과 독일 관념론에 대한 하이데거의 해석은 생

명 없는 텍스트를 새롭게 이해할 수 있도록 해주었기 때문이다.
다음을 참조하라. G. Neske(편), 『마르틴 하이데거에 대한 회상(Erinnerungen an Martin Heidegger)』(Neske Verlag: Pfullingen, 1977), 162쪽.

4) Marcuse, 「역사유물론의 현상학에의 기여(Contributions to a Phenomenology of Historical Materialism)」, Telos 4, Fall 1969, 4쪽; 강조는 저자. 이 에세이에 대한 형식적인 조사가 증명하듯, 상당수의 인용과 참고문헌들은 마르크스를 가리킨다(특히 마르크스와 엥겔스에 대해서 최근에 출판된 MEGA 판본).

5) Frederick Olafson, 「하이데거의 정치사상: 인터뷰(Heidegger's Politics: An Interview)」, R. Pippin et al.,(편), 『마르쿠제와 비판이론의 장래성(Marcuse and the Promise of Critical Theory)』(South Hadley, Mass.: Bergin and Garvey, 1988), 96쪽. 현상학적 접근이 갖는 사이비-구체성의 문제에 대한 보다 성교한 철학적 분석을 위해서는, 사르트르에 대한 마르쿠제의 비평을 참조할 필요가 있다. 그 속에서 유사한 혐의들이 제기되고 입증된다. 다음을 참조하라. Marcuse, 「사르트르의 실존주의(Sartre's Existentialism)」, 『비판철학 연구(Studies in Critical Philosophy)』, J. de Bres 옮김(Boston: Beacon Press, 1972), 157-190쪽.

6) 베른슈타인의 입장에 대한 설명으로는 다음을 참조하라. James Joll, 『1889-1914: 제2인터내셔널(The Second International, 1889-1914)』(New York: Harper, 1966), 93쪽. 물론, 베른슈타인은 "마르크스가 미래의 발전과 임박한 자본주의 질서의 붕괴에 대해 예측한 것은 틀렸다고 주장했다. 신탁과 카르텔의 성장에도 불구하고, 자본주의는 큰 우려를 낳는 시스템이 되지 않았으며, 하위 중간 계급 구성원들은 어디에서도 프롤레타리아가 되도록 강요받지 않았다. 계급 간의 절대적이고 엄격한 구분은 없었다. 그러므로 정치 상황을 오로지 계급 투쟁의 견지에서 해석하는 것은 잘못된 것이었다. 말하자면 노동 계급의 생활수준은 사실상 향상되고 있었고, 노동 계급은 마르크스가 예언한 끊임없는 곤궁 속으로 빠져들지 않았다."

7) Georg Lukács, 『소설 이론 서문(Preface(1962) to The Theory of the Novel)』, Anna Bostock 옮김(Cambridge: MIT Press, 1971), 11쪽.

8) Karl Marx, 『자본론1(Capital, vol. 1)』, 『마르크스-엥겔스 읽기(The Marx-Engels Reader)』, R. Tucker(편)(New York: Norton, 1978), 324쪽.

9) Marcuse, 「역사유물론의 현상학에의 기여(Contributions to a Phenomenology of Historical Materialism)」, 5쪽.

10) Marcuse, 「역사유물론의 기초(The Foundation of Historical Materialism)」, 『비판 이론 연구(Studies in Critical Philosophy)』, 34쪽. '기계적 유물론'에 대해서는 다음을 참조하라. Russell Jacoby, 「기계적 유물론에 대한 비판을 위하여(Towards a Critique of Automatic Marxism)」, Telos 10, winter 1971, 119-146쪽.

11) 『마르크스-엥겔스 읽기(The Marx-Engels Reader)』, 143쪽. '포이어바흐 테제'가 1845년에 쓰였음에도 불구하고, 그 작품은 엥겔스가 거의 40년 후, 마르크스의 원고 중에서 발견하기 전까지 출판되지 않은 채로 있었다.

12) Heidegger, 『존재와 시간(Being and Time)』, J. Macquarrie and Robinson 옮김(New York: HarperCollins, 1962), 358쪽.

13) 이러한 주장을 펼치는 분석은 다음을 참고하라. Günther Stern, 「하이데거 철학의 사이비 구체성에 대하여(On the Pseudo-Concreteness of Heidegger's Philosophy)」, Philosophy and Phenomenological Research 9, 1948, 337-370쪽.

14) Marcuse, 「기여(Contributions)」, 3쪽. 마르쿠제의 원고는 처음에는 전적으로 『존재와 시간』에 바쳐진, 『철학노트』(1928)에서 발간되었다.

15) Marcuse, 「기여(Contributions)」, 16쪽.

16) Heidegger, 『존재와 시간(Being and Time)』, 46쪽.

17) Marcuse, 「기여(Contributions)」, 32쪽.

18) Ibid., 6. 루카치와 하이데거 사이의 기묘한 철학적 유사성에 대한 가장 광범위한 논의에 관해서는 다음을 참조하라. Lucien Goldmann, 『루카치와 하이데거(Lukács and Heidegger)』, W. Boelhower 옮김(London: Routledge, 1977). 골드만에 대한 더 많은 자료는 다음을 참조하라. Mitchell Cohen, 『루시앙 골드만의 내기(The Wager of Lucien Goldmann)』(Princeton: Princeton University Press, 1995).

1976년 4월 마르쿠제와의 대화에서, 그는 자신의 지적인 성장에서 『역사와 계급의식』의 철학적 역할을 확인해주었다. 『마르쿠제와 마르크스주의의 위기(Herbert Marcuse and the Crisis of Marxism)』(387-388쪽)에서 더글라스 켈너(Douglas Kellner)는 비슷한 반응을 전해준다. "마르쿠제는 마르크스주의를 발전시키는 데 있어서 『역사와 계급의식』이 갖는 중요성을 강조했으며, 그것이 자신의 사상에 미친 영향을 언급했다. 또한 마르쿠제는 루카치와 코르쉬가 룩셈부르크와 르프크네히트(Liebknecht)가 죽은 이후, '가장 지적인' 마르크스주의자라고 믿었으며, 1930년대 프랑크푸르트 사회 연구소와 함께, 호르크하이머와 다른 동료들보다도 『역사와 계급의식』에 대해 더 호의적인 입장을 취했다고 말했다."

19) Marcuse, 「구체철학에 대하여(Über die konkrete Philosophie)」, Archiv für Sozialwissenschaft und Sozialpolitik 62, 1929, 120쪽.

20) Marcuse, 「기여(Contributions)」, 15쪽.

21) Ibid., 6쪽.

22) Ibid., 12, 16쪽.

23) Lukács, 『역사와 계급의식(History and Class Consciousness)』, xxii. 강조는 저자. 『이성의 해체(The Destruction of Reason)』, P. Palmer 옮김(Atlantic Heights, N.J.: 1980), 하이데거에 대한 루카치의 평가는 훨씬 덜 너그럽다. 그는 하이데거 철학이 제국주의 시대의 전형적인 부르주아의 절망을 표현하고 있다고 보았다. 루카치의 독특한 표현을 참조하라.(503쪽): "제국주의 부르주아지가 사회주의에 맞서 투쟁하던 시기에, 당시 쇼펜하우어가 니체에 연루되어 있던 것과 같이, 하이데거는 히틀러와 로젠베르크(Rosenberg)와 연루되어 있었다고 과장하지 않고 말할 수 있다."

24) 『마르크스-엥겔스 읽기(The Marx-Engels Reader)』, 145쪽.

25) Marcuse, 「기여(Contributions)」, 11쪽.

26) Ibid., 17쪽.

27) Marcuse, 「구체철학에 대하여(Über die konkrete Philosophie)」, 126쪽.

28) Ibid., 18, 21쪽.

29) Ibid., 124, 127쪽.

30) Adorno, 마르쿠제에 대한 리뷰, 「헤겔의 존재론과 역사성 이론의 정초(Hegels Ontologie und die Grundlegung einer Theorie der Geschichtlichkeit)」, Zeitschrift für Sozialforschung(1), 1932, 409-410쪽.

31) Marcuse, 「역사유물론의 기초(The Foundation of Historical Materialism)」, 3쪽.

32) 보다 중요한 연구로는 다음을 참조하라. Istvan Meszaros, 『마르크스의 소외 이론(Marx's Theory of Alienation)』(New York: Harper & Row, 1970), Bertell Ollman, 『소외: 마르크스의 자본주의 사회에서의 인간 이해(Alienation: Marx's Conception of Man in Capitalist Society)』(Cambridge: Cambridge University Press, 1976), Alvin Gouldner, 『두 가지 마르크스주의(The Two Marxisms)』(New York: Seabury, 1977), Leszek Kolakowski, 『주류 마르크스주의(The Main Currents of Marxism)』 1권, P. Falla 옮김(New York: Oxford University Press, 1978), 132-146쪽.

33) 『마르크스-엥겔스 읽기(The Marx-Engels Reader)』, 72쪽.

34) 마르쿠제가 인용, 「역사유물론의 기초」, 12쪽.

35) Ibid., 5, 6, 10쪽.

36) 이 논쟁에 대한 개요는 다음을 참조하라. 옮긴이 해제, Herbert Marcuse, 『헤겔의 존재론과 역사성 이론(Hegel's Ontology and the Theory of Historicity)』(Cambridge: MIT Press, 1987), ix-xl. 「마르쿠제와 헤겔의 역사성」(마르쿠제와 비판 이론의 가능성 중에서) 로버트 피핀(Robert Pippin)은 마르쿠제의 후기 작업(특히 『이성과 혁명』)에서 헤겔 존재론이 갖는 중심성을 강하게 피력했다. 그러나 내가 보기에, 대체로 피핀은 마르쿠제의 교수자격 취득논문에 그것이 지니는 것보다 더 많은 발전적 중요성을 부여한다. 더욱이, 그의 성찰은 마르크스의 영향력의 주요 문제를 생략한다. 초기 마르쿠제와 하이데거와의 관계에 대해 개괄하는 또 다른 중요한 연구로는 다음을 참조하라. Alfred Schmidt, 「허버트 마르쿠제의 작품에서 실존론적 존재론과 역사유물론」, 『마르쿠제와 비판 이론의 가능성』, 47-67쪽. 마르쿠제의 문체는 대체로 상당히 명료했다. 그에 반해 『헤겔의 존재론』은 주목할 만한 예외에 해당한다. 벤하비브(Benhabib)는 다음과 같이 언급한다.(p. xxxiv) "독일 원문에 익숙한 독자라면, 마르쿠제의 스타일이 갖는 지독히 고통스럽고 대단히 난해한 성격, 의심의 여지없는 학문적 순응주의, 하이데거적 신조어들, 그리고 때로 모호함에 가까운 철학적 깊이를 알게 될 것이다."

37) Benhabib, xii에서 인용되었다.

38) Marcuse, 「역사적 현실성의 문제: 빌헬름 딜타이(Das Problem der geschichtlichen Wirklichkeit: Wilhelm Dilthey)」, Die Gesellschaft 8(4), 1931, 350-367쪽.

39) 이러한 유사성에 대한 더 자세한 내용은 다음을 참고하라. Pippin, 「마르쿠제와 헤겔의 역사성(Marcuse and Hegel on Historicity)」, 69-74쪽.

40) G. W. F. Hegel, 『정신현상학(Phenomenology of Spirit)』, A. V. Miller 옮김(New York: Oxford University Press, 1978), 298쪽.

41) Marcuse, 『헤겔의 존재론(Hegel's Ontology)』, 283, 289쪽.

42) Hegel, 『정신현상학(Phenomenology of Spirit)』, 314, 252쪽.

43) Marcuse, 『헤겔의 존재론(Hegel's Ontology)』, 290쪽.

44) Marcuse, 「경제학에서 노동 개념의 철학적 기초에 대하여(On the Philosophical Foundation of the Concept of Labor in Economics)」, D. Kellner 옮김, Telos 16, summer 1973, 11쪽.

45) Ibid., 13쪽.

46) Friedrich Schiller, 『인간의 미적 교육에 대한 편지(On the Aesthetic Education of Man: A Series of Letters)』, R. Snell 옮김(New York: Frederick Ungar, 1965), 80쪽.

47) Martin Jay, 『변증법적 상상력(The Dialectical Imagination)』(Boston: Little and Brown, 1973), 57쪽 인용.

48) Schiller, 『인간의 미적 교육에 대한 편지(On the Aesthetic Education of Man)』, 39쪽.

49) Ibid., 26쪽.

50) Ibid., 77쪽.

51) Marcuse, 「경제학에서 노동 개념의 철학적 기초에 대하여(On the Philosophical Foundation of the Concept of Labor in Economics)」, 25쪽. 여기에서 『헤겔 읽기에 대한 서문』에서의 코제브(Kojève) 논증과의 유사성은 주목할 만하다. 코제브에게 있어서, '욕망'은 인간적 결핍의 표현이다. 물론 마르쿠제와 코제브 논증의 궁극적 원천은 헤겔 『정신 현상학』의 주인-노예 장이라는 점에서 같은 것이었을지 모른다.

52) Marcuse, 「경제학에서 노동 개념의 철학적 기초에 대하여(On the Philosophical Foundation of the Concept of Labor in Economics)」, 25쪽, 강조는 저자.

53) Aristotle, 『니코마코스 윤리학(Nichomachean Ethics)』(Indianapolis: Robbs-Merrill, 1962), 1176A.

54) Ibid., 15쪽.

55) Marcuse, 『일차원적 인간(One-Dimensional Man)』(Boston: Beacon Press, 1964), 16쪽. "노동 폐지"에 대한 성찰은 마르크스가 파리 수고에서 노동을 인간이라는 유적 존재의 근본 양상이라 특징지은 것과 뚜렷한 대조를 이룬다고만 말해두자. 확실히 "기술은 자연과 사회의 평화 회복을 위한 투쟁에서 능력의 자유로운 놀이의 지배하에 놓이게 될 것이다"라는 마르쿠제의 제안은 신기술에 대한 그의 낭만적 주장의 방향을 가리킨다. 즉 대상화하거나 조작하지 않는 방식으로 자연과 관계하는 신기술.

56) Benhabib, 마르쿠제의 『헤겔의 존재론』에 대한 서문, xxx. "하이데거가 자신의 제자들에게 용인한 개인적 자기의존과 자율성의 정도에 따라, 그는 이 작품을 교수자격 취득논문으로 거절할 근거가 있었을지 모른다. 그가 역사적으로 그렇게 하지 않아도 되는 상황이었을지라도, 하이데거는 흡족히 지지했다. 헤겔과 딜타이에 대한 마르쿠제의 초기-마르크스주의적 독해는 하이데거의 역사철학에 대한 예리한 지식과 감각을 벗어날 수 없었을 것이다."

57) Olafson, 「하이데거의 정치사상」, 99쪽.

58) Heidegger, 「치는 자(Schlageter)」, R. Wolin(편), 『하이데거 논쟁(The Heidegger Controversy)』, 42쪽. 그는 인기 있는 나치 순교자를 기념하는 한 연설에서 다음과 같이 말했다. "그가 무방비 상태로 총을 마주 보고 서 있었을 때, 영웅의 내면의 시선은 자신이 눈앞의 독일 민족과 제국을 위해 죽을지도 모르는 고향의 햇볕과 산 위를 응시했다. … 자신의 운명에서 벗어나는 것이 허용되지 않았기 때문에, 그는 굳은 의지와 분명한 마음으로 모든 죽음 중에서 가장 어렵고 위대한 죽음으로서 죽을 수 있었다."

59) Olafson, 「하이데거의 정치사상(Heidegger's Politics)」, 101쪽.

60) Marcuse, 『에로스와 문명: 프로이트에 대한 철학적 탐구(Eros and Civilization: A Philosophical Inquiry into Freud)』(New York: Vintage, 1962), 216쪽.

61) Marcuse, 「전체주의적 국가관에서 본 자유주의에 대한 투쟁(The Struggle Against Liberalism in the Totalitarian View of the State)」, 『부정: 비판 이론의 에세이(Negations: Essays in Critical Theory)』(Boston: Beacon Press, 1968), 40쪽.

62) Heidegger, 『존재와 시간(Being and Time)』, 345쪽.

63) 비록 마르쿠제는 이러한 비평을 전적으로 개진하지는 않았지만, 이 비평은 하이데거적 '결단성'이 갖는 공허한 성격에 대한 요나스의 비판과 놀랄 만한 유사성을 보여준다. Jonas, 「하이데거의 결단성과 결단(Heideggers Entschlossenheit und Entschluss)」, Kettering and Neske(편), 『대답: 하이데거의 대화(Antwort: Martin Heidegger im Gespräch)』(Pfullingen: Neske Verlag, 1988), 221-231쪽.

64) Olafson, 「하이데거의 정치사상(Heidegger's Politics)」, 100쪽. 강조는 저자.

65) Marcuse, 「하이데거에게 보내는 1947년 8월 28일자 편지(letter to Heidegger of August 28, 1947)」, 『하이데거 논쟁(The Heidegger Controversy)』, 160쪽.

66) Heidegger, 「하이데거에게 보내는 1948년 1월 20일자 편지(letter to Marcuse of January 20, 1948)」, 『하이데거 논쟁(The Heidegger Controversy)』, 162-163쪽.

67) 이에 대한 설명을 위해서는 다음을 참조하라. Helmut Dubiel, 『이론과 조직(Theory and Organization)』(Cambridge: MIT Press, 1982), Rolf Wiggershaus, 『프랑크푸르트학파: 역사, 그리고 정치 이론(The Frankfurt School: History, and Political Theory)』, M. Robertson 옮김(Cambridge: MIT Press, 1993).

68) 노동에 대한 논쟁에 대해서는 다음을 참고하라. Marcuse, 『에로스와 문명(Eros and Civilization)』, 196-202쪽, 죽음에 대한 논쟁은 202-214쪽 참고.

69) 이에 대한 하이데거의 가장 강력한 설명 중 하나는 다음을 참조하라. 「형이상학의 극복변형(The Overcoming of Metaphysics)」, 『하이데거 논쟁(Heidegger Controversy)』, 67-90쪽.

70) Marcuse, 『일차원적 인간(One-Dimensional Man)』, 9, 10, 11쪽.

71) Marcuse, 『자유에 대한 에세이(An Essay on Liberation)』(New York: Penguin, 1969), 19, 25쪽.

72) 하이데거화된 마르크스주의인 '좌파 하이데거주의'는 코스타스 아셀로스(Kostas Axelos)와 에드가

모랭(Edgar Morin)과 같은 사상가의 영향을 받아 1960년대에 프랑스에서 중요한 지적 흐름이 되었다. Axelos, 『카를 마르크스의 사유에서 소외, 프락시스, 그리고 기술(Alienation, Praxis, and Techne in the Thought of Karl Marx)』(Austin: University of Texas Press, 1976).

73) Heidegger, 「기술에 관한 물음(The Question Concerning Technology)」, 『기술에 관한 물음과 다른 에세이들(The Question Concerning Technology and Other Essays)』(New York: Harper & Row, 1977). 마르쿠제의 『일차원적 인간』 153-154쪽에서 인용. 내가 아는 바로는, 마르쿠제가 전쟁 후에 하이데거를 직접 인용한 것은 이것이 유일하다.

74) Marcuse, 『일차원적 인간(One-Dimensional Man)』, 154쪽.

75) Marcuse, 『자유에 관한 에세이(An Essay on Liberation)』, 24쪽.

76) Marcuse, 『일차원적 인간(One-Dimensional Man)』, 166-167쪽.

77) 마르쿠제의 '신기술' 개념에 대한 중요한 비판으로는 다음을 참조하라. Jürgen Habermas, 「이데올로기로서의 과학과 기술(Science and Technology as Ideology)」, 『이성적 사회를 향하여(Towards a Rational Society)』, J. Schapiro 옮김(Boston: Beacon, 1970), 81-122쪽.

78) Max Horkheimer, 『비판 이론(Critical Theory)』, M. O'Connell 옮김(New York: Seabury, 1973), 241쪽.

79) Marcuse, 『에로스와 문명(Eros and Civilization)』, 206쪽.

80) Marcuse, 「억압적인 관용(Repressive Tolerance)」, Barrington Moore Jr. et al., 『순수 관용 비판(Critique of Pure Tolerance)』(Boston: Beacon Press, 1966), 121쪽.

81) Walter Benjamin, 『아케이드 프로젝트(Das Passagenwerk)』, 2권(Frankfurt: Suhrkamp Verlag, 1982), 505쪽.

7장
노동이 자유롭게 하리라: 독일적인 '방식'의 철학자, 하이데거

1) 이 점에 대해서는 다음을 참고하라. Heidegger, 「플라톤의 진리론(Plato's Doctrine of Truth)」, 『20세기 철학(Philosophy in the Twentieth Century)』, W. Barrett and H. D. Aiken(편)(New York: Random House, 1962); 번역본: 「플라톤의 진리론」, 『이정표1』, 신상희 옮김(한길사, 2005).

2) Heidegger, 『존재와 시간(Being and Time)』, 41-49쪽.

3) Ernst Cassirer, 『국가의 신화(The Myth of the State)』(New Haven: Yale University Press, 1946), 293쪽.

4) Ibid.

5) Heidegger, 「왜 우리는 시골에 남아야 하는가(Why We Remain in the Provinces)」, 428쪽.

6) Heinrich Petzet, 『마르틴 하이데거와의 만남과 대화(Encounters and Dialogues with Martin Heidegger)』(Chicago: University of Chicago Press, 1993), 9쪽.

7) Ulrich Sieg, 「독일 정신의 유대인화: 알려지지 않은 하이데거의 편지(Die Verjudung des deutschen Geistes: Ein unbekannter Brief Heideggers)」, Die Zeit 52, 29 December 1989, 19쪽.

8) 이 점에 대해서는 다음을 참조하라. Jürgen Habermas, 「작품과 세계관: 독일적 관점에서 보는 하이데거 논쟁('Work' and 'Weltanschauung': The Heidegger Constroversy from a German Perspective)」, 『새로운 보수주의: 문화 비평과 역사가 논쟁(The New Conservativism: Cultural Criticism and the Historians' Debate)』, S. W. Nicholsen(편)(Cambridge: MIT Press, 1989), 140-173쪽.

9) Löwith, 「하이데거 실존주의의 정치적 함축(The Political Implications of Heidegger's Existentialism)」, 『하이데거 논쟁(The Heidegger Controversy)』, 182-183쪽. 뢰비트 회고록의 전문은 다음을 참조하라. 『1933년 이전과 이후 독일에서의 나의 삶(My Life in Germany Before and After 1933)』, E. King 옮김(Urbana: University of Illinois Press, 1994).

10) Löwith, 「1936년 로마에서 하이데거와의 마지막 만남(My Last Meeting with Heidegger in Rome, 1936)」, 『하이데거 논쟁(The Heidegger Controversy)』, 142쪽.

11) Heidegger, 『존재와 시간(Being and Time)』, 358쪽.

12) Pierre Bourdieu, 『하이데거의 정치 존재론(Heidegger's Political Ontology)』, Winfried Franzen, 「단단함과 무거움의 추구: 나치 참여로 이끄는 하이데거의 1929/30 강좌, 형이상학의 근본 개념들에 대하여(Die Suche nach Härte und Schwere: Über ein zum NS-Engagement disponierendes Motiven Heideggers Vorlesung 'Die Grundbegriffe der Metaphysik' von 1929/30)」, 『하이데거와 실천철학(Heidegger und die praktische Philosophie)』, A. Gethmann Siefert and O. Pöggeler(편)(Frankfurt: Suhrkamp Verlag, 1988), 78-92쪽. 19세기 중반까지 거슬러 출처를 밝힐 수 있는 유사한 동기에 대한 분석은 다음을 참조하라. Karl Löwith, 「유럽 니힐리즘: 정신적 역사적 배경과 유럽 전쟁에 대한 성찰(European Nihilism: Reflections on the Spiritual and Historical Background and of the European War)」, 『마르틴 하이데거와 유럽 니힐리즘(Martin Heidegger and European Nihilism)』, 173-283쪽. 또한 하이데거에 대한 다음의 흥미로운 토론을 참조하라. Schmitt, and Jünger in Karl Heinz Bohrer, 『공포의 미학(Ästhetik des Schreckens)』, Munich: Hanser, 1977.

13) Löwith, 「하이데거 실존주의의 정치적 함축(The Political Implications of Heidegger's Existentialism)」, 173-174쪽. 보수 혁명가들의 초기 논의와 그들의 평행한 세계관에 대해서는 다음을 참조하라. Christian von Krockow, 『결단(Die Entscheidung)』, Frankfurt: Campus Verlag, 1990.

14) 하이데거의 총장직에 대해서는 다음을 참고하라. Hugo Ott, 『마르틴 하이데거: 정치적 삶(Martin Heidegger: A Political Life)』, 235-262쪽.

15) Ernst Jünger, 「전 지구적 여행기(Le Traveilleur Planétaire)」, M. Haer(편), 『마르틴 하이데거(Martin Heidegger)』(Doris: Editions de l'Herne, 1983), 150쪽.

16) Heidegger, 「독일 대학의 자기주장(The Self-Assertion of the German University)」, 『하이데거 논쟁(The Heidegger Controversy)』, 38쪽.

17) Otto Pöggeler, 「총통을 지도한다?(Den Führer führen?)」, 『마르틴 하이데거와의 새로운 길(Neue Wege mit Heidegger)』(Freiburg/Munich: Karl Albert, 1992), 203-254쪽.

18) 후기 하이데거의 정치적 신념에 대한 가장 적절한 설명을 위해서는 〈슈피겔〉지와의 인터뷰를 참조하라. Der Spiegel, 「오직 신만이 우리를 구원할 수 있다(Only a God Can Save Us)」, 『하이데거 논쟁(The Heidegger Controversy)』, 91-116쪽.

19) Ibid., 111쪽.

20) Pöggeler, 「총통을 지도한다?(Den Führer führen?)」, 44쪽.

21) 니체의 기념비적 역사 개념에 대해서는 다음을 참조하라. 「삶을 위한 역사의 효용과 오용(The Uses and Disadvantages of History for Life)」, 『너무 이른 성찰(Untimely Meditations)』(New York : Cambridge University Press, 1983), 94쪽.

22) Heidegger, 『논리학(Logica)』, 42쪽. 이 강좌는 하이데거가 1925-1926년 마르부르크에서 행한 동일한 제목의 강좌(전집 21권)와 혼동해서는 안 된다.

23) 마르크스는 정확하게 자본주의 역사에 대해 이러한 주장을 한다. 토마스 뮌처에 대한 에른스트 블로흐의 연구는 농민전쟁에 대해 이러한 주장을 한다. Thomas Münzer, 『혁명의 신학자(Theologe der Revolution)』(Munich : Kurt Wolff, 1921).

24) 이 주제에 관한 문헌은 방대해졌지만, 다음을 참조하라. Hans-Ulrich Wehler, 『제2제국(The Second Empire)』(Leamington Spa : Berg, 1985), David Blackbourn and Geoff Eley, 『독일 역사의 특이성(The Peculiarities of German History)』(New York : Oxford University Press, 1984).

25) Heidegger, 『마르틴 하이데거의 논리학 강좌(Logica Lecciones de Martin Heidegger)』, V. Farias(편)(Barcelona : Anthropo, 1991), 2쪽.

26) Ibid., 38쪽.

27) Ibid., 6쪽.

28) Heidegger, 『형이상학 입문(Introduction to Metaphysics)』(New Haven : Yale University Press, 1959), 199쪽.

29) Heidegger, 『논리학(Logica)』, 16쪽.

30) Ibid., 18쪽.

31) Ott, 『마르틴 하이데거(Martin Heidegger)』, 247쪽.

32) Heidegger, 『논리학(Logica)』, 32쪽.

33) Ibid., 22쪽.

34) Ibid., 28쪽.

35) Heidegger, 『형이상학의 근본 개념들(The Fundamental Concepts of Metaphysics)』, W. McNeill 옮김(Bloomington : Indiana University Press, 1995), 152-159쪽.

36) 『존재와 시간(Being and Time)』, 172쪽과 그다음 쪽의 '기분'에 대한 논의를 참조하라.

37) Heidegger, 『형이상학 입문(Introduction to Metaphysics)』, 199쪽.

38) 『존재와 시간(Being and Time)』, 122-134쪽의 데카르트에 대한 설명을 참조하라. 또한 근대 사유의 역사에서 데카르트의 위치에 대한 논의를 참조하라. Heidegger, 『니체: 니힐리즘(Nietzsche: Nihilism)』(New York: HarperCollins, 1982), 96-101쪽.

39) Heidegger, 『논리학(Logica)』, 82쪽.

40) Ibid.

41) 하이데거의 나치 노동 수용소 관여와 관련한 논의는 오트가 언급한 것이다. 『마르틴 하이데거(Martin Heidegger)』, 224쪽.

42) 총장 연설과 하이데거의 1933-1934년의 정치 연설은 『하이데거 논쟁』에 실려 있나. 나치즘하에서 노동 수용소의 역할에 대한 더 자세한 논의는 다음을 참조하라. Peter Duden, 『노동을 통한 교육(Erziehung durch Arbeit)』(Wiesbaden: Westeuropaische Verlaganstalt, 1988).

43) 『하이데거 논쟁(The Heidegger Controversy)』, 42, 59쪽.

44) Anson Rabinbach, 「제3제국에서 생산의 미학(The Aesthetics of Production in the Third Reich)」, Journal of Contemporary History 11, 1976, 44쪽. 나치즘이 미학화된 정치에 부여했던 중요한 위치에 대한 보다 일반적 문제에 대해서는 다음을 참조하라. Reichl, 『제3제국의 아름다운 광휘(Der schöne Schein des dritten Reiches)』(Munich: Hanser, 1991). 노동 계급에 대한 나치의 태도를 검토하기 위해서는 다음을 참조하라. Timothy Mason, 『나치, 파시즘, 그리고 노동 계급(Nazi, Fascism, and the Working Class)』(Cambridge: Cambridge University Press, 1995).

45) David Schoenbaum, 『히틀러의 사회 혁명: 1933-1939 계급, 나치 독일에서의 지위(Hitler's Social Revolution: Class, Status in Nazi Germany, 1933-1939)』(New York: Norton, 1980), 75-76쪽.

46) 이 섬에 괸해서는 다유을 참조하라. Heidegger, 「왜 우리는 지방에 남아야 하는가(Why We Remain in the Provinces)」, 위의 5번을 보라.

47) Löwith, 『1933년 이전과 이후 독일에서의 나의 삶(My Life in Germany Before and After 1933)』(Urbana: University of Illinois Press, 1994), 60쪽.

48) Schoenbaum, 『히틀러의 사회 혁명(Hitler's Social Revolution)』, 여러 곳.

49) Oswald Spengler, 『프로이센과 사회주의(Preussentum und Sozialismus)』(Munich: Beck, 1925), 99쪽.

50) Ernst Jünger, 『노동자: 지배와 형태(Der Arbeiter: Herrschaft und Gestalt)』(Stuttgart: Klett-Cotta, 1981). 윙거의 에세이, 「총동원」의 번역은 『하이데거 논쟁』 119-139쪽에서 찾을 수 있다. 하이데거가 윙거에게 빚을 지고 있는 것에 대해서는 「1933-1934년의 총장직: 사실과 생각」에서의 하이데거의 언급을 참조하라. 『마르틴 하이데거와 국가사회주의(Martin Heidegger and National Socialism)』, G. Neske and E. Kettering(편)(New York: Paragon House, 1990). 윙거에 대한 보다 최근의 연구는 다음을 참조하라. Elliot Neaman, 『미심쩍은 과거: 에른스트 윙거(A Dubious Past: Ernst Jünger)』(Berkeley and Los Angeles: University of California Press, 1999).

51) 위 31번 주석을 참조하라.

52) Nietzsche, 『힘에의 의지(The Will to Power)』, W. Kaufmann(편)(New York: Vintage, 1967), 866쪽. 강

조는 저자. 또한 니체의 기계장치와 기계에 대한 논의는 888, 889쪽을 참조하라. 보수 혁명가들의 니체 수용에 대해서는 다음을 참조하라. Steven Aschheim, 『1890-1990, 독일에서의 니체의 유산(The Nietzsche Legacy in Germany, 1890-1990)』(Berkeley: University of California, 1992). 독일 파시즘이 근대 기술과 조화를 이룬 방식에 대한 보다 일반적 물음에 대해서는 다음을 참조하라. Jeffrey Herf, 『반동적 모더니즘(Reactionary Modernism)』(Cambridge: Cambridge University Press, 1984).

53) Nietzsche, 『힘에의 의지(The Will to Power)』, 868쪽. 니체는 이 성찰을 다음과 같이 마무리한다. "명백하게 그들[새로운 야만인들]은 사회주의 위기를 겪은 후 모습을 드러내고 그들 자신을 공고히 할 것이다—그들은 그들 자신에게 최대한으로 엄격할 수 있고, 최대의 의지를 보장할 수 있는 부류가 될 것이다."

54) Heidegger, 『니체: 유럽 니힐리즘(Nietzsche: Europäischer Nihilismus)』, 전집 48권(Frankfurt: Klostermann, 1986), 205쪽. 강조는 저자. 하퍼콜린스가 출판한 현존하는 영어 번역본은 많은 문제의 구절들을 수록하지 않은 초기 독일어 판본을 토대로 한다.

55) Ibid., 333쪽.

56) 프랑스 맥락에서 '국가사회주의(소문자로 인쇄한)'에 대한 중요한 논의에 대해서는 다음을 참조하라. Eugen Weber, 「민족주의, 사회주의, 그리고 국가사회주의(Nationalism, Socialism, and National Socialism)」, 『나의 프랑스: 정치, 신화, 문화(My France: Politics, Myth, Culture)』(Cambridge: Harvard University Press, 1991), 261-284쪽.

57) Heidegger, 『논리학(Logica)』, 82쪽.

58) Ibid., 84-85쪽.

59) 이 주제에 대한 논의는 다음을 참고하라. Johannes Fritsche, 『하이데거의 『존재와 시간』에서 역사적 운명과 국가사회주의(Historical Destiny and National Socialism in Heidegger's Being and Time)』(Berkeley and Los Angeles: University of California Press, 1999), 특히 3장.

60) Martin Heidegger, 『1933-1934년의 총장직: 사실과 생각(Das Rektorat 1933-34: Tatsachen und Gedanken)』(Frankfurt: Klostermann, 1983), 40쪽.

61) Ibid.

62) '노동의 미화' 프로그램에 대한 훌륭한 논의는 다음을 참조하라. 「제3제국에서의 생산의 미학(The Aesthetics of Production in the Third Reich)」, 『인터내셔널 파시즘: 새로운 사유와 접근(International Fascism: New Thoughts and Approaches)』(G. Mosse, ed., Beverly Hills: Sage, 1979), 189-222쪽.

63) Heidegger, 『논리학(Logica)』, 102쪽.

64) Herbert Marcuse, 「하이데거의 정치: 인터뷰(Heidegger's Politics: An Interview)」, 『마르쿠제: 비판 이론과 유토피아의 장래성(Marcuse: Critical Theory and the Promise of Utopia)』(South Hadley, Mass.: Bergin and Garvey, 1987), 99쪽.

65) 예를 들어, 하이데거가 철학자, 정치가, 시인의 동등한 근원적 역할에 대해 말하는 『형이상학 입문』을 참조하라. 유사한 언급이 1934년 강좌에서 발견된다. 『횔덜린의 송가: '게르마니엔'과 '라

인강』(Hölderlins Hymnen "Germanien" und "Der Rhein")』(Frankfurt: Klostermann, 1980).

66) Heidegger, 『논리학(Logica)』, 104쪽.

67) Ibid., 120쪽.

8장

남은 이야기: 『존재와 시간』, 실패한 걸작인가?

1) Heinrich Petzet, 『별에 다가가기: 하이데거와의 만남과 대화(Auf einen Stern Zugehen: Begegnungen und Gespräche mit Heidegger)』(Frankfurt: Societäts Verlag, 1983), 9쪽.

2) Heidegger, 『존재와 시간(Being and Time)』, J. Macquarrie and E. Robinson 옮김(New York: Harper and Row, 1962), 310쪽; 『존재와 시간』, 이기상 옮김(까치, 1998).

3) Theodore Kisiel, 「하이데거의 변명: 철학과 이데올로기로서의 전기(Heidegger's Apology: Biography As Philosophy and Ideology)」, Graduate Faculty Philosophy Journal 14(2), 15(1), 1991, 364쪽.

4) 「어느 일본인과 어느 질문자의 대화(Dialogue Between a Japanese and an Inquirer)」, 『언어로의 도상에서(On the Way to Language)』, P. Hertz 옮김(New York: Harper and Row, 1971), 6쪽; 「언어에 관한 대화로부터: 어느 일본인(J)과 어느 질문자(F) 사이에서」, 『언어로의 도상에서』, 신상희 옮김(나남, 2012).

5) 이 길은 최근 공들여 권위를 가지고 재구성되었다. Theodore Kisiel, 『하이데거의 『존재와 시간』의 기원(The Genesis of Heidegger's Being and Time)』(Berkeley and Los Angeles: University of California, 1993).

6) Heidegger, 「현상학에 이르는 나의 길(My Way to Phenomenology)」, 『시간과 존재에 대하여(On Time and Being)』(New York: Harper and Row, 1972), 74쪽; 번역본: 「현상학에 이르는 나의 길」, 『사유의 사태로』, 문동규 · 신상희 옮김, 길, 2008.

7) Hans-Ulrich Wehler, 『1971-1918 독일 제국(The German Empire: 1971-1918)』, K. Traynor 옮김(Leamington Spa: Berg, 1985), 116-117쪽.

8) Hugo Ott, 「〈아카데미커〉에의 하이데거의 기여(Heidegger's Contributions to Der Akademiker)」, Graduate Faculty Philosophy Journal 14(2), 15(1), 1991, 482쪽.

9) Heidegger, 『사유의 사태로(Zur Sache des Denkens)』(Tübingen: Martin Niemeyer, 1964), 82쪽; 번역본: 『사유의 사태로』, 문동규 · 신상희 옮김, 길, 2008.

10) Carl Braig, 「교양인은 모더니즘에 대해 무엇을 알아야 하는가(Was soll der Gebildete von dem Modernismus wissen?)」, Dieter Thomä, 『자아의 시간과 그 이후의 시간(Die Zeit des Selbst und die Zeit danach)』(Frankfurt: Suhrkamp Verlag, 1990), 35쪽.

11) Heidegger, 「〈아카데미커〉에의 기여(Heidegger's Contributions to Der Akademiker)」, 487쪽.

12) Ibid., 493, 495쪽.

13) Ibid., 497쪽.

14) Heidegger, 「오직 신만이 우리를 구원할 수 있다(Only a God Can Save Us)」, 『하이데거 논쟁(The Heidegger Controversy)』, 106쪽.

15) Heidegger, 『횔덜린의 송가 '이스터'(Hölderlin's Hymne 'Der Ister')』, 전집 53권(Frankfurt: Klostermann, 1975), 85쪽; Heidegger, 『형이상학 입문(An Introduction to Metaphysics)』, 45-46쪽.

16) Kisiel, 「하이데거의 변명(Heidegger's Apology)」, 395쪽에서 인용.

17) Heidegger, 『존재와 시간(Being and Time)』, 310쪽. 하이데거의 '생'에 대한 가장 타당한 논의는, 그의 1919년 강좌를 참조하라. 『철학을 규정하기 위하여(Zur Bestimmung der Philosophie)』, 전집, 57권(Frankfurt: Klostermann, 1987).

18) 1921년 8월 19일자 편지는 다음에 전재되어 있다. Löwith, 『마르틴 하이데거와 유럽 니힐리즘(Martin Heidegger and European Nihilism)』, Richard Wolin(편)(New York: Columbia University Press, 1995), 236쪽.

19) Heidegger-Blochmann, 『편지 교환(Briefwechsel)』, J. Storck(편)(Marbach am Necker: Deutsche Schillergesellschaft, 1989), 7쪽.

20) 하이데거는 아직 출판되지 않은 1920-1921년 강좌, 〈종교 현상학(Phänomenologie der Religion)〉에서 슈펭글러에 대해 논한다. 자세한 내용은 다음을 참조하라. Kisiel, 『기원(Genesis)』, 161-163쪽.

21) Heidegger-Blochmann, 『편지 교환(Briefwechsel)』, 7쪽.

22) Ibid., 15쪽.

23) Ibid., 12쪽.

24) Heidegger, 「역사학에서 시간 개념(Der Zeitbegriff in der Geschichtswissenschaft)」, 전집 1권, 『초기 저서들(Frühe Schriften)』(Frankfurt: Klostermann Verlag, 1978), 194쪽.

25) Heidegger, 「둔스 스코투스의 범주와 의미론(Die Kategorien- und Bedeuteungslehre Duns Scotus)」, 전집 1권, 『초기 저서들(Frühe Schriften)』(Frankfurt: Klostermann Verlag, 1972), 194쪽.

26) Heidegger, 『철학을 규정하기 위하여(Zur Bestimmung der Philosophie)』, 전집 56/57권(Frankfurt: Klostermann, 1988), 3, 8쪽.

27) 이 편지는 다음의 글에서 인용되었다. Thomas Sheehan, 「삶 읽기: 하이데거와 궁핍한 시기(Reading a Life: Heidegger and Hard Times)」, 『하이데거 캠브리지 참고서(The Cambridge Companion to Heidegger)』(C. Guignon, ed., Cambridge: Cambridge University Press, 1993), 71-72쪽.

28) 카를 바르트의 '변증법적 신학'은 하이데거에게 깊은 영향을 주었다. 그러나 로마인들에게 보내는 『바울 서신』에 대한 바르트의 중요한 해석은 1921년까지 출판되지 않았다.
후에 「언어에 대한 대화」에서, 하이데거는 프로테스탄트 신학과 딜타이의 역사주의와의 만남이 중요했음을 강조한다. "후에 나는 '해석학'이라는 용어를 빌헬름 딜타이의 역사적 정신과학에 대한 이론을 통해 다시 만났다. 딜타이가 해석학에 친숙한 것은 동일한 원천인 그의 신학 연구, 특히 슐라이어마허에 대한 그의 작업에서 비롯된 것이었다." 『언어로의 도상에서(On the Way

to Language)』(New York: Harper and Row, 1972), 10쪽.

29) Hugo Ott, 「마르틴 하이데거의 사유에서 가톨릭적 뿌리에 대하여. 신학적인 철학자(Zu den katholischen Wurzeln im Denken Martin Heidegger's. Der theologische Philosoph)」, 『로마 하이데거 심포지엄 자료(Akten des römischen Heidegger Symposions)』, 1992, 82쪽.

30) Kisiel, 『기원(Genesis)』, 71쪽.

31) Arendt, 「80세를 맞은 마르틴 하이데거(Martin Heidegger at Eighty)」, M. Murray(편), 『하이데거와 근대 철학(Heidegger and Modern Philosophy)』(New Haven: Yale University Press, 1979), 303쪽.

32) Heidegger, 『철학을 규정하기 위하여(Zur Bestimmung der Philosophie)』, 66쪽.

33) H. Spiegelberg, 『현상학적 운동(The Phenomenological Movement)』 1권(The Hague: Martinus Nijhoff, 1976), 84쪽에서 인용.

34) Husserl, 「개인적 기록들(Persönliche Aufzeichnungen)」, Philosophy and Phenomenological Research, 16, 1956, 297쪽.

35) Heidegger, 『철학을 규정하기 위하여(Zur Bestimmung der Philosophie)』, 74쪽.

36) Gerda Walther to Alexander Pfänder, June 20, 1919, Kisiel, 『기원(Genesis)』, 58쪽에서 인용.

37) Husserl, 『이념3(Ideen III)』(Husserliana V)(The Hague: Martinus Nijhoff, 1966), 75쪽.

38) Husserl, 『형식적 · 초월론적 논리학(Formal and Transcendental Logic)』(The Hague: Martinus Nijhoff, 1969), 209쪽. 후설의 자부심에 관한 한, 길고 지루한 강의가 끝날 때쯤(그의 세미나에서는 토론의 여지가 거의 없었다) 후설이 어떻게 말했는지를 이야기한다. "이런, 오늘 토론 정말 흥미로웠어!" Gadamer, 『철학적 견습기간(Philosophical Apprenticeships)』(Cambridge: MIT Press, 1985), 36쪽.

39) Heidegger, 『철학을 규정하기 위하여(Zur Bestimmung der Philosophie)』, 74쪽.

40) Ibid., 63쪽.

41) 1921년 8월 19일 하이데거가 뢰비트에게 보낸 편지. Löwith, 『마르틴 하이데거와 유럽 니힐리즘(Martin Heidegger and European Nihilism)』, 235-236, 237쪽.

42) Heidegger, 『철학을 규정하기 위하여(Zur Bestimmung der Philosophie)』, 89-90쪽.

43) Heidegger, 『아리스토텔레스에 대한 현상학적 해석(Phänomenologische Intepretationen zu Aristotles)』, 전집 61권(Frankfurt: Klostermann, 199), 54쪽; 번역본: 『아리스토텔레스에 대한 현상학적 해석』, 김재철 번역 및 해제(누멘, 2010).

44) Heidegger, 『철학을 규정하기 위하여(Zur Bestimmung der Philosophie)』, 117쪽.

45) Heidegger, 『아리스토텔레스에 대한 현상학적 해석(Phänomenologische Intepretationen zu Aristotles)』, 111쪽.

46) Heidegger, 『존재론: 현사실성의 해석학(Ontologie: Hermeneutik der Faktizität)』, 19쪽. 『마르틴 하이데거의 존재론』, 김재철 옮김, 서광사, 2002.

47) Heidegger, 『존재와 시간(Being and Time)』, 216쪽. 강조는 저자.

48) Heidegger, 『존재론: 현사실성의 해석학(Ontologie : Hermeneutik der Faktizität)』, 18, 16쪽.

49) Aristotle, 『형이상학(Metaphysica)』, D. Ross 옮김(Clarendon Press : Oxford, 1928), 1028a, 15쪽.

50) Werner Marx, 『하이데거와 전통(Heidegger and the Tradition)』, T. Kisiel 옮김(Evanston : Northwestern University Press, 1971), 5쪽.

51) Aristotle, 『니코마코스 윤리학(Nichomachean Ethics)』, M. Ostwald 옮김(Indianapolis : Bobbs-Merrill, 1962), 1139, 6쪽. 강조는 저자.

52) Heidegger, 「아리스토텔레스에 대한 현상학적 해석(Phenomenological Interpretations with Respect to Aristotle)」, Man and World 25, 1992, 359-360쪽.

53) Ibid., 363-364쪽.

54) Ibid., 364-365쪽.

55) Heidegger, 『형이상학 입문(An Introduction to Metaphysics)』(New Haven : Yale University Press, 1959), 133쪽.

56) Schmitt, 『정치적인 것의 개념(The Concept of the Political)』, G. Schwab 옮김(Chicago : University of Chicago Press, 1993), 67쪽. 영어 번역본이 불완전하기 때문에(가령 문장에서 인용된, '위대한'이라는 단어는 제외되었다), 나는 독일어본을 참조했다. 『정치적인 것의 개념(Der Begriff des Politischen)』(Berlin : Duncker und Humblot, 1963), 67쪽.

57) K-H Bohrer, 『공포의 미학(Ästhetik des Schreckens)』(Munich : Henser Verlag, 1978).

58) Heidegger-Jaspers, 『편지 교환(Briefwechsel)』(Munich : Piper, 1992), 70쪽.

59) 「에른스트 카시러와 마르틴 하이데거 사이의 대화(A Discussion Between Ernst Cassirer and Martin Heidegger)」, 『실존론적 전통(The Existential Tradition)』, N. Langiulli(편)(New Brunswick : Transaction, 1997). 동시에 1930년대 중반이 하이데거의 철학적 성장에 있어서 과도기임을 알아차릴 수 있을 것이다. 1930년대 중반 '진리의 작품으로의 정립'이라는 대안적 아이디어를 주로 정치와 예술의 영역에서 제시한다. 이 시기의 가장 대표적 작품은 「독일 대학의 자기주장」(1933년 하이데거의 총장 연설)과 「예술 작품의 근원」이 있다. 이 주제에 관한 보다 자세한 논의는 다음의 중요한 연구를 참조하라. Winfried Franzen, 『실존론적 존재론으로부터 존재 역사로(Von der Existentzialontologie zur Seinsgeschichte)』(Messenheim am Glan : Anton Heim, 1975) ; Alexander Schwan, 『하이데거의 사유에서 정치 철학(Politische Philosophie im Denken Heideggers)』(Köln and Opladen : Westdeutscher Verlag, 1965).

60) Heidegger, 『이정표(Wegmarken)』(Frankfurt : Klostermann, 1967), 304쪽; 번역본: 『이정표』, 신상희 옮김(한길사, 2005).

61) Heidegger, 『철학의 종말(The End of Philosophy)』(New York : Harper & Row, 1973), 82쪽.

62) Arendt, 「마르틴 하이데거의 80세 생일을 맞이하여(For Martin Heidegger's Eightieth Birthday)」, Neske/Kettering, 『마르틴 하이데거와 국가사회주의(Martin Heidegger and National Socialism)』(New York : Paragon House, 1990), 217쪽.

63) Kisiel, 『하이데거의 『존재와 시간』의 기원(The Genesis of Heidegger's Being and Time)』, 25쪽.

64) Heidegger, 전집 65권(Frankfurt: Klostermann, 1965), 239쪽.

결론

1) Mitchell Aboulafia, 「존재의 정치학에 대한 논평: 마르틴 하이데거의 정치적 사유(The review of The Politics of Being: The Political Thought of Martin Heidegger)」, International Journal of Philosophy, 1991.

2) Nolte, 『하이데거: 생과 사유에서 정치와 역사(Heidegger: Politik und Geschichte im Leben und Denken)』(Berlin and Frankfurt: Propyläen, 1992).

3) 여기에서 나는 『두 가지 몰락(Zweierlei Untergang)』에서 안드레아드 힐브루브(Andreas Hillgrube)의 주장을 생각하고 있다. 그에 의하면 동부 전선에서 붉은 군대를 피하기 위해 용감하게 싸우는 독일 군대와 일체감을 느끼는 것이 독일 역사가들의 '의무'이다. 이 문제에 대해서는 다음을 참조하라. Charles Maier, 『정복할 수 없는 과거: 역사, 홀로코스트, 그리고 독일의 민족 정체성(The Unmasterable Past: History, Holocaust and German National Identity)』(Cambridge: Harvard University Press, 1988), 특히 4장을 참조하라. 역사주의의 배경에 대해서는 다음을 참조하라. George Iggers, 『독일의 역사 관념(The German Conception of History)』(Middletown, Conn.: Wesleyan University Press, 1983).

4) Hauke Brunkhorst, 『관료 국가에서의 지식인(Der Intellektuelle im Land der Mandarine)』(Frankfurt: Suhrkamp Verlag, 1987), 9쪽.

5) 6장을 참조하라.

6) 이러한 입장에 대한 고전적 설명에 대해서는 다음을 참조하라. Charles Taylor, 「인간의 행위성이란 무엇인가(What Is Human Agency)」, 『인간 행위성과 언어: 철학적 논문 1(Human Agency and Language: Philosophical Papers I)』(Cambridge, Cambridge University Press, 1985), 15-45쪽.

7) Immanuel Kant, 『순수이성 비판(The Critique of Pure Reason)』, N. K. Smith 옮김(London: Oxford University Press), 645쪽. 그녀의 글에서(예컨대 칸트의 정치철학에 대한 미완의 강좌), 아렌트는 제3비판서를 기준점으로 삼아서, 칸트적 관점으로 더 가까이 다가가는 것처럼 보였다. 이와 같이 그녀는 「문화의 위기」 에세이에서, 미학과 정치 판단의 관계 양자가 '공공 세계'에 고유한 현상을 담지한다는 점을 다룬다. 이러한 맥락에서 그녀는 『판단력 비판』에서의 칸트의 제안을 열정적으로 인용한다.
"판단력은 타인과의 잠재적인 합의에 달려 있고, 어떤 것을 판단하는 데 있어서 능동적인 사고 과정은 순수한 추론의 사고 과정과 같은 나와 나 자신의 대화가 아니다. 비록 마음을 정할 때, 실제로는 내가 전적으로 혼자서 할지라도, 내가 종국적으로는 합의를 해야만 하는 타인과의 예상된 의사소통에서 나 자신을 발견한다. 이것이 의미하는 바는 다음과 같다. 그러한 판단은 '주관적인 사적 조건'으로부터 해방되어야 한다. 즉 각각의 개인의 사적 관점을 자연적으로 결정하고, 그것들이 오직 개인적으로 제기된 의견인 한에서는 타당한 반면, 광장에 들어서기에 부적합하며, 공공의 영역에서 타당성을 갖지 않는 표현법으로부터 해방되어야 한다."

Arendt, 『과거와 미래 사이에서(Between Past and Future)』(New York : Penguin, 1968), 220쪽.

8) Marcuse, 「전체주의적 국가관에서 자유주의에 대한 투쟁(The Struggle Against Liberalism in the Totalitarian View of the State)」, 『부정 : 비판이론 에세이(Negations : Essays in Critical Theory)』, J. Shapiro 옮김(Boston : Beacon Press, 1968), 41, 40쪽.

9) Carl Schmitt, 『국가, 운동, 민족(Staat, Bewegung, Volk)』(Hamburg : Hanseatischer Verlag Anstalt, 1933), 32쪽.

10) 『하이데거 논쟁(The Heidegger Controversy)』, 47쪽.

찾아보기

하이데거, 제자들 그리고 나치

초판1쇄 발행　2021년 3월 5일
초판2쇄 발행　2021년 6월 4일

지은이　리처드 월린
옮긴이　서영화
책임편집　최정미
디자인　정서영

펴낸이　한균태
펴낸곳　경희대학교 출판문화원
주소　서울시 동대문구 경희대로 26
전화　02-961-0106~8, 팩스 02-961-0291
설립　1960년 9월 16일 제5-8호
등록　1977년 11월 8일 제6-5호
홈페이지　www.khupress.com
전자우편　press@khu.ac.kr

ISBN 978-89-8222-686-1 (03160)